U0604856

追寻石油工业中国梦

《追寻石油工业中国梦》编写组　编

ZHUIXUN
SHIYOU GONGYE
ZHONGGUOMENG

新华出版社

图书在版编目（CIP）数据

追寻石油工业中国梦 /《追寻石油工业中国梦》编写组编.
—— 北京：新华出版社，2019.10
ISBN 978-7-5166-4927-5

Ⅰ．①追…　Ⅱ．①追…　Ⅲ．①石油工业－工业史－中国
Ⅳ．①F426.22

中国版本图书馆CIP数据核字(2019)第234813号

追寻石油工业中国梦

编　　写：《追寻石油工业中国梦》编写组

责任编辑：陈君君　　　　　　　　　封面设计：臻美书装

出版发行：新华出版社
地　　址：北京石景山区京原路8号　　邮　　编：100040
网　　址：http://www.xinhuapub.com
经　　销：新华书店、新华出版社天猫旗舰店、京东旗舰店及各大网店
购书热线：010－63077122　　　　中国新闻书店购书热线：010－63072012

照　　排：臻美书装
印　　刷：河北盛世彩捷印刷有限公司

成品尺寸：170mm×240mm
印　　张：28.75　　　　　　　　　字　　数：440千字
版　　次：2019年11月第一版　　　印　　次：2019年11月第一次印刷

书　　号：ISBN 978-7-5166-4927-5
定　　价：98.00元

前　言

　　七十年前的 10 月 1 日，毛泽东主席在天安门城楼宣布中华人民共和国中央人民政府成立的消息，通过新华社电波和人民日报传遍世界。从此，新中国的石油工业在中国共产党的领导下，开启了创业发展、波澜壮阔的时代画卷。

　　以新华社和人民日报为代表的中央多家媒体用热情的笔触，记录和讴歌了这一伟大历史进程，其中包括各个时期中国石油的动态资讯、重要事件、精神风貌、国际交流和走向海外等丰富内容。从新中国初期石油工业的蕴蓄起步，到经过经济调整后的石油工业发展和跃进；从改革开放给中国石油带来新机遇，到面向世界走向现代化的新时代梦想，直到"一带一路"宏伟谋略和实施推进，中国石油在七十年间实现了人类发展史上一个行业和产业罕见的历史性跨越，为推动中国经济社会发展进步浓彩重抹。

　　《追寻石油工业中国梦》一书的编辑宗旨是：展示中国石油工业的历史发展，记录石油工业由小到大、由弱到强、走向海外的辉煌足迹，传承石油战线英雄模范的典范，提供石油工业的珍贵历史资料，彰显了石油工业系之经济社会发展和国家安危强盛，建功当代，惠之以千秋。

　　七十载风雨不等寻常。习近平总书记指出："70 年砥砺奋进，我们的国家发生了天翻地覆的变化。无论是在中华民族历史上，还是在世界历史上，这都是一部感天动地的奋斗史诗。"出现在本书中的英雄模范，如"大庆精神大庆人"的报道，以及"中国不是石油贫血国家"、"中国石油工业在经济调整中稳步发展"、"塔里木石油勘探开发取得五大成果"、"横贯中国的能源大动脉西气东输工程"等文章，是对中国石油工业历史进步的讴歌赞叹，站在新的历史起点上，中国石油工业正书写无愧新时代的巨制宏篇。

习近平总书记对石油战绩寄予厚望，他指出："'石油精神'是攻坚克难，夺取胜利的宝贵财富，什么时候都不能丢。"在大庆油田发现60周年之际，他又指出："大庆油田的卓越贡献已经镌刻在伟大祖国的历史丰碑上，大庆精神、铁人精神已成为中华民族伟大精神的重要组成部分。"这将成为中国石油工业继往开来，在新时代实现新作为的精神引领。

由于本书时间跨度70年，收录了多家中央媒体的报道，有些进行了删节。加之编辑水平所限，文中的不尽完美之处，敬请批评指正。

目 录
contents

第二篇　中国石油的发展跃进

第三篇　改革开放的新时期

第四篇　面向世界走向现代化

第五篇　中国石油的世纪跨越

第六篇　新时代　新篇章

第一篇

中国石油的蕴蓄和起步

玉门油矿全体职工英勇护厂迎接解放

新华社兰州十日电 玉门消息：著名的玉门油矿全体职工，在人民解放军向大西北神速进军中，英勇护厂，迎接解放。玉门油矿为中国最大的油矿之一，于一九三八年创立，由国民党官僚资本中国石油公司甘青分公司开采，共有职工四千余人。早在九月二十五日玉门解放前半月，油矿全体职工即开始动员护厂，把贵重的机器拆卸埋藏于山谷中，并自动组织自治队，放哨巡逻，防止国民党匪帮破坏油矿设备。九月二十五日下午四时，人民解放军装甲部队神速开到矿区，国民党匪帮的破坏阴谋无法得逞，这一宝贵的祖国财富，终于完整地保存下来。油矿全体职工，目前正以积极工作来庆祝自己的解放。炼油厂工人正在努力修建房屋；矿场新钻油井未完成者，工人们将于最短期内凿成，并计划开钻新油井。修理厂工人努力为解放军修理战车、汽车，从九月二十五日到三十日已修好战车、汽车三十二辆。有些工人且自动加工生产。十月一日，全厂职工和眷属六千余人，又自动把自己节约下来的毛巾、袜子、肥皂，热烈慰劳解放矿区的解放军装甲部队。九位职工代表，用汽车载运慰劳品向各处分送，充分表示出油矿工人对于人民解放军的友爱，现在人民解放军已派定油矿军事代表康世恩、张守瑜两人，负责领导全体职工进行生产。

1949-10-10

第一野战军装甲车部队穿越戈壁解放玉门油矿

新华社西北前线十日电 西北前线记者报道人民解放军第一野战军装甲部队，于一昼夜内进军五百五十华里，神速解放玉门油矿的经过称：第一野战军装甲战车部队于九月二十四日晚由张掖出发，以每小时二十至二十五公里的速度，从积雪茫茫的祁连山麓穿过戈壁大沙漠向玉门急进。指战员们就以无比的坚强意志战胜塞上秋夜严寒的袭击。驾驶员们疲劳了，他们就用唱歌来提高精神，与疲劳斗争。部队路过酒泉时，群众夹道欢呼，更鼓舞着指战员们驾驶着战车迅速奋勇前进。当距油矿六公里时，仃立道旁等候三四小时欢迎解放军的工人、职员立即发出暴风雨似的掌声和欢呼声，呈现了塞上从所未有的热烈情景。

到达矿区后，战士们即步下战车，然后以整齐的行列，穿过两排狂欢着欢迎解放军的人群，休息在矿区的广场上。当战士们望着完好无损的油矿时，都感着无限快慰地说："为了保护人民祖国的宝贵财产，我们吃点苦也算不了什么。"当天夜里，因为房屋没有调剂好，战士们有一半露宿在戈壁沙漠上。第二天，战士们为了巩固地保护人民祖国的财产，不顾疲劳，又继续清剿流散于矿厂周围山中的残匪，并于二十九日下午九时乘车奔剿集结矿厂西北六十华里赤金堡的散匪，将其全部消灭。生俘残匪连长以下三十三名。缴获六〇炮二门，轻重机枪六挺，步枪八十八支，汽车二辆。当地居民杀羊做饭，热烈欢迎和款待解放军。

1949-10-11

全国石油工业重点恢复获显著成绩

新华社北京三十日电　全国石油工业重点恢复工作，已取得显著成绩。在东北区，页油炼厂抚顺制油厂，分东西两厂，伪满时期最高年产量曾达三十余万吨。一九四八年十一月解放后，由于蒋匪军的严重破坏，该厂曾停工三月，进行彻底检修，去年九月西厂已有三分之一设备先后开工，在全体职工积极努力下，去年原油生产任务已胜利完成。今年原油产量计划比去年提高一倍。东北人造石油工业较有基础，其设备如能全部恢复并充分利用，年产可能超过伪满时期的水平。锦州合成油厂今年十月将复工一半。锦西、四平、吉林厂等在保管期间也进行了修理。大连炼油厂经积极修复，今年二月已开始生产。

西北区为我国天然石油藏量较丰之区，现已采炼者计玉门、乌苏、延长等地。玉门油矿为我国一较大油矿，一九四九年十月解放后，迄未停止生产，原因有储油设备不足，运销尚有困难，每日处理量仍维持解放前数字，即仅及该矿设备能量的七分之四。但在全体职工及时检修爱护机器的情况下，每次开炉日数已较解放前增多，因而产量为之提高，以解放后十月至十二月三个月的平均，日产汽油与煤油数量已较解放前九个月的每日平均产量提高了百分之二十五以上。该矿溶剂油收回厂及离心去腊厂正抢修试炉中，争取今年"五一"正式生产，产品品质将较过去提高。延长石油厂于一九四七年国民党匪军进攻时曾遭破坏，但主要设备与器材，由于全体职工的事前转移坚壁及其英勇的武装护厂，得以基本保全，匪军溃退后，即迅速恢复生产，并逐步提高。一九四九年原油产量较上年度已增加三倍有余，汽油与煤油生产率亦较上年度提高百分之十三。

上海解放后，日伪占领期间建立的煤油厂已破坏殆尽，经将原中国石油公司的储油所设备补充后，在全体工人努力修建下，已开始生产。

在恢复过程中，广大职工的觉悟程度不断提高，发挥了高度的生产积极性。延长职工于一九四八年恢复生产时，因房子、炕全部为蒋胡匪军破坏，宁肯睡在废窑洞的地下，而从不耽误生产。当时厂内资金困难，甚至在半年内只有饭吃，暂不发薪，工人也毫无怨言。玉门油矿职工不避零下二三十度的严寒，抢修输油管，两天即完成过去八天至十天的工作。该矿全体职工曾于去年自废品堆中检出可用的器材二百余吨，大大帮助了该矿的建设。上海中国石油公司职工曾在五个月内完成原计划十个月的修建工程，并自废品中清出可用的钢管一万四千六百公尺及油池钢板一百二十吨。

但目前各厂矿经营企业化做得很不够，浪费现象也很严重。玉门炼厂的燃料油产量占其原油产量的百分之五十四，而对于这些燃料油的使用上却有很大的浪费，如能精打细算，消灭浪费及增加必要设备，则可提高汽油之生产率。抚顺炼油厂把原油当成汽油厂的燃料油使用，每年耗费原油约达三千余吨。至于劳动力、运输力、器材等的浪费也很严重。这些浪费现象的消除，应在干部思想上树立爱护国家财产资源的观念，并在工作中实行严格的经济核算、定额管理，减低成本，坚决贯彻民主管理。

1950-04-30

全国石油工业会议在京召开
制定石油工业的方针与任务

本报讯　新中国石油工业的方针与任务，已由中央人民政府燃料工业部于四月十三日至二十四日在京召开的全国石油工业会议作出决定。会议决定：中国石油工业的方针主要是在三年内恢复已有的基础，发挥现有设备效能，提高产量，有步骤有重点地进行探勘与建设工作，以适应国防、交通与工业的需要。根据这一方针，会议认为必须加强统一领导和有计划地使用现有工程干部与各项设备器材，贯彻民主改革，学习先进技术，实施企业化的定额管理制度，以达到质好、量多、成本低与效率高的目标。

会议决定以大力开发西北石油资源、尽速恢复东北人造石油工业为重点。东北的恢复工作，则着重抚顺，其次锦州，再次锦西、四平等厂，并加强技术条件，培养与配备技术干部。议会认为，为了加强西北探勘和尽速恢复东北人造石油工业，应有计划地向该两地调送大批优秀干部，以适应全国石油工业总任务的要求。会议还决定大量培养和训练石油工业干部。

燃料工业部陈郁部长在全国石油工业会议的总结中特别指出：中国的天然石油与人造石油的资源是丰富而且分散很广的，但在目前国家财政困难条件下，只能尽力恢复原有基础，有重点有步骤的进行探勘与建设。这样的方针是实事求是的，也是极为稳重的，否则就会落空，就难以适当配合整个工业的恢复与发展。陈部长号召大家学习苏联以节约的方法扩大经营，逐步发展我国的石油工业。

1950-05-04　《人民日报》

中央贸易部指示中国石油、煤建 及工业器材三公司降低主要商品价格

新华社北京八日电 中央人民政府贸易部为降低工业品生产成本，增加工业品生产，以满足秋后购买力提高的农民的需要，并掌握商品的季节差价，已在本月初指示中国煤业建筑器材公司和中国工业器材公司，降低其主要商品价格。其中中国煤业建筑器材公司经营的工业用有烟煤，全国各地平均下降百分之六。例如：天津开滦一号末下降百分之五点五六，二号末下降百分之六点二五；上海开滦一号末下降百分之八，阜新统煤下降百分之六点一五；汉口开滦一号末下降百分之七点三五。中国工业器材公司经营的矽钢片，全国各地平均每吨下降百分之六点九八，氯酸钾每吨下降百分之四点八一，二硝基每吨下降百分之六点四二。

此外，为降低工业及运输业成本，中央人民政府贸易部曾在七月二十七日指示中国石油公司普遍调低全国石油价格。计全国煤油每桶平均降低百分之五，汽油降低百分之十到百分之十四点二七，柴油降低百分之二十到百分之二十九点五一，燃料油降低百分之三十二到百分之三十九点六六。

1951-08-08

全国石油展览会在京开幕

　　本报讯　中央人民政府燃料工业部石油管理总局和中央人民政府贸易部中国石油公司共同举办的全国石油展览会，已于本月十五日在京开幕。展览会说明了人民石油事业在短期内所得到的巨大成绩和未来发展的伟大远景。展览会介绍了人民石油事业的工作者在各方面所作的创造性的劳动和苏联专家在技术上对我国的帮助。朱总司令参加了展览会的开幕典礼。他在会上号召各工业部门、各工业技术学校全体员工和科学界人士共同努力，使我国的石油事业迅速地发展起来，以满足国防建设、经济建设和人民生活的需要。

　　展览会共分天然石油、人造石油和成品运销等三大部分。展览期限暂定为一个月。

1951-11-17《人民日报》

我国不是石油"贫血"的国家

——全国石油展览会介绍

新华社北京十一日电 两年来我国建设石油工业的成就，完全推翻了帝国主义学者关于中国石油贫乏的论断。最近正在北京举行的全国石油展览会上，有一幅全国石油分布区域图。这幅地图说明，在人民政府的领导下，我国的许多地方已发现了新的油苗，其中不少地区已被确定是藏油非常丰富的油田。为了探测发掘我国石油的宝藏，一年多来全国的地面探测人员比解放前增加了三倍以上；在国家对于石油工业的投资中，探井费用的比重占百分之七十六。解放前，在石油工业的投资中是没有探井费用的。

人造石油方面的许多新成就，开辟了我国制炼各种油料的新的广阔途径。我国有举世公认的丰富的煤田，从烟煤制炼石油是我国未来的重要油料来源之一。煤炼油事业虽然在伪满统治时期就已开始尝试，但一直没有成功。现在某煤炼油厂不仅操作正常，并且能生产航空汽油。油母页岩也是炼制各种油料的重要资源，在我国东北蕴藏十分丰富。现在我国的油母页岩炼油厂已能从同等数量的油母页岩中生产出比伪满时期多百分之三十的原油。由油母页岩提炼出来的各种油料成品的质量也提高了。所炼柴油的倾点（由固体开始液化流动时的温度）已大大降低，所炼汽油的含胶量也已降低到合于标准。高压氢化厂的开工是人造石油工业的另一件意义重大的新成就。该厂的开工，又为我国制造航空用汽油和煤油开辟了新的门径。

石油工业中的技术人员和工人们，两年来对我国石油工业的恢复和发展作了许多卓越的贡献。这是我国一向比较弱小的石油工业能够迅速发芽滋长的主要动力。展览会中的材料说明我国石油工业的钻井能力和制炼能力已经飞速地提高。一九五一年钻井工作已完成一万公尺以上，并且出现了我国大陆上钻深井的最高纪录。职工们在克服器材困难上发挥了高度的积极性和创造精神。他们试制了许多国内从未制造过的器材。在展览会上陈列的即有电测仪器（探测地下地质用）和钻杆接箍、套管接头等重要钻井机械配件。

在炼制方面，我国现有的天然石油的炼油设备。百分之九十是解放以后完成的。某炼油厂就是利用国民党统治时代的废弃器材，由职工自己设计，自己动手，用四个月的时间建造成功的；这个厂的修建工程如在解放前得化两年的时间。这个炼油厂的开工使得汽油炼率（原油和所炼汽油的比）从百分之三十七提高到百分之五十。由于职工们的努力，新中国的石油工业，不论原有设备和新建设备的炼制能力都在不断地提高。如某蒸馏厂过去因冷凝管受油料中酸分的腐蚀，每次开炉不超过二三十天。经过职工研究，在冷凝器内注入适当浓度的碱水，开炼时间便延长到五十八天。某炼油厂过去因炉管结焦影响开炉时间，在职工们采取了逐步提高温度的办法后，创造了连续开炼三十九天又十五小时的新纪录。某真空蒸馏厂分馏顶塔的温度，过去总是控制不好，某些工程技术人员起初还觉得是美国设计的，不会有错。但经过工人研究，把淋式分馏板改为泡帽式分馏板以后，不但温度易于控制，而且回流量也较前大为减少。

两年来我国石油工业的成就，是在摆脱了对帝国主义的依赖、走上了独立发展道路的新的历史条件下得到的。过去反动政府采取卖国政策，大量输入油料，无心从事大规模的地质探勘工作，对于仅有的石油工业幼苗也听任它被湮没摧残。如解放前的玉门油矿，因美国油料充斥我国市场，竟至无法维持生产，但解放后的情况就不同了。今年各种主要石油产品的生产量已超过历年的最高纪录。今年一月至八月的原油产量超过了去年同期百分之四十三点三，汽油产量超过去年同期百分之三十三点七。随着石油工业的恢复和发展，中国石油公司的油池容量比解放前增加了一倍半，仓库增加了百分之九十，职工人数增加了百分之二十九点三八。

苏联专家曾为技术干部指出了提高设备利用率和劳动生产率的正确的努力方向。如以往我国石油工业在冬季并不钻井，一年中要耽误三四个月的生产。自从苏联专家介绍了苏联的钻井经验后，钻井工作就在严冬也照常进行。钻井机械的利用率因此提高了四分之一。

1952-12-12

玉门油矿积极修复解放前遗留下来的废井

新华社西安二十五日电 甘肃玉门矿务局在苏联专家建议下，积极修复解放前遗留下来的"废井"，以保护油田，扩大生产。目前，矿务局油井大修队已经复活了七口废井，计划到年底再修复十口废井。

玉门油矿解放前遗留下来的废井约占全部油井的三分之一。这些废井是过去国民党官僚资本摧残祖国富源的罪恶结果。那时很多油井是在钻进中发生了井喷，大量油、气喷出地面，没法制止而任它自然喷陷的；有的油井是在出油中被沙堵塞，没有设法清洗就被废掉了。这些油井在废弃时并没有进行妥善的处理工作，而是让原油在地下任意窜流，严重地破坏了油田，给国家资源造成了巨大的损失。一九五二年，玉门矿务局按照苏联专家建议成立了专门的油井大修队，开始有计划地恢复废井工作。起初困难很多，如过去留下的资料不可靠，有些井连井位都找不到了；在钻进中常常要发生井喷或漏失泥浆的现象，有的井内丢弃着很多废物，妨碍了钻进。但是，油井大修队发动了工人，在制订修井计划时召开了老工人座谈会，聘请过去曾经参加过打井的老工人做指导，一一地克服了这些困难。例如某油井根据资料总是找不到井眼在那里，后来有一位老工人回忆当年打井时的情况，经他一指点，果然在几公尺深处挖到了。现在修复的七口井，大都出油良好；有一口井原来不出油，修复后每天能出十几吨油。原来在地下漏油的废井，在修理过程中已妥善地加以堵塞，原油不再任意窜流，因而保护了油田。同时，修复一口废井，一般比打新井可以节省五六亿元的费用。

1953-05-26

华东国营商业部门调运煤油下乡很受农民欢迎

新华社上海一日电 华东区各地国营商业部门调运大量煤油下乡,供应农民。近年来,华东区农民使用煤油的数量日增,如以今年与一九五〇年比,增加了四倍多。其中山东和江苏两省农民使用的最为普遍。山东省胶东、昌潍、泰安等地区,差不多没有一家不点煤油灯。另外,农村用煤油数量的增加,还因为煤油的价钱便宜。目前煤油的价格比一九五一年六月降低了三分之一。农民用植物油点灯不如用煤油合算。以上海、济南、南京、无锡、蚌埠、杭州等六个城市牌价平均计算,一九四九年年底每斤植物油只能换煤油零点六二五斤,而现在已能换一点零八斤。山东省沂南县双侯村农民曾算了一笔账,全村一百多家,如改用煤油点灯,一年可节约六百万元,且可把植物油省下来增加食用。现全村已准备改用煤油灯。

为了满足华东区各地农民对煤油的需要,中国石油公司上海批发站在十一月二十四日至二十七日召开了华东五省一市及江西省敝公司代表参加的供应会议。根据目前供应情况,会议估计各地都可超额完成第四季度煤油销售计划。会上,各地代表还和上海批发站签订了明年第一季度的供应合同。上海批发站还将继续代各地向上海玻璃工厂订购大量煤油灯,供应农村。

煤油调运时最大的困难是桶子问题。今年十月下旬,上海批发站首先采用了苏联先进的油桶修补法,把所有漏桶迅速修好重加使用。现在上海批发站正加强调运力量,所属制桶工厂的工人们也正紧张生产,解决油桶不足的困难,把大量煤油源源运向各地农村。

1953-12-02

玉门油矿将逐步建设成为我国第一个石油基地

新华社西安七日电 玉门油矿将逐步建设成为我国第一个石油基地。

从今年开始，玉门油矿将有计划地扩大开采规模。矿区内各主要油层都将同时进行开采，原油的计划产量将比去年增加一倍，其中百分之四十六的原油将源源装上火车东运，供应东北和华东的炼油厂炼制各种石油产品。玉门油矿本身的炼油厂今年也将扩建，裂炼厂今年将添建一座减粘炉，使原油炼量提高百分之二十六。玉门油矿今年的汽油计划产量比去年增加百分之九，煤油增加一千吨左右。此外还将增炼两种石油新产品，一种是专门供给蒸汽泵用的汽缸油，一种是供给机器轴承上用的黄油。这样，玉门油矿今年就可以为国家生产十五种石油产品，以进一步满足工业、交通和农民点灯的需要。

为了有计划地扩大开采规模，今年玉门油矿的基本建设投资比去年增加了二点七倍，其中约有百分之八十的资金用来新凿生产油井。预计今年投入生产的新油井将比去年新建的油井增加四倍以上。随着新油井的不断增加，今年还要新建六个选油站和改建一个旧选油站。根据苏联专家的建议，在采油层的边缘还要开凿六口注水井，以保护油田，并保证所有油井多产原油。由于原油东运任务的增大，今年矿区内将敷设五公里长的新输油管线，以增加原油流量；运输原油的专用汽车也将比去年增加四倍。

今年全矿职工人数将要比去年增加百分之二十八，主要是增加采油工人和运输工人。因此，矿区内今年还要新建一万五千平方公尺的职工宿舍。

1954-02-08

油井的主人们

新华社记者　张鸣

　　三月间，正当嘉峪关外飞扬着大雪的时候，我访问了玉门油矿为祖国增产石油的矿工们。

　　石油井分布在祁连山麓的丘陵地带，从采油厂办公处到各个井场上都有公路相通，在各个油井之间，敷设有无数根像大动脉一样的输油管。这里的油田下面有好几个储油层，无论在油田的任何部分凿一个井，石油都会从几百公尺到几千公尺的深处喷上来，一口井一个昼夜约可喷出几十吨油。油井很像普通的自来水井，中间有一根不粗的出油管，井口装有叫做"圣诞树"的设备，这上面有闸门和眼儿细得像筷子一样的油嘴子。从"圣诞树"到选油站，并排埋在地下的有输油管和蒸汽管。说声出油，站在井口上的采油工人只要拧开"圣诞树"上的闸门，井底下正憋得慌的石油就顺着出油管，冲过细眼儿的油嘴子，再经过输油管，翻山越沟，喷送到老远的选油站去。

　　"采油原来是这么回事啊！"初到油井上参观的人，都往往把采油工作看得很简单，但事实不然。原来井底下石油变化多端，采油工人们不能钻到井下去察看，这全凭经验、知识和高度的责任感。

　　在第四采油小队，我曾经随着老采油工茹世亨跑了好几口油井，仔细观察了他的工作。他每到井上，先察看被叫做"油井眼睛"的压力表，再听听油喷上来的响声，然后放开蒸汽管，把油嘴子吹一会儿；如果油嘴子被蜡堵塞了，就另换上一个。为了操作安全，不发生火灾，井口设备都用蒸汽冲洗干净。最后，他围着井口详细检查一遍，看看有没有漏油漏气的地方。这口井检查完了，回到选油站登记，马上又跑向另一口井去。

　　"你们看油井的很像个医生，"我被他细心的冷静的工作态度感动了。

"够不上医生，是个护士，"他谦虚地回答。他的确像护士，只差没有穿白罩衣，而是穿的帆布工作服，浑身都是油腻腻的。

在玉门油矿的矿工中，有各式各样的工种——采油工、输油工、青腊工、修井工、试井工，他们好像是保姆、护士、医生，是油井的主人，日日夜夜守护着油井。最近几个月来，各采油队都以模范采油工桑万祥为榜样，展开了"做油井主人"的运动。桑万祥的先进经验是："抓住油井脾气，争取每一分钟时间做油井的主人"。他为了弄清油井的喷油规律，常常长时间地呆在井上，忍着寒冷，望着马蹄表，像医生诊脉一样，听油井喷油的节奏。有时眼睛熬红了，也不愿离开井台。他因为摸住油井的脾气，操作起来就能适应油井脾气，又准确，又敏捷。别人换油嘴子要五分钟，他只要一分多钟。曾经有这样一个故事：有一天，有一口井害了病，交到桑万祥班时，已经五小时不出油了。桑万祥马上跑到井上，像个熟悉病人的医生，爬在井口上左看右看，一下子就查出是输油管堵塞住了。结果，他这一班（八小时）超额完成了五千公斤油。油井的主人们不仅具有聪敏的头脑，他们坚忍苦干的精神也是很感动人的。今年三月初旬，大雪一连落了好几天，没膝深的雪埋住了通向井场的公路，交通中断了。采油工人们就冒着风雪，徒步走好几公里路，照样上下班。夜晚，工人们捏着手电筒，踏着积雪，冲着悬在井架上的星星点点的电灯光，匆匆地跑来跑去。刚从学校出来的学徒们，开始不习惯单独在井上操作，害怕夜晚狂风怒吼，害怕山野里的狼，但当他们想到祖国各地需要石油时，黑夜就没有什么可怕的了。

这一天，天色已晚了，恰好第四采油小队队长阎九德要回采油厂办公处去，我就顺便坐在他的摩托脚踏车后座上。当我们在山野间疾驰前进时，阎队长对我说："采油工人要长年累月地在野外操作，小队长们夜晚还要住在工地上，油井发生问题，随时得起来检查。"昨晚他为监督洗一口井，整夜都没有睡觉。今天是星期天，本该回到酒泉老婆孩子那里度假日，因白天任务照样紧，他还是留在井场上了。他说："我们已习惯了这种生活，一夜不睡觉没关系，害怕的是完不成石油增产计划"。是的，为了建设祖国第一个石油基地，他们都在这样忘我地劳动着。

1954-04-14

中国石油公司湖南分公司把大量煤油运往农村

新华社长沙十八日电 湖南省农村的新菜油快要上市，中国石油公司湖南分公司已把大量煤油运往农村，供给农民点灯，以省出植物油食用。中国石油公司湖南分公司并派出了大批干部下乡帮助各地国营商店和供销合作社开展供应业务，同时向上海、广州、长沙等地的工厂订购大批煤油灯。

湖南的南部和西部山区及洞庭湖滨地区盛产茶、桐、棉籽和菜籽等油料作物。过去，农民习惯用植物油点灯。为了节省植物油供给城乡人民食用，中国石油公司湖南分公司自去年十月开始，以油料作物区为重点进行推销煤油，同时供给农民以煤油灯。煤油的价钱便宜，点灯比植物油光亮，农民喜欢用煤油代替植物油点灯。现在湖南省油料作物区的农民用煤油点灯的已逐渐普遍。
1954-05-19

节约汽油的新方法

新华社上海十三日电 一辆装有"抗爆节油器"的运货汽车在上海市浦东大道上行驶。汽车载着三吨半的货物，走了一百二十五公里，用去汽油三十点四公升，比同一汽车在没有装"抗爆节油器"时节省汽油百分之十四。

这是国营中国石油公司上海批发站最近所作的利用"抗爆节油器"的一次试验。"抗爆节油器"装在汽车化油器的下面，用酒精和水各半掺成的抗爆剂节约汽油。参加试验的汽车司机认为："抗爆节油器"还有防止引擎突爆敲缸，增强引擎马力和减低水箱温度等功效。

"抗爆节油器"是上海市公共交通公司技术人员钱润廉根据苏联经验制造的，多次试验的结果，节约汽油都在百分之十以上。现在上海市有关部门正在研究推广使用，第一批"抗爆节油器"就要正式生产。

1955-03-14

中苏友谊的结晶——新疆石油公司

新华社记者 韩文慧

在准噶尔盆地戈壁滩上的新疆石油公司的矿区，现已发展成一座不小的城市了。一幢幢银白色的高大建筑物，组成纵横有十多里的漂亮、整齐的市街，进入市区远远就望见炼油厂里林立着的油库、高耸的油塔和烟囱。市街周围钻井机日夜吼叫着，井台上的维吾尔族和哈萨克族的钻井工人，正在操纵着复杂的钻井机向丰饶的油田钻进。已经钻成的油井大多数不用安装采油机，原油就像喷泉一样从井底喷上来。

准噶尔盆地地层下埋藏着丰富的石油，十多年以前这里曾经有过开采，但旧中国的石油工业和当时其他建设事业一样，成绩小得可怜。新疆解放时，这里只有两口用吊筒采油的油井，八、九间破破烂烂的平房。一九五零年春天，中苏两国签订了在新疆创办中苏石油股份公司的协定，两国职工开始在这片戈壁地层下采取石油，直到今年一月一日，苏联政府把他们的股份移交给中国时，这里已经建设成为一座大型的石油工业联合企业了。现在，从地下把原油汲出到炼成成品油这一生产过程，已全部自动化了。在炼油裂化厂里，哈萨克族领班工人只要坐在仪器室里，就可以掌握全部机器运转的情况，精确地进行操作。

苏联专家在帮助我国建立一座这样巨大的石油企业中，表现了高度的国际主义精神。前中苏石油股份公司初创时，没有一个中国技术工人，那时候，许多苏联工程师、技师等不得不抽身做一个普通工人和领班的工作，甚至连总工程师也不得不这样做。钻井专家在确定了井位、安装起井架后，就亲自充当钻井员和钻井技师，开钻生产井和探井。修建炼油厂时，从地基测量到管道、机器安装，也都是专家们亲自动手和指导中国工人作好的。在那些日子里，苏联专家为了帮助中国建设这个新的石油企业，发生了许多激动人心的事迹。有一次，一口油井快要钻成时，突然发生井喷事故，瓦斯带着原油和泥水一刻不停地喷出井口。在这样危急的情况下，机械专家瓦亭领着几个工人，奋不顾身地钻到井台下去关防喷器。暴雨般的泥水和原油冲击在他们身上、脸上，他虽然被瓦斯熏昏过几次，但最后还是爬向前去，关住了防喷器，救下了这口油井。瓦亭是第一批到矿区的专家，因为平日工作优良，曾被评为中苏石油股份公司的模范干部，并受到奖励。

在建设这座石油企业的艰巨工作中，苏联专家用尽一切办法帮助中国培养技术人员和技术工人。那时候，在专家们身旁工作的绝大部分工人，都是第一次和机器见面的新疆少数民族农民和牧民。苏联专家带着他们上班，在机器旁边耐心地讲解、示范，甚至扶住他们的手，帮助他们操作。碰到难懂的事情，专家们先亲自作一遍，然后让中国工人照样去作。前中苏石油股份公司为了更有计划地培养中国工人，还举办许多次培养正副钻井员、架上工人和柴油机技工的学习班，以及掌握裂化和机械修理技术的训练班，专家们利用工作以外的时间，为这些训练班编教材、绘图，亲自给中国工人讲课，使各族职工很快地掌握了各项操作技术。当今年一月苏联政府把中苏石油股份公司的股份移交给中国时，新疆石油公司已拥有几千名熟练的技术人员和技术工人了，原来那些从来没有见过机器的维吾尔族农民和哈萨克族牧民，今天已能独立地操纵着各种复杂的机器和精密仪器，担负着指挥、管理和生产的工作。

今年，一部分苏联专家回国去了，一部分留在新疆石油公司工作的专家，继续努力帮助中国培养技术工人。今年，公司的石油勘探队已扩充到六十几个队，在苏联专家指导下，正冒着盆地的滚滚风沙，艰苦地进行普查、详查、细测和地球物理勘测，已找到了很多有希望的储油构造。矿区正在扩大油田的钻探面积，开凿了好多三千公尺以上的深探井。已经凿成的探井又发现了更好的含油岩层。现在，新疆石油公司正在筹建一座设备完善的石油学院，准备更有计划地用苏联先进的石油工业建设经验，来大量地培养中国石油工业人才。新疆石油公司在苏联专家帮助下，正在迅速地建设成一个新的石油基地。

1955-09-26

我国第一座巨大的炼油厂
——兰州炼油厂积极准备施工

本报讯　我国第一座现代化的巨大的炼油厂——兰州炼油厂正积极进行施工前的准备工作。现在，厂区附近的环形铁路正在紧张地施工，通往厂区的公路也在铺设路面。钻探工人们正在广阔的厂区钻探砂坑，不久就将开始平整厂址。

这座炼油厂工程将采用机械化、工厂化的方法施工，为工厂化施工所需的十几个加工厂正在设计，很快就可动工建筑。

这座炼油厂规模很大，共有十多个主要生产车间。生产过程将是高度自动化的，在值班室里有各种能够反映流量、流速、温度、压力等生产情况的自动控制仪表，工人们依靠仪表就可以远距离地操纵生产。

兰州炼油厂建成后，每年能够处理大量原油，炼制出航空汽油、航空煤油、车用汽油、柴油、润滑油、汽缸油、锭子油等石油产品，供应我国交通运输业和工业生产建设的需要。

1955-10-24　《人民日报》

中共中央向中国石油工会第一次全国代表大会的祝词

本报讯　中国共产党中央委员会向今天开幕的中国石油工会第一次全国代表大会的祝词，全文如下：

中华全国总工会转中国石油工会第一次全国代表大会的全体同志们：

中国共产党中央委员会热烈地祝贺你们的大会开幕，并预祝会议成功。

中华人民共和国成立以来，石油工业的全体工人、工程技术人员和企业行政领导人员进行了创造性的劳动，已经初步学会和掌握了某些近代技术。现在，我国石油工业正在迅速地成长为一个独立的工业部门。

目前，摆在你们面前的首要任务，是大力勘探天然石油资源，获得储量丰富的油田，并用最新方法炼出我国所需要的各种油类；同时发展人造石油，加速地、进一步地改变我国石油工业的落后状态，使石油工业的发展，适应国家建设和人民的需要。石油工业部门全体职工所担负的这个任务是重大的和光荣的。

希望你们经过这次大会进一步地密切工会和群众的联系，提高职工群众的政治觉悟，发扬工人阶级艰苦奋斗的优良传统，努力推广先进经验，发展群众性的合理化建议，学习和掌握新技术；开展群众性的批评和自我批评，反对右倾保守思想；组织先进者对落后者进行同志般的帮助，使社会主义竞赛参加者的队伍更广泛，以求全面改进工作，改善生产，使我国石油工业生产得又多、又快、又好、又省，提早完成和超额完成你们所担负的第一个五年计划的光荣任务。

中国共产党中央委员会

1956 年 2 月 21 日

1956-02-22　《人民日报》

中国石油工会第一次全国代表大会闭幕

新华社北京 27 日电　在北京举行的中国石油工会第一次全国代表大会在今天闭幕。这次会议正式选举和成立了以张兆美、瓦力斯等四十人组成的中国石油工会全国委员会；同时确定了中国石油工会当前的基本任务。会议要求各级工会组织更好地团结和组织石油工业中的全体职工群众，全面开展社会主义竞赛，争取提早完成第一个五年计划中石油工业的生产和建设任务；并且经常关心与改善职工的劳动条件和物质文化生活。

会议认为当前各级工会组织领导社会主义竞赛的中心环节，是要在石油工业系统中广泛地开展先进生产者运动。要求每个职工都采用先进的工作方法，全面突破现行定额，把这一运动成为推动一切工作的动力。

玉门油矿炼油厂、东北石油五厂裂化车间和石油工业部第一建筑安装工程公司等单位的代表，代表所在单位的职工向全国同类企业的职工提出了开展厂际竞赛的倡议。在会上发言的五十二位代表，一致同意他们的倡议。

会议期间，中国石油工会筹备委员会主任张兆美、石油工业部部长李聚奎等，都向到会代表作了工会工作和石油工业基本情况的报告。

会议最后一天，到会代表通过了给毛主席的致敬信，并且一致通过在石油工业系统中开展先进生产者运动的决议。

1956-02-28

玉门油矿派出大批技术人员
支援各地石油工业建设

新华社兰州 13 日电 从 4 月 7 日以来，又有六个地球物理勘探队、三个地质队、两个钻井队和一批技术人员，从玉门油矿出发，去青海柴达木盆地、新疆、四川等地支援石油勘探工作。

这批人员出发以前，有关部门曾经为他们举行了欢送晚会。他们在会上一致保证，到新的工作岗位以后，要更加努力工作，为祖国寻找出储量丰富的油田。一个去柴达木盆地的勘探队员说："我们不怕柴达木的风沙，一定要用自己的双手寻找出石油，因为我们是石油基地培养出来的石油工业尖兵！"

4 月 8 日这一天，尽管大雾弥漫，飘着雪花，但是勘探队员们为早日到达这些地区展开工作，仍然驾驶着仪器车向新疆出发了。

玉门油矿为了以技术力量大力支援兄弟单位的石油建设，在今年第一季度已经调出了四个钻井队、一个试油队和近三百名包括有地震、重磁力、地质、钻井、电测、试油、机械等各种不同工种的工程师、技术员和技术管理干部，前去支援柴达木盆地、新疆、四川等地的石油勘探工作和兰州炼油厂的建厂工程。

1956-04-14

中国石油公司决定要做好石油供应和节约油料工作

新华社北京 16 日电　中国石油公司全国经理会议决定要保证作好今年的石油供应和节约油料的工作。

据中国石油公司在辽宁、黑龙江和河南等省的调查，自农业合作化运动大发展以来，农村用的抽水机和拖拉机今年将比去年增加三倍到七倍，其他如双轮双铧犁等新式农具也有显著增加。同时，随着全国工农业生产、基本建设和交通运输事业的发展，今年汽油、柴油和润滑油等各种用油的需要量将大大增加。根据这些情况，中国石油公司全国经理会议确定要继续扩大货源，做好分配工作，推广凭证供应办法，以保证工业和农业生产必要用油的供应；要尽量提前向基层销售单位多调拨油料，充实库存，作好正常供应；同时要进一步发动职工开展社会主义竞赛，贯彻实行财产责任制，扩大直达运输，降低损耗和运费，以准确地完成各项计划指标。

这次会议还决定，要在全国范围内开展节约用油工作，积极传播节约用油的先进经验，改进废油回收再生工作，推广可以代用的物资。

1956－04－17

鄂尔多斯地台西缘地带寻找石油转入细测

新华社西安 10 日电 在鄂尔多斯地台西缘贺兰山东麓地带寻找石油的工作，已经从分散普查转入详查细测。5 月初，比去年技术力量增长一倍的石油地质人员，已经在这个沙丘地带全面地展开了野外工作。他们计划在今年寻到一批新的储油地质构造，并且要在去年寻到的构造中，提出几个能供明年钻探的构造地质资料。

为了完成以上的任务，十几个详查、构造细测和专题研究的地质队，增加了重磁力、地震和地面电测等新型勘查工种，同时比去年多添了三倍的浅层钻探进尺和大量的槽探工作。

最先到达野外的地质队，在预查当中已经初步发现了新储油构造；同时，各钻井队也在沙丘地带开始挖掘水井，为钻机工程准备水源。

鄂尔多斯地台面积共有三十六万多平方公里，分布在陕西、甘肃、青海和内蒙古边缘，现在正在进行详查和细测工作的西缘地带，面积约占五分之一，这是被苏联和中国石油专家认为有储油和开发远景的地区。

整个地台的勘查工作，从1951年就开始了。今年在地台的东北沙漠地带，用物理方法做完七万平方公里的普查工作以后，整个地台的普查就告结束；结束以后就要逐年增加西缘地区的深入勘查研究工作。

1956-05-11

我国又发现了一个新油田

新华社北京 11 日电 石油工业部负责人在今天开幕的全国石油工业先进生产者代表会议上宣布：新疆维吾尔自治区的准噶尔盆地的克拉玛依地区，已经证实是一个很有希望的大油田。

这个油田距离新疆石油公司不远。到现在为止，石油工业部的勘探人员在这个地区已经钻成的四口探井中，有三口已经自动喷出棕色原油；其余十口正在钻探的探井，也有六口已经有油气显示。据在当地工作的苏联专家和地质学家们计算：仅已经探明的面积，有工业开采价值的储油量就已经很大；如果以今年的勘探地区计算，那么储油量就将超过玉门老君庙油田好几倍。

除此以外，地质人员还在离克拉玛依七十公里以外的地方，发现了一个有很大油苗显示的地区。

据地质学家们估计，由于以上两个地区的地质条件相同，克拉玛依油田面积，将有可能扩展到几千平方公里以外。

为了迅速探明这一地区的石油储量，争取及早出油满足国家的用油需要，现在，石油工业部已经决定今年将进一步扩大克拉玛依地区的勘探规模，同时还在其附近开辟了一个新的勘探区。计划从明年起，一方面继续钻探，另一方面将开始开发这一油田的总体设计，并且进行小规模的开采。

克拉玛依油田有含油希望是前中苏石油公司的苏联专家们领导的勘探队员发现的。1954 年开始进行勘探工作，到最近才完全证实了这一油田有着巨大的开采价值。现在，这个油田上已经出油的三口探井，每天产量都很好，经过新疆石油公司炼油厂炼制结果证明，油的质量也都很好。

1956-05-12

中国石油工业发展迅速

石油工业部部长李聚奎在全国石油工业
先进生产者代表会议上的报告摘要

新华社北京 12 日电 今年，中国的石油原油产量将比解放以前最高年产量增加二点八倍，石油探井的总进尺将超过解放前四十二年（1907 年—1948 年）总进尺的十点六倍。石油工业部部长李聚奎，今天在全国石油工业先进生产者代表会议上报告了这个令人鼓舞的情况。

李聚奎还说，经过几年来的资源勘探，全国已经有十四个省份发现了蕴藏着大量的天然石油和人造石油所需的原料。在这些省份内，已经发现的储油构造有三百多个，油苗二百四十处。青海的柴达木盆地、新疆的准噶尔盆地、甘肃的酒泉盆地、四川盆地和鄂尔多斯地区。都已经证实有着较好的含油远景，其中仅柴达木盆地就找到了九十一个构造，最大的构造达一千平方公里；这个地区的第一口探井在去年出油以后，最近第二口探井又出油了。新疆的克拉玛依也已经取得可靠资料，证明这个地区是一个较大的油田。

李聚奎在报告中还谈到了石油工业技术力量的增长和技术水平提高情况。他说，今年仅是属于石油工业部系统的地质测量队、地球物理队和浅井队队数，就比 1950 年增加了二十一点五倍；钻井队的队数比 1950 年增加了十八倍。玉门油矿由于贯彻了苏联专家建议，已经成功地采用注水、注气，以及压裂等先进采油方法。在炼油方面，各炼油厂也已经掌握了多种新的炼油技术，因而，使各项经济技术指标都有了显著提高。用 1955 年和 1952 年比较，汽油的综合回收率提高了 2.2%；原油的加工损失率降低了 7.6%。这样，就增加了石油产品的产量，节约了大量资源。   1956–05–13

新疆集中大批人力物力支援克拉玛依探区

新华社乌鲁木齐2日电 新疆维吾尔自治区人民委员会最近抽调了五百八十四辆汽车、两千多个劳动力、五十多名公路和水利工程技术人员，支援克拉玛依探区的建设工作。这些汽车和人力，已经全部到达克拉玛依探区参加了运输、公路修建和水源勘测工作。

克拉玛依油田被证实是一个很有希望的大油田以后，开发这个油田的钻探规模更大了。但是由于克拉玛依位于准噶尔盆地最荒凉的地区，探区所需要的一切物资，都要从很远的地方去运输，使开发油田的工作遇到很大困难。5月初，中共新疆维吾尔自治区委员会，发出了支援克拉玛依探区的指示，新疆维吾尔自治区人民委员会立即从运输局、区级机关，抽调了五百三十四辆汽车支援探区运输。中国人民解放军新疆军区生产建设部队，也抽调了五十辆汽车，并且抽出两千多个劳动力支援公路建设。公路局、水利局等部门还派出了技术人员到探区帮助进行公路、输水管线和勘测设计工作。

1956-06-03

克拉玛依油区正在建设一座石油城

新华社克拉玛依 12 日电 正在克拉玛依油区兴建的克拉玛依石油城，在 8 月 5 日接待了来到这里的第一批居民——石油工人。他们已经住进了石油城里第一批竣工的住宅。

克拉玛依石油城是新疆石油管理局设计的。这座新兴工业城镇在今年寒冬降临之前，还将兴建六十多幢住宅，建筑面积约五万多平方公尺。这个城市的远景规划将建有工业区、住宅区和行政福利管理区等。在工业区和住宅区之间，还将建设一条八十公尺宽的长形林带的绿化区。

文化区将建设在住宅区中间。这里将要建筑起高大的矿区办公大楼、工人文化宫和包括滑冰场在内的运动场，还要建设露天电影院、露天舞场、学校、托儿所。文化区两端按规划将建设一幢幢整齐的住宅，每五十幢住宅的中央还要建设两千平方公尺大的包括百货、食品、食堂等供应职工生活日用品的贸易门市部。在住宅区的西北边，还将建设一座职工医院。

明年，这里的建筑面积将比今年扩大好多倍。这些工程完工后，荒漠的戈壁上将出现一座初具规模的石油城。

1956-08-13

克拉玛依出产的原油开始在独山子炼油厂炼制

新华社乌鲁木齐 8 日电　新华社记者伊晓报道：新疆石油管理局独山子炼油厂用克拉玛依所产原油炼制成的汽油、柴油等，已经在新疆维吾尔自治区的工业和交通运输上应用。

独山子炼油厂曾经在今年 4 月份试炼了二百吨克拉玛依原油。他们根据克拉玛依原油的特点，制订了新的操作规程。从 6 月份起，这个厂就陆续在蒸馏、裂化、焦化和沥青等车间开始了大量炼制。

独山子炼油厂的各族工人以极其兴奋的心情炼制克拉玛依的原油。过去，这个炼油厂由于原油供应不足，部分设备曾经闲置起来。焦化车间和沥青车从去年建成以后，直到克拉玛依原油运来之前，长期不能进行正规生产。现在，由于克拉玛依原油的供应，蒸溜车间已经开始感到设备能力不足，裂化车间在 8 月份进行生产的天数比过去任何一个月都多，焦化车间和沥青车也正式投入生产了。独山子炼油厂职工为了炼制克拉玛依的原油，检修了全部设备，并且展开了社会主义竞赛。在制定和执行新操作规程当中，职工们还提出了许多合理化建议。

克拉玛依在试油和试采中所产的原油，随着勘探规模的扩大，产量还将不断增加，因此，独山子炼油厂还准备扩建。

1956-09-09

青岛市的石油公司去年回收废油三百多吨

本报讯 中国石油公司山东省青岛市公司1956年共回收各种废油三一一点三七吨，有二一一吨已经加工提炼出各种再生油并用于工业生产，按牌价计算，等于为国家增加了十五万多元财富。

这个公司去年曾经先后收购了九十八吨润滑油，经过加工制成了四十吨内燃机油，支援了青岛市交通运输业和重工业的需要；在第四季度收购的三十八吨废汽油、废煤油和废柴油，都是洗刷机器用过的，油里含有杂质很多。这个公司的职工们就根据废油的成分，分别加工提炼出工业汽油、灯用煤油、轻柴油和大车油等。他们还把收购的废变压器油加工提炼成仪器油，把废透平油加工提炼成再生透平油，把自己仓库里长期积压变质的一百多吨废油加工提炼成重柴油。

这个公司除在本市回收废油以外，还派人到益都、高密、莱阳等地组织废油回收；同时又派人深入到加工厂中进行加工再生油的技术指导工作，保证了各种再生油的规格和质量合乎标准。

1957-01-09 《人民日报》

春天来到了克拉玛依油田

新华社记者　伊　晓

春风把全国大半地带绿遍，才迟迟来到祖国西北一隅的克拉玛依油田上。3月中旬的一个早晨，记者和值早班的工人乘着敞车去井场，意外地遇上了雨，大家快活得仰起脸来让给雨淋。坐在驾驶间里的采集员姑娘，不理会司机的叱责，把手探出车窗，撒欢儿似地叫着："春天来啦！"对春天最敏感的要算男女青年们。油城近处旷野里的雪刚刚消融，就有一对对的在散步了。近来孩子们也给了油城以春的点缀。忽然，天空出现了两只风筝。在住宅区到处都是相互追逐着、喧哗着的孩子。过不上几天，他们就要在新建的小学校上学了。职工家属们也忙了起来，家家户户都在清扫庭院，整饰居室，拆洗衣服，近些日子每天都多消耗掉一、二十吨生活用水，矿务局的职员们刚组织义务劳动清除了街道脏土，油城面貌已经焕然一新。卫生人员这家串出，那门串进，在忙着种痘和洒消毒药物。

现在，在各个井场上，钻工和他们的钻机已经全付轻装：碍事的防寒设施撤掉了，笨重的棉衣脱去了，只在上下班才披披；连井台也弄得清洁有序起来。有些井场还张贴着彩色的争取作先进生产者的保证条件和标语。增产节约运动已在全油区展开了。3月26日，我和克拉玛依工程段负责人到就要在第二天开钻的二一八号井上去，工人们正在进行开钻前的最后一次检修，一见到我们就先提出要求再给一批钻杆，当时就在井台下放下四百多公尺钻杆，可是井队技师解释说："别看3月份只剩四天了，大家有信心钻它五百公尺。"工程段负责人告诉我：从前推行快速钻进真不容易，最近开钻的一批井是个个提出要快速钻进，好些个井队要求多给钻杆。当前的问题不是去推动工人，而是领导如何把工作组织好，把器材和水供应好，别拉了井队的后腿。

春天也给油田带来一些新的困难和新的问题。3月22日夜里的一场十级大风，预告多风季节来临了。当夜好多帐篷被掀翻，不少的钻机停钻，执行夜间任务的汽车停在路上。克拉玛依矿务局钻井处已在采取种种紧急预防措施。但最大的困难还不是多风，而是少水。油区目前主要水源玛纳斯河，当4月初为时十天的冰汛过去后，就要进入枯水期了。几十天的枯水期间，河道几乎是全干的。这样，油区两万人饮用，数十部钻机工作就依靠能否储蓄下冰汛洪水了。人民解放军农垦部队一个单位对油区提供了援助，他们决定利用玛纳斯河畔小拐地方的一块低地修成临时水库，拦蓄洪水以供应油区三个月的用度。记者在3月20日访问了水库工地，军工们正赶筑拦洪堤坝。3月17日，他们从一百多公里外赶到这里，三天以来还没动烟火，大家啃着自带的干粮在紧张地突击，口号是3月底以前让河水入库。

今年将有十多万平方公尺的工业和民用建筑在克拉玛依兴建起来。随着天气的和暖，油区已是一片开工前的紧张繁忙景象。油城近郊，一幢幢的工棚已经成排成行，本来黄羊出没之所，已钉上了木牌，这儿要进行建筑了。有些要提前动工的工程，已经在填挖土方。独克公路旁边的一处砖窑厂，已烧成的砖和还没烧的坯，一垛垛的摆了十来万平方公尺的地面，可是砖窑还冒着浓烟，制坯工人忙个不停。汽车一辆接一辆地在公路上飞驰，日夜向克拉玛依输送着建筑材料。

克拉玛依的春天，既没有花开，也没有草长，但是你无论在工地上，在井场上，在一个居民点里，哪怕停留上一分钟，都会感到春意在喧闹。

1957-04-02

第二篇

中国石油的发展跃进

川中群众积极支援开发川中油区

新华社南充 17 日电　川中地区广大群众积极支援石油钻探工人开发川中油区。人们提出了这样的响亮口号："为了让第二个克拉玛依尽快为祖国服务，需要什么我们就支援什么！"

目前正是春耕生产的繁忙季节，但是南充、蓬溪、武胜、广安等县的农业社仍然抽调出近万名农民组成了筑路大军，赶修通往油田钻探区的公路支线和探井场地，劈山削岭的爆炸声和压碾工人的号子声到处可闻。农民们要在今年 7 月前修好长约七百公里的公路和二百七十多处新的井场场址。南充县两河口探井井场在打基墩工程中劳力不足，附近农业社员便自动跑来帮助，两天运河沙五十吨，及时完成了修筑任务。武胜、广安、营山、南充等县在探井附近的农业社，都指定部分生产队，划出耕地，专门为钻探工人生产蔬菜。有些农业社的副业生产队，还特地为工人们生产豆腐、豆芽、粉条等副食品。

各地探井附近集镇的铁器、木器手工业工人，也积极为石油钻探工作贡献自己的力量。南充县东观镇木器生产合作社，一年来为川中石油钻探处生产了各种木器七千多件，最近这个社又组成近五十人的一支木工队，参加新的探井安装工程。这个镇的铁器生产社动员了三十多名铁工，将铁炉由八台增加到十四台，以适应附近石油钻探工地的需要。

为了改善钻探工地工人的生活条件，商业部门最近在钻探工地增设了一批门市部，营业项目包括百货、理发、旅馆和服装等。武胜县龙女寺新设立了银行和邮电营业所。南充、武胜等县还组织了一部分流动商贩轮流到工地附近为工人服务。

1958-04-18

松辽平原有石油

据新华社 25 日讯　地质部松辽石油普查大队在最近获得的成果中，已经初步证实：松辽平原不久将成为我国最重要的油区之一。

早在今年 4 月底，这个普查大队在吉林省扶余县一个储油构造的钻孔中，就曾经钻到了厚达七十公分和五十公分的两个油砂岩层，证明松辽平原深处有很多的石油集潴。

6 月 17 日，这个普查大队又在公主岭西北杨大城子镇附近的构造钻孔中，遇到了一个新的厚度在三公尺以上（现在尚未穿透）的含油砂岩层。岩芯取出后有原油渗出，进一步说明了在这个地区内找到油田的希望极大。

1958-06-26《人民日报》

兰州炼油厂第一期工程基本建成
今年将生产一批石油产品

新华社兰州 5 日电 兰州炼油厂第一期工程已经基本建成，并在 9 月 27 日炼出了第一批煤油、柴油和汽油。现在这个厂正在试运转，今年内就将生产出若干万吨各类石油产品。

兰州炼油厂是我国第一个大型的现代化的炼油厂，它的设计、施工和主要的机器设备，都是苏联帮助解决的。生产过程全部是机械化和自动化。

这个厂是 1956 年 4 月开工兴建的，原计划 1959 年年底投入生产。全国的大跃进形势鼓舞了建厂职工，他们在党的领导和苏联专家的帮助下，打破常规，一边进行收尾工程，一边试运转，因而大大提前了试运转的时间。为了克服劳动力不足的困难，这个厂还把某些车间进行了调整和合并，使生产工人比原设计可以减少一半。现在，第二期工程正在大力建设。

1958-10-06

大批人员和勘探器材赶运川中油区

新华社南充 25 日电 全国各地热情支援川中油区的石油勘探。来自西南、西北、华东等地的成千上万吨器材，一批又一批的工人和干部，正在日夜不停地赶赴川中油区。

川中油区喷油的消息传出以后，铁道部立即决定拨出一三〇个车皮，在最近二十天内将油区最急需的器材赶运到成都和重庆。四川石油勘探局为了把油区急需的物资尽快运到工地，最近集中了一百多辆大卡车，分别从重庆、江津、成都、德阳几个方向向川中运送。四川省交通厅根据油区运输上的需要，已经修改了今年的公路建设计划，把投资和养护重点放在川中地区，现在已开始主要线路的桥梁加固工程。成都工学院也派出了一百八十多名教师和学生支援油区的公路建设。

因为勘探规模扩大，川中油区今年需要大批的钻探设备和人员，玉门矿务局、隆昌气矿、柴达木盆地、四川石油沟探区等兄弟单位，目前正在抽调成套的钻机和人员。西北地区已有十六部钻机起运来四川。四川石油沟探区从现有设备中，想法抽出了三部钻机和人员，以及修配涡轮的设备，准备在最近运到南充。青岛重晶石厂的职工来信告诉川中油区的职工说，需要多少重晶石就供应多少，保证以全力支援。

川中油区喷油的消息使当地人民感到特别兴奋，他们表示：工地上需要什么就支援什么。中国石油公司南充分公司的职工前几天连夜为川中油区筹划今年的油料供应问题，紧急的时候甚至半夜里还打开仓库为他们取油。南充专区和遂宁专区的许多农业社抽出了成批的民工，为各个探区赶修公路和房屋。南充专署也在木材供应很紧张的情况下，抽调出两千多立方公尺木材给工地修盖工棚和架设电线。

1959-03-26

兰州炼油厂第一期工程正式投入生产

新华社兰州 8 日电　兰州炼油厂第一期工程经国家验收批准以后在最近正式投入生产。它的第二期工程正在加紧施工。

兰州炼油厂是我国目前炼油技术设备最先进的大型炼油厂。从 1956 年 4 月开工兴建以后，全体建筑安装职工在党的社会主义建设总路线的光辉照耀下，经过两年零四个月的努力，提前十五个月建成了第一期工程；接着又获得了无事故试运转的突出成绩，从今年第一季度开始接受生产任务。

第一期工程的设计处理量为一〇〇万吨。全厂已经投入生产的十六套生产装置，都是自动化的。它除了生产车用汽油、煤油、柴油和普通润滑油以外，还能大量生产航空汽油、航空煤油、高级润滑油等高级产品。

在综合利用石油资源方面，兰州炼油厂也有新的贡献。在一般炼油厂只能作燃料烧掉或者作副产品处理掉的废气、高粘度渣油等，兰州炼油厂却能从中再提炼出汽油和柴油。石油废气经过特殊处理以后，还能供给化工厂做制造卡普龙和合成橡胶的原料。即将投入生产的氧化石腊装置，可以生产种类繁多的脂肪酸，供制造肥皂等用。这个厂最近还采取洋土结合的办法，为市场生产了炭黑、铅印油墨、自行车油、缝纫机油、大车油等产品。

兰州炼油厂是坚决贯彻党的社会主义建设总路线的产物。建筑单位在各级党委的领导下，从开始建设起就展开了施工中的两条路线的斗争，彻底批判了右倾思想，为力争高速度奠定了思想基础。近万名建筑安装工人在建厂过程中掀起了声势浩大的群众性的技术革新和技术革命运动，普遍推行了平行流水交叉作业法、油罐倒装和卷装法、大型设备整体吊装法等先进施工方法，并且展开了群众性的质量检查。因此，既保证了施工的高速度，又使工程质量达到了优等，成为基本建设战线上多快好省的典型之一。

1959-11-09

兰州炼油厂举行开工生产典礼

新华社兰州 21 日电　新建规模巨大的现代化天然石油加工厂——兰州炼油厂，在 20 日正式投入生产。这天，兰州炼油厂内红旗招展，锣鼓喧天，人们欣喜异常。下午二时，隆重举行开工生产典礼。

兰州炼油厂国家验收委员会主任、中共甘肃省委书记处书记何承华在典礼上说，国家验收委员会详细检查了兰州炼油厂第一期工程的基本建设项目，认为工厂已经完成国家交给的建设任务，工程质量达到和超过设计标准，总评定为优良。同时，工厂生产所需的设备基本齐备，各项生产准备工作已经就绪，并且经过长时间的试车生产，炼出了质量良好的产品。这就证明工厂已经具备交工验收正式生产的条件。他代表国家验收委员会正式宣布：兰州炼油厂第一期工程已经建成，自 1960 年 1 月 20 日起，正式动用，投入生产。

石油工业部副部长刘放代表石油工业部向大会热烈祝贺。他说，兰州炼油厂具有设计先进、设备头等、技术精湛的特点，它的建成和顺利投入生产，为我国石油炼制工业全面跃进创造了极为有利的条件。

苏联驻华大使馆参赞符明在会上讲了话。他代表苏联驻华大使馆和在中国工作的全体苏联专家，向中国最大的炼油厂的建设者和生产者致以衷心的和热烈的祝贺。

石油工业部副部长刘放代表石油工业部向支援兰州炼油厂建设的苏联设计单位、重工业出口单位赠送了锦旗和礼品。

兰州炼油厂是苏联帮助我国建设的，从 1956 年 4 月底动工兴建，到 1958 年 9 月基本建成，共用了两年零四个月的时间，比原计划提前了一年零三个月。工厂第一期工程建成后，经过一个时期试运转，很快就组织正常生产。

1960-01-22

玉门石油局全面总结新技术经验

本报讯 玉门石油管理局积极为明年生产作准备。各厂、处、公司领导干部和工人、技术人员一道，对今年技术革新和技术革命运动的成果集中进行了审查和鉴定，总结出四百二十一项包括钻井、采油、炼油、机械制造、油田建设、交通运输等各方面的新技术、新经验。为了使这些新技术、新经验在明年的生产中充分发挥作用，各厂队都在党委领导下，成立了新技术、新经验推广组，按工种组织"多宝配套"，大力推广。

随着生产的发展，原材料的需要量将越来越大。这个局预计到这一形势，采取多种办法积极生产原材料，并积极赶制和修复柴油机、拖拉机、汽车等配件。目前已生产出重晶石粉、电石、电焊条、硫酸等各种原材料一万多吨。为明年赶制的各种配件达五万多件。为了给明年石油工业的持续跃进准备足够的技术力量，各单位还采取短期进修、岗位培训、学校培养等办法，大量培养技术工人。仅地质勘探公司、炼油厂等三个单位，采取上述办法培训的各类工人就达三千多人。

1960-12-31　《人民日报》

化学、石油及有关产业工人
第四次世界代表会议闭幕

新华社莫斯科26日电 化学、石油及有关产业工人第四次世界代表会议于5月20日至25日在莫斯科举行。参加会议的有来自三十九个国家的一百多名代表和观察员。

以中国石油工会全国委员会主席张兆美为首的中国石油、化学工会代表团出席了这次会议。

会议讨论了化学、石油及其有关产业工人面临的问题、任务和斗争要求，通过了"任务和要求统一纲领"。这一纲领肯定了世界工会第五次代表大会通过的"工会行动纲领"应该作为本产业工人及工会的行动指南。

中国石油、化学工会代表团团长张兆美在会上发言中揭露了以美国为首的帝国主义掠夺各国石油资源的大量事例，并且指出各国化学、石油工人必须高举反对帝国主义、殖民主义和垄断资本的旗帜，进行坚决的斗争。

张兆美还谈到了化学、石油工人在社会主义建设中所取得的巨大成就，和他们对于各国工人和人民正义斗争的坚决支持。

1962-05-27

我国石油产品基本自给

本报讯　我国石油产品已经达到基本自给。这是我国自力更生地进行经济建设取得的一项重大成就。

石油是埋藏在地下的可燃性矿物油，是当代世界上最重要的能源之一，也是非常重要的化工原料。1859 年 8 月 27 日，在美国东海岸首次发现了石油，1863 年在加利西亚低地首次开采出了石油。

中国石油工业的基础十分薄弱，1949 年以前全国只有甘肃玉门老君庙、新疆独山子、陕西延长 3 个小油田和四川圣灯山、石油沟 2 个气田，以及辽宁的 2 个页岩油厂，年产原油仅 12 万吨 (台湾省未计在内，以下同)，国内的石油消费基本上靠进口，被人称为"贫油国"。新中国建立后，人民政府十分重视这个问题，并开始着手解决。经过广大工人、科技工作者和其他人员的艰苦努力，在三年恢复时期和第一个五年计划期间，不仅恢复和扩大了原有油田的生产，还先后开发兴建新疆克拉玛依和青海冷湖两个油田。这一期间，中国原油的产量平均每年以 27.5% 的速度递增。到 1957 年，原油产量达到 145.8 万吨，天然气年产量为 7007 万立方米。第二年五年计划期间，根据卓越的科学家李四光的地质力学理论，在东北、华北、西南等几个地区，展开了大规模的区域勘探。1959 年在东北松辽盆地陆相沉积岩中找到了工业性油流。1960 年组织了大庆石油会战。仅三年时间，便使中国原油生产有了大幅度增长。到 1963 年，全国石油产量达到 647.7 万吨，石油产品产量达到全国消费量的 71.5%，基本上实现了自给。这是新中国社会主义经济建设取得的一项重大成就。

1963-12-26《人民日报》

大庆精神　大庆人

人民日报记者　袁木　范荣康

延安革命精神发扬光大

列车在祖国广阔的土地上奔驰着。它掠过一片片田野，越过一条条河流，穿过一座座城市，把我们带到了向往已久的大庆。

大庆，不久前人们对她还很陌生。如今，人们在各种会议上，在促膝谈心时，怀着无比兴奋的心情谈论着她，传颂着她。有机会去过大庆的人，绘声绘色地描述着这个几年前还是一个未开垦的处女地，现在已经建设起一个现代化的石油企业；描述着大庆人那一股天不怕、地不怕的革命精神和英雄气概。没有经受过革命战争洗礼和艰苦岁月考验的年轻人说，到了大庆，更懂得了什么叫做革命。身经百战的将军们，赞誉大庆人"是一支穿着蓝制服的解放军"。在延安度过多年革命生涯的老同志，怀着无限欣喜的心情说：到了大庆，好像又回到了延安，看到了延安革命精神的发扬光大。我们来到大庆时，这里还是严冬季节。迎面闯进我们眼底的，是高耸入云的钻塔，一座座巨大的储油罐，一列列飞驰而去的运油列车，一排排架空电线，和星罗棋布的油井。这一切，构成了一幅现代化石油企业的壮丽图景。同它相对衬的，是一幢幢、一排排矮小的土房子。它们有的是油田领导机关和各级管理部门的办公室，有的是职工宿舍。夜晚，远处近处的采油井上，升起万点灯火，宛如天上的繁星；低矮的职工宿舍里，简朴的俱乐部里，不时传出阵阵欢乐的革命歌曲声，在沉寂的夜空中回荡。到过延安的同志们，看着眼前的一切，想到大庆人在艰苦的条件下为社会主义建设立下的大功，怎么能不联想起当年闪亮在延水河边的窑洞灯火哩！

但是，对于大庆人说来，最艰苦的，还是创业伊始的年代。

那时候，建设者们在一片茫茫的大地上，哪里去找到一座藏身的房子啊！人们有的支起帐篷，有的架起活动板房，有的在不知道什么时候被丢弃了的牛棚马厩里办公、住宿。有的人什么都找不到，他们劳动了一天，夜晚干脆往野外大地上一躺，几十个人扯起一张篷布盖在身上。霪雨连绵的季节到了。帐篷里，活动板房里，牛棚马厩里，到处是外面大下，里面小下，外面雨住了，里面还在滴滴嗒嗒。一夜之间，有的人床位挪动好几次，也找不到一处不漏雨的地方。有的人索性挤到一堆，合顶一块雨布，坐着睡一宿。第二天一早，积水把人们的鞋子都漂走了。几场萧飒的秋风过后，带来了遮天盖地的鹅毛大雪。人们赶在冬天的前面，自己动手盖房子。领导干部和普通工人，教授和学徒工，工程技术干部和炊事员，都一齐动起手来，挖土的挖土，打夯的打夯。没有工具的，排起队来用脚踩。在一个多月的时间里，垒起了几十万平方米土房子，度过了第一个严冬。

就在那样艰苦的岁月里，沉睡了千万年的大地上，到处可以听到向地层进军的机器轰鸣声，到处可以听到建设者们昂扬的歌声："石油工人硬骨头，哪里困难哪里走！"夜晚，在宿营地的篝火旁，人们热烈响应油田党委发出的第一号通知，三个一群，五个一伙，孜孜不倦地学习着毛泽东同志的《实践论》和《矛盾论》。他们朗读着，议论着，要用毛泽东思想来组织油田的全部建设工作。没有电灯，没有温暖舒适的住房，甚至连桌椅板凳都没有，但是，人们那股学习的专注精神，却没有受到一丝一毫影响。

为了全国人民的远大理想

时间只过去了短短四年，如今，这里的面貌已发生根本变化。我们访问了许多最早来到的建设者，每当他们谈起当年艰苦创业的情景，语音里总是带着几分自豪，还带着对以往艰苦生活的无限怀念。他们说，大庆油田的建设工作，是在困难的时候，困难的地方，困难的条件下开始的，如果不是坚信党的奋发图强、自力更生的号召，如果不是在党的总路线的指导下，如果没有一股顶得住任何艰难困苦的革命闯劲，今天的一切都将是空中楼阁。许多人还说，他们过去没有赶上吃草根、啃树皮的二万五千里长征，也没有经受过抗日战争和解放战争的战火考验，今天，到大庆参加油田建设，也为实现六亿五千万人民的远大理想吃一点苦，这是他们的光荣，是他们的幸福！深深懂得发扬艰苦奋斗、自力更生这个革命传统的伟大意义，心甘情愿地吃大苦，耐大劳，临危不惧，必要时甚至不惜牺牲个人的一切，而能把这些看做是光荣，是幸福！这，不正是大庆人最鲜明的性格特征吗？

有着二十多年工龄的老石油工人王进喜，大庆油田上有名的"铁人"，就是大庆人这种性格的代表人物。

当年，这里有多少生活上的困难在等待着人们啊！但是，四十来岁的王进喜在一九六〇年三月奉调前往大庆油田时，他一不买穿的用的，二不买吃的喝的，把被褥衣物都交给火车托运，只把一套《毛泽东选集》带在身边。到了大庆，他一不问住哪里，二不问吃什么样的饭，头一句就问在哪里打井？接着，他马上就去查看工地，侦察线路。钻机运到了，起重设备还没有运到。怎么办？他同工人们一起，人拉肩扛，把六十多吨重的全套钻井设备，一件件从火车上卸下来。他们的手上、肩上，磨起了血泡，没有人叫过一声苦。开钻了，一台钻机每天最少要用四五十吨水，当时的自来水管线还没有安装好。等吗？不。王进喜又带领全体职工，到一里多路以外的小湖里取水，保证钻进，这样艰苦地打下了第一口井。

无语的大地，复杂的地层，对于石油钻井工人来说，有时就好像难于驯服的怪物。王进喜领导的井队在打第二口井的时候，出现了一次井喷事故的迹象。如果发生井喷，就有可能把几十米高的井架通通吞进地层。当时，王进喜的一条腿受了伤，他还拄着双拐，在工地上指挥生产。在那紧急关头，他一面命令工人增加泥浆浓度和比重，采取各种措施压制井喷，一面毫不迟疑地抛掉双拐，扑通一声跳进泥浆池，拼命地用手和脚搅动，调匀泥浆。两个多小时的紧张搏斗过去了，井喷事故避免了，王进喜和另外两个跳进泥浆池的工人，皮肤上都被碱性很大的泥浆烧起了大泡。

那时候，王进喜住在工地附近一户老乡家里。房东老大娘提着一筐鸡蛋，到工地慰问钻井工人。她一眼看到王进喜，三脚两步跑上去，激动地说："进喜啊进喜，你可真是个铁人！"

像王"铁人"这样的英雄人物，在大庆油田岂止一人！马德仁和段兴枝，也是两个出名的钻井队长。他们为了保证钻机正常运转，在最冷的天气里，下到泥浆池调制泥浆，全身衣服被泥水湿透，冻成了冰的铠甲。

薛国邦，油田上第一个采油队长。在祖国各地迫切需要石油的时候，他战胜了人们想象不到的许多困难，使大庆的首次原油列车顺利外运。

朱洪昌，一个工程队队长。为了保证供水工程赶上需要，他用双手捂住管道裂缝，堵住漏水，忍着灼伤的疼痛，让焊工在自己的手指边焊接。

奚华亭，维修队队长。在一次油罐着火的时候，他不顾粉身碎骨的危险，跳上罐顶，脱下棉衣，压灭猛烈的火焰，避免了一场严重事故。

毛孝忠和萧全法，两个通讯工人，在狂风怒吼的夜晚，用自己的身体联接断了的电线，接通了紧急电话。

管子工许协祥等二十勇士，在又闷又热的炎夏，钻进直径只比他们肩膀稍宽一点的一根根钢管，把总长四千八百米的输水管线，清扫得干干净净……

大庆人都贯注了革命精神，他们的确是特殊材料制成的。历年来，在大庆油田，每年都评选出这样的英雄人物一万多名。

请想想看！在这样一支英雄队伍面前，还有什么样的困难不能征服！

岩心和赤胆忠心

但是，大庆人钢铁般的革命意志，不仅表现在他们能够顶得住任何艰难困苦，更可贵的是，他们能够长期埋头苦干，把冲天的革命干劲同严格的科学态度结合起来。这正是他们在同大自然作战的斗争中，战无不胜、攻无不克的法宝。

在油田勘探和建设中，大庆人为了判明地下情况，每打一口井都要取全取准二十项资料和七十二个数据，保证一个不少，一个不错。

一天，三二四九钻井队的方永华班，正在从井下取岩心。一筒六米长的岩心，因为操作时稍不小心，有一小截掉到井底去了。从地层中取出岩心来分析化验，是认识油田的一个重要方法。班长方永华，当时瞅着一小截岩心掉下井底，抱着岩心筒，一屁股坐在井场上，十分伤心。他说："岩心缺一寸，上级判断地层情况，就少了一分科学根据，多了一分困难。掉到井里的岩心取不上来，咱们就欠下了国家一笔债。"

工人们决心从极深的井底，把失落的岩心捞上来。队长劝他们回去休息，他们不回去。指导员把馒头、饺子送到井场，劝他们吃。他们说："任务不完成，吃饭睡觉都不香。"他们连续干了二十多个小时，终于把一筒完整的岩心取了出来。

这从深深的井筒中取上来的，哪里是什么岩心，简直是工人们对国家建设事业高度负责的赤胆忠心啊！

几年来，就是用这样的精神，勘探工人、钻井工人和电测工人们，不分昼夜，准确齐全地从地下取出了各种资料的几十万个数据，取出了几十里长的岩心，测出了几万里长的各种地层曲线。地质研究人员和工程技术人员，根据大量的第一性资料，进行了几十万次、几百万次、几千万次的分析、化验和计算。

想一想吧，是几十万次，几百万次，几千万次啊！那时候大庆既没有像电子计算机这一类先进的计算设备，又要求数据绝对准确，如果没有高度的革命自觉，没有坚忍不拔的革命毅力，没有尊重实际的科学精神，这一切都可能做到吗？

正是因为有了这种自觉、这种毅力、这种实事求是精神，这种以毛泽东思想武装起来的新作风，在几万名大庆建设者的队伍中，形成了一种非常值得珍贵的既是继承了我党的优良传统，又是在社会主义建设时期的全新的风气：他们事事严格认真，细致深入，一丝不苟。大庆人不论做什么工作，他们的出发点都是："我们要为油田建设负责一辈子！"

大庆的钻井工人们有一个永远不能忘记的"纪念日"——"难忘的四一九"。那是指一九六一年的四月十九日。这一天以前，大庆人封掉了一口新打的油井。这口井，如果同老矿区的井比起来，已经不错了，照样可以出油，只是因为井斜度超过了他们提出的标准，原油采收率和油井寿命可能受到影响，建设者们含着泪，横着心，把它填死了。"四一九"这天，大庆人召开万人大会总结经验教训，展开了以提高打井质量为中心的群众运动。

"四一九"以后，这里的油井都打得笔直。最直的井，井斜只有零点六度，井底位移只有零点四米。打个比方说，这就等于一个人顺着一条直路走，走了一公里，偏差没有超过半米。

一二八四钻井队有一次打的一口油井，发生了质量不合格的事故。这个队的队长王润才和工友们，把油井套管从深深的地层中拔出来，逐节检查，研究发生事故的原因。他们终于发现，有一处套管的接箍因为下套管前检查不严变了形。后来，队长王润才就背上沉重的套管接箍，走遍广阔的油田，到每一个钻井队去现身说法，给全体钻井工人介绍发生质量事故的教训。

对油田建设负责一辈子的大庆人，用科学精神武装起来的大庆人，就是这样对待自己工作中的缺点的。从那时以后，油田上打井因为套管接箍不好而造成质量事故的情况，再也没有发生过。

"好作风必须从小处培养起"

不仅对待关系到整个石油企业命运的大事情如此严格，即使对待一些看来"微不足道"的小事情，也同样一丝不苟。大庆人说："好作风必须从最小处培养起。"

今年春天，油田上召开了一次现场会。会场中央，端端正正放着十根十米长的钢筋混凝土大梁。这些大梁表面光滑平整，根根长短粗细一致，即使最能挑剔的人，也找不出它们有什么毛病。但是，油田建设指挥部的负责人却代表全体干部在会上检讨说，由于他们工作不深入，检查不严，这些大梁的少数地方，比规定的质量标准宽了五毫米。

五毫米，宽不过一个韭菜叶，值得为它兴师动众地开一次几百人的现场会吗？不，值得！大庆人性格的可贵之处正在这里。会上，工程师们检查了他们没有严格执行验收标准，关口把得不好；具体负责施工的干部和工人，检查了他们作风不严不细，操作技术不过硬。人们纷纷检查以后，干部、工程技术人员和工人们，抄起铁铲，拿起磨石，把大梁上宽出五毫米的地方，一一铲掉，磨光。人们说："咱们要彻底铲掉磨掉的，不只是五毫米混凝土，而是马马虎虎、凑凑合合的坏作风！"

这种一丝不苟的作风，在工程技术人员中也形成了风气。几年来，他们不分昼夜，风里雨里，奔波万里，为的是找到一个合理的科学参数；他们伴着摇曳的烛光，送走了多少个不眠之夜，为的是算准一个技术数据。

青年技术员谭学陵和另外四个年轻人，花了整整十个月时间，累计跑了一万二千多里路，从一千六百多个测定点上测得五万多个数据，找到了大庆油田最正确的传热系数，为整个油田输油管道的建设提供了科学根据。

技术员蔡升和助理技术员张孔法，在风雪交加的冬季，身揣窝窝头，怀抱温度计，五次乘坐没有餐车、没有卧铺、没有暖气的油罐列车，行程万余里，在挂满冰柱的守车上实地探测原油外运时的温度变化。

技术员刘坤权，一个普通高中毕业的学生，一连几个严冬，冒着风雪从几百个不同的地方挖开冻土，进行分析化验，终于研究出这里土层的冻涨系数，为经济合理地进行房屋基础建筑提供了可靠数据。

亲爱的读者，你们看到这些事例会想些什么？当我们听到这一切时，都被大庆人这种可贵的性格深深地感动了。永不生锈的万能螺丝钉

在大庆，我们访问过不少有名的英雄人物，也访问过许多在平凡的岗位上忠心耿耿的"无名英雄"。从他们身上，我们发现，大庆人不论做什么工作，心里都深深地铭刻着两个大字："革命"。

电测中队现任副指导员张洪池，就是大批"无名英雄"中的标兵。

四年前，张洪池是人民解放军这个伟大集体中的"普通一兵"。来到大庆以后，他当过电测学徒工，当过炊事员，样样工作都做得很出色。在长期的平凡劳动中，他显示了一个自觉的革命战士的优秀品质。他在自己的日记上曾经写道：

"共产党员要像明亮的宝珠一样，无论在什么地方，都要发光发亮。"

"我要像个万能的螺丝钉一样，拧在枪杆上也行，拧在农具上也行，拧在汽车上，机器上，锅台上……凡是拧在对党有利的地方都行，都要起一个螺丝钉的作用，而且要永远保持丝扣洁净，不生锈。"

做一粒到处发亮的宝珠！当好一颗永不生锈的万能螺丝钉！——这就是大庆人对待生活的态度。

一天夜晚，在一间低矮的土房子里，我们见到了油田的一个修鞋工人。他的名字叫黄友书，三十来岁年纪，也是个复员军人。他到大庆以后，当过瓦工、勤杂工、保管工，磨过豆腐，喂过猪。后来，领导上又派他去给职工们修鞋。

修鞋！在轰轰烈烈的社会主义建设战线上，去当一个"修鞋匠"？对这种平凡而又琐碎的劳动，你是怎样看待的？

黄友书二话没说，愉快地接受了任务。他说："战士没鞋穿打不了仗，工人没鞋穿也搞不好生产，谁离得了鞋啊？给工人们修好鞋，这也是革命工作！"

他跑遍附近好几个城镇去找修鞋工具。他每天挑着修鞋担子下现场。他经常收集废旧碎皮，捡回去洗净揉好，用它来给职工们掌鞋。

黄友书看到职工们穿着他修好的鞋踏遍油田，心里乐开了花。就是这个并非油田主要工种的修鞋工人，每年都被职工们选为全矿区的标兵，被誉为忠心耿耿为人民服务的"老黄牛"。

在大庆，这样的事例是举不胜举的。从大城市的大工厂调来不久的老工人何作年，自豪地说："在咱们大庆，人人都懂得他们做的工作是革命。扫地的把地扫好了，是革命；烧茶炉的把开水烧好了，又省煤，也是革命。一个人懂得了这个道理，做啥也浑身是劲。大家都懂了这个道理，就能排山倒海，天塌下来也顶得住！"

一切工作都是革命，所有的同志都是阶级兄弟。人们精神世界的升华，渗透到人与人之间的关系中去，谱成了多少扣人心弦的乐曲！在大庆这个革命的大家庭中，人们时刻铭记着毛主席在《为人民服务》这篇文章中的教导："我们都是来自五湖四海，为了一个共同的革命目标，走到一起来了。""一切革命队伍的人都要互相关心，互相爱护，互相帮助。"

关心别人胜过自己

在大庆，干部们对工人的关心，关心到了一天的二十四小时。每天深夜，干部都要到工人的集体宿舍中去"查铺盖被"，看一看工人兄弟休息得可好，睡得是否香甜。

一场暴风雪过后，气温骤然下降了十多度。年轻的单身工人张海青，被子又薄又脏，还没有来得及拆洗，没有添絮新棉。支部书记李安政"查铺盖被"时，发现了这个情况，他趁工人们上班，悄悄把张海青的被子抱回家，让自己的爱人拆洗得干干净净，又把自家的一床被拆开，扯出一半棉花，絮到张海青的被子里。张海青发现他的被子变得又洁净又厚实，到处查问是谁干的，李安政在一旁一声没吭。新从一个大城市调到大庆的老工人王文杰，把这一切看在眼里，暗暗掉下了眼泪。

一二〇二钻井队的十几户家属，听说技术员李自新的妻子死了，遗下两个孩子，争着把孩子抱到自己家里看养。她们说："孩子没妈了，我们就是她俩的妈。"前任队长王天其的爱人李友英，天天把奶喂给李自新一岁的女儿小英，却让自己正在吃奶的孩子小香吃稀饭。有人为这件事写了一份材料给钻井指挥部党委书记李云，李云把这份材料转给李自新，同时含着泪给李自新写了一封意味深长的信："等两个孩子长大了，告诉她们：在新社会里，在革命大家庭里，人们是怎样关怀她们，养育她们长大成人的。叫她们永远记住，任何时候都要听党的话，跟着党走。"

在地质研究所、设计院、矿场机械研究所这些知识分子干部集中的"秀才"单位，人与人之间的关系也发生了根本变化。有一次，地质研究所女地质技术员陈淑荪，看到同一个单位的地质技术员张寿宝的被面破了，就把一床准备结婚时用的新缎子被面，从箱底翻出来，偷偷缝在张寿宝的被子上。张寿宝发现了，怎么也不肯要。陈淑荪对他说："你说说，我们是不是阶级兄弟？是不是革命同志？是，你就把被面留下。不是，你就还我。"这几句话，说得张寿宝感动极了。他含着两眶激动的眼泪，再也说不出不要被面的话了。

为了实现六亿五千万人民的远大理想，心甘情愿地吃大苦，耐大劳；为了对国家建设事业负责一辈子，事事实事求是，严格认真，一丝不苟；为了革命的需要，全心全意地充当一颗永不生锈的万能螺丝钉；在革命的大家庭中，人人关心别人胜过关心自己……。这些，就是大庆人经过千锤百炼铸造出来的可贵性格。在我们伟大祖国的社会主义建设事业中，是多么需要这样的性格啊！

也许有人要问：大庆油田的辉煌成就和建设者们身上的巨大变化，这一切是怎样得来的？大庆人的回答很简单："这一切都是毛泽东思想的胜利！"

一个晴朗的早晨。我们去访问油田的一个工程队，想进一步了解毛泽东思想在大庆是怎样的深入人心。同路的一位年轻工人说："那里今天开会，不好找人。"我们问他开什么会，他说："冷一冷。"冷一冷，这是什么意思？年轻工人解释说："我们大庆经常开这样的会，找一找自己的缺点，找一找工作中还存在的问题。找准了，就能迈开更大的步伐前进。"

在大庆人已经为祖国建设立下奇功的时候，在全国都学习大庆的时候，他们还要冷一冷，继续运用毛主席提出的"两分法"，从自己的不足处找出不断前进的动力。这不正是我们想了解的问题的答案，也是大庆人更可贵的性格吗？

编后

崇高的榜样

从今天开始，本报将陆续发表有关大庆油田的报道。

《大庆精神，大庆人》是介绍大庆油田精神面貌的一篇综合报道。

大庆精神，就是无产阶级的革命精神。大庆人，是特种材料制成的人，就是用无产阶级革命精神武装起来的人。这种精神，这种人，正是我们学习的崇高榜样。

看看王进喜、马德仁、段兴枝、薛国邦、朱洪昌，他们胸怀远大理想，抢挑万钧重担，吃大苦、耐大劳、赤胆忠心，谁能不连声赞美，从他们身上得到无穷力量和鼓舞呢？

看看蔡升、张孔法、谭学陵、刘坤权，他们敢想敢干，不断革命，坚持科学态度，重视实践经验，老老实实地从事科学研究工作，谁能不翘起拇指，说他们是又红又专的好青年呢？

看看张洪池、李安政、李友英、陈淑苏，他们火热的阶级感情，助人为乐的动人行为，甘当万能螺丝钉的高尚品德，谁能不点头称是，从他们的思想作风中得到深刻的启示和教益呢？

大庆油田的一切成果，集中到一点上来说，那就是由于他们坚持高举毛泽东思想的红旗，把高度的革命干劲和严格的科学态度紧密结合在一起。

学习大庆，首先就要学习他们的革命精神。

1964-04-20《人民日报》

兰州炼油厂成为中国式的大型炼油基地

新华社兰州十六日电 兰州炼油厂职工以毛泽东思想为指针，在炼油工业中积极探索自己的道路，把一座由外国设计的只能生产少量品种的炼油厂，改造成为具有先进技术能生产多种高级油品的中国式的大型炼油基地，成为大庆式的企业之一。

这个一九五九年投入生产的新企业，原设计只能炼一种原油，生产十六种一般的石油产品。现在，可以同时炼三种原油，生产一百多种产品。许多主要产品的质量已经赶上或超过了国外同类产品的水平。油品品种和产量逐年增长，为国家提供了一系列新产品，对打破帝国主义、修正主义对我国的封锁，保证国民经济和国防建设对油品的需要，贡献了力量。原设计的机械仪表维修车间，只能生产本厂用的小量普通配件，现在已能冶炼十四种高级合金钢，而且可以制造耐高温、高压的炼油特殊设备和自动化必需的仪表。全厂的生产成本年年下降，劳动生产率不断提高。六年来，全厂财务总上交已经超过国家建设这座工厂所花投资将近一倍。

兰州炼油厂的面貌能够发生这样大的变化，最根本的原因是：坚定不移地高举毛泽东思想的伟大红旗，坚持党的社会主义建设总路线，坚决贯彻执行党的自力更生、奋发图强、艰苦奋斗、勤俭建国的方针，大学解放军，大学大庆，大搞企业革命化，在各兄弟单位的大力协作下，发展和创造了自己的炼油技术，彻底打破了洋框框。

是供"菩萨"，还是走自己的道路？

兰州炼油厂职工把一个国外设计、国外供应设备的炼油厂，办成一个中国式的、有先进技术水平、能生产多种产品的大型炼油企业，是打一场以毛泽东思想破除洋框框的政治仗。

工厂投入生产之初，对于如何利用这座工厂生产出更多的产品来满足我国国民经济的需要，厂里的职工曾经存在着两种思想、两种态度。有人迷信洋框框，认为这是国外设计的、现代化的大厂，没有什么好改的，只能按原设计的要求办。但是，绝大多数职工却认为，这座工厂的设计并不先进，也不适合中国的具体条件，厂子建成了，投入生产了，也要以革命的精神冲破原设计框框，改造它，发展它，闯出一条我们自己的技术道路。

工厂党委一开始就坚决支持了大多数职工的意见，提出"决不供菩萨"，要走自己的路。他们在毛泽东思想指导下，从我国实际情况出发，依靠全厂群众，迅速打破了原设计的一套技术框框，对国外提供的炼油装置进行了全面改进。

改造润滑油装置的过程，就是人们在打破洋框框的战斗中破除迷信、敢想敢干的生动一例。

润滑油装置的生产能力原设计比较小，而国家又很需要润滑油。为了扩大润滑油的生产能力，炼油厂曾经请教过外国专家。他们答复说："设备能力就是这么大，不能超过，要提高润滑油产量，只有增加脱蜡的过滤设备。"当时增加设备是不可能的，工厂没有那样办，而是按照毛主席关于"世界上的事情是复杂的，是由各方面的因素决定的，看问题要从各方面去看，不能只从单方面看"的教导，发动群众从原料到各个生产工序，进行了全面的调查研究，综合分析，从而摸清了哪里有潜力，哪里是薄弱环节，并且针对这些薄弱环节进行了一系列的技术改造。这样，全厂没有增加一台过滤设备，就使润滑油产量比原设计增加了近两倍，彻底打破了原来的洋框框。

用毛泽东思想武装起来的兰州炼油厂职工在试制新产品的战斗中，真是壮志凌云。他们毫无畏惧地同一系列严重困难进行着顽强的搏斗。没有技术资料，职工们说：作笨工作，从零开始，自己摸索。为了寻找生产一种特殊润滑油的合适工艺条件，他们用各种办法一次又一次地反复实验。许多人白天干，晚上还要继续干。夏天晚上室内温度高，容易打瞌睡，人们就把设备搬到露天，借助凉风进行试验，但没有一个人叫苦。领导上劝大家休息，谁也不愿意离开车间。工人们说："不搞出新产品，憋着这口气，睡觉也睡不稳当。"工人们试验了一次又一次，一直试验了一千多次，终于找到了合适的工艺条件，提出了全套技术资料。工人们说：提出的不单纯是技术资料，它是中国工人阶级的志气！

是靠制度"捆"人，还是调动人的积极性？

如果说兰州炼油厂职工在技术上不崇洋、不迷信，闯出了自己的一条道路，在企业管理上他们就更是处处重视调动人的积极因素，按照中国的情况来办企业。

他们在企业管理中，特别强调突出政治、走群众路线，要求机关树立面向基层、为生产服务的观点。就在不断破除洋框框的过程中，全厂逐步建立起了自己的一套管理制度。

过去，厂一级机关往往是在"管"字上做文章，相信群众不够，曾经规定了许多烦琐的规章制度，全厂就有两千余条，三十余万字。一些不合理的规章制度，把人捆得死死的。

针对这些问题，全厂在学习大庆、大搞机关革命化的过程中，进行了深入的辩论，批判了"机关工作就是坐办公室，耍笔杆，打算盘，翻本本，靠制度管生产"，"机关为基层服务，谁为机关服务？"等等论调。经过反复讨论，大家越来越清楚地认识到，必须以政治统帅业务，机关必须为基层服务，为生产服务，从而革了烦琐制度的命，简化了办事手续。原来的三十多万字的制度条文，简化成三万多字，内容大大精练了，工人看得懂，记得住，做得到，有利生产，方便群众。机关干部普遍参加了集体生产劳动，深入基层，为生产服务，实行"五到现场"，即政治工作到现场，送料到现场，设计工作到现场，技术工作到现场，领导干部指挥到现场。在产品质量管理和安全管理上也由过去卡多帮少，改为以帮为主，深受基层欢迎。

他们还在企业管理改革中，学习大庆的经验，根据自己的具体情况建立了以生产调度为中心的高度集中统一的生产指挥系统，精简了分厂一级中层机构，改为厂部、车间两级管理，实行面对面的领导。从而改进了工作方法，提高了工作效率，使生产管理工作更加适合现代化企业连续性生产的需要。

是大手大脚地办厂，还是处处注意勤俭节约？

兰州炼油厂是一个现代化大厂子，对于这样一个厂子，是大手大脚的办，还是处处注意勤俭节约？这是走什么道路的大问题。

几年来，兰州炼油厂职工遵循毛主席的教导，始终把勤俭办厂的精神贯彻到生产和各项工作中去,不断扩大产品品种,提高收率,提高产品质量,成本逐年降低,上交利润逐年增加。特别是一九六二年,由加工一种原油改为三种原油,原油运费突然增加,国家同意他们可以有一定的亏损。但是,由于全厂职工大大发扬了奋发图强的革命志气和勤俭的精神,大搞增产节约,不但没有亏损,这一年仍然上交了大量利润。

为了在全厂职工中牢固地树立起勤俭办企业的思想,工厂领导始终坚持对职工进行自力更生、奋发图强、艰苦奋斗、勤俭建设的思想教育,提高职工的思想认识和自觉性。一九六三年六月,这个工厂被推荐为全国勤俭办企业的五个先进企业之一以后,全厂职工受到极大鼓舞,同时也以两分法为武器,总结经验,大找薄弱环节,进一步明确了努力的方向。从一九六三年以后,全厂又规定每年六、七月份,都要对群众集中进行一次勤俭办企业的思想教育,在群众中讲形势,讲成绩,讲问题,讲保持和发扬荣誉,同时还要评选一次勤俭办企业的先进集体和个人,举办一次勤俭办企业的展览会,用活的事例教育群众。在平时生产中,他们也注意经常抓住好坏典型事例,用无产阶级思想作风去抵制资产阶级思想作风。这样,思想教育常年不断,勤俭之风也就常年不懈。

最近,兰州炼油厂党委对比大庆,又找出了许多不如大庆的地方。他们决心继续突出政治,高举毛泽东思想伟大红旗,更加全面系统地学大庆、赶大庆、超大庆,加深企业革命化,为提前实现第三个五年计划,攀登世界炼油工业技术高峰而奋斗。

1966-03-17

大庆油田两个钻井队分别钻井十万米创世界纪录

新华社北京二十七日电 在我国第三个五年计划第一年即将胜利结束的时候，我国石油工业战线上传来一个振奋人心的喜讯：大庆油田有两个钻井队在毛泽东思想伟大红旗的指引下，最近又双双创造了一项世界最新纪录——在十一个月零五天的时间里，两个钻井队分别突破了钻井十万米的大关，大大超过了苏联一个钻井队创造的一年钻井四万零八百一十六米的纪录，也超过了美国一个钻井队创造的全年钻井九万零三百二十五米的世界最高纪录。

这项纪录是由石油工业部五好红旗标兵、大庆油田 1202 和 1205 两个钻井队创造的，从而提前实现了他们自己提出的赶超世界先进水平的战斗目标。他们使用的钻机都是国产的。这一伟大成就，标志着我国钻井技术又向前迈进了一大步。这两个队今年钻井的总进尺，相当于他们去年钻井总进尺的四倍。一个队一年的总进尺比旧中国石油工业四十二年钻井的总进尺还要多。两个队所钻的井，口口质量合格，全优率达百分之九十九点四。

十二月二十六日早晨五点五十分，当两个钻井队累计进尺十万米的最后一根钻杆钻进地层时，井场上立即爆发出"战无不胜的毛泽东思想万岁！""毛主席万岁！万万岁！"的欢呼声。工人们挥舞着红彤彤的《毛主席语录》，欢呼跳跃，热烈庆祝毛泽东思想的又一光辉胜利。当天下午，油田各条战线上的职工代表敲锣打鼓，前去 1202 和 1205 两个钻井队，向创造钻井十万米新成就的英雄们祝贺，代表给两个队的工人佩戴毛主席语录章和毛主席像章。这时全场情绪高昂，大伙齐声高唱《大海航行靠舵手》。"毛主席万岁！万岁！万万岁！"的欢呼声，又一次在油田上空飘荡。

在石油钻井战线屡创战功的 1202 和 1205 钻井队的全体职工，今年年初就怀着赶超世界先进水平的雄心壮志，提出了年钻五万米的战斗目标。

一月二十一日，正当人们欢度一九六六年春节的时候，钻井队的工人们就冒着严寒，推动钻机，打响了一九六六年的第一炮。他们一直坚持把毛主席著作放在一切工作的首位，把井场当成向美帝苏修开炮的战场，争分夺秒地向地层进军，结果只用了不到七个月的时间，在八月中旬就提前实现了自己的诺言，双双胜利钻进五万米，口口井质量全优，远远超过了苏联一九六五年公布的波良可夫斯基钻井队创造的全年钻井四万零八百一十六米的纪录。

在这个巨大的胜利面前，两个钻井队的职工牢记毛主席"虚心使人进步，骄傲使人落后"的教导，戒骄戒躁，决心"而今迈步从头越"，从零开始，决心更加刻苦地活学活用毛主席著作，学出一个新水平，用出一个新水平，在钻井上打出一个更高的水平。在庆祝两个钻井队登上钻井五万米高峰的大会上，油田党委给这两个队的职工每人发了一套《毛泽东选集》。职工们得到这四本金光闪闪的宝书以后，更加认真地、刻苦地学习毛主席著作。职工们上班时带着《毛主席语录》到井场，做到在班上按照毛主席指示办事，搞好生产；下班后按照毛主席指示总结工作。职工们从毛主席著作中汲取了无穷的智慧和力量，把生产仗当作政治仗打，下定决心，排除一切困难，结果，钻井进度一个月比一个月快，质量也越来越好。两个队攀登五万米高峰以后不到两个月，钻井总进尺都分别达到七万米的高水平。

就在他们取得这个辉煌成就的时刻，我们伟大的领袖毛主席在国庆节那天，在天安门城楼上接见了这两个钻井队的代表。这个巨大的幸福的喜讯给两个队的全体职工带来了极大的鼓舞。他们决心更高地举起毛泽东思想伟大红旗，发扬"宜将剩勇追穷寇"的彻底革命精神，把胜利当作新的战斗动员令，再攀高峰，以更大的成绩向毛主席和党中央报喜。

两个钻井队的职工在畅谈这一巨大成就时一致指出，这是伟大的毛泽东思想的又一光辉胜利。他们决心沿着毛主席指引的道路乘胜前进，为祖国人民创造更大成绩。

1966-12-28

中南西南六省区举行石油社会节约经验交流大会

本报讯　中南、西南六省（区）石油社会节约经验交流大会最近在广州举行。会议广泛交流了石油节约工作的经验，并号召石油供应、储存和使用部门的广大革命职工，积极响应毛主席"要节约闹革命"的伟大号召，迅速掀起一个群众性的节约用油的新高潮。

出席这次会议的，有湖北、湖南、广东、广西、云南、贵州六省（区）和广州、武汉两市的代表，以及中央和各地有关部门的代表。

到会代表通过反复学习毛主席"勤俭建国"，"抓革命，促生产"，"要节约闹革命"等一系列重要指示。他们指出，石油是重要的战略物资，是工农业生产、交通运输和当前农村照明不可缺少的燃料和原料。在毛泽东思想的照耀下，近几年来我国石油生产有了飞跃的发展，石油产量已经基本自给，为我国社会主义建设提供了强大的物质基础。但是，我们决不能因此而放松节约用油。油少要节约，油多也要节约。毛主席教导我们："任何地方必须十分爱惜人力物力，决不可只顾一时，滥用浪费。"勤俭建国，节约闹革命，是加速社会主义建设，加强战备，支援世界革命的大事，是关系到继承和发扬我党优良传统，培养无产阶级革命事业接班人的大事。因此，节约石油，不仅有重大的经济意义，而且有重大的政治意义。

到会代表一致认为，要把石油的社会节约工作搞得更好，最重要的一条就是高举毛泽东思想伟大红旗，树立勤俭办企业的优良作风。同时，要从思想上、规章制度上，破旧立新，为全面开展石油的社会节约工作扫除障碍。

到会人员还认为，要把石油社会节约工作做得更好，必须充分发动群众，依靠群众，把广大革命群众的冲天干劲，运用到生产方面来，运用到节约用油方面来。要大搞节油宣传，大立节油思想，大树节油样板。

1967-11-03　《人民日报》

毛泽东思想指引大庆工人阶级前进

大庆——这面由伟大领袖毛主席亲手树立起来的红旗，更加鲜艳夺目；大庆工人——这支中国工人阶级的先进队伍，经过严峻考验，更加生气勃勃，斗志昂扬。

一九六四年，伟大领袖毛主席向全国人民发出号召："工业学大庆"，肯定了大庆的道路是中国工业化的正确道路。大庆工人对毛泽东思想更加热爱，他们学习毛泽东思想更加认真。毛泽东思想成为大庆工人思想和行动的最高准则。

大庆工人说："学不学毛主席的书，是大庆红旗更红还是变黑的大问题。"在这个坚定信念的指导下，大庆工人勇敢地捍卫着毛泽东思想的领导权，寸步不让。炼油厂刚投产的时候，工人们把毛主席语录写在厂房里，把语录板挂在机器上。

在油建指挥部，有五个远离组织、单独工作的女工，坚持八小时生产，业余休假日进行调查研究。

有一次，运输西站第十三车队冒雨出车执行一项紧急任务。途中尽是田间便道，满路泥浆，汽车一走就陷住了。工人们硬是一步步地推着汽车走，奋战了三天两夜只吃了两顿饭。就是在这样困难的条件下，他们仍然坚持在雨地里学习毛主席著作。

英雄的大庆工人就是这样，步步紧跟毛主席的伟大战略部署，任凭风狂浪大，他们都脚不歪，身不摇，勇往直前。

工人们反复学习毛主席的最新指示："革命委员会要实行一元化的领导，打破重叠的行政机构，精兵简政，组织起一个革命化的联系群众的领导班子。"用毛泽东思想武装起来的大庆工人无所畏惧。工人小组用毛泽东思想统一认识，统一步伐，统一行动，依靠群众，发挥群众的智慧，发扬革命大协作精神，战胜了各种困难，投产中的绝大部分问题都在现场得到解决。过去，投产中不合理的规章制度多如牛毛，工人开动一个阀门都要向上请示五、六级。现在，这样的规章制度被成套成套地打破了。因此，大大缩短了投产的时间，有些生产管理人员还正在考虑投产计划和准备工作，联合站却已经投产成功了。

现在，大庆工人按照毛主席"工人阶级必须领导一切"的教导，组织毛泽东思想宣传队进入了油田的一百二十多所学校，以及各科研单位、各医院，在毛泽东思想光辉的照耀下，正按照工人阶级的面貌改造着一切。

石流　庆卫东　卫东师

1968-12-27 选自《人民日报》

中国工人阶级的先锋战士——铁人王进喜

我国工人阶级的先锋战士,大庆油田的英雄代表,铁人王进喜同志逝世已经一年多了。

一年多来,我们的祖国展现出更加光辉灿烂的前景,社会主义建设事业出现了新的跃进局面。在工业战线上,到处呈现出一片沸腾的景象。铁人生前为之努力奋斗的我国石油工业,取得了辉煌的成就。

当人们听到我国石油工业无论是产品品种和数量都已经做到全部自给的时候,听到在我国辽阔的大地上接连发现令人鼓舞的新油田的时候,谁能不衷心怀念在那艰难的年代,开创大庆油田的闯将,那曾经为发展我国石油工业建立功勋的铁人呢?

人们怀念铁人,不仅由于他对发展我国石油工业做出了卓越贡献,重要的是,他用自己毕生的革命实践,为我们树立了一个用伟大的毛泽东思想武装起来的我国工人阶级先锋战士的光辉形象。王进喜一生热爱伟大领袖毛主席,刻苦学习毛主席著作。在三大革命斗争中,他一不怕苦、二不怕死,英勇捍卫和执行毛主席的革命路线。伟大的毛泽东思想,把他从一个旧社会的放牛娃,培养成为胸怀祖国、放眼世界的无产阶级先锋战士。他的一生,是革命的一生,战斗的一生。他为我们留下的"铁人精神",永远激励着我国人民勇往直前。

一不怕苦二不怕死的铁人

一九六〇年春,正当我国遭受严重自然灾害的时候,帝国主义、现代修正主义、各国反动派乘机联合反华,美帝国主义加紧对我国实行经济封锁,苏修叛徒集团背信弃义,撕毁合同,撤走专家,还妄图在石油上卡我们的脖子。在那"高天滚滚寒流急"的日子,一声春雷,传来了我国发现大庆油田的喜讯。遵照伟大领袖毛主席和党中央的英明决策，我国石油战线集中优势兵力，在大庆展开一场规模空前的石油大会战。就在这个时候，铁人王进喜，从玉门率领一二〇五钻井队，千里迢迢赶来大庆。

从玉门开往大庆的列车，穿过一座座新兴的工业城市，在伟大祖国的原野上奔驰。王进喜禁不住心潮起伏。一九五九年在北京出席全国群英会期间见到的一切，重新浮现在他的脑海里。那是他第一次到北京，看到大街上的公共汽车，车顶上背着个大气包，他曾奇怪地问别人："背那家伙干啥？"人们告诉他："因为没有汽油，烧的煤气。"听了这话，他没有再问下去。心想："我们这么大的国家没有汽油怎么行呢？我是一个石油工人，眼看让国家作这么大的难，还有脸问？"他越想心里越沉重，到人民大会堂开会，心情也一直不能平静。休息时间，他一个人悄悄地躲在一边，闷着头抽烟……。

每当想起这些，他感到那煤气包象千斤重担压在自己的身上，压在中国石油工人的身上。也曾多次向战友们说："一个人没有血液，心脏就停止跳动。工业没有石油，天上飞的，地上跑的，海上行的，都要瘫痪。没有石油，国家有压力，我们要自觉地替国家承担这个压力，这是我们工人阶级的责任。"

王进喜和他的战友们，就是带着这种要为国家承担压力的高度责任感，来到了大庆。当他看到天南海北前来参加会战的几万名战友，看到铁路沿线摆了几十里长的堆积如山的设备器材，看到就要开发的一望无边的大油田的时候，浑身充满了力量。他满怀激情地站在大荒原上，随手扒开积雪，从地上抓起一把土来，嘿！这是什么样的土啊？黑乎乎的！这时，他仿佛已经看到了覆盖在这黑土下大片大片的油层。他撩开身上的老羊皮袄，大声地对战友说："看，这儿就是大油田，这回咱们可掉进大油海里了！同志们，摆开战场，甩开钻机干吧！这一下子可要把石油落后帽子扔到太平洋去了！"

当时，那股高兴劲，使这个性格刚强的老工人，再也抑制不住自己激动的心情。在旧社会，他六岁拿起讨饭棍，拉着被地主逼瞎了双眼的父亲四处讨饭的时候，他没有流过眼泪；他八九岁给地主放牛羊，成年披着件破羊皮，光着下身，赤着脚在大山里跑，动不动挨地主棍棒的时候，也没有流过眼泪；刚十五岁，他被拉进玉门油矿当苦力工，满身被封建把头、矿警和美国"技师"，用鞭子、青铜棍抽打得一道道血印子的时候，他压抑住满腔怒火，从来没有流过眼泪。而今，在毛主席的号召下，眼看全国石油战线千军万马会师大庆，一场开创中国石油工业广阔前景的大会战，就要在这里打响了，多年的愿望就要实现了，这个从来没有流过眼泪的老工人，高兴得热泪直流。他恨不得一拳头砸开地层，让乌黑发亮的原油哗哗地喷射出来……。

三月的大庆，朔风呼号，滴水成冰。会战上得很猛。一下子几万人从全国四面八方汇集到大荒原上，立即面临着许多难以想象的困难：没有公路，车辆不足，吃和住都成了大问题。

为了战胜困难，夺取胜利，油田党委号召参加会战的职工学习毛主席的《实践论》和《矛盾论》，用毛泽东思想指挥战斗。在油田党委的领导下，广大石油战士每天晚上，在篝火旁，在牛棚、马厩里，认真地学习，热烈地讨论。王进喜带领一二〇五队，一连好几个晚上，围着篝火一边学习，一边讨论什么是当前的主要矛盾？怎样对待困难？大家越学心里越热火。工人们异口同声地说：拿下大油田，哪能没有困难？但是，这困难，那矛盾，国家缺油才是最大的困难，最主要的矛盾。这个矛盾不解决，帝国主义、现代修正主义就会利用这个缺口来卡我们，封锁我们。我们决不能在困难面前低头，有天大的困难，也要高速度、高水平地拿下大油田。

群众那股天不怕、地不怕的劲头，给了王进喜极大的鼓舞。他向战友们说："我们工人阶级就要有这样的雄心。现在我们流点汗，吃点苦，为的是快快把我们国家建设得更强大，只要国家有了油，再苦再累也高兴。"

王进喜和英雄的大庆工人们，就是这样在困难的时候，困难的地方，困难的条件下，开始了史无前例的夺油大战。

那时候，钻机还没有运到，他们天天派人到车站去等。王进喜更是坐不住，睡不稳，到处调查访问，了解地层的情况。不几天，钻机到了，但是吊车、拖拉机不够用，六十多吨重的钻机躺在火车上卸不下来。大家都很着急，王进喜说："没有吊车，咱们有人在。毛主席不是说人是最可宝贵的吗？只要有人在，咱们就能想办法把钻机卸下来。"

全队的小伙子们被队长那浑身的劲头和激动的神色所鼓舞，"上呀！"一声呐喊，便行动起来。大家一鼓作气，从清晨干到太阳偏西，硬是用绳子拉，撬杠撬，木块垫，把钻机从火车上卸了下来，运到井场，又花了三天三夜时间，把四十米高的井架矗立在大荒原上。

眼看就要打井了，可是，水管线没有安好，开钻没有水怎么行？大伙说，"咱们用盆盆端！"有人不同意，说："你们见过那个国家端水打井的？"王进喜理直气壮地说："就是我们的国家！"

他带领工人们同井场附近的贫下中农一起，终于奇迹般地用人力端来几十吨水，提前开了钻。

一九六〇年四月十四日，当一轮红日从东方升起，巍然的井架披上金色霞光的时候，井场上一片繁忙，王进喜大步跨上钻台，握住冰冷的刹把，纵情地大喊一声："开钻了！"这声音威武雄壮，气吞山河！正象王进喜在一首诗中所写的那样："石油工人一声吼，地球也要抖三抖！"此情此景，使他感到自己不只是在向地球开钻，而是手执武器在向帝修反、向整个旧世界宣战！

经过五个紧张的日日夜夜，这大庆会战的第一口井终于喷出了乌黑发亮的原油。王进喜和工人们围在井场的周围，眼看着那高高喷起的油柱兴奋得忘掉了一切，一个劲地高呼："毛主席万岁！""毛主席万万岁！"

这千年封闭的大油田啊，终于乖乖地打开了大门。

这是用世界上从来没有见过的方法打出来的油井。这口井，打出了东方无产阶级的志气，显示了毛泽东思想的巨大威力；它向全世界宣告，用毛泽东思想武装起来的中国工人阶级，什么人间奇迹都可以创造出来！

但战斗的进程并不是一帆风顺的。就在第一口井打好以后，一件意外的事发生了。

五月一日，天刚蒙蒙亮，王进喜在井场上指挥工人放井架"搬家"，忽然一根几百斤重的钻杆滚下来砸伤了他的腿。王进喜痛得昏了过去。等他醒过来一看，井架还没有放下，几个工人在围着抢救他。王进喜急了，对大家说："我又不是泥捏的，那能碰一下就散了？"说完，猛地站起来，举起双手，继续指挥放井架，鲜血从他的裤腿和鞋袜里浸了出来。……

领导和工人们坚持把他送进医院。可是在这热火朝天的会战中，他怎能安心住下来呢？一天深夜，王进喜深一脚、浅一脚地从医院回到钻井队，只见他手里拿着拐棍，腿上的绷带沾满了泥。大家赶快帮助他收拾床铺，让他休息。可是，还没等安排好，王进喜已经拄着拐棍上井去了。

打第二口井的时候，王进喜的腿伤还没有好，成天拄着双拐在井场上来回指挥。一天，轰隆一声，钻机上几十斤重的方瓦忽然飞了出来：井喷的迹象出现了。

井喷，就是埋藏在地层深处的水、原油和天然气，突然夹带着泥沙，在地层的高压下迸发出来，如不赶快压住，不仅会井毁人亡，连那高大的井架也要被吞没到地层里去。在这十分危急的时刻，王进喜忘记自己的腿痛，立刻奔上前去。压井喷需要用重晶石粉调泥浆，井场上没有，他当机立断决定用水泥代替。一袋袋水泥倒进泥浆池，没有搅拌机，水泥都沉在池底。这时，王进喜奋不顾身，把双拐一甩，说了声："跳！"就纵身跳进了泥浆池，用自己的身体来搅拌泥浆。几个年轻小伙子也跟着跳了进去。他们整整奋战了三个小时，险恶的井喷终于被压下去了，油井和钻机保住了，王进喜的手上身上却被碱性很强的泥浆烧起了大泡，同志们把他扶出来时，腿疼得使他扑倒在钻杆上，豆大的汗珠不停地从脸上滚下来。

王进喜哪里是在打井？他简直是在用自己的鲜血和生命换来一口口的油井！在那战斗最紧张的日子里，他成日成夜地奋战在井场上，饿了，啃几口冻窝窝头；困了，倒在排好的钻杆上，盖件老羊皮袄，头枕钻头休息一会儿；天下雨了，头顶雨衣不离开井场。他把艰苦当光荣，把艰苦当幸福，为着一个宏伟的目标，把自己的一切置之度外。他曾经写过这样一首诗来抒发自己的革命豪情："北风当电扇，大雪是炒面，天南海北来会战，誓夺头号大油田。干！干！干！"

有一回，他帮助一个井队制服井喷，在井场上两天两夜没有合眼，回到大队时，浑身上下都沾满泥浆，两只鞋用绳子绑着，已经分不清鞋和脚了。吃饭的时候，吃着吃着，碗掉在地上，人却靠在墙边睡着了。工人们见他一天天消瘦，眼眶越来越深陷下去，都关切地要他注意休息，他却说："宁可少活二十年，拼命也要拿下大油田！"

井场附近的老乡们，日日夜夜把这一切都看在眼里，他们深深地被王进喜这种革命加拼命的精神感动了，他们向工人们夸赞说："你们的王队长可真是个铁人啊！"

从此，"铁人"这个光荣的名字很快便传开了。"向铁人学习！""发扬铁人精神！"响遍了整个大庆油田。

在开发大庆油田的日子里，王进喜把自己的全部精力和心血都倾注在打井上。为了早日拿下大油田，摘掉我国石油工业落后的帽子，他不仅使自己所在的井队上得猛，打得快，而且主动帮助别的井队打得快，打得好。别的井队缺少零部件，只要他们有，就马上派人送去；打井遇到困难，他总是亲自带人去支援。他说："我们一个井队打得再快，也拿不下个大庆油田，我们要让所有的队都打上去，超过我们，那才叫人高兴哩！"

为了早日拿下大油田，他争分夺秒地奋战在井场上，不允许任何环节有片刻的耽误，丝毫的差错。有一回，他的井队打完井，射孔层位老确定不下来，不能"搬家"，他就径直地跑到地质指挥所去质问。人家劝他不要急，说顶多耽误一会儿打井。他听了这话，当场反驳说："为什么要耽误一会儿打井？时间是党的，是国家的，谁也没有权力白白浪费！"

他这种严格的精神，不仅对别人，更用来要求自己。一次，他的井队工作出了差错，领导在大会上批评他们。那天，王进喜去晚了一会，刚走到会场门口，有个工人对他说："慢点进去，领导上正批评我们哩！"王进喜爽朗地说："看你这个同志说的，披红戴花的时候，让我抢着往头里去，受批评了，就叫我躲起来当狗熊，我才不当这个狗熊呢！"说完，他就一直走到前面坐下来。事后，他对那个工人说："领导批评我们，是对我们关心，是为了把革命工作搞好，我们有错误就改，这才叫对革命负责啊！"

为了早日拿下大油田，他对待工作始终是精益求精，一丝不苟。他经常对人说："干工作光有一股子干劲，猛打猛冲是不行的，张飞还粗中有细嘛！打井一定要注意质量。要对油田负责一辈子，就要对质量负责一辈子。"他每打完一口井，都要发动大家认真地总结经验。一次，他们队打的一口井，质量稍差些，王进喜干脆让大家推倒重来，并且在以后年年都带领工人去看，要大家记住这个教训。就是检查合格的井，他每隔一段时间也要回去看看，征求采油工人的意见。后来，油田上推广了他们这个"回访"经验，成为一项固定的制度。

一九六三年，油田指挥部号召打直井，要求井斜由原来的五度缩小到三度。这在当时是很高的质量标准。领导同志问王进喜："你准备怎样干？"王进喜说："依靠党，依靠群众，按毛主席的教导去实践。"

回到队上，他和老工人、技术人员一起来学习《实践论》。他说："我们要打直井，首先脑瓜子里要有个直井，就是要有高度的政治责任心，照毛主席的《实践论》去办。"他同战友们一边调查研究地层情况，一边改革钻头钻具，边干边总结经验，经过实践、认识、再实践、再认识，终于用四十年代的老钻机打出了当时全油田第一口斜度只有二度多的直井，以后又降低到只有半度多，为全油田创造了打直井的宝贵经验。

王铁人和英雄的大庆工人们，就是这样，在极端困难的条件下，靠战无不胜的毛泽东思想，夺得了石油会战的光辉胜利。在一九六〇年六月一日，大庆运出了第一批原油；在一年零三个月里，基本上摸清了油田面积和储量；会战第三年，便高速度、高水平地拿下了大油田，为发展祖国石油事业立下了丰功伟绩。

一九六三年的一天，一个鼓舞人心的消息传来：我国石油基本自给了，用"洋油"的时代一去不复返了！铁人听到这个消息，高兴极了，他扬眉吐气，到处同人谈论这件大喜事，同大家分享胜利的喜悦。

"封锁吧，封锁十年八年，中国的一切问题都解决了。"我国石油工人用他们的实际行动证实了毛主席的这一英明论断，给了帝修反一记响亮的耳光！

一九六四年，毛主席向全国发出"工业学大庆"的号召。这一年，王进喜代表大庆工人光荣地出席了第三次全国人民代表大会，见到了日夜思念的伟大领袖毛主席。当时，他是多么高兴啊，他感到浑身充满了力量，怎么也控制不住自己的滚滚热泪，一遍又一遍地高呼："毛主席万岁！""毛主席万岁！"

站在伟大领袖毛主席面前，作为一个普通石油工人的王进喜，怎么能不心情激动呢？是毛主席使他从奴隶变成了国家的主人；是毛主席教会他懂得了革命的道理；是毛主席把多打井、多出油，建设伟大社会主义祖国的任务放在了他的肩上。这使他感到光荣，也感到责任的重大。他觉得应当做的事情还很多，过去做的比起毛主席的期望还差得很远很远。

他经常向别人说："我是个普通工人，没啥本事，就是为国家打了几口井。一切成绩和荣誉，都是党和人民的，我自己的小本本上只能记差距。"

捍卫毛主席革命路线的英雄

王进喜经常对人说："打井要跟天斗，跟地斗，也要跟阶级敌人斗，跟错误思想斗。大庆油田不斗争根本出不来，共产主义不斗争也不可能到来。要干一辈子革命，读一辈子毛主席的书，斗争一辈子。"在大庆石油会战艰苦奋斗的几年间，王进喜在和大自然斗争中是一不怕苦、二不怕死的铁人，在和阶级敌人、错误路线、错误思想的斗争中，同样是英勇顽强、不屈不挠的英雄！

会战在胜利前进，斗争也越来越激烈。

王进喜就是这样，处处维护毛主席的革命路线，坚持原则斗争。当时有人很为他担心，劝他说："你不要见事就管，见事就说，刚强是非多呀！到处得罪人，怎么得了？"王进喜听到这话觉得不对头，反问那个同志说："你这是从那里冒出来的谬论？为什么'刚强就是非多'？按党的指示，应该说的我们就要说，应该干的我们就要干！为了党，为了革命，我们要斗争一辈子，斗到底，有什么可怕的？"

为了顶住妖风，坚持会战，大庆油田党委号召大家发扬南泥湾精神，自己动手盖房种地，加速油田建设。王进喜立即把职工家属组织起来，领着大家打土坯，拣木料，盖"干打垒"房子。又组织大家开荒种地，没有拖拉机，就用人拉犁。经过两年奋战，到一九六二年，他领导的钻井二大队盖起了七千多平方米的"干打垒"宿舍；这一年，收获粮食五万多斤，蔬菜十几万斤，当严冬到来的时候，全大队的工人和家属都住进了温暖的新房。

在那些困难的日子里，为了安排好群众的生活，铁人真是操尽了心。他常对人说："干革命不能忘了两条，一条是不能忘了学习毛主席著作，一条是不能忘了阶级兄弟。"毛主席的《关心群众生活，注意工作方法》

这篇光辉著作，他学了几十遍。铁人随身有个小本子，上面记了许许多多关于群众油盐柴米的事。他看到住地离市镇比较远，工人和家属上街买粮、寄信、看病不方便，孩子们没有地方上学，就和有关单位商量，先后在村子里办起了粮店、商店、邮局、卫生所和一所帐篷小学。大庆油田最早的一批社会主义新型矿区——工农村，便这样诞生了。

一九六七年初，一小撮阶级敌人阴谋从极"左"的方面破坏大庆油田。他们散布谣言，刮起一股妄图否定大庆道路、砍倒大庆红旗的妖风。一天夜晚，灯火通明的会议室里挤满了人，一场激烈的大辩论正在进行。许多当年参加大庆石油会战的老工人，用亲身的经历愤怒地驳斥阶级敌人的无耻诽谤。一个别有用心的家伙当场跳了出来，疯狂地叫嚣说："大庆红旗是假的，铁人也是假的。"

王进喜听了，怒火满腔。他把披在身上的老羊皮袄往后一甩，站起来大声说道："我是铁人还是泥人，关系不大。大庆这面红旗是谁也动摇不了的。大庆，是毛主席的大庆，是全中国七亿人民的大庆。大庆红旗，是大庆工人阶级按照毛主席指引的道路闯出来的。大庆的一切胜利，都是毛主席革命路线的胜利。谁敢诬蔑大庆红旗，我们就一拳头把他砸到地底下去！"

铁人的话，说到了大庆工人的心里，全场立即爆发起一阵热烈的掌声。

辩论会成了捍卫大庆红旗的誓师会。革命群众扬眉吐气，那股妄图砍倒大庆红旗的反动气焰当场被打了下去。

然而，敌人不甘心失败。他们使出了另外一手，对王进喜进行卑鄙的人身攻击。他们编造了许多谎言陷害王进喜，企图从政治上搞垮铁人，砍倒大庆红旗。

斗争一场接着一场，许多问题引起了王进喜的深思。

一天傍晚，他独自一人来到会战时打的第一口油井的井场上。灿烂的夕阳照射着采油树。这油井，是他和工人们响应毛主席的号召，自力更生、艰苦奋斗开发大庆油田的见证；那泥浆池、卸车台，那当年住过的地窝子，亲手挖出来的土水井，都能说明他和一二〇五队的战友们是怎样按照毛主席的教导，胜利地走过了创业时期那段艰苦的里程。如今，眼望着大庆油田的宏伟景象，他想，阶级敌人反对大庆红旗，是因为大庆的道路是按照毛主席的无产阶级革命路线发展我国工业的道路。大庆的工人做对了，所以敌人害怕。想到这里，他更加坚定了斗争的信心和勇气。铁人怀着激动的心情，坐在采油树旁打开毛主席著作，默默地念道："这个军队具有一往无前的精神，它要压倒一切敌人，而决不被敌人所屈服。不论在任何艰难困苦的场合，只要还有一个人，这个人就要继续战斗下去。"

果然，敌人见造谣和中伤没有压垮铁人，他们又施出了最后的卑鄙手法，妄图用强制手段迫使铁人就范。一天，几个坏家伙暗中策划和操纵一些人把王进喜关进一间密室，手持皮鞭和铁棍，拿出一张事先写好的诬蔑大庆红旗的纸条，强迫王进喜签字。王进喜愤怒极了，冲着那些家伙斩钉截铁地说："我识字不多，可是你们写的这几个字我还认得，你们就是把刀架在我脖子上，也别想让我划上一笔！"

就在这场捍卫大庆红旗，捍卫毛主席革命路线的关键时刻，以毛主席为首的无产阶级司令部给大庆油田派来了亲人解放军。此时此刻，铁人王进喜的心情是多么激动啊！他想起解放初期，是毛主席派来亲人解放军把他从三座大山压迫下拯救出来；想起在石油会战最艰苦的岁月，大批解放军来到大庆，宣传毛泽东思想，帮助大庆铺设了著名的"八一"水管线，给工人们送来了清甜的泉水；现在，毛主席又派来亲人解放军，和大庆工人并肩战斗，想到这些，他用那粗壮有力的手，热情洋溢地写了欢迎解放军的大字报，亲自贴在解放军驻地门口。

王进喜紧跟毛主席的伟大战略部署，始终和广大革命群众在一起，毛主席指示说："在工人阶级内部，没有根本的利害冲突。"他就到处宣传，要两派群众联合起来抓革命、促生产。哪个单位两派群众联合起来了，他就前去祝贺；哪个单位还没有联合，他就去做过细的思想工作，促使他们联合起来。有人说："响应毛主席的号召，不利于革命大联合的话不说，不利于革命大联合的事不做。"王进喜说："这样好，还要加上两句：有利于大联合的事多做，有利于大联合的话多说。"

为了保卫大庆油田，夺取革命和生产的全面胜利，在最紧张的日日夜夜，王进喜几乎每天都随身带着毛主席著作，身背干粮袋，步行几十里路，到各个井队去宣传毛泽东思想，认真落实毛主席关于"抓革命，促生产"

的指示。有个井队的一些人受无政府主义思潮的影响，提出要"停产闹革命"。王进喜特意从一百多里外赶去，同工人们一起学习毛主席的伟大指示，一起批判无政府主义。他恳切地对大家说："'抓革命，促生产'，是毛主席给我们工人阶级下的命令，我们的生产一分钟也不能停。国家搞社会主义建设需要油，支援世界革命需要油，我们一定要听毛主席的话，把革命和生产的重担挑起来。"

有一段时间，王进喜身体不好，多年得下的胃病和关节炎又发作了，经常浑身疼痛。有时半夜痛醒了，他一声不吭，坐在床边打开毛主席著作学习一阵再睡下。第二天清晨，又照旧背着背包出发了。工人们感动地说："老铁真是把全部心血都花在油田上了。"

大庆油田，正是由于有了铁人和广大工人群众的坚持，原油产量大幅度上升，油田建设规模比原来扩大了一倍以上。

王进喜执行和捍卫毛主席无产阶级革命路线的决心更加坚定。一九六八年五月大庆革委会成立的时候，广大工人一致推选他担任大庆革委会的副主任，一九六九年四月又光荣地出席了党的"九大"，再一次幸福地见到了伟大领袖毛主席。在这次党的全国代表大会上，他当选为中共中央委员。

胸怀远大目标的革命先锋

王进喜从一个普通的石油工人成长为党的中央委员，完全是伟大的毛泽东思想哺育的结果。他出生在甘肃玉门赤金村一个贫农家庭，从小讨饭受苦。解放前，他在玉门油矿当了十来年徒工，没有上过钻台，没有摸过钻机的刹把，连一套铺盖都没有捞到。解放后，经过民主改革、反封建把头、诉苦等运动，他觉醒起来，打碎旧社会加在他身上的一切锁链，做了国家的主人。在党的培养下，他当了司钻和钻井队长，思想进步很快，不久，便成为光荣的中国共产党党员。

起初，王进喜对党有单纯报恩的思想。经过学习毛主席著作，他逐渐认识到，共产党员心里要有共产主义的远大目标。干革命，单纯报恩是远远不够的。从此，他更加自觉地把打井同伟大的社会主义革命联系起来，把井场当成革命斗争的战场，一个心眼就是要为国家多打井，打好井。

一九五九年，全国群英会奖给他一套《毛泽东选集》，他学习毛主席著作更加勤奋、认真。文化程度低，好多字不认识，不会写，这成了王进喜学习毛主席著作最大的一个难关。但是，他顽强地坚持一边学文化，一边学习毛主席著作。开始学习《矛盾论》的时候，他不会写"矛盾"两个字，就在本子上画了一个贫农、一个地主，用来表示矛盾的意思。一次，他用了几个晚上的时间写了一封信，请人帮助修改，改了他又抄，一连抄写了二十遍。别人说："我替你写吧。"王进喜说："我不是为了写信，我是想学文化，好读毛主席的书。"他经常用一个老工人的话，来表达自己的心情："我学会一个字就象搬掉一座山，我要翻山越岭去见毛主席！"在大庆石油会战的几年间，他就是用这样惊人的毅力，边学文化边读书，刻苦地通读了全部《毛泽东选集》。

伟大的毛泽东思想给了王进喜无穷的智慧和力量，给了他压倒一切敌人、战胜一切困难的革命英雄气概。他把自己的一生，全部贡献给发展社会主义祖国的石油工业。五十年代，他率领钻井队，大战祁连山，七年间钻井进尺七万多米，等于旧中国从一九〇七年到一九四九年四十二年间全国钻井进尺的总和；六十年代，他奋不顾身投入大庆石油会战，为甩掉我国石油工业落后帽子建立了功勋；他和大庆工人一起，坚定地捍卫了毛主席的无产阶级革命路线，捍卫了大庆红旗。党的"九大"以后，他看到全国社会主义革命和建设事业迅猛发展，满怀雄心壮志，设想着进一步发展我国石油工业的蓝图。他说："现在，革命需要油，战备需要油，人民需要油，我们国家要有十个八个大庆油田才行。我这一辈子，就是要为国家办好一件事：快快发展我国的石油工业。"

铁人胸怀着发展我国石油工业的远大目标，做起工作来，却又是一丝不苟，扎扎实实地一步一个脚印。党的"九大"以后，王进喜在大庆革委会支持下，亲自组织了一个废旧材料回收队，他和工人们一起，风里、雨里、泥里、水里，连一颗螺丝钉、一小块废钢铁都捡起来，为国家回收散失的废旧钢材。

这件事，受到广大工人和干部的赞扬。但有些人不明白王进喜为什么要去关心这样一件"琐细"的事情，个别人还说什么"搞回收没出息，不光彩"。王进喜把回收队带到十年前会战的第一口井边，对大家说："艰苦奋斗的传统永远不能丢。把散失的材料捡回来，重新用来建设社会主义，意义大得很！"

人们理解了铁人的心情，铁人组织大家回收废钢铁，是为了进一步贯彻执行毛主席关于"艰苦奋斗"、"勤俭建国"的伟大方针，迅速发展我国石油工业。在他的带动下，大庆油田许多单位都成立了回收小队或修旧利废小组。他们把回收来的许多钢材修好配好，重新安装成井架，有的废旧设备修复了再用。王进喜高兴地说："这些井架、设备，不光大油田用得上，有的还可以交给地方，让大家都打井，都搞油。这样，我们国家石油工业的发展就会更快了。"

当我国出现新油田的喜讯传来，另一场石油会战就要开始的时候，王进喜兴奋得几夜没有合眼，恨不得立即带领队伍去摆开新的战场。在大庆革委会讨论支援新油田建设的会议上，他激动地说："快快拿下新油田，这是落实毛主席'备战、备荒、为人民'伟大战略方针的大事，我们要选精兵强将，把最优秀的队伍开上去。我主张：给人，要给思想觉悟高的；给物，要给优质的；给设备，要给成套的。保证调出的队伍，开上去就能打硬仗，打胜仗。"

大家一致赞同铁人的意见，很快便组织了一支优秀的队伍，配备成套设备送到新油田。可是，紧接着上级机关又在北京召开第二批支援新油田会战的会议。这一次，大庆油田担负的支援任务比第一次更繁重。有的同志扳起指头一算，大庆油田的人员设备大量减少，油田建设还要迅速扩大，担心将来完不成任务。铁人毫不犹豫地鼓励大家说："担子越重越光荣，困难越大越有闯头，有毛主席、党中央的英明领导，有解放军的支持，就是千斤重担也敢挑。我们要把建设大庆、开发新油田的任务都承担起来。"

英雄的大庆工人说得到，做得到，他们坚决地完成了党交给的光荣任务。一九七〇年，大庆油田虽然人员设备都减少了，新建的生产能力却大大超过了前一年，原油产量提高百分之三十以上，革命、生产都打了大胜仗。

一九七〇年春，王进喜受大庆革委会的委派，率领代表团到新油田学习慰问。新油田丰富的资源和沸腾的景象，使王进喜非常激动。他抱病带领大家深入到各个井队、车间、工地，开座谈会，找老工人谈心，征求对支援工作的意见，日日夜夜都在紧张和兴奋之中。一天，他到一个钻井队，遇到了过去的老战友，他把大衣一摞，大步走上钻台，接过刹把就干起来。王进喜兴奋地对老战友说："我们要想办法争取大钻机一个月在地球上钻它五个窟窿。我们会有那么一天，打着打着，钻头咕咚一声掉下去，掉到地下大油库里。……"铁人的话说得老战友和工人们心里开了花，井场上一片欢笑。

慰问结束后，王进喜带领慰问团的同志立即赶回大庆。有个同志抱怨说："老铁太不理解我们的心情了，路过北京，也没叫看一看。"王进喜拍着他的肩膀说："小伙子，你不理解我的心情，快快拿下新油田是落实毛主席的指示，咱们可是一分钟也不应该耽误呀！"王进喜回到大庆以后，很快又派出"不卷刃的尖刀"一二○二钻井队和大批物资，再一次支援了新油田建设。

多少年来，许多外国资产阶级"专家"一直在散布"中国贫油"的谬论。王进喜从来听不得这些谎言。他说："我就不相信石油只埋在外国的地底下。"为了石油，王进喜日日夜夜思虑着，奔波着，战斗着。他身边经常带着一个小本子，每次上级机关开会，他都到技术部门细心地搜集世界各国石油发展情况的资料，详细地摘录：总产量多少，按人口平均数多少，以及打井、采油的新纪录、新技术等等。他仔细研究这些情况，一心想着怎样更快地把我国石油工业发展上去。他对人说："井没有压力喷不出油来，人要没有压力就干不出好的工作来。"他曾反复地设想过应当组织多少个勘探队，多少个钻井队，要在多长的时间内把我国一切可能含油的地方统统普查一遍。

铁人王进喜，把远大的目标和求实精神结合起来。他整天想着党的需要，革命的需要，展望着我国石油工业发展的美好前景，设想着一个宏伟的目标。他豪迈地说："总有一天，要使我国石油流成河！"

为革命鞠躬尽瘁，奋战终生

一九七○年四月，王进喜在新油田学习慰问结束，立即又赶到玉门参加石油工业现场会。长时间的过度劳累，使他的健康状况越来越差了。玉门会议没有开完，领导上见他身体很不好，决定派一个医生送他到北京治疗。铁人坐上火车，却一心想着早些赶回大庆去传达会议精神。车过兰州时，医生担心他受不住旅途劳累，再三劝他留在兰州住一个时期，王进喜怎么也不同意。他忍着病痛坚持说："没啥，病也是纸老虎，顶它一下就过去了，还是赶回大庆要紧。"

十多年来，严重的胃病和关节炎一直折磨着铁人，但他从不把自己的病痛放在心上。领导上多次要他住医院治疗，他总是那句话："没啥，老病了，工作这么忙，哪顾得上这些？"有一年，他勉强到一个地方住院疗养，可是，没有多久就呆不住了。他觉得耳朵里听不见钻机响，眼前看不见井场沸腾的景象，生活中就象缺少了什么。最后还是提前出院回到了油田。

这一次，他病得很重，经过医生仔细检查，确诊是胃癌，而且已经到了晚期。同志们万分焦急，决定留他在北京住医院。在中央领导同志的亲切关怀下，有关部门集中了北京和一些地方的优秀医生为他治疗。动手术前，领导上把真实的病情告诉了他，铁人镇静地说："请领导和同志们放心，这没啥了不起，我是共产党员，坚决听毛主席的话，一不怕苦，二不怕死。"他又鼓励医务人员说："你们放心大胆治疗，治好了，我继续干革命，治不好，你们也可取得一些经验。"

手术以后，他的病情仍然没有好转，常常痛得吃不下饭，睡不好觉，但他一直用最大的革命毅力坚持学习，一天也不放松。他的枕边经常放着毛主席著作、各种文件和《人民日报》，往往一学就是三四个小时。在病情恶化以后，他还请别人把毛主席的重要指示写成拇指大的字，继续顽强地学习。他说："只要我还有一口气，就要学习毛主席著作。"

王进喜住院整整七个月。他身在医院，心里却时刻关怀着祖国社会主义革命和建设的发展，关怀着大庆油田。一天，他听说我国又发现一处新油田，兴奋极了，他对人说："我们这个国家就是块宝地，不是什么'贫油'，是'富油'啊！一定要抓紧勘探，我病好了拼命再干他几十年。"

中央有关部门和大庆的领导同志去医院看望他，铁人又反复提到新油田的事，并且建议大庆回收队成立一个修理车间，把收回来的废旧钢材、井架和钻机都修复起来，大力支持地方搞石油工业。他说："我们国家石油工业还不发达，我们要想办法多成立地质队、钻井队，把全国可能产油的地方都普查一遍，浅油层交给地方，深处油层由国家开采，这样上下一起办，大家都发挥积极性，我国石油工业的发展就更快了……"

医院里的医务人员和大庆来探望他的干部、工人们都说：铁人成天思念的、谈论的不是自己的病，而是国家的石油，大庆的生产，新油田的建设。直到他生命的最后一刻，他的心也没有离开我国的石油工业！

每次大庆的领导和同志们去看望他，他都要详细地询问：工人们学习怎样？打了多少新井？有什么新创造？还有什么困难问题？

在住院期间，他不仅经常考虑工作上的问题，连职工生活方面的许多细小的事情，也都想得很周到。雨季到了，他问职工家属住的房子漏不漏；冬天下雪了，他问油田边远地区家属住地的供水管线冻了没有；听说有的职工调往新油田工作，他又问他们的家属有没有人照顾；连因公牺牲八九年的工人张启刚远在陕西家乡的老母亲，他都一直挂在心上，问老人家生活上有没有困难。他还深情地对回收队的同志说："你们回去要养一二百头猪，盖个温室，多种些新鲜蔬菜，逢年过节给每个钻井队送一些去。他们常年在野外打井，最辛苦，流动性大，没有条件搞这些。"

同志们见他说话很吃力，劝他安心养病，先别想这些事。他说："我是共产党员，怎么能不想？"说着说着，眼睛湿润了。

铁人时刻怀念着大庆油田的一草一木和大庆的阶级兄弟。在昏迷状态中，他经常断断续续地自言自语，讲的都是有关大庆油田的事，好像他已经回到了大庆，在井旁工作着，或和战友们亲切地交谈……。一九七〇年十一月初，他的病情急遽地恶化了，已经不能起床，还恳切地对守候在他身旁的医护人员说："让我回大庆看看吧，我想看看同志们，看看大庆油田。"

铁人想念同志们，同志们也想念铁人。他住院期间，每天收到大庆和全国各地的来信，这些信充满了战友的阶级情谊，也带来了许多振奋人心的喜讯。铁人恨不得立即把病治好，和同志们一起去实现发展祖国石油工业的宏伟计划。

可是，正当全国石油工业战线高歌猛进、捷报频传的时候，正当大庆的工人们热切地等待着铁人回去的时候，王进喜的病一天天地更加沉重了。

周恩来总理和中央其他领导同志听到铁人病危的消息，曾先后来到医院看望他。

燃化部和大庆油田的领导同志、铁人的老战友们，日夜守候在他的身旁。

剧烈的病痛猛烈地折磨着他。铁人用他那顽强的意志，和病魔展开了最后的搏斗。当他从昏迷中再一次苏醒过来时，这位工人阶级的钢铁战士，用他那模糊的眼神看着身边的领导同志和战友们，最后地握住他们的手，用断断续续的微弱的声音留下了自己的遗言：

"大庆是毛主席树的红旗，一定要把大庆的工作搞好……"

铁人临终前的遗言，给了人们以巨大的激励和鞭策。在场的同志眼里闪着泪花，心情万分悲痛。

这时候，铁人又用颤抖的手从枕头下边摸出一个小纸包和一个小本子，交给守候在他身边的领导同志："这笔钱……请组织上花到最需要的地方……我不困难……"当人们打开纸包一看，里面是党组织为他母亲、爱人、孩子长期生病，补助给他的钱。小本子上记着哪年哪月补助多少。这些钱一分也没有动。

看到这情景，同志们的眼泪再也忍不住了。

一九七〇年十一月十五日夜，为我国石油工业奋战了一生的铁人，我国工人阶级的优秀儿子，毛主席的好工人、好党员、好干部王进喜同志终于与世长辞了。

铁人逝世的消息传到大庆，成千上万的大庆工人、干部、解放军指战员、职工家属和孩子们，无不万分悲痛。他们谁也不能相信，这个曾经为开发大庆、建设大庆、保卫大庆而英勇战斗的铁人，会永远离开了他那无限热爱的大庆。一连好多天，每天都有络绎不绝的人们来到追悼铁人大会的会场，一次又一次含着眼泪向铁人的遗像告别。人们怀念铁人，铁人永远活在大庆工人的心里。一个忆铁人、学铁人的群众运动，迅速地席卷了大庆油田。

伟大领袖毛主席教导说："要造就一大批人，这些人是革命的先锋队。这些人具有政治的远见，这些人充满着斗争精神和牺牲精神。这些人是胸怀坦白的，忠诚的，积极的，正直的。这些人不谋私利，唯一的为着民族与社会的解放。这些人不怕困难，在困难面前总是坚定的，勇敢向前的。这些人不是狂妄分子，也不是风头主义者，而是脚踏实地富于实际精神的人们，中国要有一大群这样的先锋分子，中国革命的任务就能够顺利的解决。"

铁人王进喜就是这样一个在毛泽东思想哺育下成长起来的先锋战士。

当前，全国"工业学大庆"的群众运动正在蓬勃发展，千千万万的工人和干部，无不怀着崇敬和自豪的心情，立志"做铁人式的好工人、好干部"，他们把铁人的英雄的一生，当作自己学习的榜样。

让我们满怀豪情地重温铁人的事迹，缅怀英雄的风貌，使"铁人精神"在千百万人民的心目中，更加发扬光大吧！

大庆报道组

新华社记者

1971-12-27

中国石油考察团结束对加拿大的访问前往巴黎

新华社渥太华一九七二年十月二十八日电　以燃料化学工业部副部长唐克为团长的中国石油考察团，结束了对加拿大的访问，十月二十八日晚乘机离开渥太华前往巴黎。中国石油考察团是应加拿大政府的邀请于九月十六日抵达加拿大进行访问的。

前往机场欢送中国石油考察团的有：加拿大动力、矿业和资源部助理副部长史密斯、麦克纳布以及加拿大政府其他高级官员。

十月二十六日，中国石油考察团团长唐克和中国驻加拿大大使馆临时代办徐中夫在中国大使馆设午宴招待加拿大朋友。加拿大动力、矿业和资源部副部长奥斯汀、外交部助理副部长柯林等加拿大政府高级官员出席了宴会。唐克团长和奥斯汀副部长在宴会上讲了话。他们指出，中国石油考察团对加拿大的访问，进一步促进了中、加两国人民之间的相互了解，加强了彼此的友谊。

九月十八日晚，加拿大外交部副部长里奇在政府宾馆举行招待会，欢迎中国石油考察团。加拿大动力、矿业和资源部副部长奥斯汀、工商贸易部副部长格兰迪等政府高级官员以及加拿大新任驻中国大使约翰·斯莫尔出席了招待会。同一天中午，奥斯汀副部长设宴欢迎中国石油考察团。

中国石油考察团在加拿大期间，访问了渥太华、蒙特利尔、哈利法克斯、多伦多、埃德蒙顿、卡尔加里、温哥华等地，参观了一些工厂、油田、海上钻井、研究中心等单位和一些著名风景区，受到了加拿大有关地方当局、各界人士的热情接待。

1972-10-30

活跃在大庆油田上的无产阶级先锋战士

在大庆油田，大批共产党员精神更焕发，斗志更昂扬。他们朝气蓬勃地战斗在三大革命运动的第一线，积极发挥着共产党员的先锋模范作用。

狠抓批林作先锋

采油四十三队的一间会议室里，采油工们正在聚精会神地听报告。听着听着，共产党员陈明山从人群里霍地站了起来，怒火满腔地说："林彪一类骗子是我们工人阶级的死敌。他妄想改变党的路线和政策，复辟资本主义，让我们工人、贫下中农重新提起讨饭篮，再进收租院，我们能答应他吗？！"

"不能！"会场上爆发出雷霆般的怒吼声。这时，共产党员站了起来，老工人站了起来，青年工人站了起来，一个个振臂高呼，愤怒声讨林彪反党集团的罪行，决心更好地执行和捍卫毛主席的革命路线。

当天夜里，陈明山一直没有合眼。现实的阶级斗争和两条路线斗争使他无法平静下来。这个雇农家庭出身的老工人永远也不会忘记，是毛主席把他全家从苦难的深渊里解救出来，是毛泽东思想哺育他这个穷孩子成为光荣的共产党员。他永远不会忘记，是在毛主席革命路线的指引下，大庆工人与天斗、与地斗、与阶级敌人斗，取得了开发和建设大庆油田的辉煌成就。在这场斗争中，党培养他迅速成长，担任了油队的副队长。因此，当他听到林彪反党集团妄图谋害伟大领袖毛主席、反对毛主席的革命路线的时候，肺都要气炸了。他重温毛主席关于"党组织应是无产阶级先进分子所组成，应能领导无产阶级和革命群众对于阶级敌人进行战斗的朝气蓬勃的先锋队组织"的伟大教导，决心在批林整风中更好地发挥共产党员的先锋模范作用。

为了把林彪一类骗子的罪行和谬论批深批透，陈明山学习理论的劲头更足了。他只上过扫盲识字班，文化水平较低，读书有困难。但是他并不逃避困难。读书碰到生字，他就向自己念书的孩子或向别人请教。他以顽强的毅力，一字一字地学，一句一句地领会，先后读完了《共产党宣言》、《实践论》、《矛盾论》等马列著作和毛主席著作，并且主动帮助工人们掌握理论武器。

在批判林彪反党集团诬蔑和攻击我国大好形势的罪行时，陈明山还在党支部领导下，带领群众进行社会调查，然后同大家一起算了中国石油工人在党和毛主席领导下的政治翻身帐，全国石油生产发展的帐，经济生活提高的帐。陈明山用所掌握的活生生的材料，狠批了林彪反党集团的谬论，大家一致反映他批得深，讲到透，赞扬他不愧是批判林彪反党集团的先锋。

抓革命促生产当闯将

大庆油田管道预制厂的二十一岁女焊工、共产党员肖金花，是群众公认的一位"铁姑娘"。她把在批林整风中焕发出来的昂扬的革命精神，化为抓革命、促生产的实际行动，越干越有劲。装有二百多斤沥青的大桶，她把扁担往肩上一放，同一个男同志抬起来就大步流星地走起来；百十斤的钢管，她同小伙子们一样，一人扛一根。严冬腊月，地冻如铁。在挖土方、埋油管线时，她操起十八磅的铁锤，对准钢钎，"当！当！"一气就是十八九下。一次，她的眼睛肿了，大家劝她休息，她坚持不下"火线"。别人问他哪来的这么大的干劲，肖金花回答说：林彪反党集团妄图颠覆无产阶级专政，我们就要用抓革命、促生产的实际行动，为加快祖国社会主义建设，更多地贡献力量。

肖金花参加工作以后不久，轰轰烈烈的批林整风运动就开始了。肖金花积极参加批林整风运动，认真学习马列和毛主席著作，苦练过硬本领，政治上和技术上都进步很快。去年她被评为全油田的标兵，今年春天她又光荣地加入了中国共产党。肖金花在荣誉面前更加谦虚谨慎，大干苦干的劲头也越来越大。不久前在总结工作的会上，工人们都赞扬这位年轻的共产党员发挥了先锋模范作用，不愧为抓革命、促生产的闯将。

艰苦奋斗的带头人

经过批林整风的锻炼，共产党员、原一二〇二钻井队的司钻屈清华走上了领导岗位，当上了大庆油田钻井指挥部的副主任。工人们说：老屈职务变了，艰苦奋斗的作风没变。

今年六月的一个深夜，大雨滂沱，雷电交加，屈清华的关节炎又犯了。可是他想到在野外坚持打井的工人，便顾不上腿疼和一天工作带来的疲劳，坚持到各个井队察看情况。他发现有些钻井队因大雨影响运输，重晶石粉没有及时运到，到天亮可能有停钻的危险，便赶往指挥部组织人力、车辆进行抢运。这个问题刚刚解决，他又了解到雷雨使高压电缆起爆，造成了十个井队断电停钻。屈清华放下电话，转身奔向现场。他带领工人顶着大雨淌着泥水，拖电缆，搬器材，奋力抢修。经过三个多小时的紧张战斗，钻机又轰鸣起来。屈清华脸上的雨水没有擦一把，接着到各个井队察看，直到一切情况正常才放心地回到指挥部。这时，雨过天晴，朝霞灿烂，屈清华又斗志昂扬地投入到新的战斗。

早在一二〇二钻井队的时候，屈清华就养成了一种艰苦奋斗的好作风。他哪里困难哪里去，越是艰苦劲越大，阴历大年三十夜晚，也常常乐呵呵地顶风冒雪坚守在井场。有人问这样的生活苦不苦，屈清华总是豪迈地说："为了给国家多打井、多出油，再苦再累心里也是甜滋滋的。"当了钻井指挥部副主任以后，他更自觉地按照毛主席关于"艰苦奋斗"和"不要脱产，又要工作"的伟大教导去做。在指挥部办公室里，人们平时很难找到他。在钻井现场，人们看他一身工人装，泥里水里跟工人一起干，又很难认出他是领导干部。有一次，他来到一个钻井队，工人们正在紧张地下套管。屈清华登上钻台就熟练地操作起来。下完套管，他又和工人们一道固井。在收工时，屈清华还把散落在地上的水泥一点一点地收集起来。他对大家说："不能看轻这点水泥，这是国家的财产，里面有我们工人的血汗。搞社会主义，就要从一点一滴做起啊！"工人们听着他的话，看着他做出的好样子，很受感动，全队艰苦奋斗、勤俭节约的风气也更浓了。

1973-10-15《人民日报》

四川省开发天然气取得新成就

新华社成都一九七五年一月十四日电　四川省石油工业部门各级领导干部坚持深入生产第一线，参加集体生产劳动，带领广大职工深入开展"工业学大庆"的群众运动，使这个省的天然气、原油等主要产品的生产都有了很大发展。

四川省是我国著名的天然气生产基地，有一千多年开采历史。去年以来，这个省石油工业战线的各级党委，组织广大干部认真学习毛主席、党中央关于批林批孔的一系列指示，学习马列著作和毛主席著作，不断提高大家的马列主义水平。同时，通过各种形式培养了八千多名理论骨干，建立了上千个理论学习小组。他们和广大职工一起，上班时在野外钻井采气，下班后认真看书学习，开展革命大批判，使批林批孔步步深入，气田建设蓬勃发展，钻井纪录不断提高，开气找油的路子越走越广。目前，在全省二百多处储气构造上，一个个新的气田正在加速建设。增加了许多新钻的气井。强大的天然气流通过纵横千里的输气管道，正源源不断地输向城市和农村，有力地支援了社会主义建设。

去年以来，四川省石油工业部门各级领导干部，把坚持参加集体生产劳动作为改进领导作风，密切联系群众，搞好革命和生产的一项重要措施。他们深入生产第一线，一边参加劳动，一边指挥生产，不分白天黑夜，那里有困难就奔赴那里；那里最危险，就到那里战斗。去年进入四季度以来，全省石油工业部门的各级领导干部有一半以上的时间在井队、输气和运输等现场，参加劳动，帮助工作。许多领导干部还编入生产班组，与工人一起钻井采气，敷设输气管道，建设脱硫厂、集气站，使辽阔的气田呈现出一派团结战斗的革命景象。

四川省石油工业部门的各级领导干部，通过参加生产劳动，进一步认识到"人民群众有无限的创造力"，看到了工人的干劲，生产的潜力。因此，他们更加信心百倍地带领群众夺取革命和生产的新胜利。隆昌气矿在连年增产的基础上，去年国家要求他们开钻的新井数目比上一年增加一倍。当时，有的干部对完成这个任务信心不足。矿党委领导成员就深入井队，同工人一起讨论这个问题。工人们说："地下有气，国家要气，只要路线对头，就能多快好省地完成这个任务。"工人群众的高度革命责任感，使矿党委领导成员深受教育，他们立即发动职工一口井一口井地排出钻井计划，落实钻井措施。按照常规，打深井必须另换钻机，但是，这次工人们打破老规矩，用打中深井的钻机打出了深井。在打井过程中，气矿各级领导干部深入现场，边劳动，边指挥，发现问题，及时解决。有的干部在组织快速钻进时，连续十天十夜没有脱过工作服，坚持在现场指挥，参加劳动。全矿工人更加精神振奋，干劲十足，千方百计地提高劳动效率，使全矿生产指标月月上升。去年十月份，全矿钻井进尺比上一年同期提高百分之六十一点八。并且提前六十二天完成了全年钻井计划。

四川省石油工业部门的各级领导干部，在参加生产劳动的过程中，积极进行调查研究，发动群众一面加快新气田的建设进度，同时有计划地对老气田进行改造，使许多老气田重新得到开采。蕴藏着丰富天然气资源的川西北地区，过去由于地质规律没有摸清，开采规模一直不大。去年，领导这个地区天然气开采的广宁石油勘探指挥部党委成员在蹲点劳动中，对过去积累的大量地质资料，进行了七十二次综合研究。然后根据地下构造情况，采取集中力量打歼灭战的办法进行钻探。在钻探过程中，广大干部、工人齐心协力，克服了严重井斜、井漏等困难，闯过地层倒转、倾角大、断层多的难关，很快地钻出了一批新井，并在不同的构造和地层都获得了工业性气流，为开发四川西北部地区油、气资源开辟了广阔的前景。具有多年开采历史的石油沟气矿是全省老矿之一。这个矿的东溪气田，过去有人认为"资源枯竭"，"开采进入晚期"。在批林批孔运动中，矿党委坚持唯物论的反映论，发动群众进行调查研究，扩大勘探范围，在过去被认为是"禁区"的水层构造上布井开钻。结果，接连获得了六个新的产气层，从而提高了天然气的产量。现在，这个气田的天然气产量，比文化大革命前的一九六五年增加了七倍以上。

在发展天然气生产的过程中，四川省石油工业战线的广大干部和工人深入开展"工业学大庆"的群众运动，用自力更生、艰苦奋斗的革命精神，战胜各种困难，夺得了一个又一个的胜利。担负着全省许多城市和工厂大量供气任务的泸州气矿，去年开钻的气井，百分之七十以上都是三千米左右的深井，地层硬，岩性变化大，给钻井工作带来了很大的困难。这个气矿的广大职工学习大庆工人的革命精神，以顽强的斗志，与复杂的地层带来的种种困难进行坚决的斗争。有一段时间，各井队的钻杆不足，影响了钻井速度，工人们就自己动手，造出了闪光对焊机，修复了三万多米长的钻杆，改变了生产上的被动局面。全矿各井队还努力改善钻井工艺，不断提高钻机周转率，做到优质、安全、快速生产。从去年八月份起，这个矿的钻井进尺平均每月递增百分之十以上。这个气矿的青年女子钻井队，去年担负的钻井进尺任务比前年增加了二倍，而且大部分井场布置在丘陵地区，交通不便，场地狭小，给钻井带来了很大困难。但是，她们发扬"铁人"精神，团结协作，昼夜奋战，做到了快搬迁，快安装，快开钻，结果只用八个月零十八天就完成了全年钻井进尺计划，成为全矿去年最先完成全年计划、进尺最多的一个钻井队。

1975-01-15

阿尔巴尼亚军事代表团参观大港油田

新华社天津一九七五年十二月二十七日电 以阿尔巴尼亚国防部副部长兼人民军总参谋长维利·拉卡伊为团长、国防部副部长纳扎尔·贝尔贝里为副团长的阿尔巴尼亚军事代表团，由中国人民解放军副总参谋长杨成武陪同今天到大港油田参观访问，受到油田石油工人的热烈欢迎。

今天，渤海之滨雪后放晴，阳光灿烂，油田的工地、厂房上和海滨红旗迎风飘扬，到处洋溢着中阿两国人民兄弟般的革命情谊和团结友好的气氛。代表团到达大港时，石油工人喜气洋洋地敲锣打鼓，热烈欢迎来自亚得里亚海畔的阿尔巴尼亚战友。大港油田革命委员会负责人向代表团介绍了石油工人贯彻执行独立自主、自力更生的方针，发扬大庆工人的革命精神，在原来是盐碱荒滩和一片汪洋的地方建设起一个初具规模的生产石油和天然气基地的经过。他告诉阿尔巴尼亚战友说，大港的石油工人今年已提前完成国家的生产任务。代表团在这里参观了钻井工地、采油井、转油站和炼油厂等。

维利·拉卡伊团长说，今天我们来到大港油田参观访问，看到了英雄的中国石油工人取得的辉煌成绩，感到十分高兴。他祝油田工人在今后的石油工业建设方面取得更大胜利。

今天陪同代表团参观的，还有天津市革命委员会副主任、中国人民解放军天津警备区司令员王一、政治委员王元和，天津市革命委员会副主任张福恒，天津警备区副司令员吴志远等。

代表团是二十六日从北京到达天津的。在天津期间，还参观了天津针织厂、天津地毯一厂和天津手表厂等单位，并应邀出席了中国人民解放军天津警备区举行的宴会，观看了天津市歌舞团演出的文艺节目。

1975-12-28

外国朋友和华侨赞扬中国影片《创业》

新华社北京电　中国彩色故事影片《创业》最近在巴基斯坦、日本、南斯拉夫、莫桑比克和捷克斯洛伐克放映，受到外国观众和华侨的欢迎和赞扬。

巴基斯坦国立现代语言学院的学生们在观看这部电影后进行了热烈的讨论。一位学生说："这部影片生动地反映了在毛泽东主席和中国共产党的领导下，中国人民的崇高思想和精神。"有的学生说："如今我们已经认识到，'四人帮'是中国人民的死敌，因为他们反对毛主席和中国人民所支持的事物。我们相信，中国人民一定会把他们的国家建设得更加繁荣富强。"

日本东京、大阪、神户和茨城县等地的日中友好团体等组织今年以来分别举行电影会，放映了《创业》。日本《劳动新闻》在介绍这部影片时写道："《创业》歌颂了中国工人阶级在毛泽东主席的领导下，同帝国主义斗，同苏联修正主义斗，同反动派斗，同错误路线斗，坚持毛主席的革命路线，独立自主、自力更生地建设社会主义的伟大革命精神。"这家报纸指出，这部描写中国社会主义制度下的阶级斗争和两条路线斗争的影片，联系到当前中国开展的批判"四人帮"的斗争，对日本工人阶级来说，也是富有教益的。

东京的一位名叫角田荣一的日本朋友在文章中写道："看了这部影片使我们更加感到'工业学大庆'的伟大意义。《创业》热情地歌颂了毛泽东思想和毛泽东主席的革命路线。"角田荣一谴责"四人帮"用所谓"十大罪状"对《创业》横加指责，妄图禁锢这部影片，把攻击的矛头指向周恩来总理。大阪的一位妇女活动家说："'四人帮'给《创业》加上莫须有的罪名，其实他们自己却正是影片中那种戴着红帽子的阶级敌人。这部影片给正在战斗的日本工人阶级以很大的鼓舞和力量。"南斯拉夫数百名观众在贝尔格莱德国际电影节上观看了电影《创业》。他们热烈鼓掌，赞扬中国石油工人艰苦奋斗、自力更生的精神。

1976-12-29

踏着铁人的脚印走

——记大庆油田模范标兵高金颖

发展中国石油工业的道路是漫长的。王进喜和老一辈石油工人，走过了最艰苦的一段。今天，千里油田一代新人又茁壮成长起来。在一代新人的队伍里，大庆油田模范标兵、"继承铁人精神的好队长"高金颖，意气风发地走在最前列。

十年前，高金颖和他的同学们，从大庆的工读学校来到一二〇五钻井队当钻工。一二〇五队是铁人王进喜带过的队伍，是全国闻名的"钢铁钻井队"。铁人老队长常常到队上来，看到高金颖这些生龙活虎的小伙子，就对他们说："井场虽然艰苦，可是个锻炼人的好地方。要好好干啊！"老队长的关心和鼓励，使高金颖下定决心，在这炉火最红的地方千锤百炼，把自己炼成象铁人那样"与天斗，与地斗，与阶级敌人斗，与修正主义斗"的坚强的人。

高金颖，一步一个脚印，跟着铁人走。

也象铁人那样，高金颖苦练"两论"起家的基本功。他随身带着毛主席著作，白天挤出时间学，夜里打着手电学，孜孜不倦，用毛泽东思想武装自己，为祖国献石油。

也像铁人那样，高金颖同"戴着红帽子，藏着黑心肝"的人，进行了英勇的斗争。一九六八年，高金颖同一二〇五队的同志们，顶住了反对大庆红旗的黑风恶浪。当一伙人窜到一二〇五队攻击大庆红旗是"黑的"、铁人是"假的"、一二〇五队是"吹出来的"时候，高金颖挺身而出，坚决回击："大庆是毛主席亲自树立的一面红旗。你们说，黑在哪里？铁人王进喜带领钻井队十五年干了四十五年的活，为甩掉中国石油落后的帽子立了大功，是大干社会主义的英雄。你们说，他假在哪里？一二〇五钻井队在全国石油工业战线上打井最多。你们说，这是吹出来的吗？"高金颖严厉警告这些家伙："谁要想砍倒毛主席树立的大庆红旗，往铁人脸上抹黑，那就照我们老队长说的那样办——一拳头把他砸到地底下去！"

也像铁人那样，高金颖牢牢记着老队长气壮山河的誓言："宁可少活二十年，拼命也要拿下大油田"，最危急的时刻冲上前，最困难的地方走在前，最重的担子自己担。

那是七十年代的第一个秋天。英雄的一二〇五钻井队正在攀登新的高峰。一天，这个队刚刚打好一口优质井，高金颖正带领全班忙着下套管。突然，扶刹把的同志高喊："刹把失灵了！"井场顿时紧张起来。高金颖抬头一看，十几吨重的套管连同游动滑车，从十几米高的地方飞速地向井口砸下来，眼看一场井废人亡的严重事故就要发生。是退后两步跳下钻台，还是上前一步设法抢救？在这最危急的时刻，高金颖眼前蓦然闪现出铁人老队长手扶刹把，屹立钻台，顶天立地，无畏无惧的英雄形象。时间不容许他多想一秒钟。他迅速跨上一步，双手奋力提起一百多斤重的卡瓦，向井口猛投过去，只听"咔嚓"一声，飞速下滑的套管终于在离井口一米多高的地方被卡住了。高金颖勇敢、机智的行动，制止了一次严重事故的发生。

阶级斗争的烈火在锻炼着他，危险和困难在考验着他。高金颖，这个年轻的大庆人，一天天地茁壮成长起来。

油田在发展，新人在成长。一九七一年，高金颖光荣地加入了中国共产党。一九七三年，新油区会战开始不久，领导决定让高金颖担任一二〇五钻井队队长。

高金颖感到担子重，压力大。可是，铁人老队长曾经说过："没有油，国家有压力，我们要自觉地分担这个压力。"高金颖思索着铁人老队长的话，浑身增添了一股使不完的劲。他带领全队同志，大干苦干，争取尽快地起井架，早开钻。吊车供不上来，他就组织大家，人拉肩扛，换上了几百斤重的天车导轮。腰痛得难忍受，他就穿起医院特制的"钢背心"，坚持不离钻台，指挥战斗。从高金颖身上体现出来的铁人精神，舞鼓着全队同志的斗志，提前打好了新区的第一口油井。

那是一次难忘的战斗：六月的一天，钻机搬家，需要通过一道高压输电线，按照通常整拖的办法通不过，要把井架半放倒才能整拖过去。高金颖想，任务很艰巨，自己是队长，要走在前头。他一大早就来到井场，做好准备工作。然后，指挥着把井架顺利地拖过高压输电线，搬到了新井位，整整忙了一天。可是，他还不肯下班，又接着干下去，一气干了十八个钟头，直到开了钻，他才离开了井场。已是深夜两点钟了。他腰痛得直不起来，强忍着向宿舍走去。走不多远，就摔倒了；起来再向前挪，又摔倒了；站不起来，他就向前爬；连爬也爬不动了，他就索性在草地上躺下来。这时候，露水和汗水湿透了他的衣衫……

眼前一片灯火，灯火映着繁星，仿佛是铁人点燃的不灭的火把，在这大草原上辉耀，闪动……。高金颖想：在那艰苦创业的年代，铁人老队长和老一辈石油工人，革命加拼命，为祖国拿下了大油田，付出了多少血汗代价啊！今天，我们一定要用铁人精神把它建设好，发展好。看，眼前一片草原上，一个个井架林立，不久就会是一排排油井成行，一个新油区将在我们手中建设起来。铁人的火把在我们身边越燃越旺，将来必定会燃遍祖国大地……想到这里，高金颖不禁唱起歌来。直到早起上班的同志发现了他，才用小车把他推回宿舍。第二天，他又坚强地站起来，走到井场上班了。

一九七四年，高金颖担任了钻井指挥部的党委常委、革委会副主任。去年，又一个新油区的会战开始了。钻井指挥部决定让他担任会战前线总指挥。更重的担子落到他的肩上，更大的考验摆在他的面前。他仍然象铁人那样，心不离群众，身不离井场。他常说："不管担任什么职务，我永远是个钻工。"

也像铁人那样，在会战前线，高金颖同钻工一起，拿大钳，提卡瓦；他和钻工一样，整天一身泥浆，一身油工衣。一二一〇〇钻井队钻头掉到油井里，他同钻工们一起整整打捞了三天三夜。女子钻井队争取五月份钻井进尺上万米，他一次又一次地鼓舞大家的斗志，和她们一起战斗。有一个钻井队起钻时突然引起井喷，油气加着沙石一直喷到二十多米高的平台，他冲上平台，亲自握刹把，组织排险，迅速压下了井喷……

也像铁人那样，高金颖对阶级兄弟爱得深，关心别人比自己重。井队路远，地翻浆，车子进不去，他想方设法把水送到井队；前线天寒，他整夜烧锅炉，给同志们取暖，让同志们睡好。同志们过冬有困难，他把棉袄棉裤送给他们穿，自己穿破的；有的同志病了，他亲自背着送去看病，亲自把自己家里不多的大米送到病人跟前……

同志们说："见到了高队长，就象见到了铁人老队长。""他就是咱们的'铁人'！"

一九七四年，大砍大庆红旗的妖风又起。"四人帮"煽动停工停产，胡说什么"越干越错"。队上的同志理直气壮地驳斥："我们大干社会主义有什么错？完全正确！我们大干了还要大干！社会主义是干出来的，不是吹出来的。"队上的同志不理会"四人帮"那一套，高金颖二三十天不下井场，不换工衣，带领大家战胜零下三十度的严寒，创造了油田大会战以来冬季钻井进尺的最高纪录，再一次为大庆红旗增添了光彩。

1977−05−24

石油战线著名劳动模范的决心

新华社大庆六月十三日电 "全国每人平均半吨石油——铁人王进喜的遗愿也是我们的奋斗目标。"这是石油战线四位著名劳动英雄、王进喜生前的战友，最近在大庆共同发出的誓言。

他们是一九六四年从全国各地到大庆参加开发油田的老钻井工马德仁、段兴枝，采油工薛国邦和油建工朱洪昌。

由于他们的杰出贡献，他们和已故的石油战线的标兵王进喜一起，被誉为"五面红旗"。王进喜虽已去世，"铁人精神"仍是中国工人阶级的象征，是大家学习的榜样。

在最近石油部和化工部在大庆油田联合召开的第二次工业学大庆会议上，已经调往别处的段兴枝和朱洪昌同大庆领导班子成员马德仁，工会主任、全国政协委员薛国邦又聚会在一起。

他们回忆建设大庆油田的艰苦历程，一起去看"铁人"王进喜打的第一口油井，参观王进喜英雄事迹陈列馆，缅怀铁人，共同表示要为建设十来个大庆油田立新功。

四十六岁的朱洪昌，旧社会十一岁就当童工，现在成了领导干部、管道专家。十几年来，他从东北到西北以及其他许多地方，建炼油厂、修长距离输油管道，做出了贡献。他先后被选为第三届、第五届全国人民代表大会的代表，由普通工人当上了石油部管道局局长。

从一九七〇年筹建大庆至秦皇岛我国第一条长距离输油管道以来，不到八年时间，我国大部分石油运输都采用了管道运输。

1978-06-14

北京石油化工总厂在前进

新华社北京八月十一日电　北京石油化工总厂广大职工正积极努力，决心今年内把该厂建成大庆式的先进企业，为中国实现四个现代化，为加快化学工业的发展贡献力量。这个厂今年上半年工业总产值比去年同期增长14.8％，完成了一九七八年全年计划的56％。

北京石油化工总厂是一个大型的石油化工联合企业，位于北京西南六十多公里，一九六八年九月开始兴建，一九六九年九月开始陆续投产。到目前为止，已建设了十二个工厂，包括一个炼油厂、六个化工厂和五个辅助工厂，以及设计院、研究院、建筑、安装公司等单位，占有面积三十六平方公里，有效面积11.5平方公里，是北京市解放以来最大的建设工程，是中国石油化工的主要中心之一。

炼油厂加工原油能力原设计年产二百五十万吨，经过扩建和改造，现炼油能力年产为七百万吨。目前可生产汽油、煤油、柴油、润滑油、燃料油、石蜡、苯类等石油产品共六十多种。化工装置是一九六九年开始建设的。目前能生产合成橡胶、合成塑料、乙烯、高压聚乙烯、聚丙烯、合成氨、合成洗涤剂，以及丁二烯等多种化工产品共九十多种。

这个联合企业现有职工三万多人，其中女职工占百分之三十七，工程技术人员三千余人。厂区设有文化、教育、卫生、体育、医疗、商店、学校、幼儿园、托儿所等设施，已初步建成了一个小的城镇。

这个联合企业自一九六九年投产以来，工业产值每年递增百分之二十一，九年来给国家上缴的利润已能建两个同样大小的联合企业，一九七七年，提前七十四天完成国家生产计划。

这个联合企业在建设过程中，执行了毛主席的"独立自主，自力更生"的方针，许多工厂是自行设计、施工、安装的。所用设备基本上是国产的，但同时也引进了国外一些先进的石油化工装置，注意学习国外的先进技术。

这个企业在建厂的同时，注意了三废处理。污水一般经过了生物净化处理，部分循环使用，部分尾气综合利用。

还在这个企业刚刚投产不久，罗马尼亚客人不断来厂访问，到目前为止，就有三十多个罗马尼亚代表团来厂访问过。与此同时，中国化工部副部长，这个厂的党委书记和这个厂的党委副书记等也先后到罗马尼亚进行访问。这些互相交往访问，使中罗人民的友谊不断加深。杨义邦对新华社记者说："前几年，我很荣幸的访问了罗马尼亚的克拉约瓦、图尔古·马左里来、斯洛博齐亚、特尔古·穆列什和布加勒斯特等地的化工厂，受到了热情友好接待，是一次难忘的向罗马尼亚同志学习的机会。罗马尼亚的化学工业在齐奥塞斯库同志的领导下，正在高速度发展，有许多经验值得我们学习和借鉴。我衷心祝愿中罗两国人民友谊的花朵开放得更加鲜艳芬芳。"

1978-08-18

第三篇

改革开放的新时期

中国加快石油钻井速度

新华社北京九月二十七日电　今年一至八月份，中国石油钻井进尺完成年计划的百分之八十八，比去年同期提高百分之七十七；创造了历史同期最高水平。

我国最大的油田之一——大庆油田今年新钻的二百八十八口井的井身和射孔质量优质合格率都达到了百分之百。固井质量和取芯收获率也都创造了历史同期最好水平。这个油田已提前一百三十一天完成了今年钻井进尺计划。

钻井的高速度发展带动了我国石油工业持续高产。一至八月份，我国原油、天然气生产比去年同期分别增长百分之十一、百分之十四。油气勘探不断获得新成果。油田基本建设提前超额完成了全年投资额，比去年同期增长百分之一百三十七。

为了实现石油战线要搞十来个大庆的号召，石油部决定下最大力量把钻井速度搞上去，提出了"一九七八年要实现钻井速度翻番"的口号。

石油部和各油田领导干部深入钻井队指导工作；轮训钻井工人和干部，提高他们的技术水平和管理水平。许多钻井队发展高压喷射新工艺、高效能喷射式钻头和低固相优质轻泥浆钻井技术，钻井速度比普通钻井队提高一倍以上。

今年以来，全国钻井月进尺、日进尺和平均队进尺都超过历史最高水平。打井水平接近世界打同类井的先进水平。一至八月份，全国有六分之一的井队，总进尺上了万米。创造新纪录的钻井队不断涌现，其中有十二天十二小时打完三千三百二十二米，八十七天打到五千米的井队。

1978-09-28

中国石油工业为实现现代化作好准备

新华社北京十二月二十二日电 中国石油工业部门，自今年年初以来，除抓好生产外，为把工作中心转到四个现代化上来作了积极准备。

首先，石油部调整了领导班子，参加领导班子的都是又红又专的干部，其中有四名专家做了副部长。

部长和其他领导干部发扬亲临生产第一线的优良传统。他们奔赴各油田、炼油厂蹲点调查。有三位副部长分别在大庆油田、华北油田、胜利油田兼任领导职务。从十月下旬开始，石油部又有半数以上的领导干部分赴各基层生产单位，检查明年的生产准备工作。

九个月来，石油部领导和司局长坚持每周上一次技术课，听技术人员讲课。他们已经学习了钻井、采油、测井技术和石油地质、电子计算机以及我国一些油气田的地质构造等专门的科学知识。

他们学习了国外先进的石油技术，并引进了一些为加快我国石油工业化发展速度的先进设备。今年石油部共派出五十一批人到十五个国家进行技术考察。

石油部今年从国外引进的先进设备比去年增加一倍多。与此同时，原油和其他石油产品的出口量也比去年增长四分之一左右。

1978-12-23

兰州炼油厂千方百计为国家多炼油炼好油

新华社兰州二月二十八日电　兰州炼油厂广大职工团结一致搞生产，千方百计为国家多炼油，炼好油，努力为现代化建设增加石油产品。全厂在去年提前超额完成国家计划的基础上，今年一月份又胜利地完成了当月原油加工任务，原油加工量比去年头两个月的总和还多。进入二月以来，生产形势更喜人：到十八日，全厂生产的四大类石油产品中，汽油和煤油已分别超额百分之十四点二和百分之一点五提前完成了月计划；润滑油和柴油分别完成了当月计划的百分之九十七点七和百分之六十七点九。今年以来的石油产品出厂合格率，全部保持百分之百。

这个厂的广大职工提出，国家什么时候要石油产品就什么时候给，要多少就给多少，要什么品种就给什么品种。最近，国家让这个厂生产一种急需的特种润滑油。生产这种油品需要专门管线、专门油罐和专门泵，但润滑油精制车间只有一套生产装置。怎么办？车间的工人们说：只要国家急需，天大的困难也要克服。为了既保证国家急需产品，又保证日常加工任务的完成，车间里的操作工人和检修工人一起，夜以继日地对一套闲置装置进行了检查抢修，使这套装置很快用到生产上，生产出国家急需的特种润滑油。

1979-03-01

我国专家学者在京座谈塔里木盆地石油资源

本报讯 人民日报记者高新庆、新华社记者于有海报道：一九八○年新年前夕，由中国地质学会、中国地球物理学会和中国石油学会联合组织的塔里木盆地石油资源座谈会在北京举行。来自全国三十一个单位不同学科、不同专业的几十位著名专家、学者聚集一堂，共同分析、探讨新疆塔里木盆地的石油资源问题。国务院副总理康世恩、全国科协副主席裴丽生与石油部、地质部、中国科学院以及新疆维吾尔自治区的领导同志参加了座谈，虚心倾听专家们的意见和建议。

新疆南部的塔里木盆地，是我国陆地上最大的沉积盆地，从油气生成和聚集的观点看来，具备找寻大油气田的地质条件。五十年代初期，党和政府陆续组织地质、石油、科研人员进行地质普查和石油勘探工作，现在已完成了全盆地部分地质、重力、磁力（包括航空磁测）普查，取得了不少资料。近几年来，我国石油职工在这里连续打出了三口高产油气井，预示塔里木盆地石油、天然气资源丰富的前景。但是，由于塔里木盆地自然条件恶劣，勘探工作非常艰苦，人力、物力、财力有限，技术手段比较落后，至今盆地的勘探的程度很低，不少地方仍然是勘探的空白区。为扩大我国石油的后备油源，加速石油工业的发展，更快更好地勘探、开发塔里木盆地的油气资源，是一个亟待解决的重大课题。

会议期间，石油部副部长兼总地质师阎敦实向到会专家介绍了塔里木盆地勘探工作情况及成果。著名地球物理学家、中国地球物理学会理事长顾功叙作了发言，他说：塔里木盆地是我国勘探找油找气的重要远景区，国家应该统筹安排，抓紧对这个盆地进行总体勘探。应增强科学性，减少盲目性，加强地球物理勘探工作，地震法勘探要远远跑在钻探工作的前面，认真进行塔里木盆地的大普查工作。如果把塔里木盆地比作一头大象，那么我们不仅要摸它的尾巴，而且要把它的脑袋和全身的各个部分都摸清楚。

著名石油地质专家朱夏综合汇报了塔里木盆地地质概况，对重大科研课题、地球物理勘探工作及近期勘探部署，提出了具体意见。

著名地质构造学家、中国石油学会和中国地质学会副理事长张文佑，曾多次指出塔里木盆地是我国西部油气远景最大的地区。最近，张文佑综合分析了塔里木盆地的新资料，对这个盆地的地质构造、生油储油理论、油气远景预测等，提出了初步的看法和意见。这次他代表与会专家提出，要加强地质基础理论的研究，用正确的理论指导石油勘探工作。为了把石油部门、地质部门、科研单位和高等院校的力量更好地组织起来，应成立相应的统一机构，并希望国家能把这项工作列为重大科研项目，拨出专款资助盆地的勘探研究活动。

康世恩同志认真听取了专家们的意见，认为其中有些建议现在就可以采纳。他要求石油部为专家们当好两个后勤，提供一部分科研活动需要的资金，提供科研活动需要的地质资料。他说，各方面的专家联合起来共同研究石油勘探问题，这是一个很好的形式。在实现四个现代化的过程中，就是要集中专家的智慧，使我国的经济建设不走或少走弯路，加快步伐。

塔里木石油资源座谈会于一九七九年十二月二十五日至三十一日举行。座谈会上宣读了十一篇研究论文，与会同志各抒己见，畅所欲言，进行了广泛的探讨。

座谈会充分发扬民主，专家们积极地提出许多意见。他们一致认为：塔里木盆地是一个很好的油气远景地区，在统筹规划下，很多基础工作、科学研究工作要赶快做。他们就塔里木盆地的石油勘探工作，向党和政府正式提出了许多建议和要求。

1980-01-12 《人民日报》

我国又建成一个大型油气田

——辽河油田

新华社沈阳一月二十八日电 本社记者顾铁凤、通讯员周仲杰报道：在我国重工业基地辽宁省，新建成一个大型油气田——辽河油田。这个油田目前年产原油的能力已达五百万吨，天然气十七亿立方米，成为全国主要油田之一。

辽河油田位于辽宁省沈阳、营口、锦州之间，铁路、公路四通八达。目前这里已经打井一千八百多口，建成了一百六十多个油气计量站和油气集输联合站，形成了八个配套完善的采油区。

辽河油田的建成投产，使辽宁省的钢铁、炼油、化肥工业就近得到原油和天然气供应，对支援工农业生产的发展和发挥辽宁这个老工业基地的作用，都有着十分重要的意义。

辽河油田的油、气储量非常丰富，油层厚，油气藏类型多。有些油井的油层厚度达一百多米，日产原油高达几百吨。原油的质量也比较好，含硫低，轻质油成分多。

辽河油田是从一九七〇年起开发建设的。这里地处辽河中下游，绝大部分是沼泽水网地带。建设者们学习大庆工人艰苦创业的革命精神，同各种各样的困难作斗争。没有道路，就动手修路，运输车辆不足，就人拉肩扛；没有房子住，自己动手搭帐篷，坚持在困难条件下施工。一九七八年比一九七七年增产原油一百零一万吨。特别是党的十一届三中全会以后，建设进度更快，一九七九年新建油区的原油生产能力比一九七八年增长了百分之五十，原油产量增长百分之二十七。一九七九年新建的欢喜岭采油区，做到了正规开发，采油、采气、注水、供电、公路以及污水处理等工程项目配套完成，当年便生产原油一百三十九万吨。

1980-01-29

石油部长谈中国石油的前景

新华社北京三月十八日电　石油工业部部长宋振明今天在石油地质国际学术会议开幕式上说，中国有充分信心寻找更多的石油资源，以大幅度地提高原油产量。

他说，中国有四百二十多万平方公里的沉积岩面积和一百多万平方公里的沿海大陆架。从地质上看，这些地区有很好的含油远景。

石油工业部副部长、总地质师闵豫在向出席会议的中国和外国地质学家宣读论文时支持宋振明部长的见解。

他说，中国中新代陆相沉积盆地的总面积约三百五十万平方公里，但是，到目前大多数盆地的勘探程度还很低。

大致每三百平方公里沉积岩面积内才钻了一口探井。以往的钻探深度大多浅于三千米，深度超过三千米的探井还不多。

他说，一九五九年九月，在松辽盆地发现了面积达到一千平方公里左右的大庆油田。

大庆油田一九七六年原油产量达到五千万吨，至今稳产四年。目前它的原油年产量已占全国产油量的一半。

宋振明说，去年全国生产原油一亿零六百万吨，天然气一百四十亿立方米。

闵豫说，三十年来，中国已经找到一百六十多个油田。它们都是在中新生代沉积盆地中发现的油气聚集，而且都是在陆相沉积中发现的油气藏。

他说，古生代海相沉积分布广泛。在我国西南部和东部地区有较厚的碳酸盐炭沉积和陆相沉积。

在西藏和南疆的西部地区有新生的海相沉积。在青海省的柴达木盆地和新疆的塔里木盆地都发现了油气藏。

他说，通过三十年的石油地质研究和勘探实践，充分说明：陆相湖盆沉积具有良好的生油条件；在生油区及其附近有利于油气藏的形成；在条件有利的情况下，也能形成大油田及特大油田。

他说，总之，中国九百六十万平方公里的陆地面积和一百多万平方公里的大陆架海域内，具有有利于油气生成和聚集的地质条件。

他说，通过进一步研究石油地质和发展石油勘探，中国将发现越来越多的油气藏。

1980-03-20

华北任丘油田年产量占全国总产量十分之一

新华社北京三月二十四日电 四年前开发的华北任丘油田去年原油产量超过一千万吨，占全国原油总产量的十分之一。

这是中国石油总公司华北石油分公司副经理马永林今天向一批来访的外国人透露的。

这批来访者是这个位于北京南部一百五十公里的油田接待的第一批外国人。这批外国人是前来参加于上周末刚刚在这里闭幕的石油地质国际学术会议的。

一九七六年开发的这个油田，其面积达二百多平方公里。油田总地质师查全衡说，在任丘油田的东、西侧，又新发现四十多个油藏，其中百分之八十五是重要的高产油气层。

他说，在北京、唐山附近也发现了新的油藏。

这位总地质师说，这些新发现的油藏都是在华北平原的中、新生代沉积盆地内。目前华北地区这种古潜山油田平均单井日产达六百吨以上，比砂岩油井产量高二十倍。

今天来访者看的第十一号井目前日产达二千零五十三吨。这口井是一九七六年三月投产，投产初期日产油三千九百六十三吨。到目前为止，这口井累计产油三百八十七万吨。

查全衡说，这口井的井口温度为摄氏一百一十七度。因此，这口井不需要任何加热设备，原油的输送很容易。

他说，任丘有好几口这样的高产井，还有不少单井日产量最低在一百吨以上的油井。

中国石油总公司华北石油分公司包括几个油田，共有职工近六万人，其中女职工一万五千人，工程师、地质师一千零五十人。　　1980-03-26

中国南海南黄海八个区块物探工作全部结束

新华社北京 7 月 18 日电 中国石油天然气勘探开发公司同外国石油公司在南海和南黄海海域八个区块的地球物理合作勘探工作于最近全部结束。

这项工作还不到一年时间，进展快，质量好。目前，各公司正在积极进行地震资料的解释、评价工作。对已经处理过的资料进行分析以后，可以确信，这些区域生油情况良好，开发前景乐观。

在去年五月至七月间，我国先后与美、英、法、意等国十六家石油公司签订了关于在南海、南黄海八个区块共四十万平方公里面积进行十万公里地震测线的协议。

中国石油勘探方面的工程技术人员，分别在这八个区块的十四条作业船上同外国石油公司的工作人员一起进行工作。

中华人民共和国石油公司正积极进行有关招标的技术性准备，预计今年底至一九八一年上半年即可陆续招标，进入正式勘探开发阶段，届时，将向国外发出招标通知。

1980-07-20

中日合作开发渤海油田第一口探井开钻

新华社天津十二月十五日电　中日合作开发渤海油田的第一口探井今日开钻。

今年五月二十九日，中国和日本石油公司签订了一项合同，在渤海南部和西部进行石油和天然气的勘探和开发。今日开钻的探井是在二万五千五百平方公里的区域内合作钻探的探井中的一口。

第一口探井四千米深，预计需要一百多天钻探完毕。计划明年还要有五口探井开钻。

中国石油公司海洋分公司的渤海六号钻井船承担了这口井的钻探任务。

为了促进这项合作，中国海洋分公司设立了地质调查、钻井、海上工程等六个专业承包公司。日方于今年七月二十一日在天津设立了天津矿业所。

在五年勘探期满后，双方将继续合作开发十五年。在开发生产期限内，日方将为这项合作提供四十二亿八千五百万日元的资金，并希望得到一部分原油。

1980-12-17

我国在华北盆地东濮凹陷发现油田

本报讯 据中国石油勘探开发公司副总地球物理师刘颂威说，我国在河南省郑州附近的东濮凹陷北部发现了油田及气田，每井的单位日产量为十五至二十吨。

刘颂威是在正在北京举行的中国地球物理学会与美国地球物理勘探工作者协会石油地球物理勘探联合讨论会上作此宣布的。

含油、气的东濮凹陷位于华北盆地南端，约有四千八百平方公里。

刘颂威说，东濮凹陷中生——新生界沉积地层达七千五百米厚，油层位于地下一千四百米至三千五百米之间，一般有十五米到二十五米厚。

从一九五五年开始对东濮凹陷进行地球物理勘探，一九六九年后开始应用地震勘探方法。

刘颂威说，在东濮凹陷地表的农业区进行野外地震勘探还较容易，而在黄河河床和河岸一带进行地震勘探却是非常艰难的。他说，地震勘探工作不久将转向东濮凹陷的西部和南部地区。

1981-09-10 《人民日报》

辽宁省综合利用石油资源

新华社沈阳十二月十五日电 中国石油化学工业重要生产基地之一的辽宁省，最近开始动工兴建三项用于输送石油气的管道铺设工程，以实现该省制订的石油资源综合利用规划。

这个综合利用石油资源的规划，是最近中共辽宁省委和省政府及有关部门，对占全省石油化学工业总产值百分之八十的抚顺、大连、营口、锦州四个地区进行调查后而制定出来的。

按照规划，辽宁省将从现在起，用大约五年时间，投资三亿多元，共完成三十项技术改造项目，使一部分石油资源得到充分合理的利用。

据计算，三十个技术改造项目完成之后，一年可以增加价值六点三亿元的石油化工产品，即比一九八〇年辽宁全省石油化工产品的产值增加一倍。

目前，该省正根据规划，围绕石油炼厂气、重整芳烃、石脑油和石腊等十一个综合利用项目，对企业进行技术改造，挖掘老企业潜力。这些项目一九八五年实现后，可将炼厂气的利用率由目前的百分之十五，提高到百分之三十。

辽宁省共有八个炼油厂，每年产生六十六万吨石油气。长期以来，由于不能充分综合利用石油资源，致使利用率只有百分之十五，其余全部作燃料烧掉。

近年来，该省通过对石油资源的综合利用，促进了石油化学工业的发展，同时也为轻纺工业提供了更多原材料。目前，为轻纺工业服务的石油化学工业的产值，已由一九七八年占全省石油化学工业总产值的百分之三十七，上升到今年的百分之四十以上。

1981-12-17

国际石油设备和技术展览会在京开幕

新华社北京三月十七日电 国际石油设备和技术展览会今天上午在北京开幕。中国国际贸易促进委员会主任王耀庭为展览会开幕剪彩。

这次展览会由石油工程师学会主办、有加拿大、法国、德意志联邦共和国、意大利、日本、挪威、瑞典、英国、美国等九个国家的二百多家厂商参加展出，展出面积约二万平方米，展品中包括石油地质勘探、钻探、开发等方面的技术设备。

王耀庭在讲话中说，中国海洋石油总公司已向外国石油公司发出招标，合作开采我国南海和南黄海石油。在平等互利的基础上，我国同各有关国家之间在这方面的合作是有广阔前景的。

石油工程师学会主席克莱德·巴顿、国际石油设备和技术展览会主任查理斯·贝尔、国际石油工程会议总主席唐奈德、拉赛尔出席仪式并讲了话。

石油工程师学会是一个国际性协会，总部设在美国得克萨斯州达拉斯市，约有四万八千名会员。

这次国际石油设备和技术展览会将于三月二十四日结束。展出期间，中国石油学会、石油工程学会和石油工程师学会将联合举办国际石油工程会议，会上，中外专家将宣读八十多篇论文。

1982-03-18

国际石油工程会议开幕

新华社北京三月十九日电　一百五十位中外石油工程专家，其中包括一些国际知名的专家，从今天开始在北京集会探讨石油工业面临的某些具有世界性的问题。

由中国石油学会石油工程学会和石油工程师学会联合举办的国际石油工程会议为期五天，参加者有英国、加拿大、法国、德意志联邦共和国、意大利、日本、墨西哥、挪威、瑞典、美国和中国的专家。会上，中外专家将宣读八十四篇论文。

在今天上午举行的国际石油工程会议开幕仪式上，中国石油学会副理事长、石油工业部副部长闵豫在讲话中代表中国石油界表示愿意同世界各国专家共同探讨石油工程技术中面临的各种问题，包括深部油气开发和在极端恶劣的自然条件下开发海上油气的问题。

他说，我国石油产量连续四年超过一亿吨。为了保证石油工业的持续发展，我国要大力加强陆上勘探，提高油田开发效果，同时积极发展海上油气资源的开发。

总部设在美国的石油工程师学会主席克莱德·巴顿也在开幕式上讲了话。他说，这次会议对满足世界对石油的需要具有深远意义。

1982-03-20

中国石油资源前景良好

新华社北京四月十六日电 中国地质专家、现任地质部顾问塞风，今天在《人民日报》上发表文章强调，中国石油资源前景良好，只要大力加强石油普查勘探，就可以增加后备储量，为今后的发展创造条件。

这篇题为"我国石油资源的前景与普查勘探任务"的文章说，看一个国家的石油资源前景，主要看沉积岩的分布面积、体积和有机物质丰富程度，以及运移、储存石油的地质条件。中国经过地质普查，已经发现了300多个可供勘探石油的沉积盆地，沉积岩面积450多万平方公里，还有120多万平方公里的沿海大陆架，它们构成了中国石油资源雄厚的物质基础。从古老的震旦系到最新的第四系，都已发现了油气田或油气显示，分布在全国20多个省、市、自治区，这表明中国石油资源的分布非常广泛。

文章说，目前中国不少油气资源丰富的地区，只探明了浅部的一部分储量。如华北盆地，估算的资源量是80亿吨，松辽盆地资源量45亿吨。塔里木盆地被认为是具备寻找大油田的地区，还没有很好地进行普查勘探。

中国沿海大陆架的油气远景也是很好的，已经发现了6个含油气盆地。这些盆地不仅规模大，而且有的盆地是同陆地上的重要油区连结在一起的。如渤海盆地，它是胜利、大港、辽河等油田向海洋的延伸部分，面积约8万平方公里，已经打出了一批高产油气井。东海盆地的面积46万平方公里，含油气构造成群成带，第一口钻井就获得了多层油砂和高压天然气。南海找油形势更加喜人，仅珠江口盆地的面积就有15万平方公里，地质部先后打了7口探井，对其中两口井进行测试，均获得了工业油流。

文章分析，当前影响中国石油产量增长的主要矛盾，是普查勘探力量薄弱，新探明的石油储量赶不上开采增长的需要。

1982-04-18

中国在东海打成一口地质普查深井

本报讯 中国在东海盆地打成的一口四千二百米深的地质普查井，是石油工业部迄今在海上所打的最深的探井。七月十五日，这口井已完成了各种测试工作。

通过测试初步断定，"东海一号"井附近地区主要是陆相沉积地层，海底的地温温度较高，具有良好的生油储油条件。

这口井是第二口地质普查深井，它位于上海东南方向的海面上，距上海四百多公里，这里水深七十七点七米。

这口井于今年二月二十四日开钻，六月二十二日完钻。

一年前，地质矿产部曾在东海盆地另一个地方打了第一口深探井。

据中国石油地质专家说，东海盆地面积达四十六万平方公里，是中国海域已发现的六个储油气盆地中的最大一个。

1982-07-24 《人民日报》

《半月谈》杂志谈中国石油工业发展

《半月谈》杂志报道说，据专家估算，中国石油资源储量在三百亿到六百亿吨之间，其中三分之二在陆地。

这篇题为《八十年代的我国石油工业》的署名文章说，经过地质普查，中国目前已发现了三百多个可供勘探石油的沉积盆地，沉积岩面积达四百五十万平方公里，几乎相当全部国土面积的一半。另外，还有一百二十多万平方公里的沿海大陆架，这一地带被认为是世界上四个最有希望的储油海域之一。从岩层生成年代来说，从古老的震旦系到最新的第四系，都已发现了油气田或油气显示，分布在全国二十多个省、市、自治区。

中国自一九七八年以来，石油产量一直保持在年产一亿吨的生产水平。

文章说，为了适应国民经济的发展，从一九七九年起，中国即在全国开展了大规模的普查勘探。目前，正同时在陆地和海上的三个地区寻找石油。这些地区是：

——包括松辽盆地和华北盆地在内的东部地区。这是中国当前主要采油区。全国已投入开发的一百多个油田中，主要油田分布在这里。在松辽盆地和华北盆地，有可能储油的沉积岩厚度在八千到一万米之间。过去主要在三千米以内的地层中找油，现在运用新的找油理论指导勘探，已在老油田的四周和四千米以下的深层里找到了一些新油藏。目前，东部地区勘探进展较快，已获得相当多的石油地质储量。据测算，这个地区探明的储量，就有可能使原油年产量继续稳定在一亿吨的水平上。今年上半年，由于有七百九十九口新油井投产，使原油产量超过计划二十一万吨，比去年同期增长百分之一点三。

在沿海大陆架、渤海湾、南黄海、东海以及南海的珠江口、北部湾、莺歌海等六个大型海底盆地的总面积在六十万平方公里以上，沉积岩厚度在万米左右。有的盆地同陆上采油区相连。现在，渤海湾已先后打了上百口探井，其中几十口出了油。东海盆地的含油构造成群成带，几口探井都获得了油气显示。南海地质条件优越，油气资源十分丰富。其中，珠江口盆地的油气远景储量超过了目前国内已探明的任何一个油田。自一九七九年以来，中国同四十六家外国石油公司合作，完成了对南海珠江口、莺歌海、北部湾和南黄海的地球物地勘探和石油资源的评价，发现了四百多个不同类型的含油构造。现在第一轮招标已经开始。到八月十七日，共收到三十三家外国石油公司递交的一百多份报价书，评标工作正在进行。预计到一九八三年下半年、南海和南黄海海域将进入开发阶段，到八十年代后期将有海上油田投产。届时，中国石油产量必将有新的突破。

　　——包括新疆、青海以及陕甘宁和河西走廊在内的西部地区。这是中国增加石油后备储量的重要地区。现在，这里正在进行勘探。从一九八〇年开始，中国政府以技术服务的方式，雇请了美国和法国的地震勘探队和钻井队，分别在这一地区的塔里木、准噶尔和柴达木等三个大型含油盆地提供地震勘探、钻斜井和测井等技术服务，以加快西部地区的勘探和开发。新疆塔里木盆地。这是中国最大的陆上含油盆地，沉积岩厚度在万米以上。

　　文章说，中国已建立起，从勘探、采油、集输到炼油的比较完整的石油工业体系。全国现拥有三百多个物理勘探队和配备有八百九十五部钻井机具的八百个钻井队。从勘探、钻井、采油到炼油的主要设备，如海上钻井平台、大中型钻机、抽油机、油泵以及许多精密仪器、仪表，都能自己制造。大型油田和大型炼油厂的全套设计，石油科学技术上的一些重大问题，中国都已能自己研究解决。全国二七一个省、市、自治区都有了炼油厂，能生产六百八十七个油品品种，其中八十八个品种的质量达到国际水平。目前已建成使用的输油管道总长九千七百里，全国约百分之六十的原油通过管道输送到各个炼油厂。

1982-10-24

中国将在全国范围内开展第二轮油气资源普查

新华社北京十二月十七日电 中国地质矿产部决定在全国范围内开展第二轮油气资源普查，以便为国家经济建设提供新的油气资源基地。

这个决定是地质矿产部副部长夏国治于正在北京召开的石油地质工作会议上宣布的。

中国第一轮油气普查，是在新中国成立以后开始的。经过二十多年的努力，目前已发现了三百多个可供勘探石油的沉积盆地，沉积岩面积达四百五十万平方公里，并找到了二百七十多个油气田，使中国的原油年产量从新中国成立初的十多万吨，上升到目前的一亿吨左右。

夏国治说，根据到 20 世纪末工农业年总产值"翻两番"的规划，要求能源翻一番，年产量预计为两亿吨。这就要求提供相应的石油储量。这就是说，在不到二十年的时间内要探明的石油地质储量将相当于过去三十年所探明储量的近两倍。

他说，从中国石油资源的前景来说，这是可能的，但"绝不是轻而易举的"，今后工作对象更复杂、难度更大了。

这位副部长强调在第二轮油气资源普查中，要着眼于寻找大型油气田，以便在储量增长中能起较大的作用。他要求各地区都要抓住本地的特殊地质规律探索新领域，找出新的贮油构造类型，凡是有条件的，特别是华北南部、鄂尔多斯、山西、苏皖、东北、新疆等地区，都要安排煤成气的普查。

1982-12-18

中国连续五年原油年产超一亿吨

新华社北京十二月二十四日电　中国石油工业部发言人陈忠勇今天宣布：到今天为止，全国各油田已生产了原油一亿多吨，提前七天完成了今年的生产计划，连续五年保持石油年产量一亿吨以上。

他说，中国到十二月十六日已生产了一百零五亿立方米天然气，提前十五天完成了今年国家计划。到今天为止，已生产了天然气一百零八亿立方米。

陈忠勇说，完成国家计划比较好的有大庆、吉林、辽河、华北、胜利、东濮、江苏、新疆、青海、长庆、四川等油、气田和茂名、抚顺石油一、二、三人造油厂。

他指出，今年以来，石油工业继续贯彻执行国民经济调整的方针，企业经营管理不断改善，经济效益有所提高。十八个主要油田中，有十二个油田连续保持增产和稳产。

陈忠勇最后说，各油田在继续稳产的同时，采取了各种节能措施。预期今年各油田可回收节约天然气约五亿立方米，节约电一亿五千万度，回收轻油和液化气十万吨以上。

1982-12-25

中国原油生产前景乐观

新华社北京二月五日电 本社记者述评：中国原油的年产量连续五年稳定在一亿吨以上，并将在第六个五年计划期间继续维持年产一亿吨的水平。为此，必须在"六五"期间增加三千五百万吨新的生产能力，其前景如何？这是在当前世界能源危机的情况下，为人们所关注的问题。

据有关部门分析：要实现上述目标还需要作出很大努力，但是完全具有实现这一目标的事实根据：

第一、经过普查已经发现三百多个可供勘探石油的沉积盆地，沉积岩面积四百五十多万平方公里，还有一百二十多万平方公里的沿海大陆架，它们构成了中国石油资源雄厚的物质基础。从古老的震旦系到最新的第四系，都已发现了油气田或油气显示，分布在全国二十多个省、市、自治区；目前不少油气资源丰富的地区，还只探明了浅部的一部分储量。华北盆地的估算资源量是八十亿吨，松辽盆地资源量为四十五亿吨，还没有很好普查勘探的塔里木盆地被认为是具备寻找大油田的地区；南海和南黄海海域预计今年下半年将进入开发阶段，到八十年代后期将有海上油田投产。其中珠江口盆地的油气远景储量超过了目前国内已探明的任何一个油田。渤海南部海域最近一口新探井喷出具有商业价值的油流，它展示渤海南部海域采油的广阔前景。因此，中国石油产量在八十年代末必有新的突破。

第二、原油年产量能够连续五年稳定在一亿多吨，主要是靠大庆、胜利、华北等老油田的生产能力。目前这些老油田的油井，大都进入自然递减阶段，每年综合递减率大约是百分之十，也就是说，每年需要通过各种措施增产一千万吨原油，以弥补自然递减数，保证一亿吨原油生产计划的完成。因此，各油田都比较全面地应用了一整套的注水开发的新工艺。一九八二年，全国各油田向地层注水达三亿一千万方，井下工艺作业七万二千井次，打开发井二千九百口，达到了预期的经济效果。大庆油田经过两年的勘探和专家们的认真研究，乐观的结论是：大庆油田在今后几年内稳产五千万吨石油是完全可以做到的，并且可以争取使这一产量延续更长的时间。

第三、现已开发油田的一部分区块，采出程度还不高，还有一部分低渗透油田和稠油油田的储量没有动用，油田开发部门已设计出方案，准备采取注水、压裂、深井泵抽汲三套强化措施，能够成倍地提高产油量，至少可提高百分之三十至百分之四十。

第四、石油科学技术在油田开发方面，不少项目已取得成果，运用油藏工程学研究油层结构和油藏内幕，发展中、高含水期采油工艺，已在生产实验中得到显著的效果，并开始广泛推广，将有利于提高油田采收率。如大庆油田三年来已获得科研和技术革新成果达四千余项，其中一批测试仪器和工具的研制成功，增强了人们认识油层的手段，并且在保持稳产方面发挥了重要作用。

1983-02-06

中国石油化工总公司在京成立

新华社北京七月十二日电 （记者黄奉初）中国石油化工总公司今天在北京成立。

姚依林、薄一波、李鹏、康世恩、宋平出席了今天在人民大会堂举行的成立大会。

中国石油化工总公司是国务院直属领导下的经济实体，对所属企业的人财物、产供销、内外贸实行集中领导，统筹规划，统一管理的托拉斯。

隶属中国石油化工总公司的企业有十三个石油化工公司、总厂，十七个炼油厂，四个化纤厂，五个化肥厂、化工厂共三十九个大中型企业，及其所属的规划、科研、设计、机械制造和维修等单位。

姚依林代表国务院热烈祝贺中国石油化工总公司正式成立。

姚依林在讲话中说，为了实现党的十二大提出的到20世纪末全国工农业年总产值翻两番的宏伟目标，针对我国年产一亿吨原油使用不合理、经济效益不高的现状，党中央、国务院经过充分酝酿，下了最大的决心，把分散在各部门、各地区的三十九个大中型石油化工企业高度地联合起来，切断同条条、块块的行政领导关系，组成全国最大的石油化工总公司，这是一项重大的决策。

姚依林指出，无论从近期还是长远来考虑，发展石油化工能为国民经济建设提供较多的财力，增加国家的收入和积累。石油化工是新兴工业，石化工业的技术进步将带动其他工业的发展。

姚依林说，过去我国石油化工工业是有成绩的，为国家创造了许多财富。但是，石化企业的产值高、利润大，很大因素是由于原油价格的转移。低价的原油、高价的产品掩盖了经营管理和技术上的落后，说明这个行业发展的潜力是很大的。

1983-07-13

中国决定加快西北石油资源的勘探

新华社乌鲁木齐九月十四日电 据石油工业部消息：中国决定加速其西北地区石油资源勘探的步伐，为开发大西北提供更多的能源。

这个决定是最近在新疆克拉玛依召开的西北地区石油勘探会议上作出的。

会上，石油地质学家们向与会者介绍了他们近几年勘探中国四大盆地中的三大盆地的情况，即准噶尔盆地、塔里木盆地和柴达木盆地，以及勘探陕甘宁盆地和河西走廊的成果。这些地区的总面积达一百七十多万平方公里。

地质学家们在勘探中发现了大批油气苗。这些地区生油、储油层多，含油面积广，油气资源十分丰富，有可能为国家提供大批石油储量。

会议研究讨论了几大盆地进一步勘探的规划和方法。

会议期间，负责主管中国石油工业的高级官员、国务委员康世恩要求广大西北石油职工，发扬艰苦创业、刻苦攻关的精神，用最短的时间，拿出成果，为开发西北作出贡献。

1983-09-16

中国石油工业实行产量包干增产增收

本报讯 中国石油工业自一九八一年实行全行业产量包干以来，取得了显著的经济效益。最近，国务院决定，石油工业可继续包干到一九八五年。

国务院对石油工业实行大包干的政策，规定石油部每年稳产原油一亿吨，统配原油商品率达到百分之九十四点五，炼油厂综合商品率达到百分之九十点五，在完成上述指标基础上，超产节约的原油和成品油，作为石油勘探开发基金，一定三年不变。

报道说，这一政策大大调动了石油行业的企业和职工增产节约，挖掘潜力，积累资金的积极性。一九八一年和一九八二年，全国石油年产量不但稳定在一亿吨的水平上，还出现了逐步上升的局面，超额完成了国家下达的各种油品的生产计划。全国石油行业两年共增产节约原油四百三十三万吨，多提供石油产品二百七十三万吨。

由于原油和成品油的增产都超过了国家包干的指标，全行业两年向国家上交的利税比计划指标多九点三亿元，新增的原油和石油产品部分出口，为国家增收外汇十二亿美元；各油田从包干超额部分提取集体福利基金和奖励基金一点六亿元，平均每个职工每年多得奖金三十多元。实现了国家得大头，企业得中头，职工得小头。

报道说，全行业从增产节约的收入中筹集勘探开发基金十五点六亿元，补充国家投资的不足。

1983-10-15《经济参考报》

中国南海石油的对外合作进展顺利

新华社广州十月二十二日电　（记者蒋顺章）此间石油界人士今天说，自一九七九年中国海上石油对外合作开始以来，中国已先后同四十多家外国石油公司合作，在南海进行了地球物理勘探。

到目前为止，已取得了八万七千多公里的海上地震测线资料，发现了一批含油气构造，并打出了一批高产油气探井。

一九八〇年五月，以法国道达尔石油公司为首的石油集团，首先与中国签订了合作勘探开发位于南海北部大陆架北部湾东北部一万一千多平方公里海域的石油资源。三年多来，已打完了十四口探井，发现了两个储油丰富的含油构造。此间的石油专家认为，这里可望成为南海中外合作开发的第一个油田，预计最初年产原油可达一百万吨以上。

美国阿科石油公司是参加中外合作勘探开发南海石油的第二家外国石油公司。该公司用不到半年的时间，就打完了两口探井，其中一口探井获得了日产天然气一百二十万立方米。为加速这一地区油气资源的勘探开发，这家公司准备在明年初增加一个钻井平台，加强这里的钻探工作。

今年以来，又有五家外国投标集团相继中标，获得了在南海与中方合作，共同勘探开发中国南海的石油资源。到目前为止，已有八个国家的二十一家石油公司，同中国签订了十二个合同，合作区块的面积共达三万八千五百多平方公里。

世界石油"七姐妹"之一的英国ＢＰ石油公司，今年五月获得了在南海珠江口盆地四个区块进行石油勘探开发的权利，这四个区块的面积共达九千多平方公里。今年九月初，ＢＰ石油公司开始了海上的物探作业。到目前为止，已在两个合作区块上，完成了一半以上的物探工作量。据称，不久ＢＰ即开始第一口探井的钻探作业。　　　　　1983-10-26

中国和两家美国公司签署一项石油合同

新华社北京十一月二十九日电 （记者王金和）中国海洋石油总公司今天上午宣布：该公司与两家美国公司今天上午在此间签署了一项合作勘探、开发中国南海石油的合同。

这样，从一九八二年九月到今天，已有埃克森公司、西方石油公司等十家美国石油公司同中国海洋石油总公司签订了共同勘探、开发中国海上石油的合同。

今天签约的两家美国石油公司是：菲利普斯石油国际亚洲公司和派克顿东方公司。它们中标的区块位于南海珠江口盆地，面积二千八百三十五平方公里。

据中国海洋石油总公司称：根据对地球物理勘探所获得的资料的分析表明，这个区块内构造多，而且生油、储油条件好，有良好的找油前景。

今天签署的这个合同是中国海上石油对外合作第一轮招标中签订的第十六个合同。本月十五日，这家中国公司曾同美国、澳大利亚、西班牙等三国的四家石油公司签署了两个类似的合同。今年五月十日，中国海洋石油总公司与英国、澳大利亚、巴西、加拿大等四国的五家石油公司签署了第一轮招标中的第一批合同（五个）。

据悉，这个合同区的作业者由菲利普斯石油国际亚洲公司担任。

这家公司的总公司菲利普斯石油公司曾在欧洲北海第一个发现商业性油田。

中国海洋石油总公司的一位发言人说："这次合同的签署，对于加快我国海上石油的勘探开发进程将是有利的。"

1983-11-30

中国石油化工总公司超额完成
国家计划实现利税九十七亿元

新华社上海十二月二十九日电 （记者吴复民）记者从刚刚在上海结束的中国石油化工总公司工作会议获悉：这个公司今年实现利税九十七亿元，比计划增收五亿元；完成工业总产值二百五十二亿元，超过年计划的百分之六。所有企业全部提前超额完成国家计划，没有亏损企业。

中国石油化工总公司的基本建设和技术改造，也取得了好成绩。一九八三年完成的投资量和工程进度、投产项目、工程质量，全部都达到国家计划要求。列为国家重点建设项目的上海石油化工总厂二期工程的聚酯装置的一个生产系列，投料试车一次成功，生产出了合格产品。浙江镇海石油化工厂的三十万吨合成氨装置，已经开始试车。大庆三十万吨乙烯工程和乌鲁木齐石油化工厂的进展也比较快。

中国石油化工总公司是在今年七月份成立的。半年来的实践证明，党中央、国务院关于改革经济管理体制，组建全国性石油化工总公司的决策，有利于集中领导，统一规划，统筹调度，综合利用资源，提高经济效益。总公司成立不久，就根据涤纶畅销，化肥、塑料、橡胶供不应求的市场信息，及时组织炼油厂增加对化纤和化工企业的原料供应。由于总公司统一指挥，灵活调度，为增产适销对路的产品大开了"绿灯"。今年合成纤维、橡胶、塑料、化肥的年产量，分别比国家计划增产百分之七至百分之十三。总公司还集中财力物力，认真组织技术改造和技术攻关，推动了全行业的技术进步。今年，全国炼油、化工、化纤行业已经完成重点技术改造项目近百项，在扩大生产能力、提高产品质量、减少三废污染等方面都取得了成果。总公司还总结和推广了大连石油七厂、燕山石油化学总公司等单位加强能源管理的经验，并部署了以节能为重点的技术改造。　　　　1983-12-30

中外合作的南黄海第一口石油探井正式开钻

新华社上海四月十六日电 中外合作勘探开发的南黄海第一口石油探井昨天下午正式开钻。

中国海洋石油总公司南黄海石油公司副总经理胡克杰今天下午在上海宣布这一消息时说，这标志着南黄海的石油勘探开发作业已全面展开。

由南黄海石油公司和以英国ＢＰ公司为首的外国石油公司集团合作勘探开发的这个石油探井，设计井深为四千米，位于距上海约三百公里的南黄海苏北盆地东侧一个较有利的储油构造上。整个盆地储油气构造的沉积厚度在五千米以上，有着良好的油气勘探前景。

中国渤海石油公司所属的"渤海十号"自升式钻井平台承包了这口石油探井的钻井作业。它将钻穿储油气构造上的整个新生代地层。地质学家认为这是南黄海的主要储油气层。中国石油地质部门已经在与南黄海毗邻的江苏省北部苏北盆地相同的陆地地层中找到了具有工业开采价值的石油和天然气，并形成了一定的生产能力。

ＢＰ石油公司中国公司上海地区经理厄金斯日前在上海对记者发表谈话说，对南黄海的石油勘探前景持乐观态度，并对与中国同行的合作表示满意。他说，从地质学的角度看，南黄海这一海域是非常有吸引力的。

1984-04-18

中国新增石油地质储量十亿六千万吨

新华社北京五月八日电　（记者王金和）记者今天从正在此间召开的中国石油工业局厂领导干部会议上了解到：一九八一年到一九八三年的三年中，中国新增陆上石油地质储量十亿六千万吨，其中，百分之八十五分布在经济比较发达、地理条件比较有利的东部地区。

与会者说，今后七年，全国陆上石油地质储量将翻一番，原油产量将以每年递增百分之五的速度向上增长。

仅一九八三年，中国陆上石油储量就增加了五点七亿吨。这是自六十年代初期发现大庆油田以来，第三个储量增长高峰年。目前，大庆是中国最大的石油生产基地。

经过近几年的调整工作，石油工业进入了一个新的发展时期，原油生产出现了一个持续增长的趋势。

目前，中国原油日产为三十万四千吨，预计今年全国原油产量可望达到一亿一千万吨。

今年一至四月，中国共生产原油三千六百五十万吨，比去年同期增长了百分之五点七。去年，全国原油产量为一亿零六百万吨，比一九八二年增长百分之四。

与会者指出，中国石油工业的首要任务仍然是加强勘探，增加后备储量。今后，中国将首先集中勘探东部地区，然后是西部地区和近海，同时对滇黔桂、苏浙皖等新的地区进行勘探。与此同时，还要加强对四川省、中原和华北油田，以及陕甘宁和江苏等地区的勘探，增加天然气储量。

1984－05－09

南海石油对外合作开发前景广阔

　　本报讯　自从中外合作在中国南海开展石油勘探作业以来，在北部湾盆地和莺歌海盆地共打探井十六口，已见油气显示的有十口，其中有一批高产油井和高产天然气井，有的井日产原油一千多吨，有的井日产天然气一百二十万立方米。平均每打一口多井，就有一口见油气，四年时间就找到一个油田、一个气田。开发南海石油的前景非常广阔。

　　从六十年代初期开始，中国石油、地质部门，就在南海部分海域进行地质普查和海上钻探，先后在南海北部湾和珠江口盆地打出良好的含油气井。但是，由于各方面条件的限制，普查和勘探工作进行得比较缓慢。

　　从一九七九年起，有关部门陆续与外国公司签订地球物理勘探协议。一年多时间，在三十多万平方公里的海域内完成了八万七千多公里的地震测线，并通过精密的计算，取得了高质量的解释资料和图件，发现二百四十多个有利于储油的构造，对南海地质情况有了一个整体的估价。

　　到目前为止，已有九个国家的二十八家石油公司同中国海洋石油总公司建立了合作关系，还有几十家外来专业公司和中国有关部门和企业组成合营公司，开展多种形式的承包和服务业务。

1984-05-25　《人民日报》

中国已成为居世界第七位的主要产油国

本报讯 据石油工业部最近提供的材料，今年以来，中国日产原油保持在三十万吨以上，预计今年总产量将突破一亿一千万吨。经过三十五年的努力，中国石油工业已跨进新的发展时期。

三十五年来，中国已在二十二个省、市、自治区找到了石油和天然气，已有一百八十多个油气田投入开发，建成上万公里输油管道。石油和天然气在中国能源生产构成中占百分之二十四左右。一九七八年，全国原油产量在世界上由五十年代的第二十九位跃居第八位，去年居第七位。六十年代中期，中国已出口原油和成品油，去年的出口总量达两千多万吨。

党的十一届三中全会以后，中国利用外资和技术合作开发海洋石油，使石油产量稳中有增，科学技术和装备水平有了提高，尤其是油气资源勘探发生重要变化。一九八一至一九八三年，全国陆上新增石油地质储量十亿六千万吨，新发现含油气构造带三十多个。在渤海、南海和南黄海海域对外合作开发海上油田也已打开了局面。

在石油工业新的发展时期，目前占全国产量一半的大庆油田将把五千万吨年产量稳产到一九九〇年，胜利油田正全力建设"第二个大庆"，辽河、中原、华北油田争着当"油老三"，克拉玛依正准备更充足的后备储量。他们正为争取 20 世纪内使中国站到世界主要产油国家的前列而努力奋斗。

1984-06-22 《经济日报》

中、美合作在莺歌海打出第二口高产天然气井

新华社北京八月十三日电 中国海洋石油总公司今天下午宣布：这家公司和美国阿科公司合作，又在南海的莺歌海海域中美合作勘探开发区打出了一口日产一百八十三万立方米天然气的高产气井。

这家中国石油公司说，这口井的钻探成功，"进一步证实了这口井所在的崖13—1气田是一个规模较大的具有商业性价值的大气田。"

这口井是崖13—1气田的第一口详探井，今年四月六日开钻，七月五日完钻，井深为四千二百九十五点六米。这口井位于中国第二大岛海南岛东南方向六十海里处。

去年六月，美国阿科公司在这个气田上打出了一口日产一百二十万立方米天然气的高产气井。

目前，中国海洋石油总公司和美国阿科公司正在对这个气田的开发进行可行性研究。莺歌海天然气的开发将为在海南岛建成大型的石油化工联合企业提供充足的原料。

以阿科公司为作业者的财团是一九八二年九月同中国海洋石油总公司就这一海域的合作签订了一项合同的。

1984-08-14

体制改革给我国石油化工工业带来勃勃生机

新华社北京八月十九日电　（记者黄奉初）经济体制改革给我国石油化工工业带来了勃勃生机。今年上半年，完成工业总产值一百三十六亿元，实现利润五十六亿元，上交税利四十八亿元，比去年同期分别增长百分之七点五、十四点三和九点一五，实现了产值、利润、上交税利三者同步增长。

石油化工是以石油和天然气为原料，生产各种油品、乙烯、化肥、合成橡胶、合成塑料、合成纤维等石油化工产品的新兴工业。我国石油化工生产起步于五十年代末期，虽然取得了很大成绩，但由于体制不合理，使每年生产的一亿吨原油长期得不到合理使用，经济效益不高。

去年七月间，党中央和国务院下了最大的决心，把分散在各部门、各地区的三十九个大中型石油化工企业组合成全国最大的石油化工总公司，把我国石油化工工业推向新的发展阶段。

据目前正在北京召开的石化总公司第二次直属企业经理（厂长）会议的反映，石油化工的这一重大体制改革，首先解决了油、气资源统筹规划、合理使用的问题。过去，炼油厂只管炼油，原油中所含的大量有用的化工原料，往往综合利用不够；化纤、化工企业只注重生产本行业的产品，忽视原料的综合利用。这样，不仅造成浪费，而且使有的企业长期因原料不够，经常停工待料。现在总公司可以统筹安排原料，使资源物尽其用，企业的开工率一般都达到百分之九十左右，化工、化肥、化纤产品的产量有了大幅度的提高。今年上半年，聚酯、涤纶纤维的产量比去年同期增长近一倍，这在过去多头领导、分散管理的情况下是难以办到的。

1984-08-20

中国建设一批引进的石油化工工厂

新华社北京八月二十二日电 （记者王金和）中国目前正在全面建设引进的四十二个石油化工装置（即工厂），其中有百分之五十以上是大中型项目。

这些项目都是中国自一九七九年开始调整国民经济以来，花了三十多亿美元陆续从日本、美国以及西欧国家引进的。

这是中国石油化工国际事业公司经理郑仲芳在接受本社记者采访时说的。这个公司隶属于中国石油化工总公司。

郑仲芳说，尽快建设一批石油化工企业，合理利用好目前中国每年生产的一亿吨原油和一百多亿立方米的天然气，为中国四化建设提供更多的资金，是今天中国经济建设中采取的重大措施之一。

他说，在主要依靠自己力量发展石化工业的同时，中国还将通过各种更加灵活的方式，继续扩大和加强同国外同行的合作，进口中国需要的新技术。

他说，从日本引进的、年产三十万吨化纤原料聚酯的上海石油化工总厂二期工程（即一个聚酯厂），下月初将在金山卫建成，即可试车生产。

郑仲芳还说，位于华东浙江省的镇海石油化工厂的一个大型化肥装置，今年九月亦将试车生产。这套装置投产后，可年产三十万吨合成氨和五十四万吨尿素。

年生产能力均为三十万吨乙烯的三套装置已分别在华东的江苏、山东省以及中国最大的石油生产基地大庆油田，陆续开工建设。乙烯是生产塑料、化纤、合成橡胶的原料。

郑仲芳说，为了建设这些引进项目，中国将需要继续花比较大的投资，来为这些项目建设配套的设施。

1984-08-23

建国三十五周年成就：中国探明更多矿产资源

新华社北京九月八日电 中国地质工作者在最近五年中新发现矿产地六百二十九处，正在勘探的六百八十四处矿产地也都有新的进展。

据地质矿产部的权威人士说，现在世界上已知的一百五十种矿产，中国已全部找到，其中探明储量的有一百三十六种，除少数矿产外，都可以满足现代化建设的需要。

中国已在陆地发现了三百多个可供勘探石油的沉积盆地，沉积岩面积几乎相当于整个国土面积的一半，并找到了二百七十多个油气田，使中国的原油产量由新中国成立初期的十二万吨，上升到目前的一亿六百万吨。

中国东北的大庆油田和北方的大港、胜利等油田，已成为中国石油生产的主要基地。在华北和西北地区的鄂尔多斯、塔里木、准噶尔和柴达木盆地，中国正在同美国、日本和法国的钻井队合作勘探开发油气资源。

在一百二十多万平方公里的沿海大陆架上，中国已发现了七个大型含油气坳陷，其中六个已钻探出油，可望成为中国油气生产的重要基地。据悉，中外石油公司合作开发沿海油田的规模将进一步扩大。

一些石油地质专家估计，中国石油资源量可达三百亿至六百亿吨，其中三分之二为陆地储量。为保证原油产量稳步增长，中国开始了全国范围的第二轮油气资源普查，采用新技术，向新领域、新地区、新深度挺进。

1984-09-09

李天相副部长说，中国原油产量将创历史最高水平

新华社北京九月二十日电 （记者王金和）石油工业部副部长李天相今天向一批中外石油地质专家说，中国今年的原油产量可望超过一亿一千万吨，创历史最高水平。

李天相是在今天开幕的为期六天的北京国际石油地质会议上致词时透露这个数字的。他向参加会议的一百五十六名中外石油地质学家介绍了中国近几年石油工业的发展情况。他说，过去两年在油田开发上，已有效地控制了产量的递减，使原油产量逐年稳步增长。

他说，中国石油、天然气勘探出现了令人鼓舞的好形势。在中国东部地区，突破了复合油气藏的勘探；在西部地区，突破了逆掩断裂带的勘探，大大开阔了找油、找气的领域。

李天相回顾说，从一九八一到一九八三年，中国陆上探明的储量增加了十点六亿吨，仅一九八三年，就增加了五点七亿吨。

这位副部长强调说，今后，中国石油工业的重点仍然是大力增加储量，并使中国一九九〇年的原油产量达到一亿五千万吨。

李天相还说，在过去三十多年中，中国共发现和开发了二百多个油气田，并已建成了十六个油气生产基地。原油年产量已连续六年超过一亿吨。

他说，迄今为止，石油、天然气仍然是世界上的主要能源。更多地发现和充分地开发新的石油资源，是受到普遍关注的世界性问题。中国是一个石油资源丰富的国家。中国石油地质工作者将加强和各国同行的交流和合作，为丰富石油地质理论、发展新的勘探技术作出贡献，促进中国石油工业的发展。

国务委员康世恩到会祝贺并致词说，中国在老油区和新探区都有新的发现和突破，中国石油工业已进入了一个新的发展时期。　　1984-09-21

中国石油、天然气勘探前景十分广阔

新华社北京九月二十日电 （记者王金和）中国石油地质学家翟光明今天下午对正在此间参加北京国际石油地质会议的中外同行们说，中国的沉积岩面积达五百四十五万平方公里，占全国国土总面积的一半以上，都具有良好的找油找气的前景。

在题为"中国沉积盆地的特点及油气资源分布"的一篇论文中，翟光明说，目前，中国沉积盆地的勘探程度很低，大致平均二百三十平方公里沉积岩面积内才钻了一口井，比较系统勘探的沉积盆地面积只占陆地总沉积面积的百分之十三，刚刚开始勘探工作的盆地面积，也只占百分之二十，还有三分之二的沉积岩面积基本上没有进行石油勘探。

他说，美国的沉积面积与中国差不多，而美国的勘探则相当高，一平方公里沉积岩面积内钻了十几口井。

翟光明说，中国含油气区可划分为东部、西部、中部及沿海大陆架四个含油气区。东部含油气区的总面积约六十万平方公里，是中国目前主要的原油生产基地，原油产量占全国的百分之九十以上。

他说，西部含油气区的面积达一百多万平方公里，是中国目前主要勘探开发准备区。

这位中国总地质师说，中部含油气区的面积约二百万平方公里，其中四川省是中国目前主要的天然气生产基地。这个地区已发现的八十多个油气田中，气田占六十多个。

1984-09-21

中国原油日产量突破历史最高水平

新华社北京十月一日电　石油工业部今天说：从九月二十三日起，中国原油日产量已突破三十二万吨，创历史最高水平。

石油部说，这个数字相当于一九四九年人民共和国诞生前的最高年产量。一九四九年中国才生产了十二万吨，还不到目前日产量的百分之四十。

正如今天游行队伍中工业方队里的一部彩车所展示的那样，今年中国原油产量将超过一亿一千万吨。

三十五年来，中国已在全国二十二个省、市、自治区（不包括台湾）找到了油气资源，发现和开发了二百多个油气田，并已建成了十六个油气生产基地，如位于东北黑龙江的、已连续八年产五千万吨以上的大庆油田以及去年生产一千八百多万吨的华东胜利油田。

中国去年一共生产了一亿零六百万吨原油，是世界第七大产油国，从一九七八年开始，中国原油产量一直稳定在一亿吨以上。

中国油气资源丰富，石油工业方兴未艾。中国的沉积岩面积达五百四十五万平方公里，占全国国土总面积的一半以上，都具有良好的找油找气的前景。目前，沉积盆地的勘探程度很低，大致每二百三十平方公里的面积内才打了一口探井。刚刚开始勘探的盆地面积也只占百分之二十，还有三分之二的沉积盆地面积没有进行勘探。

中国有水深二百米以内的近海大陆架一百三十万平方公里。一九七九年以来，中外合作在部分海域进行了勘探，并成功地打成了二十多口日产一百吨以上的油气井。

中国石油地质学家的预言，中国的近海地区将成为中国的一个新的主要的原油生产基地。

1984-10-02

塔里木盆地油气资源丰富

新华社乌鲁木齐十一月十二日电　（记者宋政厚）我国最大的沉积盆地——塔里木盆地，生油条件良好，油气资源丰富，初步估计油气资源在一百亿吨左右。这是不久前在乌鲁木齐由中国地质学会、中国石油学会和中国地球物理学会联合召开的塔里木盆地油气资源座谈会上，一百七十多名专家、学者通过对近几年塔里木地质勘探新成果进行分析讨论后得出这一结论的。

一九七八年以来，石油工业部和地质矿产部先后调进二十四个地震队开始对塔里木盆地油气资源进行勘探。其中石油工业部物探局中美合作塔里木沙漠地震勘探一队和石油部物探局塔里木沙漠地震勘探队，依靠引进的新技术新设备，从去年六月初开始，连续七次横穿竖越盆地中部的塔克拉玛干大沙漠，初步揭示了流沙覆盖下的大面积地质构造轮廓，从而对整个塔里木盆地的地质结构有了较全面的了解。

专家、学者比较一致的看法是：塔里木盆地存在着三大隆起、四大坳陷、五套生油岩系，可能找到大油田和一批新的中小油田。会议还提出了寻找油气资源的最有希望的地区，并对今后如何进一步勘探塔里木盆地的油气资源，包括勘探力量投放的重点、目标，以及怎样尽快地取得新的突破、缩短侦察阶段的过程等，都提出了很有益的建议。

1984-11-13

中国石油化工总公司初显经济实体优越性

新华社广州二月二十二日电 （记者江佐中　通讯员闵振环）中国石油化工总公司对全国石油化工行业实行统一集中管理以来，已初步显示出经济实体的优越性。

据最近在广州召开的石化总公司董事会议提供的材料，去年，石化行业完成工业总产值二百七十四亿元，实现税利一百一十九亿元，上交税利一百零三亿元，分别比上年增长百分之九点七、百分之十九点七和百分之十六点三，做到了产值、实现税利、上交税利同步增长。在全国各行业中，石化行业实现税利名列前茅。

石化总公司是一九八三年七月成立的，它统一领导全国三十九个大中型石化企业的生产、建设、科研开发和经营管理。从一年多来的实践看，这一改革不仅提高了社会经济效益，也增强了企业的活力。过去，由于条块分割，炼油厂只管炼油，化纤厂、化工厂只注重生产本行业的产品，忽视原料的综合利用。结果，一些企业浪费了大量资源，而另外一些企业则因长期原料不足，生产能力不能充分发挥。石化总公司成立后，坚持统筹安排油气资源的利用，合理调度原料，组织厂际互供，使资源物尽其用，企业开工率达到了百分之九十，保证了化肥、化工、化纤产品的增产。去年仅组织多供应芳烃、增产聚酯一项就增加税利一亿多元。

实行集中管理的石化总公司，对下属企业主要是集中搞好宏观经济的规划和决策，而对企业的日常工作，不争权不争利，扎扎实实地为企业服务。总公司把国家给的权力相应地下放给基层企业和二级公司，各基层企业特别是二级公司也主动向基层单位放权，给基层增加了活力。

1985-02-23

石油工人文化生活丰富多彩

新华社哈尔滨三月二十七日电　（通讯员魏国志）中国石油工人，现在常常出没于舞厅、影剧院和游泳池中。

中国最大的油田大庆近六年来投资三千三百七十万元，兴建文娱设施。

一座拥有四万座位的露天体育场和一座广播电视大楼正在加紧建设。

年产五千多万吨原油，即占中国原油产量一半的大庆油田于一九六零年开始在一片荒原上兴建。当时，工人住在"干打垒"土坯房里，有时连蔬菜都吃不上。由于"左"的影响，工人们的生活没有足够的改善。

自一九七九年以来，大庆油田为二十万石油工人及其家属兴建了三百万平方米住宅楼。每逢节假日，衣着整洁的工人云集油田的中心——萨尔图。

在那里，面积为三千六百米的新华书店是黑龙江省最大的书店。青少年宫的"哈哈镜"和电子游戏不仅吸引着儿童，也吸引着众多的成年人。

人们在萨尔图还可以到舞厅跳舞，或者到面积为七千八百平方米的现代化游泳馆内尽情畅游。

即使在比较偏远的地区，也都建起了公园、体育馆、图书馆及其他文化娱乐设施。

大庆油田共有五个公园，四十四座俱乐部，三十一个图书馆及一千六百处各种文化设施，包括"老干部活动室"，"工人之家"和"儿童乐园"。

大庆油田还组织了自己话剧、评剧、歌舞、曲艺四个剧团。流动电影放映队在整个油田巡回放映影片。北京、哈尔滨及其他外地的剧团也时常为石油工人演出。

自一九七九年以来，工会、青年团及其他群众组织举办了文艺演出、歌咏比赛、音乐会以及美术、书法、摄影、冰灯、花卉等展览及体育比赛等活动近四千场。

1985-03-29

中国石油化工科学技术取得成就

新华社南京六月十二日电 （记者杨福田）中国石油化工总公司副总经理张万欣日前在南京宣布，今后三五年内，中国石油化工工业将推广应用五十项重大科技项目，以推进企业对石油的深度加工和综合利用。

张万欣是在这里举行的中国石油化工总公司科技工作会议上说这番话的。他说，目前已经完成和今年内可以基本完成的项目有三十一项，有些项目在技术上达到或优于国际先进水平。

他说，新技术将加速中国的石油深度加工，使原油得到更充分的利用。

中国石油化工总公司于一九八三年七月在北京成立以来，对国家下达的五十多项重大科技攻关项目，集中力量进行了研究和试验。

由石油化工科学研究院、大庆石油化工总厂等单位联合开发成功的新产品石油针状焦是一种新型电极材料，填补了我国石油产品的一项空白。冶金部有关企业用这种材料制成的超高功率电极，与普通电极比较，可以使电炉功率提高百分之二十八到百分之三十八。这项成果为我国冶金工业发展超高功率电炉炼钢创造了重要条件。

石家庄炼油厂应用大庆常压渣油催化裂化新工艺建成一套工业装置。这套装置采用了原料油雾化喷嘴、油剂快速分离、高效再生、高效分子筛催化剂等新技术、新产品，与原先采用的蜡油催化裂化工艺比较，一年可增加收入六千万元。

这个公司有三十八个大中型炼油、石油化工、化肥、化纤生产企业和十多个科研设计单位与专业院校，分布在二十个省、自治区和直辖市，拥有七万四千多名科技人员。

中国石油化工总公司透露，在过去两年里，总公司所属各企、事业单位完成了三百四十多项重要的科技成果。仅去年一年就完成了一百一十二项改造项目，向国家上交税利一百零六亿元，居各行各业之首。今年计划增加利税三点二亿元。

各炼油厂由于采用了提高热回收率和微电脑控制等节能新技术，耗能逐年下降。目前已形成一年节约二十万吨燃料油的能力。去年，全国所用的燃料油比一九七八年节省近八十万吨。

这个总公司还积极加强对外科技合作。上海石油化工总厂、北京化工研究院与美国鲁姆斯公司协作完成的碳三液相加氢工业示范装置，已经试车成功，并在美国申请了专利。

有些企、事业单位已与法国、意大利、日本、美国的有关单位签定了一批科技合作项目，共同开发石油化工新技术。

此外，还建立了三个中外合营工程公司。

副总经理张万欣说，为了加强石油化工工业的技术开发，中国石油化工总公司决定设立科学开发基金、技术开发基金和风险基金。他说，总公司和所属企业今后用于科学研究和技术开发的经费逐年以高于利税增长的速度增加。

设立风险基金主要用于支持和鼓励在同等条件下优先采用国内开发的技术，以促进国内技术开发与引进技术更好地结合起来。

1985-06-14

胜利油田油井防砂技术研究中心取得成果

新华社济南八月二十四日电 （记者朱文志）由联合国开发计划署资助的胜利油田油井防砂技术研究中心研究出一种技术可使一些油井的含砂量下降百分之九十。

中国第二大油田——胜利油田的一些油井由于原油含砂量高于百分之零点一一而停产。

这个研究中心自一九八三年以来研究出一种去砂办法，即把砂石放在油井里作为一种过滤器。

利用防砂中心的油井防砂新工具、新技术施工了九十六口油井，使原油含砂量下降到了百分之零点零一以下，完全达到了中国石油部颁布的原油含砂量标准。

这里的一位科技人员告诉记者，油井出砂是世界很多油田普遍存在的问题。不少国家的油田有出砂现象；在中国渤海湾畔的辽河油田、大港油田和胜利油田等也程度不同地存在油井出砂问题。

在国际上，油井防砂已有五十多年的历史。中国也已探索了三十来年。

为进一步提高中国的防砂技术，一九八二年，联合国开发计划署和中国经贸部、石油部共同签署了由联合国开发计划署提供五十万美元资助，帮助胜利油田建立油井防砂技术研究中心的项目文件。

对联合国开发计划署提供的这笔资金，胜利油田防砂中心把其中一部分用于从国外引进实验室关键设备；而将大部分资金用到技术人才的培训和技术咨询上。

防砂中心的工作人员告诉记者，为给这个联合国开发计划署资助的项目配套，胜利油田还用了近五百万元人民币。   1985-08-28

新任石油部长王涛说，中国石油
工业发展史将出现新转折点

新华社济南九月六日电 （记者朱文志）中国新任石油工业部部长王涛最近在考察山东胜利油田时说，在八十年代，中国在渤海湾盆地中的胜利油田建设第二个大庆，这在中国石油工业发展史上又将是一个新的转折点。

这位部长说，在六十年代，中国在东北松辽盆地建成了大庆油田，结束了中国用"洋油"的时代，成为中国石油工业发展史上一个重要的转折点。

这位石油地质专家解释说，把胜利油田建成第二个大庆，就是从今年起到一九八九年将原油年产量从去年的二千三百多万吨逐步增加到五千万吨。

中国最大的大庆油田去年原油产量达五千三百多万吨，约占中国原油总产量的一半。

为达到这目标，这位部长充满着信心，他说，这里的地质条件很好，油气资源很丰富。

据他透露，胜利油田所在的二万五千平方公里的济阳坳陷已被证实是个含油气丰富的地区。

经过去几年的勘探，这个地区已形成或初步形成了几个大的含油区。

桩西、五号桩、孤车地区。面积达七百五十平方公里。目前这个地区已相继发现几个面积比较大、储量丰富的油田。经进一步勘探，含油气面积将会继续扩大，发现更多的石油储量。

义和庄凸起以北和周围地区。面积为一千五百平方公里，它属于尚未进行充分勘探的"处女地"。从初步得到的勘探成果看，具备着寻找大油田的有利的基本地质条件。目前，已有一批探井见到了比较厚的油层，并获得工业性油流，有些地方已发现油田。　　　　　　　　1985-09-07

中国石油工业"六五"期间持续发展

新华社北京九月十七日电 （记者张承志）记者从石油工业部获悉：第六个五年计划期间，中国石油工业生产有了较大进展，在石油与天然气勘探、钻井和生产等方面都取得了显著成绩。

"六五"期间，中国各油田生产稳定发展，原油产量逐年上升。一九八四年的原油产量为一点一四亿吨，比八一年增加一千三百万吨，今年前七个月，原油产量为七千二百一十六万吨，又比去年同期增长百分之十点八。预计全年原油产量可比去年净增一千万吨。一九八二年以来，天然气产量连年增加。去年天然气产量一百二十三亿立方米，今年前七个月已产天然气七十五亿立方米，比去年同期增长百分之七。

"六五"期间，中国石油与天然气勘探不断有新的发现，储量逐年增加。一九八四年，全国探明新增石油地质储量十亿吨、天然气储量三百多亿立方米。今年一至七月底，各地区又打出了二百多口具有工业价值的油气探井。山东胜利地区、辽宁辽宁地区、天津大港地区、中原 阳地区、大庆外围地区、内蒙古二连地区、四川部分地区、新疆准噶尔盆地等，"六五"期间都陆续发现一些新的油气田。

今年前七个月已完成地震测线七点二万公里。随着电子计算机的广泛应用，对地震资料处理解释的速度和质量大为提高，进一步加深了对地下情况的了解。

一九八一年全国钻井进尺为五百五十九万米，八四年全国钻井进尺突破了一千万米大关，全年累计交井五千二百九十二口。今年前七个月，全国钻井进尺八百四十万米，又比去年同期提高了百分之三十八点九。目前，喷射钻井技术已得到普遍采用，定向井、丛式井技术也有发展。钻井工程质量比去年同期全面提高，各类工程事故损失时间下降到百分之五点二八，创历史最好水平。

1985-09-18

中国石油化工企业取得较好经济效益

新华社北京十二月四日电 （记者陈玲）中国石油化工总公司今年加工原油八千三百六十九万吨，比去年同期增长百分之二点三；总产值达三百亿元，共实现税利一百四十亿元，分别比去年增长百分之九点四和百分之十。

这是中国石油化工总公司总经理陈锦华在今天召开的总公司第三次直属企业经理、厂长会议上透露的。

总公司下属企业今年普遍实行了厂长、经理任期制，有的还试行了聘任制，已有十九个企业实行了厂长（经理）负责制，约占全部下属企业的百分之五十。总公司已把生产建设、企业经营、人财物管理等大量职权下放给企业，使各企业，特别是年税利在五亿元以上的十四个大企业增强自己的活力。

陈锦华说，在全公司范围内调配原料，调集力量，组织炼油、化肥、化纤各企业间的协调合作也是总公司取得经济效益的主要因素之一，总公司组织炼油厂给七个大化肥厂增供原料，合理分配收益，效果十分显著。

陈锦华说，今年总公司还建成投产单项工程十一个。国家有七个重点骨干建设项目进展都比较好。镇海、乌鲁木齐大化肥公司、上海石化总厂二期工程已提前建成投产，节约投资一亿多元。

一年来，总公司还签订对外经济技术合作合同六十八项；今年又成立了中康、华凯、华福、华鲁等四个中外合资企业和高桥、大连国际贸易公司和辽阳联合贸易公司。最近，中深石油化工企业有限公司已在深圳开业；去年合营的中国太阳油公司在深圳兴建的润滑油调合厂也已正式投产。

陈锦华说，中国石化总公司连续三年保持了产值、税利、财政上交同步增长，税利增长速度大于产值和原油加工量的增长速度。

1985-12-05

中日渤海石油合作区进入开发阶段

新华社天津十二月七日电 （记者 丛文滋）记者从渤海石油公司获悉：在今后五年内，中国和日本在渤海湾合作勘探开发石油的海域内将有四五个油田陆续投产。

一九八〇年，中海海洋石油总公司同日本石油公团在渤海湾签订了二万五千五百平方公里的石油勘探开发合同，同时，签订了勘探开发埕北油田的合同。

中国海上石油对外合作开发见效最快的埕北油田，已开始部分商业性生产。据悉，到一九八七年初，该油田可全面投产，年产量达四十万吨。

埕北油田面积为九点二平方公里，位于天津塘沽区东南约八十八公里的渤海西部海域。它是一九七二年由中国石油部门发现的，地质储量约二千五百万吨。埕北油田的开发由A、B两区组成，两区各钻生产井二十八口，全部由中国海洋石油总公司下属的渤海公司承包，到一九八五年六月全部打完。

该油田B区已于一九八五年十月初已投入部分商品性生产。

A区现正安装各种开采设备，将于明年底投产出油。

中国和日本在渤海湾合作勘探开发二万五千五百平方公里的区域内，目前有两个油田——渤中28—1号、渤中34号，已决定进行开发。

到一九八五年十月一日，中日在这合作区共预探了十八个构造，打井二十九口，其中二十口井出油，二口井日产原油千吨以上，发现了十个含油气构造。

现在，这块海域正进行一边勘探，一边开发，待勘探结束时，将有几个油田相继开发投产。

1985-12-08

中原油田已成为我国石油工业新基地

新华社郑州三月十二日电 （记者杨英芝）经过三年的建设和技术改造，中原油田已成为中国石油工业新基地。

一九八五年中原油田原油年产量为三千八百五十万桶，居全国油田原油产量的第五位。

科学技术、组成协作攻关，引进国外先进技术设备是中原油田取得成功的关键。

三年来，中原油田新探明石油地质储量二十一亿桶，新探明天然气地质储量二百五十亿立方米。

中原油田占地面积为五千三百平方公里，是中国近期内能源建设的重点工程之一。目前，主开发区位于河南、山东两省交界处。

中原油田地质情况比较复杂，勘探开发难度大，技术要求高。

一九八三年，国务院决定加速油田的发展。从那以后，全国各地五十多个有关高等院校、工矿企业、科研部门合作，建立了技术协作关系。

目前，已取得科技成果和较大革新项目五百一十项，其中一项获国家发明奖，六项获国家科技进步奖，比较重大的有一百一十七项。

自一九八二年以来，油田先后从美国、法国、西德等国家引进地震勘探、测井、泥浆、打丛式井等技术，并雇用外国的技术服务人员来油田工作。

目前，油田已建成五个油气区。铺设了通往洛阳、开封、安阳、汤阴以及通往河北沧州的输油输气管线。

1986-03-19

中国复式油气（区）带新理论
为胜利油田展现光明前景

新华社济南五月九日电 （记者朱文志）中国石油地质工作者运用复式油气（区）带新理论为指导和开发胜利油田作出了贡献。

胜利油田的济阳复式油气区地质构造十分复杂。油气区从距今的二十五亿年的前震旦系到古生界、中生界、和距今一、两千万年的新生界四大构造都含有石油；无论是砂岩、砾岩、石灰岩、白云岩、泥岩、火成岩，还是花岗片麻岩中都发现了油气藏；埋藏最浅的油层仅六百米左右，而深的竟达五千米。开始勘探开发时，地下忽然有油，忽然无油，忽然是油层，忽然是水层；油层忽高忽低，忽厚忽薄；忽稀忽稠，显得杂乱无章，无规律可循。

中国石油地质工作者经过长时期探索和研究，总结出了中国复式油（区）带新理论，逐步掌握了复式油气（区）带的地质特征，以及油气形成、分布和富集规律，并初步摸索出一套对付这种复杂油气藏的勘探技术方法。运用这个复式油气（区）带的石油地质理论，使胜利油田在第六个五年计划期间的开发取得了一系列重大突破，在过去认为含油气评价低的地方，打出了高产油井，发现了一批新的油田。

近几年的勘探实践证明，胜利油田所在的"济阳坳陷是一个多层、多似、高产、资源丰富的复式油气区。"这个复式油气（区）是由不同层系、不同类型，不同成因的油气藏组成。

根据复式油气区理论预测，成油条件最好的东部一万二千平方公里，即半个济阳坳陷可能是"基本连片、整个含油"的。这里有类型各异的油气藏，大小不一，数量不等，但彼此又有一定的成因联系，在纵向上迭置连片，从而形成较大规模的油气聚集体系。

1986-05-10

东北的三颗明珠

——访大庆、吉林和辽河油田

新华社记者 肖芬

　　大庆油田、吉林油田和辽河油田，象三颗闪光的明珠由北向南镶嵌在中国东北辽阔的大地上。不久前，记者访问了这些中国重要的石油基地。这里原油的稳产高产、地质勘探的新突破、石油科研取得的新成就等等，吸引了我们。

　　六十年代初期，大庆油田的开发，打开了中国石油历史新的一页，它已成为世界著名的油田之一；七十年代，辽河油田也迅速崛起，名成中国第四大油田；吉林油田作为一个地方油田，在促进地方经济的发展中发挥了重要作用。

　　汽车一驶进大庆油田，一排排高大的钻井架映入我们的眼底，白兰两色的油井和水井井房星罗棋布。我们来到大庆石油管理局，一位身材魁梧的中年干部接待了我们。他自我介绍，他是开发部的负责人陈永生。他了解了我们的来意后，把油田生产建设的概况作了介绍。

　　大庆油田是中国最大的油田，去年的石油产量为五千五百二十八万吨，达到历史最高水平。今年年初，大庆油田提出了在今后十年间，原油产量要保持年稳产五千万吨的奋斗目标，为实现这一目标，油田正在加紧进行地质勘探，力争多获得一些石油地质储量，同时，加快了油田改造的步伐。

　　陈永生说，大庆油田已经开发了二十多年，其中从一九七六年起，石油年产一直在五千万吨以上，原来探明的石油储量已经动用了相当一部分。目前广泛采用的注水开采，又使得原油的含水量逐年上升，这些不利条件，使油田继续稳产十年难度很大。

　　陈说，为了在不利的条件下求发展，大庆油田正在从几方面展开工作：

打加密调整井，"七五"期间，计划打一千口加密井，使一次加密井网不断得到完善；强化石油开采，逐步变自喷采油为机械采油，到一九八八年，油田的机械采油率将由目前的百分之六十多提高到百分之百；搞好以注水为基础的综合调整，对地面流程设施进行全面的配套改造。

"石油勘探的成果如何？"我们问。陈永生回答说，这是大庆油田能否实现稳产的关键。在加强老区地质勘探的同时，大庆外围的石油勘探已在老油田西部的海拉尔盆地和东部的依兰依通盆地及延吉盆地铺开并取得初步成果。目前，在外围盆地已完成地震测线八万多公里，打探井八百多口，有六百多口井见到了油层。外围的葡南、龙虎泡、朝阳沟、宋芳屯等六个油田全部、部分或试验投入开发。"七五"期间，外围石油勘探计划打井八百五十口至一千口，勘探范围将继续扩大。这里的地质勘探的目标是，在老油田外围再找一个"大庆油田"。

我们看到，在开发二十五年之后仍然充满生机的大庆油田正在把生产建设稳步地向前推进。

访问了大庆油田之后，我们乘火车经哈尔滨市，折向南行，来到了吉林省省会长春市。吉林省石油化工厅负责人向我们介绍了吉林油田开发情况。他说，吉林油田对很多读者比较陌生。

吉林油田是六十年代初投入开发的，目前已探明的含油面积约四百七十平方公里。近年来，吉林油田生产发展较快，去年的石油产量达二百一十三万吨，石油地质勘探也取得了较好的成果。为了使吉林油田在经济建设中发挥更大的作用，吉林省决定扩大该油田的勘探开发规模，到一九九零年，这里的石油产量计划达到三百六十万吨。

目前，吉林油田的工人和技术人员正忙于油田的改造。同时，他们又在向新的领域进发，建设两个新油田。预计到一九九零年新油田原油生产能力可达到二百万吨。

吉林化工厅的这位负责人向我们透露，几年来的勘探开发表明，吉林油田的发展潜力较大，前景良好，到20世纪末，这里的原油产量可望达到八百万吨以上。

辽河油田地处辽河中下游的广阔平原上，陆地勘探面积为一万二千四百平方公里，是中国渤海油区的重要组成部分。

我们来到当天的晚上，被美丽壮观的油田夜景吸引住了。象金龙昂首的油田灯火，蜿蜒北上，钻机的隆隆轰鸣打破了夜色的宁静。

辽河油田已经开发了十六年，先后建成了兴隆台、欢喜岭、曙光、高升、茨榆坨、沈阳等十几个油田，现在整个油田已进入了持续发展的新阶段。

辽河油田的负责人对我们说，为了实现到一九九零年产油一千五百万吨目标，在"七五"期间（1986—1990 年），将广泛采用新工艺新技术，加强老油区的综合调整。与此同时，今后五年将新建原油生产能力九百万吨，新建天然气生产能力三亿立方米。

辽河油田滨临渤海辽东湾，石油资源丰富，勘探开发辽东湾浅海石油的前期工作目前正在进行。最近，海滩地震队已经成立，今年将在这一地区作一百公里的地震测线。辽东湾广阔的浅海地带将成为辽河油田很有希望的后备接替区。

目前，中国石油工业部的有关人士对记者说，今年上半年这三个油田的生产取得了较好成绩。大庆油田原油产量达到二千七百五十多万吨，比去年同期增长百分之零点四；吉林油田为一百一十三万多吨，增长百分之九点三；辽河油田为四百六十七万多吨，增长百分之五点四。

1986-07-26

中国大庆油田跨入世界石油开发先进行列

新华社大庆八月一日电 （记者康伟中、通讯员魏国志）中国大庆石油管理局最近宣布，从今年起大庆油田将在今后十年内保持年产石油五千五百万吨的水平。

中国石油专家认为，大庆油田已经跨入了世界油田开发水平的先进行列。

从一九六零年至一九七六年的二十年内，大庆油田的原油产量以平均每年递增百分之二十八的速度持续跃进。到一九七六年达到了五千万吨的水平之后，这个油田提出在今后十年内，要以更大的科技进步保证持续稳产高产。

据大庆石油管理局一位高级官员证实说，这期间，大庆油田原油产量不仅没有下降，反而以每年递增五十万吨的速度上升，到去年底终于达到了年产量五千五百万吨的水平。

与世界上其他特大油田不同，中国大庆油田是一个特大型的陆相沉积油田。据科学家通过地质资料调查分析，大庆油田地下有一百三十多个油层，厚油层有五层楼那么高，而薄油层只有一本书立起来那么厚，这在世界大油田发展史上是罕见的，为开发这个大油田带来了技术上的困难。

为了合理开发这个油田，大庆科技人员系统地研究了国外几十个油田的开发历史和现状，确定了早期内部注水保持地层压力的开发办法。实践证明，这种开发方法，是油田实现长期高产稳产的基础。

到一九八零年，大庆油田进入了高含水期开发阶段，每从地下采出一吨石油由原来的基本不带水，发展到现在要带出六、七吨水。

在这种情况下，大庆采取了两项重要的措施，一是打调整井增加油井数，二是由过去自喷井向机械采油转变，因而保证了大庆高含水期能够做到长期高产稳产。

1986-08-02

国务院对大庆三十万吨乙烯一期工程建成投产的贺电

本报讯　国务院八月三日致电祝贺大庆三十万吨乙烯一期工程建成投产。贺电全文如下：

黑龙江省人民政府、中国石油化工总公司转大庆市人民政府、大庆石油化工总厂、大庆乙烯工程指挥部并参加三十万吨乙烯工程和轻烃回收工程建设的工程技术人员、工人和干部同志们：

大庆三十万吨乙烯工程是我国的重点骨干项目之一，是全国第一座以油田轻烃为主要原料的大型石油化工联合企业。大庆乙烯一期工程建成投产，是我国社会主义现代化建设的又一新成就。这个项目的建成，对于加速我国石油化工的发展，为国民经济提供高质量的合成材料，更好地满足城乡人民生活的需要，具有重要的意义。

大庆三十万吨乙烯工程在全国人民的关心和有关地区、部门的支援下，广大职工发扬大庆精神，把高度的革命精神和严格的科学态度结合起来，不畏风雨严寒，克服艰难困苦，精心组织，精心施工，胜利地完成了建设任务，保证了一期工程按时建成投产。国务院向参加建设的全体工程技术人员、工人和干部表示热烈的祝贺和亲切的慰问！向参加建设的外国专家和朋友们表示衷心的感谢！

大庆三十万吨乙烯一期工程建成投产了，二期工程也已陆续开工，今后的生产、建设任务将更加繁重。国务院希望你们戒骄戒躁，艰苦奋斗，不断改革创新，在精心搞好一期工程的基础上，再接再厉，坚持高标准、严要求、高质量、高效率、高水平地建设好二期工程，为我国的社会主义现代化建设做出新的、更大的贡献。

国务院

一九八六年八月三日

1986-08-05《人民日报》

中国石油生产形势看好

新华社北京十月十三日电 （记者张承志）石油工业部人士今天对记者说，进入九月份以来，全国原油日产量上升较快，现已稳定在三十六点八万吨以上，如无异常的严重自然灾害，可以保证全年石油计划任务的完成。

中国今年计划年产原油一点三亿吨，到九月底，已累计生产九千六百多万吨，完成年计划的百分之七十四。

据介绍，中国今年的石油生产建设有以下几个特点：

石油工业建设资金比去年减少，但石油储量和产量有新的增长。今年全行业安排的建设工作量，比年初计划压缩七点三亿元，比去年减少两亿多元。主要依靠加强管理和技术进步，预计全年新增的探明和控制储量、原油产量可比去年继续增长，保持稳定发展的趋势；

通过调整基本建设部署，新地区、新油田的生产能力明显增加。预计全年新区新建的生产能力，可占全部新建生产能力的百分之六十六以上。开始改变了以往在产能建设中，主要依赖老区资源，新区产能的比例只占三分之一左右的状况；

老油田在综合调整中，通过完善注采系统，改进采油工艺技术，老油井的产量递减得到控制；

勘探投资有所增长，勘探工作向前延伸。同时把勘探工作的重点放到新地区、新领域、新发现上面。今年以来，在胜利油田垦东地区、新疆准噶尔东部地区、青海尕斯库勒东部地区、宁夏天池地区、北京市大兴地区等，相继获得一批重要发现。

1986-10-14

我国石油化工工业充满生机持续发展

新华社北京十一月十九日电 （记者黄奉初）近年来，由于国际油价的大幅度波动，世界石油化工工业不很景气，一些发达国家石化工业增长率大大下降，与此成为鲜明对照的是，我国石油化工工业却兴旺发达，充满生机和活力。

中国石油化工总公司及所属企业的活力，来自我国经济管理体制改革的实践，来自经济实体在改革中不断壮大的物质技术基础。三年多来，这家公司及其所属企业的活力，又推动改革深入持续发展。

1983 年以前，我国 39 个主要炼油厂、石油化工厂和化纤厂是由部门和地方分别管理的。这种状况，既不利于石油资源的合理综合利用和充分挖掘现有企业的潜力，还造成重复建设，石油资源和建设资金严重浪费的现象。为了改变这种分散多头的管理体制，对炼油、石油化工和化纤企业实行集中领导、统筹规划和统一管理，1983 年 7 月成立了中国石油化工总公司。三年多来的实践证明，这一符合石化工业特点的新的管理体制，越来越显示出它的优越性。

——解决了油气资源统筹规划，合理使用。过去炼油厂只管炼油，原油中所含的大量有用的化工原料，往往综合利用不够；化纤、化工企业只注重生产本行业的产品，忽视原料的综合利用。这样不仅造成浪费，而且使有的企业长期原料不足，往往停工待料。现在总公司可以统筹安排原料，使资源物尽其用，企业的开工率一般都达到百分之九十左右，化工、化肥、化纤等产品的产量大幅度的提高。四年中，原油加工量年平均增长百分之三点四，而 1986 年生产的尿素将比 1982 年增长 100 万吨，相当于两个年产 52 万吨尿素的乌鲁木齐石油化工总厂一年的产量，可为国家节省外汇 1.1 亿美元；涤纶产量达到 18.52 万吨，比 1982 年增长两倍多，平均可为全国人民多生产 1.3 米化纤布料。这在过去多头领导、分散管理的情况下是难以办到的。

——为原油深度加工创造了有利条件，减少了烧重油，提高轻质油品产量。由于提高了原油深度加工能力，近三年生产轻质油产品 200 万吨，净增产值 9 亿元，相当于两个武汉石油化工厂的年产值。今年仅组织多供芳烃增产聚酯一项，就增加税利 6 亿元，相当于三个兰州化学工业公司 1985 年实现的税利总额。

——给国家财政提供了更多的、稳定的收入。1982 年石化总公司成立之前，石化企业实现税利总和 95 亿元，其中上交中央财政约 85 亿元。1983 年至 1986 年，在部分生产资料价格上调的情况下，累计仍可实现税利 507 亿元，其中上交中央财政约 418 亿元，平均每年实现税利 126 亿元，上交税利 104 亿元，分别比 1982 年增长百分之三十二点六和百分之二十二点四。四年中，石化总公司投入 164 亿元，总产出 507 亿元，做到了少投入、多产出、多上交。它是目前全国上交税利最多的一个行业，成为国家财政收入的一个重要支柱。

同时，中国石油化工总公司运用经济实体的实力，集中力量，加快了国家重点建设项目建设和企业的技术改造，为石油化工工业的发展增添新的生产力。国家重点骨干项目四套 30 万吨乙烯、三套 30 万吨合成氨、一套 20 万吨合成纤维项目，有些已建成投产，有些正在加紧建设。

1986-11-20

康世恩强调我国石油化工业要有大发展

新华社北京一月六日电　（记者黄奉初）国务委员康世恩今天在北京举行的中国石油化工总公司经理（厂长）会议上指出，石化工业在我国是朝阳工业，方兴未艾，今后要有一个大的发展。

康世恩说，中国石油化工总公司成立三年多来，所属企业在生产、重点建设、技术进步有了明显进步，经济效益上了一个台阶：总投入 165 亿元，总产出 510 亿元，其中新增加的产出达 130 亿元。这说明国务院确定组建石化总公司，把过去处于分散状态的炼油、化工、化纤等企业组织起来、集中领导、统筹规划、统一管理是正确的。它可以综合利用资源，发挥更大的经济效益，充分显示了联合的优越性。这也说明，全民所有制企业潜力还是很大的，只要政策对头，是可以更好地为发展社会生产力，增加国家财政收入多作贡献的。

康世恩指出，石油化工工业要发展，目前面临着两个严峻的问题：一是国家要油紧迫，国内市场供求矛盾很大，石化工业必须在生产上再上一个台阶；二是石化工业的发展受制于国家的资金的限制，开源节流，找差距、挖潜力，减少浪费和一些不必要的开支，必须努力向先进技术和企业管理要效益，提高产品质量，增强产品在国内外市场上的竞争力。

康世恩说，石化工业是国家财政收入的重要支柱之一。他希望石化工业的职工们认清新的形势，继续坚持改革、开发、振兴的方针，团结一致，勤奋工作，出经验、出成果、出人才、出效益，为国家做出更大的贡献。

1987-01-07

中国开发海拔最高的油田

新华社西宁 3 月 24 日电 （记者杨新河）青海省政府重点工程办公室发言人今天说中国今年将在"世界屋脊"青藏高原上钻 140 口开发井。

位于柴达木盆地西部海拔 3000 米的尕斯库勒油田是中国目前海拔最高的一个油田。

这个油田每年将生产 840 万桶原油支援西藏自治区和面积为 12 万平方公里的柴达木盆地的经济建设。该地区自然资源丰富，被称为中国的"聚宝盆"。

从今年下半年开始，尕斯库勒油田还将动工铺设全长四百二十九公里的输油管道，将原油输往柴达木盆地新兴的城市格尔木。与此同时，格尔木市将兴建一座一百万吨规模的炼油厂。

格尔木市是青海中部的一个新兴工业城市，是青藏高原的交通枢纽，也是通往西藏的门户。一九九零年，尕斯库勒油田开发建设工程全部完工后，西藏自治区的各类燃油将从格尔木炼油厂直接输往拉萨，运距比过去缩短一千一百余公里。

目前，西藏的各类燃油要用火车、汽车从甘肃省的玉门油田及兰州炼油厂长途运送，存在很大浪费和不便。

尕斯库勒油田是柴达木油田的一部分。中国石油地质专家估计柴达木盆地至少储藏有 1400 亿桶原油。

1987-04-10

中国石油化工总公司"双增双节"运动取得成效

本报讯 中国石油化工总公司认真开展"开增双节"运动，初步取得成效。今年一季度，在运输、电力等比较紧张的情况下，各项经济指术指标均好于去年同期，完成工业总产值和实现利润分别为去年同期的百分之一百一十一点八和百分之一百零三点五。

在开展"双增双节"运动中，石化总公司抓紧增产适销对路产品和支农产品。一季度，市场上紧俏的乙烯产品生产了 17.7 万吨，比去年同期增长百分之二十四点五，农业急需的尿素已有 110.92 万吨源源发往全国各地，比去年同期增长百分之十一点六。同时，采取果断措施压缩非生产建设投资四千多万元，确保国家重点建设和技改项目。目前，齐鲁和杨子石化公司两套年产 30 万吨乙烯装置、大庆乙烯二期工程、宁夏 52 万吨大化肥工程、洛阳炼油厂等一批国家重点项目都取得较快进展。

公司还打破石油、化工、化纤的行业界限，实行油、化、纤整体结合，合理组织优化生产，使资源得到合理使用。兰州炼油厂和兰州化工厂同在一地，过去隶属两个部门，资源优化互供问题多年没解决好。现在双方达成了 12 项互供协议，每年各自可增加效益 5000 万元。

1987-04-25 《人民日报》

中国石油勘探开发部门用经济承包代替"大会战"

新华社武汉八月十四日电 （记者周东爱、通讯员肖斌贤）为加快石油资源的开发步伐，中国正在试行采用经济承包的形式，取代单靠行政命令组织"大会战"的传统办法。

去年首次在江汉和胜利两个油田之间进行的"跨油田区块开发总承包"，今年已取得成效。

来自江汉油田的一支四千人的承包队伍，从去年七月开始承包山东胜利油田的八面河地段，现已探明该地区石油地质储量为五千三百八十万吨，年产一百万吨原油的主体工程已基本建成。总投资比国内平均水平节约五分之一。据介绍，今年一至七月，该油区已生产原油二十二万吨。预计全年生产原油五十五万吨。这样的高速度，在中国石油工业史上是少见的。

江汉油田承包的胜利油田八面河地段，建成投产后由江汉长期管理；经济上，自主经营，独立核算，自负盈亏；生产与胜利油田全面联合；物资供应则纳入胜利油田计划，利益分配由江汉和胜利两油田按协商比例进行分成。

江汉石油管理局局长陆人杰对记者说，实行这种承包办法等于是一个油田的人力、物力，承担起了两个油区的开发建设任务，有利于加快中国石油工业的前进步伐。

1987-08-15

我国石油化工工业在改革中阔步前进

新华社北京 8 月 26 日电　（记者黄奉初）被誉为"朝阳工业"的中国石油化工工业，在改革中进入了方兴未艾的上升时期，呈现欣欣向荣、蒸蒸日上的景象。

据中国石油化工总公司提供的资料，1983 年至 1986 年的四年同 1982 年相比，汽、煤、柴、润四大类油品产量平均增长速度为后者的百分之十八点九，产值为百分之二十四，实现利税为百分之四十二。今年 1 至 7 月，产量、产值和实现利税又分别比去年同期增长百分之七点八、百分之十点三和百分之七点九。

我国的石油化工工业起步较晚。1949 年新中国成立前夕，全国原油产量只有 12 万吨、天然气开采量仅有 700 万立方米，炼油工业更是可怜，只在玉门、大连、抚顺等地有几个小炼油厂，原油加工能力 11.6 万吨，生产油品 12 种，产量仅有 8 万吨，必需的石油化工产品主要依赖进口。新中国成立以后，随着大庆油田的开发，我国的石油化工工业迅速兴起，70 年代中期建成了现代化的炼油、化工、化纤、化肥工业。特别是党的十一届三中全会以后，随着改革、开放、搞活政策的实施，我国石油化工工业跨入了新的发展时期。1986 年与 1978 年相比，原油加工量增长百分之三十二，汽、煤、柴、润四大油品产量增长百分之三十三，合成橡胶增长百分之八十四，塑料增长近 1 倍，合成纤维增长 4.9 倍，尿素增长 2.5 倍。

为了给我国石油化工工业注入新的活力，合理利用石油资源，提高经济效益，增加国家财政收入，1983 年国家决定改变原来条块分割的管理体制，成立了经济实体——中国石油化工总公司，由公司对国家实行投入产出包干。这一改革，使石油化工工业成为我国财政收入的重要支柱。

1987-08-27

我与三个"山"

陈锦华

山，据有关专著释义，是指地球板块作用而引起的地壳隆起。在我国九百多万平方公里的土地上，中共十一届三中全会就象推进我国社会进步的巨大板块作用，平整了十年动乱造成的沟沟壑壑，隆起了十年前地舆方志上名不见传的新"山"。"金山"、"宝山"、"燕山"便是其中颇有名气的几座。

不知是出于机遇，还是命运的安排，这十年，我与金山、宝山、燕山结下不解之缘。金山，是上海石油化工总厂所在地；宝山，有上海宝山钢铁总厂；燕山，则指北京燕山石油化工公司。

山，在人们心目中是高大的。对山的征服，一直是人类不畏险阻的象征。杜工部有诗云："会当凌绝顶，一览众山小"，写出了登山者的豪情壮志。

我首先结识的，是上海石油化工总厂的所在地上海金山。在最初踏勘厂址时，得知这里就是明代为抵御倭寇入侵而设置的金山卫。凡是到过金山的人都知道，那里位处杭州湾，面临太平洋，陆地是由铁板沙形成的盐滩平地，根本没有山，连丘陵都没有。

无独有偶，另一个没有山而又取名曰山的是宝山，即上海宝山钢铁总厂的所在地。据《宝山县志》记载，明成祖永乐十年，当地官员报经朱棣皇帝恩准，在现在的高桥堆土成山，设烽火为航标，用作海上船舶的导航，赐名"宝山"。这座"山"万历十年为潮水淹没。

再一个是燕山，中国石化总公司所属的燕山石油化工公司，就建在北京燕山脚下的房山区。这里倒是有山，但在各种书上记述的，只讲山下有周口店，是中国北京猿人的发现地。她的出名，更多的是得之于人类进化的古老历史。

刘禹锡在《陋室铭》中有两句脍炙人口的话，说"山不在高，有仙则名"。

金山、宝山、燕山三个山，按时下的语言，可谓知名度大矣。但他们的得名，并不是因为有仙，而是他们牵动过亿万人心的事业，是他们的产品，是他们在荒滩秃岭上改天换地的英雄业绩。1981年秋，我与国家经委马仪副主任率中国工业代表团访问丹麦，在主人的宴会上，丹麦最有名的科学家与企业家托普索先生，听说我在上海工作，就忙不迭地问道："你们上海宝钢怎么样了？"发生在东半球黄海之滨的事，竟在西半球北端的斯堪的纳维亚引起浓厚兴趣，其影响之大，可以想见。

上海石化总厂，在筹建之初，我就参与其事。粉碎"四人帮"后，我调上海工作，在市委、市政府分管经济和工业，并先后兼任上海石化总厂第二、第三期工程领导小组组长。当时，第一期工程开始试车，十年动乱造成的后果开始暴露，职工纪律松懈，无政府主义严重；建设中的质量问题很多，公用工程系统不断爆管，生产不时中断；占全厂产量一半的腈纶生产长期不正常，质量不好，产品压在仓库里，资金周转困难，靠我批条子向银行借贷。那时的岁月，真是问题成堆，焦头烂额。好在困境不长，1978年以后，随着党的十一届三中全会精神的贯彻，全党工作重点转移，金山的事业一步步走上了兴旺发达的康庄大道。一期工程经过整顿和加强管理，很快达到和超过设计能力，收回了国家全部投资。二期工程也建成投产，总规模达到年产30万吨合成纤维原料和20万吨合成纤维，还有塑料及重要有机化工原料、油品等。1987年的销售额达到42亿元，实现税利11.2亿元，在全国50家最大企业中名列第六。现在，以30万吨乙烯为主体的第三期工程，已进入建设高峰，预计1990年可以部分投产。在第三期工程动工以前，赵紫阳同志当面向芮杏文、江泽民、干志坚和我交代，要设法筹措资金，早点搞上去。我们按照紫阳同志的指示，研究了方案，并迅速得到他的批准。这个方案包括与中国人民建设银行合作，在国内发行企业和个人债券，筹集资金；在国外金融市场，通过筹组银团等形式，筹措外汇；在对外谈判、工程指挥、设备国内分交等重大问题上，实行简政放权，建立高效率的基建指挥机制。这一系列的基建改革与金融改革相结合的措施，为投资数十亿元的国家骨干工程注入了活力，加快了建设进程。

孙中山先生在《建国方略之二物质建设（实业计划）》中提出，在杭州湾建立东方大港，"以适合于将来为世界商港之需用与要求"，"此计划将为可获厚利之规划"。中山先生还指出，"中国东方大港，务须经始于未开辟之地，以得其每有需用，随时可以推广也"。上海石化总厂的同志们，不一定都读过孙中山先生的原著，但他们的行动却实践了中山先生的理想。他们建设的原油码头，面临太平洋，伸向杭州湾，可以北上"北方大港"；他们的成品码头，中外船舶可以越洋过海，来往中国，开赴美国、日本。他们六次填海，造地近17000亩，使厂区面积扩展到12平方公里。最近，又与浙江合作，填海造地6000亩。这些"经始于未开辟之地"，"随时可以推广"，实在是为国辟疆，为民造福的大好事。在我国工业建设史上，这样大规模地、持续不断地填海造地，据我所知，不算绝无仅有，也是首屈一指。

如今的金山，已经成为我国最大的，也是世界上最大的石油化工化纤生产企业之一。人们到了那里，登高望远，目睹那紧张有序的生产建设节奏，海上陆上连成一体的运输，以及可称作小康水平的各种生活福利设施，无不为金山的兴旺景象所感染，为那里的沸腾生活所激励。这十年中，他们共实现利税85.6亿元。金山，已经成了为国家聚积财富的真正金山。

再说宝山。1978年，在筹建上海宝山钢铁总厂之初，中央和中共上海市委就指定我分管宝钢的工作，后又正式任命我兼任宝钢工程指挥部党委书记、政治委员。我记得开始筹建时，曾对厂名反复作过研究，先叫"上海新建钢铁厂"，以示与上海原有的几个钢铁厂有别。后来有同志建议改名，并拟了五个名字，市委常委在讨论钢铁厂的建设工作时，议论到厂名，认为地处宝山，又是生产宝贵的钢铁，就循名责实，正名为上海宝山钢铁总厂。在市委召开的动员全市支援宝钢建设的区县局干部会上，我讲上海南有金山、北有宝山，南北两山应当成为上海经济起飞和为国家创造财富的金山银山。1978年底，国务院批准在宝山现场举行宝钢开工典礼。会前，新日本制铁株式会社（以下简称"新日铁"）派出负责人到上海，先期安排有关事项。他们看到上海外滩、淮海路上的大字报，深为不安，加上北京西单的所谓"民主墙"，他们很担心中国再次动乱，担心工厂建不了。我见了他们，明确答复开工典礼不变，工程建设照双方协议进行，也不会再搞"文化大革命"。当时，我虽然嘴上这样讲，但心里却没有底，直到党的十一届三中全会公报发表，得知大局已定，心里才放宽了。

1980年9月，全国五届四次人民代表大会开会，代表们对宝钢的建设很关心，议论甚多，先后有北京、天津、上海三个代表团和政协向冶金部提出质询。《人民日报》、《光明日报》、《工人日报》等都报道了质询情况。"新日铁"不明真相，对此十分不安，特地派人到上海找我紧急求见。我见了他们的代表，一见面他就忧心忡忡地探询：人代会质询冶金部是怎么回事？宝钢会不会中断建设？唐克部长会不会下台？陈副市长在上海人代会上会不会受到同样的质询？我答复说：人大代表找冶金部质询，是我们国家最高权力机关对宝钢的关心，是我国政治生活民主化的一种好现象。建设宝钢是经两国政府批准的，协议不会中断。唐部长会不会下台，我从未听说过，但我们中央已经宣布废除干部职务终身制，包括我在内，工作变动都是正常的。至于我会不会在上海受到同样的质询，那是代表的事；如受到质询，我将认真地如实回答。我还反问，你们日本国会开会，不也是对大臣阁僚进行质询吗？你们的建设难道就因此而停止了吗？！他对答复表示理解和满意，并答应立即向东京汇报。后来事态的发展，证明了我的答复没有错。这也是政策归心，心同此理。

我在宝钢的工作经历使我感受到，历史发展的进程表明，国家民主化和经济建设是相辅相成的。人代会的质询，各地方、各部门的关心、议论、批评，加上后来的经济调整，弥补了宝钢决策中的失误之处，促使了宝钢建设规划更趋合理，促使了宝钢推行投资包干、节约资金，促使了宝钢人更好地努力工作，艰苦创业。

十年生聚，宝钢人用并不比其他发达国家差的速度、质量和效益，建成了一期工程，现在正在紧张地建设二期工程。"新日铁"前副社长、中国协力本部本部长户田健三先生，最近在一封致宝钢负责人的信中写道，他对"宝钢各工厂顺利生产的姿态，感慨万分"。看来这不是客套、恭维话。前不久，我应邀重访宝钢，在无缝钢管厂的车间里，看到一堆堆、一垛垛堆积得约有两层楼高的无缝钢管，不禁浮想联翩，这不就是山吗？地下、海上，高大的钢结构厂房，雄伟的采油平台，载着火箭射向太空的发射架，不都是钢材堆成的"山"吆！清代赵翼游漓江，曾赋诗"化工也爱翻新样，反把真山学假山"。面对如画江山，诗人画家刻意落笔，把自然界的美搬到纸上，由真而假，给人以艺术的感受。现代人则用他们的智慧和劳动，更加"爱翻新样"，把假的变成真的，并以此装点江山，使山河增色，再造人间。

1983年3月，我奉调筹建中国石油化工总公司，由此又结识了一个山，就是燕山石油化工公司。在石化总公司属下的一批特大型、大型企业中，燕山公司名列榜首，也是全国实现税利大户中仅次于大庆油田、鞍钢的特大型企业，共有建成投产装置48套，固定资产32亿元，1988年的销售额将达到41亿元，利税16亿元。这里有亚洲最大的现代化地毯厂，用合成纤维做原料，品种繁多，其中编织毯采用波斯传统图案和色彩，与手工地毯相比，可以乱真。但在十年前，这里虽然有山，而且是大山，但却是杂草丛生、怪石峥嵘的穷山、荒山，全公司的年销售额只相当于今年的一半多一点。今年六月一日，我陪余秋里同志去视察。他是创建我国石油和石油化工事业的主要领导人之一，曾先后五到燕山。这次重点看了各项新建设，包括地毯厂、双向拉伸薄膜、苯酚丙酮，改造过的乙烯装置、橡胶厂、聚酯装置等。他说这次看到的，是变化最大的一次。现在，矗立在我们面前的，是背靠燕山，以一座座装置、管架、铁塔、油罐组成的人造群山。石头山与钢铁"山"交相环抱，气象雄伟，套用河南龙门石窟"两山对峙，伊阙中流"的两句话，这里当是"两山对峙，财富中流"。在那些老掉牙、又讲不厌的童话里，爷爷、奶奶最爱讲的就是深山探宝的故事。现在映入我们眼帘的，一列列火车运走的汽油、柴油，一车车塑料、橡胶、合成纤维树脂、洗涤剂原料，一批批地毯，不就是现实生活里的深山取宝吗？！

在这十年里，在我的生活中，在我们家庭的日常"对话"中，金山、宝山、燕山一直是热门的话题。想到这些山的变化，总不禁联想到"车到山前必有路"的那句古老而又常用常新的俗话。车、山、路，不就是人类进步的历程吗？！人类社会如果光有路而没有山，那可太平淡、太乏味了！只有移山开路，筑路开山，才是改天换地的事业，是创业者的追求，是生存的最大意义，也才能由此领略到"会当凌绝顶"的全新境界！

（载《瞭望》1988年第30期）

1988-07-25

大庆新传

新华社记者张新辰

金秋时节的大庆，处处生气勃勃。

排列整齐的抽油机经久不停地摆动着，在辽阔的草原上掀起一层又一层波浪；宽广的沥青路上，车辆繁忙；新颖的住宅群，不时在路边出现；衣饰多样的男女青年，把林荫大道打扮得五彩缤纷；步入百货大楼，商品琳琅满目，美不胜收。

昔日的荒凉不见了，"干打垒""退伍"了，创业时的困苦、饥饿，乃至流血、死亡的暗影也消散了。

然而，岁月的推移，环境的变迁，并没有使大庆人素有的革命精神消失。新一代大庆人为着祖国的昌省、繁荣，正象他们父辈那样，为国家分担困难，不计个人得失，艰苦创业。

不久前，党中央一位领导同志对大庆人这种革命精神作了高度评价，说这是我们民族精神的生动体现，在我们改革进入攻坚的关键时刻，尤其需要极大地振奋起这种民族精神！

保产之战

今年 7 月下旬，大庆连续下雨，累计降雨量在 300 毫米以上。油田大面积被淹，绿野变平湖。大雨未停，人们便拥出家门抗灾保油。坐落低洼地的喇嘛甸油田 551 中转站，屋内积水 1.5 米，机器被迫停止运转，大量原油无法外运。在这形势紧迫的时候，成百上千人奔来抢救。有的到 20 多公里路外运土，有的趟着水，扛着草包，在深水筑堤。两天后两米多高的围墙出现了。洪水被逼退了，中转站的机器又开动起来。十天大雨，使大庆原油日产量掉下去上万吨。正当领导部门愁着这窟窿怎能补上时，大庆人却迅速把产量恢复到灾前水平。各油厂纷纷提出保证全年计划完成的措施。年产1000万吨的喇嘛甸油田亏产较多，大庆管理局想削减他们的任务，这个油田的工人、干部说，拚死拚活也要完成国家计划，不同意修改计划。

大庆油田在1976年登上年产5000万吨高峰后，国家有关部门就下达了命令：为了保证全国建设、改革顺利发展，大庆要千方百计把年产5000万吨的水平稳住，稳定的时间越长越好。从1976年到1988年，大庆人像捍卫祖国的钢铁哨兵，不折不扣地执行国家命令，如今在此高峰已站满13个年头！

要持久地维持这样大的产量谈何易！这要顶住各种自然灾害对生产的影响；要克服因原油价格多年不动，各项费用、成本上升，资金短缺的困难；要在人员、设备不增加的情况下，完成一年比一年增加的工作量；要从有限财源中抽出资金满足职工物质文化生活的需要……

此时此刻的大庆，简直内外交困！

大庆人不叫苦，不埋怨。他们说，只要国家需要，再大的困难也要扛起来。

为减轻老油田压力，1983年4月在创业时获得"梁大筐"称号的梁光文，带着300多人到荒无人烟的龙虎泡开阔新油田。刚安顿下来，大风雪便铺天盖地扑来，工地断粮、断水、断电，冻得大家不住地跳。总工程师带着推土机，开着吉普车，边开路边走，八个小时走了七十里，才找到一点干粮。风雪刚停，梁光文便带着大家趟雪采油。有人说，这么困难还干活？梁光文说，再困难也不能影响国家计划完成。当月进厂，当月就送出原油。四年中这个毫无基础的油田产量增加七倍！

过去大庆处处讲个"一"字：一把钥匙一本账，一根杆子捅到底，二十万人捆在一起吃"原油"的大锅饭。现在砸了这口大锅，二、三级单位都变成了相对独立的生产经营者，承包任务，分扛指标，不问是谁，不完成指标，不但奖金拿不到，还要扣工资，结果效益显著提高。油田基建队伍没有扩大，自营的施工量由1984年的1个亿增加到今年的5个亿；1984年打400口井还费劲，1988年准备打1800口；年年亏损的后勤大军——机修厂、汽车修理厂、建材厂、运输公司，今年上半年产值比去年同期增加百分之二十八，利润增加百分之四十二。

承包以后科室人员精简百分之五十，工人减少百分之二十至百分之三十。依靠这些人，大庆发展第三产业和替代工业，五花八门的工厂、企业上千个，油田迅速从产品经济向商品经济转化。

有人担心：大庆会不会象国外有的油田那样逐渐萎缩下去。大庆人说：放心吧！甭说油田资源远未开发，就是这些新办的企业的产值几年后就可以达到二十亿！

心血的结晶

要保证油田长期稳产，油田科技人员必须解决一系列棘手问题：油田资源日益减少，再找一个大金娃娃的可能性不大了，如何把那些薄而零星渗透性又很差的油层开发出来？主力油田已进入高含水期，出一吨原油同时要三吨水，如何减少一些水分，多抽出些油来？大庆外围的地质情况如何，是不是可以找到新的油田？……

不仅是中国，就是世界上采油技术先进的国家，也没有完全解决这些问题。

大庆油田的"老总"们敢于走上前人没有走过的艰险之路。

要解决这些难题，只依靠一个人或几个人是不行的。这需要多学科、多工种、多单位联合攻关。

油田按照系统工程原理，把这些问题归结为八大系统工程，240多项课题。攻关上阵的有30多个单位，上千名工程技术人员。这是中国石油开发史上少有的科研大会战！

喜讯接连传出：

薄油层开采有了突破，大庆油田储量增加了百分之四十！

以前大庆油田只找到零星的天然气，现已查明大庆油田及整个松辽盆地都蕴藏着丰富天然气！

减少水分，提高原油采收率的方法已有了好苗头！

外围油田勘探有了明显的进展！

……

所有这一切，表明"而痢"之年的大庆仍然是一个发展中的油区。

所有这一切，都凝聚着大庆人的心血。

大庆油田的科研条件是令人羡慕的。试验、测试仪器都是引进的比较先进的设备。

在这样条件下，从事研究工作是否"轻松"些？高级工程师姜言理、孙长明说，恰恰相反，技术越是现代化越要付出艰巨劳动。要让计算机为你服务，需编一套运算程序。只有熟悉油田情况精通原油开采技术，同时又精通数学和计算机原理的人才能进行这项工作。任何大学都培养不出这样"完备"的人才，只能靠自己在工作中艰苦学习、长期积累。研究有了一点成果，为了检验其效果，在试验室试验后要到井上试验。这是一项更复杂的工作，不允许丝毫差错；即使千分之一的差错，也要推倒重来。

这两位"老总"都是 1962 年毕业的大学生。他们把整个青春都献给了提高原油采收率的研究。他们都只有 51 岁，但一位已秃顶，一位已皱纹满面。所幸的是，他们的研究已有了成果：小范围的试验可以把原油的采收率提高百分之十。这是一项令人振奋的喜讯，因为大庆油田如果采收率提高百分之一，那就等于发现一个中型油田。

两位"老总"说，要全面推广这一成果，还要作许多艰苦复杂的工作，也许我们在职时看不到了，但是，我们甘当铺路石，为这项使国家增加大量资源的研究铺平道路。

铁人的后代

记者来到王铁人生前所在的钻井队，接待的是一位俊秀的青年。同来的钻井公司的同志说，你不要看他长得像大姑娘，干起活来可是只小老弧。他就是大庆油田著名钻井标杆队的队长申冠，29 岁，朝鲜族，第七届全国人民代表大会代表，全国"51"劳动奖章获得者。

我本来想请他谈谈钻井队近几年的成就，他却滔滔不绝地说起井队今年所受的挫折。

今年年初，井队从外围油田调到老油田打井，因为不熟悉老油田的特点，出了卡钻事故，停产 59 天。这个连续三年获得全国石油系统金牌队称号的井队，它的钻井进度，从全公司第一名一下子落到末位。井队任务、费用都是承包的，完不成任务就拿不到钱，全队穷得连工资都发不出。

面对挫折，全队 46 个人，包括 15 个农民合同工没有一个离队。申冠说，我们队都是年轻人，平均年龄才 26 岁，都没有见过铁人；但是，铁人不在精神在！不能因为这一点挫折就趴下！

针对老油区压力大的特点，油田"老总"们提出用重泥浆高压喷射加快钻井速度的建议。实行这个建议有很大危险性：操作偶有不慎就会机毁人亡！井队勇敢的承担了这项试验。1200 米深的油井的纯进尺时间由过去 53 个小时缩短到 25 个小时，创造了前所未有的纪录；他们又克服了停电、阴雨等的困难，连续苦干，从一个月打四口井上升到六口井，到九月中旬就超额完成全年计划。

大庆油田二十万职工中三十岁以下的青年职工占百分之六十五，生产第一线的青年工人占到百分之八十以上。这些大都出自石油工人世家的青年人，都象父辈一样，不怕苦不怕累，敢打大仗恶仗。他们是大庆的希望，也是祖国的希望！

油田南部油库区矗立着两座环形的体育馆似的建筑，那是全国最大的十万立方米的大油罐。此油罐高 21.97 米，直径 80 米，由二千多张钢板焊成，光焊条、焊药就用去 30 吨。

这项工程是由一个青年突击队完成的，比日方提出的竣工时间提前了半年，质量完全合乎要求。

辖属大庆油建公司的这支突击队，队员的平均年龄只有 28.8 岁。

工程要求非常严格。每道焊缝都要经过仪器严格检验，不允许有一丝一毫的缺陷。当这群青年人来到现场时，日本专家投以怀疑的目光。他们对唯一的女焊工 21 岁的于晓红特别不放心。大罐罐体一般都是自动焊接，只有罐板之间的丁字缝要用手工焊。这是焊活中最难焊的地方。谁来焊呢？突击队派出了于晓红。日本专家对翻译说，这活让小姑娘干，行吗？他们怕出娄子，几个人围着于晓红看。她前面焊，他们后面检查。结果问号换成了叹号。他们高兴地说，于的焊接质量达到百分之百，我们的放心！

于晓红达到这个高度付出了多少汗水！

她早晨五点起来用手托红砖练腕力，一托就是两个小时。为了掌握焊弧形的要领，她晚上用焊钳夹着毛笔反复在纸上画。她吃饭、开会、看电影都练蹲功，两腿蹲肿了也不休稀。她参加西德专家举办的高级焊工班，除和大家一起作规定的练习外，还在休息时间独自进行超强度的练习。有人说，你是个女孩子，何必那样认真！她说，不吃苦就练不出过硬技术。西德专家对培训班负责人说，她是你们大庆的铁人后代吧！

"反常"的现象

随着生产的发展，油田职工生活也改善了。满目皆是的"干打垒"消失了，六百多万平方米的住宅平地矗立，成千上万职工迁入新居。长期在野外工作的工人已住上了有空调、彩色电视机、浴室设备的野营车。各色各样的家用电器纷纷拥入职工家庭。

在这生活愈来愈丰满，色彩越来越斑斓的时候，大庆出现了某些人意料之外的"反常"现象。

在六十年代，我们国家石油最困乏的时候，北京的公共汽车不得不背上笨大的煤气包，那景象曾使得不少人伤心的掉下了泪。二十多年后的今天，我们国家已成了世界产油大国，原油产量跃居世界第四位的时候，在盛产石油的大庆却又出现了这种景象。各油厂通勤大客车，不少又背上了煤气包。许多从外地来大庆办事的人奇怪地看着那灰色的胶塑包，疑惑地问道：难道这样大的油田都用不上汽油了？大庆人笑着摇了摇头。原来大庆人正设法把油田零星的天然气利用起来，省出汽油支援各地建设。

大庆人认为，生产越是发展，生活越是改善，越要注意勤俭节约。一个大手大脚挥霍无度的人，治不好家，更治不好国。生活好了，大家富裕了，艰苦创业的精神不能丢！

处于边缘地带的采油七厂，经过十年艰苦奋斗，建成了一个年产500万吨的油田，今年职工年平均工资可达到2300元；一个有花园、电影院、体育场、商店、舞厅等设施的居住区也出现了，职工、干部都住上了楼房，安装了闭路电视。人们都称赞这个居住区是美丽、舒适的"世外桃源"。可是，这"世外桃源"的执政者，都是属"抠"的。近几年这个厂各部门的办公室"现代化"起来，电话多了，复印机、打字机、录放机、照相机也出现了；

有的人便摆起"阔"来。有个采油场一个月竟用去四吨纸，有的人私自把录放机、照相机带回去用。油厂领导人认为这样发展下去，会助长奢侈之风，断然减少了电话机，把复印机、打字机、录放机、照相机集中管理，为全厂各办公室计价服务，五机的开支一下子减少了一半。

一点一滴地节约产生了惊人的效果：在油田工作量、用电量大幅度增加，而综合能源消耗却逐年下降。

1960—1987 年 28 年间，大庆累计生产原油 9.03 亿吨，上缴财政 800 多亿元，相当于国家给大庆投资的 21 倍。

金色的秋天，是收获的季节，也是展望未来的季节。大庆人在成绩面前是不会歇脚的。他们正为进一步延长稳产期作更艰苦的努力。大庆人认为，在未来的征途上虽然会遇到严冬的威胁，但它毕竟是短暂的。一个灿烂的更富于生气的春天必然会到来。

1988-10-26

中国石油工业东下渤海滩西取塔里木

本报讯 中国石油开发已选定两大接替地区；东部的渤海湾海滩及其浅海地区、西部的塔里木盆地。加上其他地区陆续发现的石油储量，20世纪后十年中国石油工业将出现新的腾飞。

中国石油天然气总公司总经理王涛披露，"七五"前三年（即一九八六至一九八八年）同"六五"期间相比，中国新探明的石油地质储量平均每年增长百分之二点二，原油产量增长百分之六点六；新探明天然气地质储量平均增长百分之四十五点五，天然气生产改变了前几年停滞不前的状况。

王涛原任石油部长，对中国石油业的发展历史和现状较为熟悉。他说，中国油气勘探工作正处在一个新的储量增长高峰期的前夜。近年在大庆、胜利、辽河、大港、中原、华北、四川等老油气区内及其四周发现了十多个较大的油气富集区带，在准噶尔盆地、内蒙古、陕甘宁、吉林、广西等新探区发现了一批含油气面积大、近期即可开采的地带。

王涛说，根据预测，渤海湾一带石油储量达三十亿吨，虽然地质情况比较复杂，但由于我们已掌握了国际常用的先进技术，因此在勘探、开发上是有把握的。塔里木盆地面积达五十六万平方公里，具备形成大型和特大型油气田的良好地质条件。现已探明，这里的生油层最厚达一万多米，预测石油蕴藏量占全国预测量的六分之一，天然气蕴藏量则占近四分之一。目前除在盆地北部和南部找到两个油田外，还在十多个构造上发现了高产油气流和多套油气层。

1988-11-12《人民日报》

国务院将统筹规划塔里木盆地油气开发

新华社北京 1 月 17 日电　（中央人民广播电台记者蔡小林、新华社记者赵明亮）国务委员邹家华今天在北京透露，国务院最近已决定成立一个由国家计委、能源部、中国石油天然气总公司、地质部和铁道部等有关部门负责人参加的协调领导小组，对新疆塔里木盆地的油气勘探开发工作进行统筹规划，以期短期内在这一地区找到较大型油气田。

塔里木盆地是我国面积最大的沉积盆地，最近在这里打出了高产油气井。邹家华认为这是一个令人振奋的消息，它对增加我国油气后备储量，加快石油工业发展，缓解目前国内油气供需紧张的矛盾，将发挥重要作用。

据了解，中国石油天然气总公司已着手从全国抽调力量，采用新的工艺技术和新的管理体制，在塔里木盆地开展一场高水平、高效益的石油勘探开发会战，争取两年内投资 15 亿元，打 50 多口探井，探明相当规模的储量，在 1992 年以前建成一定规模的油气生产能力。

有关人士认为，塔里木盆地将成为我国石油工业的重要战略接替区，去年在这个盆地的轮南 2 井发现了厚度为 155 米的油水层，并获得了日产原油 734 立方米、天然气 11 万立方米的高产油气流，进一步展现了这一地区良好的开发前景。

1989-01-18

科技进步与国际合作促进了中国油气勘查

新华社北京二月二十四日电 （记者陈新）一位中国高级官员今天说，中国通过科技攻关和开展一系列国际合作，在石油、天然气地质勘查方面取得了一批重要成果，为缓和能源日趋紧张的局面展现了良好前景。

地质矿产部副部长夏国治在今天开始的地矿部石油天然气地质工作会议上说，近年来在石油地质工程方面共完成了一百二十六个科研项目。其中，煤成气地质研究、东海地质构造与资源研究、塔里木盆地远景评价研究、全国油气资源评价与勘探部署研究等项目不仅丰富了石油地质理论，而且具有很大实用价值。

他说，引进国外先进技术装备和开展国际合作促进了中国油气勘探工作。据不完全统计，六年来，中国共引进油气勘查设备五百九十多台（套），投资近七千万美元，提高了技术装备的现代化程度。

与此同时，中日鄂尔多斯油气勘探合作项目、中美合作钻探四川西北的川合 100 井、联合国与中国"贵州碳酸盐岩沉积地区油气地球物理勘探"合作项目等也取得了较好成果。

但是夏国治指出，目前中国油气产量的比例仍然不协调，在天然气勘查工作方面需要加强。他说，中国气与油按热值计算的产量比例要比苏联、美国约低十倍。

据估计，中国石油资源总量为六百一十四至七百八十七亿吨，天然气二十六至三十三万亿立方米。而在过去四十年里，中国已探明的油气储量仅占资源总量的百分之十六和百分之二点六。

1989-02-25

塔克拉玛干沙漠里可亲可爱的"老外"比尔

新华社记者 申尊敬

"比尔先生是一位对中国很友好的'老外'。"塔克拉玛干大沙漠里的中国石油工人都这样称赞他。

比尔来自美国,是参加"塔中一井"钻探的泥浆专家。他50多岁就满头银发,红红的脸上却洋溢着热情和活力。

比尔先生在"塔中一井"工作的头一个月,正是北京等地出现动乱的时候。但这并没有改变他对中国的良好印象。他说:"不管怎样,中国正在走上坡路,未来是美好的。"

无论大漠的风沙怎样凶狂,比尔总是一丝不苟地坚持在井场工作,有时还亲自指挥工人配制泥浆。他希望工人们能在"死亡之海"里发现大油田。他常说:"这里水面很浅,很有希望出油。"

比尔是第一次来中国,他会说的汉语加起来也不到50个字。可是,这没有成为他与中国石油工人建立友谊的障碍。晚饭后,比尔很少和其他外国专家同欢共乐,而是笑眯眯地到石油工人宿舍里聊天。他说:"我不喜欢这里的风沙和天气,但我喜欢这里的人"。比尔很快和新疆石油局905录井小队的六个年轻人交上了朋友。这六名年轻的技术人员都懂英语,比尔拜他们为自己的汉语老师。

5月25日,是905录井小队柯洪涛的生日。入夜,简单的生日酒会开始不久,比尔闻讯前来道贺。酒会上,比尔先生拉着小柯的手真诚地说道:"祝你长寿!"接着,比尔带头唱起了人们熟悉的英文歌曲《祝你生日快乐》,年轻的石油工人则用汉语唱,两种语言汇成一支和谐热烈的友谊曲,把沙漠里的生日酒会推向高潮。比尔动情地说,这是我在中国度过的最美好的一个夜晚。

1989-07-11

大庆原油产量增长五十倍

新华社哈尔滨七月二十五日电 （记者周佩琪）今年九月是大庆油田开发三十年，这期间，原油产量增长五十多倍，这一事实突出表明中国自力更生发展工业政策的成功。

一九六零年发现的大庆油田，年产原油仅九十七万吨，一九七六年原油产量登上五千万吨，之后稳产十三年，并跃入世界特大高产油田之列。

但是，大庆油田并不满足。石油地质专家、五十七岁的大庆石油管理局局长说：大庆原油产量（年产五千万吨）将继续稳产至一九九五年之后。

他说，三十年来，大庆油田产量一直呈逐年稳步上升趋势，其主要原因是靠两条：一是油田储量，二是开发技术。

据勘查，大庆油田有数十亿吨的储量。

近几年，已发现十六个油气富集的中小油田。这些中小油田如众星捧月分布在大庆老油田周围，成为油田延长寿命的后备力量。

王志武自豪地说，美国等国一些石油专家来过大庆后，赞赏大庆开发水平高，是中国自力更生的榜样。他说，大庆是中国奋发的一大动力。

到今年上半年，大庆累计生产原油九亿多吨，占中国原油总产量的百分之四十以上。油田年上缴利税三十亿元人民币，相当于同期国家投资的二十六倍。

大庆油田位于中国东北黑龙江省松嫩平原中部，原为一片大草原，松花江流经油田的最南端。一九五九年九月二十六日，中国石油地质钻探人员在松辽盆地第三号探井发现石油，从此，大庆这个名字才在新闻中出现。翌年六月一日，第一列原油从大庆运出。一九六三年，已故总理周恩来向世界宣告中国石油基本自给。

1989-07-26

石油，黑色金子的生成与开采

——大庆油田"地宫"巡礼

新华社哈尔滨七月三十一日电　（记者周佩琪）今年九月二十六日，是大庆油田发现三十周年纪念日。

日前，记者在大庆油田采访时，参观了著名的大庆"地宫"。参观"地宫"可以使人们形象地了解大庆的石油是如何生成和开采的，并看到大庆及中国石油事业的发展变化及未来的前景。

"地宫"位于大庆油田西部，是一个设在地下的大庆油田开发科学实验陈列馆。

置身于这座地下"宫殿"，有如来到一千多米深的地下遨游，目睹了距今六千万年到一亿三千万年的大自然景观。

人们站在"生油模型"旁边，只见在电动控制下，林立的钻塔、星罗棋布的油井和楼房以及广袤的平原，一瞬间，随之出现的是一亿多年前的情景：蓝天，烈日下是一个四周环山的大湖泊。飞龙（学名翼龙）在空中展翅飞旋，庞大的恐龙在地面寻觅。湖边植物丛生，湖里生存着鱼、螺、蚌等各类水生生物，尤以介形虫、叶肢介和其他低等浮游生物繁殖最多，而浮游生物含有丰富的生成石油的脂肪和蛋白质。

石油究竟是怎样生成的呢？讲解人员说，经过千万年的风吹、雨淋、日晒，原来湖泊四周高山上的岩石被风化剥蚀成大量泥沙后，又被雨水、河水带到湖盆里沉积下来，同时，大量的介形虫等浮游生物被掩埋在湖泊之中。接着，先是地壳下降，使湖盆里的沉积物越积越厚，之后地壳上升，湖泊便成了陆地。经过漫长的时期，在地层压力和地下温度及其他因素的作用下，大量生物尸体发生了极其复杂的变化而成了微小的石油滴。在生油层上面是储油层，石油储存在砂岩的孔隙之中。储油层上面的盖层因无渗透性而起封闭作用，使石油不会跑掉。一般来说，有了生油层、储油层和盖层，加上适合石油聚集的其他条件、就构成了油田。

"地宫"里的照片记录了大庆油田发展历程。在一九五九年九月二十六日南部探区第三号探井喷出了强大油流以后的十五年间，大庆油田的原油生气平均每年以百分之二十八的速度增长。一九七六年，年产油量达到了五千万吨，至今已稳产十三年。到今年六月底，累计生产原油九亿吨，上缴国家财政七百多亿元人民币，相当于同期国家投资的二十六倍。

大庆油田为什么取得了很好的开发成果？

"地宫"告诉人们：大庆油田由于坚持了对油层实行早期内部注水和分层开采的油田开发方针，使油层因不断采油消耗的能量得到了补充。

人们只要看一下"地宫"里的油井剖面图，就可以对大庆油田的石油开采过程有更多的了解。原来，一口油井里有两根粗细不同的无缝钢管，一根是五寸半的套管，用水泥把它凝固在井壁之间，然后对准油层部位用高能火药射开一个孔眼。另一根钢管粗二寸半，它被放进套管中以后与井口的采油装置相连。石油靠着地层的压力，通过孔眼流到井底，再由油管喷出地面，随着开采时间的延长，油井喷出的除原油外，还有天然气和水。为了保持油层的能量，使原油持续上喷，需要往地层中注水，因此大庆油田除有大批油井外，还有大量的注水井。

"地宫"里的油田勘探开发资料表明，大庆油田由于近年又在周围地区探明了一批中小油田，使油田生产有了可观的后备储量，该油田年稳产五千万吨可以持续到一九九五年以后。

1989-08-01

国务院电贺大庆油田诞生30年

本报讯 国务院25日电贺大庆油田诞生30周年，全文如下：

中国石油天然气总公司、黑龙江省人民政府并转大庆石油管理局：

今年9月26日是大庆油田诞生30周年。30年来，大庆油田累计为国家生产原油10亿吨，累计上缴国家财政770多亿元，为国民经济做出了重要贡献。国务院特向大庆油田的干部、工程技术人员、工人和家属同志们，表示热烈地祝贺和亲切地慰问！

大庆油田的发现和开发建设，为我国进入世界主要产油国家行列做出了决定性的贡献，是我国社会主义建设事业的一项巨大成就，是独立自主、自力更生、艰苦奋斗建设社会主义方针的重大胜利。它说明在中国共产党领导下，我国工人阶级有志气，有能力，用自己的智慧和双手，勘探、开发和建设特大型油田。这是我国社会主义制度无比优越的生动例证。

30年来，大庆油田以马克思列宁主义、毛泽东思想为指针，继承和发扬我们党和人民解放军的优良传统，在社会主义工业建设的实践中，形成了以高度的爱国主义、艰苦创业和求实、献身精神为主要特征的大庆精神，以及加强党的领导，加强思想政治工作，推进科技进步，实行科学管理，充分发扬民主，全心全意依靠工人阶级，办好社会主义企业的成功经验。大庆精神和大庆经验，过去曾激励我国工业战线职工奋发前进，今后仍将继续发挥榜样和鼓舞作用。

国务院认为，大庆精神和大庆经验是我们的宝贵精神财富，需要进一步继承和发扬。希望大庆油田的同志们，在党的十三届四中全会精神指引下，进一步坚持以经济建设为中心，坚持四项基本原则，坚持改革开放的基本路线，认真总结经验，发扬优良传统，克服前进道路上的一切困难，不断攀登新的高峰，继续为国家做出新的贡献。

1989-09-28 《人民日报》

大庆隆重集会　庆祝大庆油田发现三十周年

新华社大庆 9 月 27 日电　（记者张超文、蒋耀波）今天，石油城大庆一片欢腾。在三十声响彻云霄的礼炮声中，5000 多名石油职工在矗立着铁人王进喜雕像的大庆体育馆里隆重集会，庆祝大庆油田发现 30 周年。

30 年前，松辽盆地的第一口油井松基三井喜喷油流，我国最大的石油基地——大庆油田诞生。

中国石油天然气总公司的负责同志在庆祝大会上宣读了国务院给大庆发来的贺电。贺电称赞：三十年来，大庆油田累计为国家生产原油 10 亿吨，累计上缴国家财政 770 多亿元，为国民经济做出了重要贡献。

中国石油天然气总公司总经理王涛在庆祝大会上，充分肯定了大庆油田在 30 年开发建设中取得的巨大成就，赞扬大庆继承、发扬了党和人民军队的优良传统，形成了以爱国主义、艰苦创业和求实、献身精神为主要特征的大庆精神。王涛提出今后要在石油战线进一步开展学习大庆经验，发扬大庆精神。

庆祝大会上，大庆石油管理局表彰了 100 个红旗先进单位和 60 名劳动模范标兵。

中共黑龙江省委书记孙维本在大会上称赞大庆创造了世界大油田稳产高产的奇迹，并认为大庆是黑龙江省经济发展的新希望。

大庆石油会战的总指挥、中顾委常委康世恩说，大庆油田的建设，得到了毛泽东、周恩来、刘少奇、朱德、邓小平、陈云、李先念等老一辈无产阶级革命家的亲切关怀和指导。成绩是全体工人干部艰苦奋斗取得的。他希望大庆永不骄傲，永不停步，沿着自己走出来的道路，坚定不移地走下去。

能源部、全国总工会、共青团中央、全国妇联、中共黑龙江省委等单位给大会发来了贺电和贺信。

1989-09-28

来自塔里木油田的报告

新华社记者樊英利　卜云彤

30 年前，松辽平原北部的松基三井喷出高产油气流，宣告了大庆油田的诞生。30 年后的 1989 年 10 月 31 日，塔里木盆地沙漠腹地的塔中一井喷出日产 576 立方的高产原油，给人们找到又一特大型油田带来了希望。

我国石油工作者在塔里木寻找大油田已有 30 多个年头了。1958 年 10 月，我国石油工作者在塔里木盆地北部的库车发现了依奇克里克油田，原油最高年产量曾达到 8.6 万吨。1977 年 5 月，又在盆地西南昆仑山北麓的叶城，发现了柯克亚高产油气田。这些小油田的发现，远远不是我国石油工作者期望的全部。

1983 年，改革开放使中外合作在塔里木找油成为可能。中国石油天然气总公司与美国地球物理技术服务公司合作组建的 3 个沙漠勘探队，开进了号称"死亡之海"的塔克拉玛干大沙漠。吸收、进取，6 年多的实践，我国的勘探人员已能在大沙漠中独立工作了。

改革带来了高效。1986 年 3 月，塔里木被定为陆地石油勘探开发体制改革的试验区：改变传统的"人海战术"，不铺摊子，不养队伍；采用了甲乙方合同制的招标竞争办法，用 100 多个合同把全国石油行业 7 个局（院）的大小 38 个单位组织到塔里木进行生产作业。以往其他油田开发初期的生活建设费用，一般要占总投资的百分之十二至百分之十五，按照目前石油天然气总公司在塔里木万名会战职工的规模，就需要建设 80 万平方米的生活设施，再加上配套项目，没有 3 个亿下不来。另外还有家属工作、子女上学、就业、生活供应保障等等，在生存面积狭小的南疆绿洲，一个刚开始起步的新油区是不堪负担的。他们不上拉家带口的设施，一切因陋就简。整个 56 万平方公里的塔里木油区，指挥部也只有 200 多人。

六十年代，王进喜和中国第一代石油工人住在地窝子、吃着窝窝头，拿下了大庆油田。今天，塔里木石油工人的生活条件是，喝着崂山矿泉水，住着号称"沙漠宾馆"的密封式组合营房。尽管条件变了，但艰苦奋斗、奋发图强仍然是新一代石油工人的精神支柱。他们顶着一年 40—50 天对面看不见人的黑色沙暴，冒着夏季 70 摄氏度的沙漠地表高温，忍耐着看不到绿色、见不着女性、听不到狗叫的寂寞，在偏僻的沙漠深处默默苦战，苦苦坚持。去年 7 月，沙漠运输公司生产办主任、38 岁的王效山，为了赶在洪水到来之前把塔中一井的装备运过塔里木河，步行在茫茫沙海里为推土机引路，热沙烫掉了他两个脚指甲。物探局三处 1831 队副队长王英豪，毕业于江汉石油学院，是队上的技术能手。早在当操作员时，美国公司就想高薪聘用他。由于在沙漠里长期劳累，先后得了肝炎、胃病、心脏病。他毅然放弃调出沙漠队的机会，直到把生命献给了大漠。

奋进、苦斗，这是塔里木石油工作者最动人、最闪光的精神。1984 年 9 月 22 日，地矿部在塔北沙参二井奥陶系打出高产油气井，报出了第一声春天的讯息。1987 年 9 月和 1988 年 11 月，总公司在塔北轮南 1 井、轮南 2 井先后发现高产油气流，终于导致今年 4 月 10 日在库尔勒成立塔里木石油勘探开发指挥部。石油大会战正式揭幕了！近日我国最大含油构造塔中 1 井的喜讯又把塔里木找油前景拓展得更大、更广阔。一个久远的梦想终于接近实现了。

随着我国东部油田的开发逐渐进入中后期，人们把找油的目光投向了塔里木。塔里木不知熬白了多少人的头发，耗尽了多少人的心血，也不知多少人把青春、生命留在了这片荒凉的戈壁、沙漠之中。有个主任地质师叫鲁晶，50 年代末从北京石油学院毕业后就来到塔里木找油。前几年他去世前，请求领导把他埋在依奇克里克的山上，面对着塔克拉玛干大沙漠。他说："我生前没能找到大油田，死了也要等着看到这一天的到来。"

塔里木指挥部副指挥邱中健是大庆会战时期的综合研究队长。最近，他在库尔勒基地充满深情地对记者说，从 1959 年 9 月 26 日松基三井出油，到 1963 年周恩来总理在人大会议上庄严宣布中国人用洋油的日子一去不复返了，这过程用去 4 年的时间。相信塔里木终将会有类似的那么一天，我国石油工作者几十年的期望一定会成为现实。

1989-11-11

"死亡之海"除夕夜

新华社记者 申尊敬

万家同乐的除夕夜,时针正指零点。22名石油勘探队员在与时隔绝的"死亡之海"

——新疆塔克拉玛干大沙漠中心同时点燃 82 卦鞭炮,满面喜色地送别旧岁迎来新春。

中国石油天然气总公司石油物探局第三地质调查处 1830 队的 350 多名勘探健儿,今天是他们在沙漠里度过的第 7 个除夕夜。他们的亲人在千万里之外。

满天繁星下,1830 队在一个小沙丘旁举行春节联欢晚会。年轻的副队长张利平站在小木桌前作报告:"同志们在 1989 年搞勘探干得很漂亮,欢度今宵,大家要玩得痛快!"熊熊篝火映照着一张张被大漠风沙吹打得黝黑枯瘦的笑脸。这些质朴的年轻人个个堪称刚强铁汉,几乎每个人都有一段战胜死神的传奇经历。自从 1983 年 5 月闯入"死亡之海"以来,他们以惊人的毅力,在荒凉可怖的塔克拉玛干沙漠腹地与恶风狂沙无数次激战苦斗,完成了 6500 多公里长的地震测线,两次获得石油部授予的同工种社会主义劳动竞赛金牌。

在近 7 年间,1830 队和另外两支沙漠勘探队,在 33 万平方公里的塔克拉玛干纵横驰骋,完成了 160 多条地震测线,总长度达 19200 多公里,实现了史无前例的沙漠万里长征,揭开了塔克拉玛干大沙漠的地质之谜,发现了一批大型和巨型含油构造。

欢乐的人群中,有八名精壮的小伙子。他们昨天下午才从 80 多公里之外的新营地赶到这地。在缺水缺电的荒沙野丘间,他们经常在滴水成冰的寒夜里围着篝火暖着身。直熬到天色微明时,才钻进冰冷的被窝里。为了使施工车辆少受磨损，入冬以来，在远离营地的工地上，1830 队的队员们有 40 多个夜晚睡在零下二三十度的沙丘上，蓝天当房，冻沙当床，夜夜当"团长"。

一辆营房车中，走出来满头银发的老寿星柳其林，他也来观看沙漠晚会的盛况。为外国专家做饭的柳师傅已是古稀之人，来到茫茫黄沙的塔克拉玛干已经 6 年多了，老人春节期间从未与老伴和儿孙共享天伦之乐。他把自己的晚年献给了壮丽的塔克拉玛干的石油勘探开发事业。

深夜一点多钟，余兴未尽的勘探队员们陆续回营房车休稀。前些日子，一部分营房车搬到新营地去了，今晚大家只好两人同睡一张床，还得有人在营房车里席地而卧。大年初二，他们又要奔赴新的勘探工地，去采集地质资料。

1990-01-29

玉门不老

新华社记者　曹永安

相隔10年，记者重访我国第一个石油基地玉门。玉门油田曾在新中国石油工业的发展史上起过"大学校、大试验田、大研究所；出产品、出经验、出技术、出人才"的摇篮作用。"凡有石油处，皆有玉门人"，全国有多少人思念着玉门！当年以艰苦奋斗而享誉全国的"玉门精神"，在新的历史时期又焕发出什么样的光彩呢？

又见戈壁芨芨草

关内的阳春4月，春色已深了。出了嘉峪关，春的脚步显得迟缓。玉门的树木尚未返青，只有去秋的芨芨草一篷一篷地在戈壁滩上摇曳着身影。10年前的秋天，记者曾在玉门油田石油沟矿听到过新老工人的一段对话。新工人说："都啥时代了？还要用芨芨草绑扫把，你不想想，如今咱们国家卫星上了天，爆炸了氢弹哩！"老工人说："你啥都知道，就是不知道芨芨草绑扫把是咱油矿的传家宝！卫星上了天也不能丢掉艰苦奋斗，你给我一块绑！"

今天又见芨芨草，又见玉门人。石油沟年轻的矿长李国诚说："中国的国情需要艰苦奋斗，石油沟矿的历史就是一部艰苦创业、艰苦守业的历史，丢掉这个根本，我们难以在戈壁滩扎根啊！"

一如当年，这个油矿每一批新工人进来，首先进行的就是石油工人艰苦创业的传统教育，芨芨草绑扫把是不可缺少的一课。芨芨草扫把本身的经济价值的确微不足道，10个春秋不过节约万余元。但是它赋予人心灵的这种精神却千金难买，在生产建设中发扬出来就是一股不可战胜的力量。

矿上1966年进的一台修井机，到八十年代初滚筒、离合器、传动箱、大牙轮都磨损严重，该报废了。修井队的李宗祥硬是跑遍几十个废料堆，重新修复了这台修井机，让它一直运转到今天。去年他们仅花 900 多元买回一台制砖机，用煤碴做保温砖、瓦，用于 20 具大罐和 5000 多米管线的保温，完成了油矿的热水循环改造工程，节约投资 6 万元。类似这样的精打细算、修旧利废每年都在 2000 件以上，创造的增收节支效益在百万元左右。

石油沟油矿艰苦奋斗是整个玉门油田的缩影。同芨芨草扫把并列的传家宝"节约袋""节约箱"，仍然背在玉门石油工人的肩上，放在各自的岗位上。在一个工程队，记者看到一厘米长的焊条尾子被工人拣回了节约箱，数千米长的管道竟是由若干节不足 1 米长的管道焊接出来的。

同当年相比，玉门艰苦奋斗的内涵更深了，他们已经不满足于"穷捣鼓"，而是把艰苦奋斗的精神逐步引向了攀登国内外科学技术高峰的领域：老君庙油矿的爆胀修套工艺获全国石油新技术银牌奖；玉门油田还为我国油田的后期注水开发，以及油田的现代化管理总结出了一套完整的经验。从 1960 年至 1979 年，玉门原油产量稳定在 60 万吨左右。从 1980 年至今，年产量仍稳定在 50 万吨。对于一个开发了 50 年的老油田，能够如此长时间的实现稳产，这是中外采油史上的奇迹。

信念的力量

有人说玉门人的艰苦奋斗是"苦惯了"，"穷惯了"。老君庙油矿副矿长宋静石说："玉门人并不喜欢'穷光荣'，我们现在所吃的一切苦，都是为着祖国美好的明天，这是信念的力量。"

1987 年，在油田干了一辈子的马武林退休了。退休前夕，他被吸收为中共预备党员。退休那天，马老头一夜睡不踏实。老伴和孩子都劝他"把心放得展展的"，享几天清福。可他寻思："工龄我算是到头了，党龄可才开始啊！"第二天他又起了个大早，直奔矿上。

从此，马老头是"一把铁锨一双手，哪里有油哪里走"。他象是一只忙着采集花粉的蜜蜂，把散漏在油田各处的原油点点滴滴地舀起来。无论晴阴雨雪风，从不间断。

在马武林收集原油的油池边，倒腾原油的"油贩子"开着手扶拖拉机来了："每吨300元，卖吧！"马武林笑笑："我说买油的，刀不磨要生锈，人不学习要落后，社会主义上坡路。"噎得"油贩子"半天回不过神。

两年多时间，马武林共收集原油6000多吨，每天的收集量超过了玉门油田单井的日产量。马武林被誉为"祁连山下一口井"，油田为他立特等功一次。

石油部树立的"标杆岗位"603采油岗位，工人换了14茬，岗位长换了12茬，25年红旗不倒。这次记者重访这个岗位时，又见当年磨得卷边的《毛泽东选集》《马克思恩格斯选集》、小推车、工具袋、收油桶和管井牌"5件宝"。这个岗位年年超产，年年无事故，年年设备完好率百分之百。年轻的岗位长唐荣说："我们接过岗位也接过一个信念：脚踏实地干下去，我们的未来是美好的。"

在玉门，有多少个老当益壮的马武林，有多少个扛起了红旗的唐荣啊！老工人牛向林退休时对孩子们说："我可是一辈子没给石油工人抹黑，现在看你们的。"如今他在油田工作的3个孩子个个是劳动模范和先进工作者，号称"牛家将"。

信念，本是无形的，在玉门却象个接力棒，一代传一代，凝聚着无穷的力量。

迷人的传说与现实

从玉门油田走出的国家副部长级以上的领导干部有10多位。他们人走了，他们的榜样及迷人的故事，却至今在玉门流传着。

这是艰苦岁月的事：一天，玉门一家商店卖伊拉克蜜枣，前去买枣的人排成了一串。商店规定每人限购一公斤蜜枣，外搭两瓶汽水。当卖到一位身穿洗得发白军装的老头时，老头执意只要蜜枣不要汽水。售货员说："你不要汽水就别买枣，这是上级规定。"老头一听"上级规定"火了："派人去叫市领导，让他跑步来这里。"市领导真的跑步赶到商店，一见是石油部部长在排队买枣。部长说："大家在为石油会战吃苦，你却要非让人搭两瓶汽水，什么意思？从现在开始，只准卖枣不准搭汽水！"说完，部长扬长而去，那只没有胳膊的空袖管在风中摆动着。

正是这位部长，他一到玉门，总是东家走，西家串。当他看到一个两口子都是知识分子的家庭，把一月的粮食定量分别装入30个旧报纸糊成的纸袋，妻子还要把自己的定量匀一些给丈夫时，他流泪了。他对油田领导说："我们有多么好的一支队伍，他们忍饥负重啊！咱们得设法开荒改善大家的生活。"于是，玉门油田有了至今依然兴旺的戈壁庄、花海农场。

他，就是当年的石油部长余秋里。

现任中共中央组织部副部长的赵宗鼐，在玉门工作过30年。有次办公室的同志给他几张电影票，全是好座位。他对送票的同志说："为什么领导就该坐在好位子上？把我换到边上，好位子让给生产一线的工人。"……

在过去的10年中，特别是当商品经济的大潮冲击时，玉门油田的各级领导干部没有一个"滑坡"的。他们用自己的行动续写着干群、党群关系的新篇章。

油田职工王文平1980年因病去世，不久他妻子也病故，留下年仅14岁、10岁、6岁3个孩子。当3个孤儿无依无靠时，矿领导以及工、青、妇的负责人纷纷登门。经济救济自不必说，孩子的父爱、母爱谁给？党给。油田职工给。书记领着他们去学校报名读书，矿长、队长以家长身份去开家长会，逢年过节大妈大婶去拆洗被褥，炸油果子、包饺子。如今3个孩子中老大已电大毕业，老二老三也分别上了大学和中专。

什么是"党的形象"？玉门人说"党的形象"就是各级党组织和党员的先锋模范作用。油田机关的两栋办公楼又小又破，里面连厕所都没有。有一栋地基下沉严重，大家几次动议想修办公楼，可油田领导几次拍板把钱用到了生产上，用到了改善职工生活上。玉门油田每年评选的先进模范人物，百分之七十是党员。1989年，老君庙群众民主评议党员，全矿672名党员，没有一个不合格的。

从1939年3月起，由我国著名地质学家孙建初在玉门打下第一口油井迄今，玉门油田已开采半个世纪了。作为油田，它的原油储量是有限的；但是，在党培养的玉门石油工人心田里，蕴藏着的建设富强祖国的奋斗精神永不会枯竭。

1990-04-27

第四篇

面向世界走向现代化

我国石油科研开始走向世界

新华社北京 2 月 7 日电 （通讯员吴纯忠）我国石油科研已迈步走向世界。首批担负对外科研服务的石油勘探开发科学研究院等单位，在对苏联、委内瑞拉的 6 个合作项目中，均受到对方好评。

党的十一届三中全会以来，我国石油科研广泛开展与国际合作，对我国石油科技发展起到了积极的推动作用。随着改革开放的深入，我国石油科研水平迅速提高，许多领域已在国际上处于领先地位。"七五"期间，石油科学院首先和大庆、华北两油田承担了对委内瑞拉的两项科研任务，揭开了石油科研走向世界的第一页。从 1988 年起，他们又和华北、四川、大庆等油田一起，与苏联进行了 4 个石油及天然气的勘探开发合作项目。在合作中，我方选派精兵强将，指定专人负责，针对不同项目特点，采取不同形式的管理办法，并充分发挥我方优势，使每个项目均获得较好效果。在为委内瑞拉油田编制调整注水方案和油田开发咨询中，由于我方各单位通力合作，采用开发、地质、岩石物理、油藏工程、测井、数值模拟等多学科协同研究取得十分圆满的成果。委方专家赞扬说："中国的咨询获得出乎意料的满意，中国专家编制的注水调整方案是具有国际水平的。"

在与苏联合作的 4 个项目中，由于石油科学院组织了高水平的力量，每个同志都过细地工作，充分展示了我国在地震资料解释、测井解释、凝析气田开发方案编制、油藏数值模拟等研究方面的优势以及地质和开发化验分析手段上的优势，使合作项目均获满意效果。苏方对中方同志的业务水平，工作态度和管理水平大加赞赏，认为"中国石油工业的发展是惊人的，专业人员的水平是一流的。"

1991-02-08

中国石油工业面临挑战的十年

新华社北京二月二十五日电　（记者黄晓南）中国石油工业最近把"大力加强油气勘探，提高油气田开发水平"，列在今后十年奋斗目标的首位，以求保持中国原油生产持续稳定增长。为此，中国计划在"八五"期间向石油工业投入一千七百亿元的建设资金，主要用于稳定和发展以东部为重点的老油区的生产和加快西部地区的勘探和开发工作。

石油工业计划在"八五"计划期间，把原油产量从目前的一亿三千八百万吨提高到一亿四千五百万吨，到 20 世纪末达到一亿七千万吨。

有关专家认为，在目前东部老油田产量递减明显加大的情况下，如果不能在新开辟的西部石油勘探地区有重大的发现，将难以保持原油生产稳定增长的后劲。

目前，东部地区原油产量占全国的百分之九十以上，已探明的石油储量占全国的百分之八十以上。但这批以东北大庆油田为代表的老油田都已开采了三十年左右，其产量逐年递减。

从一九八六年至一九九零年的国家第七个五年计划期间，全国原油新增生产能力七千八百万吨，比原计划多增加了一千八百万吨，但由于东部油田综合递减速度加快，实际用于新增原油产量的能力难以达到原计划的要求。

中国虽然在新疆塔里木盆地等西部地区相继有新的发现，但这些地区的勘探难度大、费用高。

据有关部门统计，中国对石油的需求量每年以六百万吨的速度增长。为了缓和国内油品供应紧张的状况，中国一方面减少了出口，同时从一九八六年开始进口原油。

由于近几年原油进口量不断增加，专家们担心，长此以往，要不了几年，进口原油量将会接近、甚至超过出口量。

由此可见，中国石油工业在未来的十年中，不仅要不断地以足够的新增原油生产能力来弥补老油田递减的产量，而且还要使原油产量每年都有所增加。

处于目前境况中的石油工业要完成今后十年的计划必须竭尽全力。因为提高一吨的实际增长产量就必须要有两倍以上的新增生产能力来抵消递减量。

许多专家对中国石油工业前景持乐观态度。中国石油天然气总公司总经理王涛说，他对全面和超额完成这一计划充满信心。

他认为，运用世界先进的油田开采技术仍能使东部老油田的产量回升，并有新的增长，而且在塔里木、吐鲁番—哈密盆地等西部地区石油勘探所取得的突破性成果已展现了良好的前景，经过继续努力，有可能发现一些新的高产油气田，找到相当规模的油气储量。

1991-02-26

春到轮南

——塔里木油田见闻

新华社记者　樊英利

作为塔里木盆地油气勘探开发的前奏的轮南地区石油开发，随着新年产出的一列车原油首次东运到玉门炼油厂加工，愈来愈受到人们的广泛关注。

轮南地区处在塔里木盆地北部。两三年前，中国石油天然气总公司布设在这一地区的两口探井分别获得高产油流，成为塔里木石油勘探的一个里程碑。当记者来到这里时，强烈地感受到一个真正的油田正崛起在戈壁荒漠之中。

早春的轮南，天气乍暖还寒，但却到处涌动着劳动的热潮，给人留下难忘的印象。在轮南二井小区的四周，布设着十多口钻机，高大的井架上悬挂着醒目的招牌，上面分别标有"大庆"、"胜利"、"四川"等字样，似乎在提醒人们来自全国各大油田的工人正在开展一场激烈竞赛。

在一个原油临时集运站前，等待装油外运的罐车排成长龙，工作人员告诉记者，这里平均每天有近 100 辆汽车装油外运，今年计划运出 40 万吨。

轮南探区分布范围很广，而轮南二井小区作为中心设有前线指挥部。在昔日荒寂的戈壁滩上，如今已建起一座能容纳数百人的招待所和餐厅，一座电视差转台每天准时播放中央电视台的节目。交通管理和公安部门也在这里设立了机构。在一个停车场上，整齐地排列着几十辆特种车，它们随时可以前往井队提供服务。不远处，几座硕大的储油罐闪着银白色的光漫。

轮南前线指挥部负责人告诉记者说："目前在这一地区集中了 20 多个钻井队，分别来自大庆、胜利、华北和四川等油田。这里已有 12 口井在进行试采。同时，还将建起一个采油厂，调集一个深井试采队和特种车队，建起了一个集油站……"

1991-03-19

心系钻井队

新华社北京 6 月 3 日消息 （《中国石油报》记者杨小豹）在胜利油田，一个曾经远近闻名的落后钻井队，如今一跃成为全国石油系统的标杆队。提起这个变化，人们都夸赞优秀共产党员、模范钻井队长梁志国。 1986 年 4 月，23 岁的梁志国受任挑起了胜利油田 4532 钻井队队长的担子，可是接到手里的除一枚公章外，还有一张 900 元的欠帐单：这个队组建两年来仅钻了 4 口井，且 4 口井事故频生，职工工资、奖金月月被扣，最后只剩下生活费。

上任后，梁志国做的第一件事就是把自己的宿舍搬到了井场。一次，严重感冒使他高烧不退，为了保证井上的正常生产，他硬是从床上爬起来，冒雨同工人一起滚钻杆。工人们见他病痛难忍，劝他回去，他却说："我的病比起井队生产，算不了什么……"在场的工人无不被他这种忘我的精神所感动，大家谁也不知苦和累。他上任后的第二个月，这个队的生产便创下了建队以来最好成绩，破天荒地从公司领回了 1000 多元奖金。

他曾经 5 次推迟婚期，熟悉他的人最清楚，他曾发过誓，4532 队不夺得全国石油基层队最高荣誉——石油系统同工种劳动竞赛奖牌，他就决不结婚。今年初，在婚后第二天他就返回了井队，爱人说他不懂人情。他的心全放在了井队上。他年过六旬的父亲常年患病，母亲瘫痪在床，他却难以腾出时间去照顾。1987 年和 1988 年，为了使 4532 队打个翻身仗，他两年没有在家里呆过完整的一天。今年初，钻井公司领导考虑到他的家庭有实际困难，调他到公司机关工作，他对领导说，"我舍不得离开井队"，谢绝了组织的照顾。

在梁志国的率领下，4532 队已连续 3 年创造了 Ｚ Ｊ 45 型钻机打定向斜井的全国最好记录，他自己也连续 5 年被钻井总公司和胜利油田评为劳动模范和先进工作者。

1991－06－04

我国高科技领域取得一项重大突破

石油地质勘探油田开发大型数据处理系统研制成功

新华社北京 12 月 16 日电 （《中国科学报》记者刘茂胜 新华社记者杨兆波）我国高科技领域取得一项重大突破——继"银河"巨型计算机之后，我国科技人员又自力更生，独立完成 K J 8920 石油地质勘探油田开发大型数据处理系统，并于今天通过国家科委组织的技术鉴定。

参加鉴定的专家认为，K J 8920 大型石油数据处理系统的研制成功和投入使用，在我国尚属首次，它为我国大型石油地震数据处理和大型科学工程计算开拓了广阔前景。据专家介绍，这套系统由控制处理机、扩充存储器、输入输出通道、多种外围设备、冷却系统等部分构成。进行标量运算时，每秒执行 500 到 1000 万条指令；进行向量运算时，每秒可获得 2000 万个计算结果。这一系统的软件总程序量相当于 32 行汇编语句。由于采用了国内外最先进技术，这一系统运算速度快、存储结构合理、数据传输能力强、工作稳定可靠，其软件和硬件系统主要技术指标均达到国内先进水平。

这项重大科研成果是由中国科学院计算技术研究所和中国石油天然气总公司西北地质研究所、物探局研究所等 8 个单位 300 多位工程技术人员历时六年协作攻关完成的，从而为自力更生走发展中国自己的大型计算机系统的道路，逐步改变受限制引进、受监督使用国外大型数据处理系统作出重大贡献。

1991-12-17

新疆 10 多万石油工人春节期间战犹酣

新华社乌鲁木齐 2 月 8 日电 春节期间，新疆维吾尔自治区三大盆地、四大油田的 10 多万名各族石油工人，顶风雪、冒严寒，奋战在生产第一线，为猴年石油再上新台阶开了个好头。

在我国最大的盆地塔里木，45 台大型钻机和 6 个沙漠地震勘探队的机声和炮声，响彻大漠上空，运油运料车辆在探区公路上奔驰。来自大庆、四川、华北、中原等十几个油田的 1.5 万名石油工人，在紧张的劳动中度过猴年第一天。

在火焰山下的吐哈油田，油田总指挥谭文彬等，大年初一一大早，就来到采油队、钻井队、运输队、油建队和井下作业队，深入班组、岗位、宿舍、食堂，看望坚持生产、坚守岗位的 3000 多名一线工人，与他们共度新春，勉励大家在新一年里，为我国"石油战略的西移"多做贡献。

在准噶尔东部油田，从古尔班通古特大沙漠腹地传来振奋人心的喜报，奋战在彩南 3 井的 32841 钻井队，于大年三十胜利完井，为进一步扩大这一关键探区的含油面积和储量立下了功劳。

在克拉玛依油田，几万名身穿厚重"铠甲"的采油女工，头顶鹅毛大雪，冒着零下 20 多摄氏度的严寒，巡井、取样在荒凉的戈壁雪原上，一丝不苟。

从塔里木到准噶尔，从火焰山到摩鬼城，无论走到哪一个探区和油田，到处都能看到沸腾的景象和忙碌的人们。白天，钻机轰鸣，千车飞奔；夜晚，万盏灯火烧红大漠、戈壁。

在此辞旧迎新之际，奋战在荒荒大漠上的各族石油工人，无不格外激动，充满豪情。正在塔里木和各族石油工人共度新春佳节的中国石油天然气总公司副总经理邱中建说，里木的勘探开发，对振兴我国西部石油工业极为重要，我们要尽快在这里找到更大的油田，不辜负党中央和国务院对我们塔里木人的期望。

1992−02−09

国务院对上海三十万吨乙烯工程全面建成表示祝贺

本报讯 国务院今天对上海三十万吨乙烯工程全面建成表示祝贺，贺电全文如下：上海市人民政府、中国石油化工总公司并转参加上海三十万吨乙烯工程建设的全体工人、干部和工程技术人员：

欣悉上海三十万吨乙烯工程全面建成，特向你们表示热烈的祝贺！并向上海石化总厂、上海氯碱总厂、高桥石化公司，以及参加工程建设的设计、施工单位的全体职工表示慰问！向与工程建设进行友好合作的外国专家和朋友表示感谢！

上海三十万吨乙烯工程的全面建成，是贯彻党的"一个中心，两个基本点"的基本路线所取得的又一丰硕成果，也是我国基本建设管理体制和金融体制改革的重大尝试，对加快浦东开发，繁荣上海经济，振兴我国石化工业都有重要意义。

国务院希望你们认真学习贯彻中央政治局全体会议和邓小平同志重要谈话精神，坚定不移地坚持党的基本路线，进一步解放思想，加快改革开放的步伐，发扬艰苦创业、勇于开拓的精神，再接再厉，为我国国民经济再上一个新台阶作出更大的贡献。

国务院

一九九二年六月十九日

1992-06-20《人民日报》

我国首条沙漠戈壁原油输送管道竣工投产

新华社乌鲁木齐 7 月 6 日电 （通讯员韩志明 记者李晓建）国家"八五"重点建设项目、新疆塔里木油田第一条原油长输管道——轮台至库尔勒输油管线 7 月 5 日竣工投产。这标志中国西部石油开发进入了从勘探、钻井、采油到管道外运成龙配套的新阶段。与汽车拉运相比，管道运油每天可为国家节约 18 万元运费开支。

由中国石油天然气管道局负责设计、施工、管理的轮库管线西起塔克拉玛干沙漠北缘的新疆轮台县塔里木油田轮—联合站，东至塞外重镇库尔勒市火车西站装车油库，全长 192 公里，设计年输油能力为 100—300 万吨。总投资 1.6 亿元。整个管线所经大部分为沙漠戈壁砾石段，并经过 14 公里盐沼地段，这在国内管线建设史上是首次，为开发西部、建设沙漠原油管线提供了技术储备。

轮库管线的建成投产，对实现党中央、国务院提出的石油工业"稳定东部，开发西部"的战略，全面完成"八五"全国石油产能计划，顺利开发塔里木石油，促进边疆经济的发展都有重要意义。

这条管线采用管道选线卫星遥感和卫星定位技术，输油生产工艺流程、安全保护和运行管理均由已完全汉化的计算机完成，自动化程度较高，技术水平在国内领先。

1992-07-07

中国积极参与国际石油资源勘探开发

新华社北京九月三十日电　中国参与国际石油资源的勘探、开发获得新进展。

据中国石油天然气总公司有关负责人介绍，目前中国有关方面已获得加拿大一稠油区的开采权，在美国加州合资购买了一小油田，同世界九大油公司合作攻关开采油砂技术等。

据《人民日报》报道，今年以来中国石油工业发展有以下新特点：

——油气产量在八个油田遭遇严重自然灾害的情况下月月超额完成计划，一到九月比去年同期多产油八十万吨，达一点零三六一亿吨；产天然气一百一十三亿立方米。

——稳定东部、发展西部的格局初步形成。东部油田全面推广大庆油田挖水稳油的经验，找到了一条老油田稳产的途径。西部地区建成投产了夏子街、轮南、鄯善等三个新油田，年产能力二百五十万吨，并做好了全面开发丘陵、东河、彩南等三个新油田的前期准备工作。

——依靠科技进步，今年稠油产量可突破一千万吨，井下作业措施可增加产量一千万吨以上，达到近五年来的最高水平。

——加强科学管理，减少维护性井下作业，提高了开井率。一到八月油水井增加七千三百五十八口，老井增开五百多口。

此外，油气勘探工作进展也好于往年，实现了工程量进度与时间同步，完成探井和探井进尺均比去年同期增长五个多百分点。西部新疆三大盆地勘探获得一批重要成果，显示了大中型油气田的巨大潜力。东部老区也获得一批新的含油区块。天然气勘探成果更硕，预计到年底探明储量可完成国家计划的五倍，"八五"计划可提前三年完成。

1992-10-01

塔里木的太阳

新华社记者蒋耀波 申尊敬　　中国石油报记者王毅锴

（一）

几代石油人，用生命和热血呼唤着塔克拉玛干大沙漠的苏醒。两万名石油大军会战 3 年，先后探明轮南、东河塘、桑塔木、吉拉克、解放渠东 5 个油田。国家"八五"计划要求的 1995 年产油 500 万吨的储量资源，业已基本在握。

尤为可喜的是，在我国最大的巨型构造——塔中构造的西部，在轮南隆起的东部，更大的勘探场面开始明朗。

当我们驱车在轮南、在塔里木河畔、在沙漠边缘采访，当我们乘坐飞机飞临塔中盆地，俯瞰沙海巍峨矗立的井架，当我们双脚踏在炙热的金色沙丘上，目睹石油工人在人迹罕至的沙海中忘我无畏地拚搏的英姿时，钻机的轰鸣、人声的鼎沸让我们相信了：塔里木绝不再是令人望而生畏的"死亡之海"。

（二）

连绵起伏的天山，把新疆分为北疆和南疆。南疆中部有一块著名的盆地——塔里木。

塔克拉玛干，维语意即"进去出不来"。这座世界第二大流动沙漠，狂风沙暴持续不断，空气极度干燥，夏季炎热无比。塔里木的石油勘探开始于 50 年代初，其间五上五下，颇多曲折，但也取得不少成果。尤其是党的十一届三中全会以来的 10 多年来，中外地质勘探工作者联合深入沙漠腹地展开地震施工，大量钻探和地震勘探资料证明，塔里木是一个复合型含油气盆地，有海相和陆相几套生油层系，资源非常丰富。据地质评价预测，这个盆地石油和天然气资源蕴藏量分别占我国油气资源蕴藏总量的七分之一和四分之一，发展前景十分诱人。

千百年来蒙在塔里木盆地之上的神秘面纱终于被撩开！

1988 年 11 月 7 日，位于塔里木盆地塔北隆起带中段的轮南 2 井，一举喷出高产油气流。这口千吨井的发现，犹如划破长夜的一道耀眼闪电，向世人证实了塔里木埋藏的丰富油气资源。科学家论证，这些石油来源于海相地层。

海相油气应该比陆相油气更有利，更有机会找到大油田。几代石油人几十年的梦想，在塔里木终成事实。

由此，坚定了中国石油天然气总公司决策者在这里打一场大会战的决心。

就在轮南 2 井喷油一个月后，一份《关于加快塔里木盆地石油勘探的报告》，呈报到党中央、国务院。

80 年代最后一个春天，党中央、国务院批准了这一关系到中国石油工业命运的大决战。

1989 年 4 月 10 日，塔里木石油勘探开发指挥部在新疆库尔勒市成立。来自大庆、四川、中原、胜利、华北和新疆石油局等单位的各路精兵强将，携精良装备，会师塔里木，拉开了向茫茫戈壁、浩浩沙海要油要气的特大会战的帷幕！

（三）

一部新中国石油工业史，从某种意义上说，也是一部会战史。优越的社会主义制度，可以集中人力、物力和财力，在党政军民学各部门和全国人民的大力支持下，在较短时间里做出许多按常规做不到的事情，创造出难以想象的奇迹来。过去，大庆会战是如此，胜利油田会战是如此，今天的塔里木石油会战也是如此。"会战"，名称虽然未变，但其内容却有了很大变化。

如果采用以往全家老小齐上阵的会战模式，几万大军一下子涌到沙漠，别说搞勘探，就连生存都成问题。

中国石油天然气总公司因此决定：塔里木盆地的石油勘探工作，必须采用新的工艺技术和新的管理体制，队伍要精干，机构要精干，集中全国先进的队伍和技术装备，打一场高水平、高效益的石油勘探开发会战。

这，就是著名的"两新两高"方针。

目前在塔里木会战的各路人马有 1.9 万多人，聚集着来自各大油田的精锐部队，有 28 支地震队，46 支钻井队。设备是最先进的，全国 7000 米钻机全部调到塔里木，集中了全国近二分之一的综合录井仪器，测井设备是世界一流的。新体制实行项目管理和甲乙方合同制，在各方面建立专业化的服务系统，不搞"大而全"、"小而全"。会战指挥部人员也是少而精的，按甲乙方合同制，真正属于塔指的人只有三千。前线与后方人员的比例为三比一。乙方会战各路"诸侯"均不带家属，不建基地，人员定期轮休，人们管这种组织形式叫"铁打的营盘，轮换的兵"。生活服务则主要依托当地。

"两新两高"，使塔指不仅在沙漠边缘的轮南、英买力地区站稳了脚跟，而且将一记重拳砸向了沙漠腹地的塔中构造。

早在 1983 年 5 月，3 支中美合作沙漠地震队闯过塔克拉玛干大沙漠，鏖战数年，发现了这个面积 8200 平方公里的国字第一号的巨型构造。

多少年来，石油钻机始终在盆地周围打转转。面壁十年，不就是图的一朝破壁吗？

一位外国朋友曾对塔里木人说："你们中国人常说，要抱一个金娃娃。我看金娃娃太小了，应该从塔里木牵出一峰'金骆驼'。"

1989 年 5 月 5 日，要牵出"金骆驼"的人们，伸出了自己的钢铁手臂，豪迈地向大漠宣战了。来自全国各地的 11 个参钻单位和雇请的外国专家一起，共同抱定这样一个信念：用第一流的水平、第一流的工作，打好塔中第一口探井！

新疆石油局 7015 钻井队的 78 名热血男儿，迎战一次又一次的沙暴袭击，迎战一日又一日的高温蒸烤，迎战一刻又一刻的干渴煎熬，将一根又一根钻杆送往地下。1989 年 10 月 19 日 20 时 23 分，压抑亿万年的高产油气流，从地下 3582 米深处的海相碳酸盐岩中呼啸而出，点燃后的黄红色火焰把井场照得如同白昼，大漠深处第一次燃起了希望之火，产出了轻质油和天然气。

这希望之火，通过新闻媒介，迅即传遍神州大地，轰动国际石油界。

在塔中打出重拳的同时，其他根据地建设也高潮迭起。会战开始仅 15
个月，就在轮南地区控制了一块含油气面积；同时，找到 3 个称得上"全
国第一"的油藏：第一个沙漠油藏——塔中 1 号，第一个埋深超过 5200 米
的古潜山油藏——英买力 7 号，第一个滨海相石炭系砂岩油藏——东河 1 号。

到 1991 年 5 月，吉拉克构造上的轮南 57 井、58 井相继喷出高产油气流，
接着解放渠东构造轮南 55 井又有新的油气发现，标志年产油 500 万吨的储
量已基本到手，1995 年生产原油 500 万吨大局已定。"死亡之海"由此真
正开始向"希望之海"转换了！

（四）

塔里木人并没有为此而陶醉。500 万吨，与塔里木作为全国最大盆地的
身份怎能相称？

改革开放以来，我国国民经济不断发展，而原油产量增长却不能适应。
全世界人均占有原油的年产量为 580 公斤，我国人均占有量却不到世界平
均水平的四分之一。

责任感、危机感、紧迫感，使会战者的目光从一开始就瞄准 2000 年以后，
他们誓在这浩瀚之地，寻找更大的场面，创建第二个大庆。

塔里木会战以来，寻找大场面的几起几伏，成功与落空，希望与失望，
喜悦与痛苦，时时交织在一起，扣动着人们的心弦。

石油勘探是一项风险大的事业。成功率的获得，往往是以更高的失败
率为背景的，当今技术最先进的国家也莫能例外。会战开始不久，塔指就
发出了学习"两论"的决定，组织地质工作者和参战职工用马克思主义唯
物辩证法的观点，总结经验教训。他们跳出固有的找油思路，重新认识塔
里木油气聚集的规律。

因此，过去并不为人们十分关注的新的油藏类型——地层不整合油藏
被发现了。对所有征服者来说，有什么比思想上的解放更重要、更令人激
动么？

同样重要的还有信心！

被人们誉为塔里木志愿兵的副指挥王炳诚，献身石油工业 40 年来，走

遍了歌曲《我为祖国献石油》唱到的地方。他从 1985 年底就来到塔里木，缕缕银丝记载着他艰难的创业生涯。63 岁的他，如今依旧是老骥伏枥，志在千里。他深情地告诉记者："塔里木找油是几代人的事业，我们都是过渡性人物，但我们的奋斗目标是要在塔里木找到第二个大庆。我相信能够实现这个目标，因为塔里木今年的机遇已经愈发接近实际，大发现的前夜即将结束，我们已经看到了大场面的曙光。"

塔里木石油勘探开发是一项跨世纪的宏大工程。在这个大考场上，塔里木人已经圆满地交出了第一份答卷，以后还会有层次越来越高的第二份、第三份答卷……塔里木最终的答卷应当论证：下个世纪到来的时候，中国的石油工业如日中天，灿烂辉煌！

大漠作证，塔里木人一定会不负重望！

1993-01-05

大庆永不停歇的创业之歌

新华社记者　蒋耀波

（一）

无论怎么看，有中国石油工业"半壁江山"之称的大庆，都具有举足轻重的地位。

截止到去年岁尾，大庆累计生产原油 11.8 亿吨，相当于为全国人民每人奉献 1 吨油。国际的石油权威还不能不注意到这样一个奇迹：自 1976 年大庆原油年产量突破 5000 万吨大关，进入世界特大型油田行列之后，已连续 17 年稳产高产。

大庆人取得的卓著功勋，依托的究竟是什么？

（二）

有一个答案显而易见：大庆人在成功地开发了石油这个流质的"黑色金子"的同时，又成功地开发了科技进步这个能源中的能源。

30 年来，大庆取得科技成果 47197 项，获奖成果 1440 项中获国家奖的就有 82 项。近 10 年，大庆有 70 项科研成果达到或接近世界先进水平，近百项科研成果达到国内先进水平。

尤为重要的是，大庆人高质量地创作出了科研生产一体化这篇大文章。

大庆石油管理局局长王志武撰文说："油田发展到今天，开发工艺技术系列经历了三代变迁发展，大体上每 6 到 8 年需要进行一次技术更新换代，以适应油田发展变化的要求。而每代技术的形成，则需要 3 至 5 年时间。这就要求科学技术必须走在生产建设的前面，科学地预测和确定主攻目标，不失时机地组织科研攻关。"

大庆就是用这种滚动式的科技超前 5 年准备，生产建设提前 1 年安排的做法，赢得了生产建设的主动权。生产不断向科技提出新问题，科技不断给生产带来新发展，形成了良性循环。在国外，因开采技术不过关，厚度小于 0.5 米的油层一般被判为"死刑"。在大庆这类油层要占全部油层的四分之一。短短两年时间里，攻破这道难题的关键技术——限流法压裂，在世界首创成功了！

薄油层，成了接替稳产的宝库。80 年代，大庆每年打井上千口，新井产出的油，其中有三分之二来自薄油层。这相当于大庆为国家找到了一个新的大型油田。

丰厚的人才资源，奠定了大庆雄厚的科技实力。据统计，改革开放十几年间，大庆油田比包干产量超产原油 3000 多万吨。

（三）

1993 年新年钟声敲响之际，被列为国家重点攻关项目的大庆油田三次采油技术工业性试验获得重大突破。

这项技术，是用一种化学聚合物把油砂层内的部分残留油推出来。生产试验表明，向油层注入 1 吨聚合物，增油效果可达 200 吨。

大庆油田一次采油，主要靠地下原始压力形成的自喷井采收；在地下原始压力逐渐降低后，又采取了注水和抽油机相结合的二次采油提高原油采收率。

应用三次采油新技术，大庆油田可在经两次开采过的区域内，每年再挤出 1000 万吨原油，这将是全国年产量的十四分之一。因此，大庆油田的采收率达到了百分之五十，高居世界前列；它还意味着，大庆油田又增加了 3 亿吨可采储量。

所有关注中国石油工业命运的人眼前一亮：大庆稳产高产到 20 世纪末的目标，从此有了更可靠的保证。

而此时，大庆人则早已把目光投向了下个世纪。

大庆人在改革开放新形势下取得了这样的共识：石油大会战，拿下大油田，是大庆第一次创业；稳产高产 17 年，是第二次创业；决定未来命运的替代产业开发，是比前两次创业更辉煌、也更艰难的第三次创业。近五年间，大庆替代产业发展到 25 个行业 500 多个企业。

去年四月动工兴建的大庆高新技术产业开发区，是大庆人对改革开放作了更深层次的理性思考之后迈出的一大步。这个开发区将主要发展四个主导产业：一是石油、石化产品的深加工；二是机电一体化石油设备和仪器仪表；三是低温核能供热工程开发；四是生物采油技术。

30 年前，以大庆油田第一列原油出口外运为话题，共和国总理周恩来自豪地在人民大会堂向世界宣布：中国人靠"洋油"过日子的时代从此一去不复返了！30 年后的今天，功勋卓著的大庆人在人民大会堂同样自豪地发布了这样一条新闻：以国务院刚刚批准的国家级高新技术产业开发区的建立为标志，中国油都大庆将再次创造新奇迹。

人们有足够的理由相信这一点。

1993-01-26

中美扩大石油合作前景广阔

新华社北京 3 月 25 日电　应美国石油界邀请，中国石油天然气总公司总经理王涛近日将率领中国石油代表团赴美访问。行前，王涛对记者发表谈话说，中美在石油领域合作具有非常广阔的前景。

王涛介绍说，改革开放后美国最早与中国开展石油合作。继 70 年代我国从美国引进 6 套大型石化设备后，80 年代又先后与美国合作开展了海上和陆上南方省区的石油勘探，并取得了一系列积极成果。到 1992 年已有 3700 多家美国公司、商社、经济组织和科研院所参与了中国石油和天然气的勘探、开发与科研。中美双方合作生产了具有世界先进水平的多种石油设备。此外还有多家美国地震队、钻井队和其他作业队在中国油田工作。14 年的改革开放，扩大了美国厂商在中国的市场，同时也促进了中国石油工业的发展。

在访美期间，中美将在休斯敦联合举行石油合作研讨会。中国石油代表团在会上将详细介绍举世瞩目的塔里木盆地东南部石油勘探招标地区的地质情况，以及招标程序、招标进度和有关政策，并听取美国石油公司对我国扩大陆上石油对外合作的意见和建议。

1993-03-25

大漠，男儿的选择

——塔里木石油会战人物素描

新华社记者蒋耀波 申尊敬

没有城镇村落的圆点，没有河川溪流的绿线，没有山陵沟谷的等高标志——在中国版图的西北端，有一块缀满沙粒般黄点的 33 万平方公里的硕大的空白。

这是亚欧大陆的中心地带，这是位于塔里木盆地的世界第二大流动性沙漠，这是占中国面积二十八分之一的塔克拉玛干！

驼铃悠悠的浩荡古风，大漠孤烟的自然景致，塔克拉玛干一直以苍凉的壮美吸引着人类，人类也曾耐心地、小心翼翼地、不屈不挠地试着征服它。但最终，不过是沙漠边缘出现星星点点的绿洲和一条不时后退的细丝游荡的路。

当历史进入 20 世纪 80 年代，仿佛突然之间，人类向大漠发起了进攻，他们的先遣探测队宣布，塔克拉玛干存在着世界上公认的理想生油层系，石油和天然气储量占中国总量七分之一和四分之一。

于是，两万名中国石油大军迅速向塔克拉玛干挺进、集结，一场令全世界瞩目的石油大会战的序幕赫然拉开。

昔日的"死亡之海"骤然生动起来。

于是，在塔克拉玛干开始"公映"的一部中国西部"巨片"中，我们见到了具有激越情怀和博大豪气的中国西部"油仔"。

（一）

他从塔里木回家轮休，进了门，总想使自己的右手避开妻子的目光。当细心的妻子有意握住他的手时，眼泪扑簌簌地落了下来：你上一次回来鼻子歪了，这一次又掉了个手指头……

他，就是被塔里木石油会战指挥部和会战工委命名的"钢铁司钻"——大庆6063队的熊洪泽。1991年2月10日，天刚蒙蒙亮，熊洪泽就和战友们来到了轮南某井场开始作搬迁钻机的准备。由于井场泥泞难行，只有用吊车配合才能将钻机拉出井场。起吊时，套绳滑出吊耳，熊洪泽抓住绳套，正要往上挂时，钢丝绳"啪"地一下反弹起来，"嗖"地从他面前掠过，顿时，鼻孔和嘴都往外冒血，他晕倒在地。医生给他做了鼻孔接骨手术。手术后，医生说要住院治疗。熊洪泽一听急了："这不行，队上工作正忙，我不能躺在这里。"他恳求医生开了一些药，说过三天后再回来住院，结果他食言了。

1991年6月4日晚8点多钟，6063钻井队在轮南2区1排6井拆井架。熊洪泽带领工人负责拆井架右侧底部的大销子，熊洪泽扶着铁棒，让另一名工人抡起榔头往外砸。当时天色已晚，光线昏暗，榔头突然打偏了，只听"咣"地一声，熊洪泽的右手小拇指被砸断一节，他疼得汗水珠子直往下淌。来到医院，熊洪泽问医生，接个指头得多少天才能好？医生说：如果不感染，一个月就能好。听了这话，熊洪泽趁医生转身拿纱布时，将连着肉皮的断指撕下，扔到了纸篓里。医生回身给他包扎，发现那一节手指没了，问他那一节手指呢？熊洪泽平静地说："不要了！"医生惊讶地说："你这个人真能拼命！"

6063钻井队第一批参加会战的人员就要到期轮换了，熊洪泽第一个申请留下来继续干。他说："西部是男人的世界，塔里木会战乐趣无穷。"

（二）

1990年6月12日，黎万林吻别妻子，踏上了西征的列车。

从中原油田初到塔里木时，他曾说："我要争做《塔里木石油志》中的一个标点符号。"而实际上，他给塔里木找油史留下的却是辉煌的一章。

这位四川农民的儿子，在塔中5井担任钻井副监督，干活"泼命"，结果累出了肝病。肝一痛起来，这个铁汉也支撑不住，他曾多次痛得跪倒在沙丘上。但他却总是对别人说得是胃病。细心的人发现，黎万林总有两样东西不离手：白天，一个喝水用的玻璃罐头瓶子；晚上，一把手电筒，这都是为了顶压肝痛时用的。监督房有个沙发，他总是把右肋部顶在沙发扶手上。日子长了，毛背心前头磨出个拳头大的洞，沙发扶手上的布都被蹭破了。

1991年6月25日下午，黎万林正与平台经理高明山研究工作。突然，他的腹部疼痛强烈，额上直冒虚汗。为不让人看见，他几步窜到沙丘后面。高明山追来，只见他跪在沙地上，两手深深地插进沙子里，额头顶着的一块沙地也被汗水洇湿了。当天晚上，他又咬牙上了夜班。深夜两点，刀剜似的腹痛使他昏死过去，隆隆的钻机声又把他唤醒，他挣扎着咬牙填写完他一生中最后一张日报表，颤抖的笔签上名字后滑落了……

医院的大夫剖开黎万林的腹腔时，他那只握着手术刀的手发抖了：黎万林的肝门上竟有一个拳头大的肿瘤，而且已经破裂，腹腔里积存着3200毫升血！这样的病人，大夫还是第一次见到，他感慨万端地告诉送黎万林来医院的同志：肿瘤至少已经破裂三天。很难想象这样的垂危病人前一天竟然还在大漠里苦战。

在医院里昏迷了26天后，黎万林那颗挚爱塔里木的心停止了跳动，年仅27岁。人们清理他的遗物时，在工作笔记本上看到这样一句诗："生命诚可贵，为油也可抛。"黎万林死后，他曾指挥过的45137队的钻工们，无法参加在库尔勒举行的遗体告别仪式，于是他们把黎万林生前穿过的红色信号服挂在钻台上，追悼这位大漠忠诚的儿子。这套鲜红的信号服，将看着黎万林为之付出生命的油流喷涌而出。

（三）

1990年2月，身患鼻咽癌的年轻钻井工程师向永杰得知胜利油田要参加塔里木石油大会战。他坐不住了，主动找领导请缨参战。单位领导考虑到向永杰的身体状况，不同意他的请求。可是他不厌其烦地一次次找领导陈述自己去塔里木的理由，领导只好同意了他的要求。

大漠恶劣的气候，对于患严重呼吸道疾病的人，更是近于残酷。向永杰在这里遇到了常人无法忍受的痛苦。

放射性治疗后，口腔内产生唾液的甲状腺细胞和味觉细胞被大量杀伤，他每天口干舌燥，再好吃的东西，到了他的嘴里，什么味道也没有。为了保持良好的体质，他不得不硬着头皮吃下去。

塔里木的 7 月，气温在 40 摄氏度以上，空气十分干燥。他的鼻孔时常流血。而每到中午，盆地上便会刮起北风。风一过，向永杰的鼻孔前便会形成两道红色的沙圈。血与沙的结合，火辣而干燥，但向永杰仍然同井队工人们一起顽强地奋战在井场上，每天工作达十五六个小时。井上下套管，是一项繁重的体力活，向永杰不顾身体虚弱，同工人一样干。而每接一根套管，他就累得浑身冒汗，气喘不止。工人们心疼地劝他："向工，你在一边指挥一下就行了，力气活有我们呢。"向永杰说："没什么，干点活我心里舒服。"

向永杰的行动深深地感染着井队的每一个人。自会战以来，向永杰所在的 60160 钻井队已先后打出 7 口 4000 多米深的探井，钻井周期从开初的 65 天 19 小时逐步缩短为 35 天。其中，第二口井创出了全国深井钻井 4 项新纪录，第三口井又打破本井队保持的深井钻井周期纪录，第四口井创出了世界深井钻井先进水平。

1993-03-29

格尔木炼油厂：青藏高原的希望"火炬"

新华社记者吴宇　孙宁海　周国洪

在柴达木盆地东南部的戈壁荒滩上，正在崛起一座世界上海拔最高的炼油厂。

这就是被人们称为青藏高原的希望"火炬"的青海格尔木炼油厂。记者日前来到这里，只见如林的炼塔惊叹号般地刺向天空，焊枪在钢梁间"点射"出串串耀眼的火花，纵横的管网就象五线谱把一座座球罐连缀成高低错落的音符……1991年8月破土动工的这座年处理原油100万吨的炼油厂便投产在即。

"短短2年，来自全国7个省区的数千名建设者硬是完成了常规要4至5年的工程量，投产日期完全可由1994年9月提前到今年9月。""格炼"建设指挥部副总指挥张广荣自豪地告诉记者。

据介绍，这座炼油厂建成后，年创税利可达1.3亿多元，年产高标号汽油、柴油、煤油70多万吨，液化气3万多吨以及丙烯、丙烷原料数万吨，从而结束青海、西藏两省区工业"血脉"数十年靠其他省区运进的历史，使近百万户各族群众告别烧草皮、牛粪的烟熏火燎之苦，极大地缓解青藏高原因燃料短缺而造成的植被破坏、草原沙化现状，进而带动青海地方化工、纺织工业的发展。

如今，来自全国各地的30多支建设队伍正在抢时间、争速度、优质高效完成建设任务。

江苏工业设备安装公司承担了8个400立方米液化气球罐的焊装任务。这种球罐每个需焊8条缝，一条缝需要3200公斤焊条，工艺要求高、工作强度大。他们12个班组流水作业，8个半小时就让一个巨人般的球罐屹立在戈壁荒滩。来自"天府之国"的数百名工人，虽然不习惯干燥缺氧的气候，工人晚上睡觉还要张着嘴喘气，可他们承建的一座 56 米高的烟囱，垂度偏差竟为零。青海省第一建筑工程公司的高原施工队，顶着摄氏零下 20 多度的严寒，打破了格尔木无霜期只有 146 天的施工局限，按时按质按量完成他们承担的三分之二的土建工程。常规工期需要 270 多天的大型锅炉房施工任务，他们却仅用 77 天就漂漂亮亮地交工了……

人人都想着让"格炼"这座巨型"火炬"早日给高原带来光热和希望：青海省为保证炼厂用电，专门投资 1.1 亿多元，在格尔木河上建成了装机 3.2 万千瓦的小干沟水电站；省市建行多方努力，保证"格炼"建设资金及时到位；省里的几位领导同志亲自出马，为"格炼"跑车皮、买设备；中国石油天然气总公司的专家和领导同志多次来"格炼"现场办公，解决资金、设备、技术难题……

今年 7 月，江泽民总书记到"格炼"考察时，称赞这里的建设者有勇气、大大提前了工期。人们从"格炼"看到了青海高原靠资源开发兴省富民的希望。

1993-08-27

石油大学科技成果走向石油工业大市场

新华社北京9月28日电　（记者徐兆荣　高云才）石油大学把科技成果推到石油工业的前沿，在技术走向市场、科技走向应用、办学同实践相结合上走出了一条路子。目前，这所高校不仅已进入石油和石化行业经济建设的主战场，而且已成为该主战场中一支不可缺少的重要力量。

"七五"期间，石油大学共有获奖科技成果72项，其中国家级奖8项，省部级奖26项，在国内发表论文612篇，在国外发表论文94篇。其中大量科技成果在石油工业第一线上大显身手。

——定向井与丛式井钻井技术。这是国家"七五"期间重大科技攻关项目。石油大学和大港油田组成联合攻关集团，最后获中国石油天然气总公司科技进步特等奖和国家科技进步一等奖。结果全国油田共钻成丛式井443组，定向井1427口，节约占地7187亩，节省投资2.6亿元，增产原油1823万吨。

——大港枣园油田是一个开采难度很大的油田，石油大学组织了4个系、6个学科近百人的科研队伍与油田合作攻关，使枣园油田产量滑坡现象得到制止，年产量开始回升，其中高度非均质复杂的"枣园油田油藏项目描述"项目为油田的增产做出了重大贡献，直接经济效益数亿元，目前正继续攻关。

——石油大学石油机械工程研究室应用三元流动理论对油田大量使用离心式注水泵内部流场进行分析，在此基础上对其内部进行改造，使泵效提高百分之三至百分之五。该成果已在新疆、大庆、辽河、胜利、大港等油田推广使用，目前已改造3200台泵，每年可节电5000万度，节约电费1000万元以上。

——石油大学流固两相分离研究室承担的催化剂化PV型高效旋风分离器研究开发项目，是中国石化总公司的重点攻关项目。　　　　　1993-09-28

我国海外最大石化援建工程圆满完成

新华社北京5月11日消息（中央人民广播电台记者徐华林、新华社记者张超文）我国在海外建设的最大石化项目——科威特阿哈迈迪炼油厂圆满完成，中国石油化工总公司今天在京隆重集会，表彰在工程建设中涌现出的10名项目标兵和100名项目先进工作者。

阿哈迈迪炼油厂是科威特最大的炼油厂，年加工原油2000万吨。该厂在海湾战争中受到严重破坏。科威特政府战后恢复生产，决定对其修复工程进行国际招标。中国石化工程建设公司在竞争中战胜10家外国公司，为我国赢得了迄今为止在海外承接的最大石化工程。这一海外石化工程在建设过程中，得到了国家有关部委和中国驻科威特大使馆的大力支持。李岚清副总理在访科期间曾专门听取工程建设汇报。

中国石化工程建设公司采用国际通用的管理技术、程序，在436天的时间里，先后修复了9套工艺生产装置、1个原油码头和1个成品油码头，铺设了183公里的管线，安装了数千台设备、容器等，全面完成了各项修复任务。其中9套生产装置投料试车一次成功，并经过长周期、满负荷安全运行，各项指标全部合格。他们还创造了350万工时安全施工新纪录，获得了科威特有关方面颁发的唯一安全奖和其他5项奖牌，为祖国人民争得了荣誉。

1994-05-11

陕甘宁盆地成为最大的整装天然气田

新华社银川9月12日电　（记者王存理）陕甘宁盆地中部天然气勘探会战取得引人注目的成果：到去年底累计探明储量达1727亿立方米，面积3000多平方公里。今年上半年，又在上古生界发现了有利含气区块，与已发现的下古生界天然气形成复合连片分布，这一发现表明这个大气田不仅是中国最大的整装天然气田，跻身世界115个大气田行列，而且呈现出上部有石油、下部有天然气的叠合连片资源格局。

自1989年在陕参1井和榆3井分别获得日产28.3万和13.6万立方米工业气流以来，中国石油天然气总公司迅速布置了勘探会战。由长庆石油勘探局组织的5000名会战大军，迅速集结在陕北靖边至横山一带，展开了大规模的天然气勘探会战。3年多来，广大石油工作者在东起陕西省子洲县麒麟沟，西至定边县安边镇，南抵富县，北达内蒙古乌审旗约3.2万平方公里的范围内，钻井185口、试气130口，获得工业气流井96口，取得了突破性进展。这个整装气田不含硫、微含硫或少含硫，是优质的化工原料。

据了解，陕甘宁盆地中部大气田的勘探开发已列入国家发展规划。今年3月已开始向榆林甲醇厂供气；向北京、银川、西安等地供气也在规划中。长庆石油勘探局目前正在做开发前期准备工作，计划年产25.2亿立方米天然气。

1994-09-11

柴达木开始向世界开放

新华社西宁 5 月 19 日电 （记者吴宇）世界著名的埃克森石油公司将来青海省柴达木盆地"探宝"。根据这项我国陆上石油第二轮对外招标所签订的第一个合作合同，今后 8 年，这家美国公司将投入 1800 万美元，在盆地西北约 1.16 万平方公里的大风山—鄂博梁地区钻探，发现的商业性油气田双方共享。

据介绍，从 1995 年到 2000 年，青海省石油管理局计划投入资金 100 亿元，实现储量、产量翻番，即石油探明储量由目前的 2 亿吨增加到 4 亿吨、石油年产量从 100 万吨提高到 200 万吨，把柴达木油田建设成我国西部石油工业重要的增长点。

24 万平方公里的柴达木，是我国四大盆地之一。这里沉积岩面广层厚，具有良好的生油、储油条件。从 1954 年勘探至今，共发现不同储集类型的浅、中、深油田 16 个，累计探明石油地质储量 2 亿吨；发现天然气田 6 个，累计探明天然气地质储量 472 亿立方米，形成了"西部找油、东部找气"的格局。经专家评定、预测，目前探明的储量尚不到整个盆地资源量的五分之一，柴达木油气开发前景非常广阔。

1987 年至 1993 年，国家重点投资柴达木油田，相继建成了年产 120 万吨原油的基地，一条 435 公里长的输油管道以及年加工原油 100 万吨的格尔木炼油厂，为青海、西藏两省区社会和经济发展提供了强大动力。

据悉，在中国石油天然气总公司已宣布的陆上石油对外合作第三轮招标名单中，柴达木 5 万平方公里的面积又成为重点区域，其中包括盆地 3 个一级凹陷 20 多个构造带、含 65 个地面构造和 38 个潜伏构造。加上第二轮招标的 2 万平方公里，柴达木盆地共有三分之二的沉积岩区域正式对外招标勘探。油田自营区块也将与国内同行合作勘探开发。　　1995-05-19

我国石油套管技术达世界一流水平

新华社天津 7 月 31 日电 （记者焦然　索研）国家投资 123 亿元兴建的天津钢管公司生产的石油套管，已被我国陆上、海上、沙漠等 20 多个油田广泛使用，产品质量均达到国际一流水平。这标志我国已经掌握了石油生产的关键技术，这是中国石油发展史上的又一个里程碑。

在冶金界，石油套管是技术含量最高的产品之一，素有"绣花针"的美称。因为，由优质合金钢制造的石油套管，要深入到几千米深的井下经受地壳活动带来的挤压，它必须耐高温、抗气体腐蚀。石油套管由于是一根连一根形成的管柱，因此螺纹加工的精度、丝扣的密封性都必须达到极高要求。否则，二三百根深入地下的套管，即便只有一根脱扣，也会使国家耗资几百万元、甚至上千万元钻成的油井报废。所以，作为一种战略物资，石油套管有石油生产的命脉之称。在世界上，能否生产石油套管，标志一个国家石油和冶金行业的生产水平。

过去我国国产石油套管品种少、等级和质量低，油田不愿采用，特别是发展市场经济，各大油田实行独立核算之后，一般油井都不轻易使用国产套管。作为世界第五大产油国，我国每年不得不花费近 10 亿美元进口石油套管。

1984 年，决策建厂之初，党中央、国务院对天津钢管公司的建设提出了引进世界一流技术和设备且要有所创新的要求。从动工兴建到设备试车，江泽民总书记、李鹏总理曾两次考察指导这项重要工程。1992 年 6 月 27 日，炼钢系统热试一次成功，江泽民、李鹏发来了贺电。

1995-07-31

荒原之夜不寂寞 采油工人歌飞扬

新华社济南11月12日电（温闽、刘彦国）"我们的队伍是拧紧的螺丝钉，为原油生产铆足了劲；胸怀大局听命令，争创一流新水平……"歌声在夜雨的荒原上飞扬，快乐充溢在石油工人的脸上。11月7日夜晚，寒风拂面，细雨蒙蒙。山东省胜利石油管理局现河采油厂采油五队，按惯例举办了热闹欢快的周四文娱活动。

作为中国第二大石油生产基地，胜利油田近年来开始注重一线石油工人的夜生活。过去，由于一线采油队位置偏远、人员稀少，相应的文化设施较少，结果不少年轻人在一天工作之余不是喝酒、打架，就是东游西逛，无所事事。自1990年以来，胜利油田开始推广一种名为四小组学习的夜生活方式。这种方式先将工人们按兴趣分成文体、学习、时事报道和管理四个小组，然后由指导教师指导各小组发挥潜能，尽力展示自己的才华，最后再编成节目，进行集中汇演。

新的夜生活方式改变了以往荒原之夜的寂静，年轻的石油工人们用自己的歌声、舞蹈表达了他们对祖国石油事业的热爱。

毕业于大庆石油学院的韩春燕今年只有23岁，作为学习小组的一员，在本周四晚举行的文艺活动中，她特别认真地宣读了她在学习完中央加强精神文明建设文件之后的心得体会。她说："刚到采油队时感觉这里的条件很艰苦，业余时光也比较单调，有时难免就想家。现在每周固定的四小组学习丰富有趣，也让我感觉到了大家庭的温暖。"

22岁的主持人贾涛则认为，毕业后到基层采油队工作，可以锻炼自己的生活能力；而多彩的夜生活使他同样快乐又年轻。

1996-11-11

我国陆上石油工业保持稳定发展

新华社北京 1 月 17 日电 （记者邹清丽 索研）"九五"开局第一年，我国陆上石油工业在产量、储量持续增长的同时，有效地控制了投资、成本的上升，创下油气生产、销售收入和财政上缴三个历史最好水平。国务院副总理吴邦国日前在听取石油天然气总公司工作汇报时指出，油气生产要稳中求进，为国家作出更大贡献。

吴邦国说，今后石油企业的内部考核应以经济效益和质量为主要指标，包括资金利用率、投资的回报率等。在谈到石油产业结构调整时，吴邦国说，应在充分论证和充分研究的基础上，鼓励以兼并的方式进行产业结构调整。结构调整要以市场为导向，以提高效益为中心，避免新的重复建设。吴邦国说，要深化石油企业的改革，努力走"油公司"的路子，实现减人增效，不断提高企业效益和产品质量。

吴邦国说，在过去的一年里，石油天然气总公司在东部石油产量下跌的情况下，全国总产量增加了 160 万吨，销售收入和利润也有所增加，亏损户减少，并向国家上缴了 210 亿元税收，这是鼓舞人心的。他希望全国石油系统按照党的十四届五中、六中全会和中央经济工作会精神，把握大局，扎实工作，继续推进两个根本性转变，继续发扬大庆精神和石油战线的优良传统，确保油气生产稳中求进，在新的一年里为国家作出更大的贡献。

据了解，去年我国生产原油 1.4 亿吨，天然气 164.4 亿立方米，分别比上年增加 160 万吨和 2.9 亿立方米；探明石油地质储量 7.3 亿吨，天然气地质含量 952 亿立方米，比上年增长近 22 个百分点；新增石油可采储量 1.5 亿吨以上，超出当年采出量，10 年来第一次实现了资源投入产出的平衡。油气主业实现销售收入 1450 亿元，比上年增长 10.5%；实现利润 89.6 亿元。

1997-01-17

不可替代的能源

——大庆油田依靠职工加强内部管理纪实

人民日报记者董伟　新华社记者刘荒　祖伯光

大庆，以改写中国贫油史而成为举世闻名的"功勋城"。大庆油田更以销售收入、利税总额雄踞全国最大工业企业榜首的气魄和贡献，成为当之无愧的"共和国长子"。开发建设 36 年来，几代大庆石油工人以"三老四严"作风和主人翁精神，自觉构筑与企业兴衰息息相关的命运共同体，使这家我国最大的能源企业产生了持久竞争力，并创造了世界同类油田"青春期"最长的奇迹。

自"三老四严"作风形成以来，大庆油田始终将之视为企业管理工作的灵魂，常抓不懈。从当年"老会战"随乘原油外运列车，风餐露宿"万里测温"，到今天为保稳产科技人员逐井取样分析化验，成功实施荣获 1996 年国家科技进步特等奖的"稳油控水"系统工程；从老铁人王进喜到科技铁人王启民；虽然人在换，环境在变，但大庆人"三老四严"的作风却一直代代相传。在建立社会主义市场经济体制的新时期，它被赋予新的时代特征，继续发挥着巨大的"精神能源"作用。

"当老实人，说老实话，办老实事"和"严格的要求，严密的组织，严肃的态度，严明的纪律"为基本内容的"三老四严"作风，是大庆油田职工高度责任心和严格管理制度的结合体。油田开发初期，为校正一个管线设计公式，几名技术人员连续 10 个月，卧冰爬雪，徒步 5100 公里进行定点地温观测，终于找到了最精确的传热系数。时至今日，在油田稳产期间，为及时掌握油层变化规律，他们每天从 2 万多口油水井中，录取 10 多万个数据资料，每年对地下和地面情况组织两次大调查；数以亿计、齐全准确的资料数据，为实现连续 21 年稳产提供了科学依据。正是凭着这种"宁要一个过得硬，不要九十九个过得去"的严细精神，大庆油田走过了支撑中国石油工业"半壁江山"的辉煌历程。人是生产力中最活跃的因素。为了充分调动广大职工参与企业管理的积极性，大庆油田年年召开上至管理局决策部门、下到基层生产班组，由干部、技术人员和工人参加的"五级三结合"会议和技术座谈会，凡涉及油田发展战略和群众切身利益的重大决策，都认真听取群众的意见，充分发扬民主，共同总结经验。多年来，"上级围绕下级转，机关围绕基层转，一切围绕一线转"，已成为油田各级管理者特有的工作方式。

"领导心里装着群众，群众心中装着企业"。大庆人在全油田开展了"人献一条计，井增一吨油"的群众合理化建议活动，取得了惊人的效益。采油一厂采油女工高俊芝，对一口已被宣判"死刑"的油井，大胆提出怀疑；她一连在井口蹲了139昼夜，终于找到了这口井的"死因"，并取得5年内累计产油7920吨的好成绩 。

大庆的岗位责任制大检查，从六十年代初以来已坚持了整整100次，续写了新一代大庆人严细成风的新篇章。采油三厂一矿老职工曹旭明，一次上早班发现有位正往资料室送报表的青工，裤腿没有被露水打湿，断定他没有巡回检查，他二话没说，领着这位小青年重新逐井检查一遍，对他进行"三老四严"、报假资料危害的教育。采油一厂中四队青年女工扬玉英，一次下班时突遇大雨，样桶滴进雨水，为了保证化验的准确性，她跑回宿舍穿上雨衣，又冒雨返回井场重新取样。

随着油田稳产时间的延长和科技含量的增加，对职工业务素质的要求也越来越高。因此，只有实现由"热情投入"到"素质提高"的替换，才能使这种"三老四严"的高度责任心落到实处，真正达到"人人出手过得硬，事事做到规范化"。建材公司电焊工苗磊，参加工作不足6年，先后参加过57座大罐的施工，各种焊口达2万多道，焊缝1万多延长米，合格率达100％，优良率达95％以上。"说主人话，干主人活，尽主人责"，已成为百里油田的一道风景线。

1997-05-05

我国加快开发青藏高原油气资源

新华社西宁5月27日电 （记者吴宇）我国加快了对青藏高原油气资源的开发步伐。据了解，中国石油天然气总公司最近将柴达木盆地的南八仙和涩北地区的油气勘探开发列为战略突破地区。另外，青海油田坚持"内外并举"，与美国埃克森、阿莫科两家石油公司合作进行的油气勘探进展顺利，柴达木盆地内的合作勘探区域已达3.26万平方公里。

据青海石油管理局介绍，由于柴达木丰富的天然气资源开始大规模开发，青海油田的石油、天然气产量将较快达到200万吨；计划到20世纪末，探明石油天然气储量由目前的2亿多吨增加至6亿吨，实现油气年产量300万吨；到2005年，油气探明储量和年产量将分别达到8亿吨和1000万吨。

青海油田位于我国四大盆地之一的柴达木盆地，平均海拔近3000米。自1954年勘探开发以来，已探明石油地质储量2.08亿吨、天然气地质储量670.5亿立方米，累计生产原油1400多万吨，加工原油700多万吨，是青海、西藏两省区"工业血液"的主要来源地。1996年，青海油田石油、天然气产量突破150万吨（1000立方米天然气折合1吨原油），实现油气量连续6年逾百万吨。

为了扩大战略储备，青海油田去年还将触角伸向了我国陆上油气勘探最后一块空白区域——西藏北部的羌塘盆地和措勤盆地，突破了在海拔4000-5000米"世界屋脊"上的勘探难关，并发现了局部构造显示，前景喜人。

1997-05-27

格拉输油管线通油20周年表彰大会召开

新华社格尔木8月8日电 （记者赵秀娟）承担着西藏军地百分之百油料输送任务的格（格尔木）拉（拉萨）输油管线通油20周年总结表彰大会今天在格尔木召开。

格拉管线是周恩来总理生前为解决西藏能源短缺问题而批准建设的一项国家重点工程。它是目前世界上海拔最高、气候最恶劣、地形最复杂、输油品种最多的地下输油管线；其距离之长、设备之复杂、技术工艺之先进为全国、全军第一。20年来，担负输油管线维护和油料输送任务的总后青藏兵站部管线部队的广大官兵顽强拼搏、忘我工作，圆满完成了国家、军委总部下达的输油任务。

20年来，管线部队官兵奋战在海拔4000至5300米的高山输油泵站，为西藏军地输送汽油、柴油等4个品种5个型号的油料240多万吨，累计创造经济价值10亿余元，为促进西藏社会繁荣稳定，维护民族团结统一，巩固西南边防做出了重要贡献。管线官兵大力开展技术革新和技术攻关，先后解决了渗油、水堵等10余个管线输油中的世界性技术难题，填补了"带油焊接"、"冰堵点探测"等18项技术空白，还先后培养出48个工种的技术能手6200多名，使输油管线设备的潜能得到了最大限度的发挥。

会上，表彰了在管线输油工作中做出突出成绩的7个先进单位和51名先进个人。

总后政治部、物资油料部，成都军区后勤部物资油料部，西藏军区后勤部和中国石油天然气总公司，青海西藏两省（区）的领导在总结表彰大会上讲话。他们高度评价高原管线官兵艰苦奋斗、无私奉献的革命精神，称赞格拉管线是西藏人民的"生命线"、"幸福线"。

1997-08-08

我国继续保持世界第五产油大国地位

新华社北京 9 月 11 日电 （记者李佳路 韩振军）党的十四大以来，我国陆上石油工业认真贯彻中央确定的方针，在稳定东部油田产量的同时，加大了开发西部油田的力度，使我国油气产量、储量保持持续增长。目前，我国油气产量居世界第五位。

中国石油天然气总公司负责人在接受本社记者采访时说，党中央确定发展我国石油工业的战略方针是：稳定东部、发展西部，国内为主、国外补充，油气并举，节约开发并重。在这个方针指导下，我国陆上石油工业十四大以来取得显著成绩：原油年产量由 1.37 亿吨增至 1.4 亿吨，增长幅度高于"七五"期间和"八五"初期。天然气产量达到 164.4 亿立方米，比 1992 年净增 13.3 亿立方米。

东部地区目前是我国石油的主产区。在东部老油田进入高含水、高采出阶段的情况下，石油职工运用高技术，使原油产量保持了基本稳定，特别是大庆油田实施"稳油控水"工程，原油年产量在 5000 万吨的台阶上连续稳产 21 年，创出了世界同类油田开发的高水平。西部地区目前正在逐步成为我国石油工业的战略接替地区，开发前景十分喜人。特别是新疆三大盆地，原油年产量由 702 万吨增至 1433 万吨，对全国原油产量的增长发挥了重要作用。

同时，勘探工作取得突破性进展，资源接替状况明显好转，石油工业展现出良好发展前景。五年间累计探明石油地质储量 30 亿吨，特别是去年新探明石油储量 7.3 亿吨，创出了近十年的最高水平，初步扭转了资源严重入不敷出的局面。天然气勘探也取得重大突破，天然气发展进入历史最好时期。

1997-09-11

第一船境外生产的原油运抵国内

新华社北京 9 月 15 日电 （记者索研）来自中国石油天然气总公司的消息说，6 万吨级油轮满载着我国陆上石油系统在境外生产的第一船份额原油今天运抵秦皇岛港。这标志着陆上石油工业进行国际化经营取得新的进展。

近年来，随着国民经济的迅速增长，国内石油天然气需求量增大。于是，参与海外石油资源的勘探开发，与油田所在国分成所产原油，成为补充国内市场需求的有效手段。今天运抵的第一船份额原油是石油天然气总公司从秘鲁塔拉拉油田获得的份额油在当地出售后用所得收入在东南亚购买的原油。这样做，节省了大笔远洋运输开支。

石油天然气总公司从 1992 年开始参与海外石油资源勘探开发，先后在秘鲁、加拿大等国进行一些低风险勘探、开发试验。1996 年以来，已先后在苏丹、委内瑞拉、哈萨克斯坦等国获得石油项目作业权。

几年来，我国也不断开放自己的石油市场。目前国内已有 21 个省区向国际石油公司开放。到今年 8 月底，中国石油天然气总公司已累计与 9 个国家和地区的石油公司或集团签订 36 个石油合同，合同区面积达 40.28 万平方千米，合同总金额近 8 亿美元；与国外签订的石油科技合作项目有 35 个，签订石油合作研究项目 8 个，吸引研究费用近 1 亿美元。

1997-09-15

以气补油将成为我国石油安全战略重要部分

新华社北京 10 月 16 日电 （记者韩振军）大规模开发利用蕴藏丰富的天然气，为我国解决石油需求缺口提供了新的选择。专家认为，从我国天然气资源状况和发展趋势看，天然气将比石油有更大的发展前景，"以气补油"是一个重要的发展方向，并将成为我国石油安全战略的重要组成部分。

中国石油天然气总公司高级顾问王涛在今天闭幕的第十五届世界石油大会上说，加快天然气的开发和利用，既是我国石油工业发展的一项重大战略，也是优化能源结构，保护生态环境，缓解石油供应不足矛盾的一项重大措施。他预计，现在起到下世纪初期，我国天然气工业将进入较快发展时期，天然气在能源消费构成中的比重将提高到 5% 左右。

最近 40 多年来，世界天然气成为成长最快的能源。据统计，1994 年世界天然气产量达 2.69 万亿立方米，在世界能源结构中占 23%。

我国是世界上最早利用天然气的国家，天然气资源储藏量达 38 万亿立方米。但目前探明率仅为 6%，在我国能源结构中仅占 1.7%，这与我国的天然气资源大国地位十分不相称。

据介绍，最近 5 年，我国加快了天然气工业的发展步伐，天然气发展进入历史最好时期，累计探明储量逾 6000 亿立方米，超过新中国成立以来前 42 年的总和，并在陕甘宁盆地中部、四川盆地东部和新疆等地区形成 3 个新的气区。目前，我国陆上和海上天然气年产量共计 201 亿立方米，中国海洋石油总公司明确提出"油气并举，向气倾斜"方针，加大了海上天然气勘探开发的力度。经过努力，南海西部建成万亿立方米大气区的设想正在成为现实。据介绍，我国南海西部大气区海域面积达 12.5 万平方公里，天然气资源总量约占全国天然气总资源量的三分之一，预计 20 世纪末可建成 100 亿立方米的年生产能力。

1997-10-16

我国利用对外合作进行油田勘探开发

本报讯　我国石油天然气工业坚持依靠科技进步，同时利用对外合作和引进技术进行油田的勘探开发成果显著，这是记者从今天在北京召开的"中国 1997 测井评价会议"上获得的信息。

据了解，我国是世界上最早发展和利用石油天然气的国家之一。近 20 年来，我国石油工业发展取得了巨大的成就。为保持国内石油天然气生产稳定增长，中国石油天然气总公司以"稳定东部、发展西部、油气并举"作为加快发展的主旋律，保证了我国油气产量的稳定发展。

我国含油气盆地中油气藏类型丰富多彩，地质储层复杂多样，石油资源大都分布在条件复杂地区和各种复杂的油气藏中，开采难度逐日加大，东部陆上油田增长速度放慢，西部地区资源探明率不到 10%。

中国石油天然气总公司负责人表示，我国石油工业尽管在前进中还会遇到这样和那样的困难，但我们有信心依靠科技进步，利用对外合作和引进技术，进行现代油田的勘探和开发。其中与法国斯伦贝谢公司的测井服务合作已有 17 年，测井服务 1800 个井次，近两年来，已在新疆、胜利、四川、塔里木等油田见到了很好的地质成果。

这次由中国石油天然气总公司和斯伦贝谢公司共同举办的会议，将展示陆上几个主要盆地测井信息、资料，提高对油气储层的认识，丰富和发展油气勘探理论和技术。

1997–11–19《人民日报》

中国石油总公司在委接管中标油田

新华社圣托梅（委内瑞拉）2月26日电 （记者金沈俭）中国石油总公司25日正式接管去年6月在委内瑞拉中标的卡拉科尔油田。

交接签字仪式在油田所在地、委内瑞拉东部安索阿特吉州的圣托梅举行。委石油公司代表、地区经理莫雷诺和中国石油总公司驻委分公司总裁王明才出席了签字仪式。双方除签署《同意接管油田协议》外，同时还签署了《同意开始进行作业协议》和《投产协议》。根据协议，中方接管油田后将立即着手石油开采和生产。

莫雷诺指出，中国石油总公司正式接管卡拉科尔油田，标志着中委两国在能源领域的合作进入了一个新的里程，同时有利于提高委石油产量，促进地区发展。

王明才表示，中国石油总公司有能力管理好油田。他真诚希望中委双方通力合作，经营世界一流的油田。

卡拉科尔油田总面积257平方公里，目前只有30口油井进行作业，日产石油2100桶。中国石油总公司将在年内开15口新井，同时修复和重新启用84口旧井。预计，到今年年底石油日产量将提高到1.05万桶。

过去，委内瑞拉的石油勘探、开采、提炼、生产和销售全部由国家石油公司控制。近年来，由于国际市场竞争日益激烈和国内经济不景气，委石油公司不得不探索新的发展途径，利用招标方式将一些废旧或边缘闲散油田承包给国内外石油公司，以恢复和维持这些油田的生产。

在1997年6月委内瑞拉举行的第三轮开采和生产石油招标会上，18家独资或合资公司获得了19块油田的开采与生产权。卡拉科尔油田是中国石油总公司当时中标获得开采和生产权的两块油田中的一块。

1998-02-27

塔里木成为我国原油产量增幅最大地区

新华社乌鲁木齐 3 月 30 日电 （记者王伯瑜）据新疆三大油田协调处提供的消息，塔里木探区去年采出原油 420 万吨，比上年增加 110 万吨，在全国陆上 21 个油气田中增产幅度最大。

面积为 56 万平方公里的新疆塔里木盆地，蕴藏着 192 亿吨油气资源，被称为中国石油工业的"希望之海"。经过最近 8 年大规模的石油勘探开发会战，相继发现了轮南、牙哈、塔中四号和玛扎塔格等 11 个大中型油气田，同时还找到一批可望扩展成油气田的高产井区，累计探明和控制石油天然气地质储量 5 亿多吨。

现在，塔里木探区的油气开发生产已达到一定规模，初步形成了 500 万吨的原油年产能力。通过严格的作业管理，几个主力油田都实现了稳产高产。轮南油田已连续五年稳产 100 万吨，东河塘油田地层压力下降的局面得到控制，桑解油田的产量稳中有升。到去年底，塔里木探区已累计生产原油 1500 万吨，成为全国陆上第七大油田。

在加快探明油气资源的同时，塔里木探区还兴建了一大批采油、集油和天然气回注等油田开发配套工程，铺设了五条总长达 1300 多公里的输油管道，使原油外输畅通无阻。到 20 世纪末，塔里木探区的原油年产量将突破 500 万吨。

1998-03-30

四川盆地发现又一大型天然气田

新华社成都7月14日电 （毛朝敬 刘家俊）中国石油天然气总公司勘探局新区勘探事业部和四川石油管理局联合勘探，在四川开江一带发现一个新的大型天然气田。

据四川石油管理局介绍，6月中旬，我国石油天然气系统的地质专家对开江气田的勘探成果作出评价：开江将是四川盆地又一个大气田，已获得各级天然气储量近900亿立方米，测出资源总量逾2600亿立方米。

开江气田位于四川盆地东部，东西长约110公里，南北宽约45公里，总勘探面积达4500平方公里。80年代初，我国就开始了对开江地区的勘探。从1993年3月起，中国石油天然气总公司勘探局新区勘探事业部和四川石油管理局实行联合勘探后，进一步加快了勘探进程。他们在勘探中运用多种新技术新方法，大幅度提高了地质构造的解释精度；同时积极开展地质研究，有效揭示出了这个大型气田的成藏条件和富集规模，为深化勘探、优化区块提供了理论依据。

经过多年勘探，他们已在这一地区获得工业气井11口，测试日产气量共500立方米。勘探单位在这里还发现了5个储集层系，9个气藏，气藏丰度高；证实了7个含气构造，4种圈闭，圈闭类型好。这些都证明开江气田是具有广阔前景的高产、高效大型天然气田。

1998-07-14

增强国际竞争力的重要步骤

新华社记者　傅刚　丁坚铭

中国石油天然气集团公司和中国石油化工集团公司日前宣布成立。按照市场原则重新配置几千亿元的工业资产和几百万人的劳动力资源，这在我国工业发展历史上还是不多见的。

石油和石化是重要的基础产业，在国民经济中占有重要地位。"中国石油"和"中国石化"的前身为中国石油天然气总公司和中国石油化工总公司，是我国两家资产超过 3000 亿元的巨型工业企业。据 1997 年的统计，"中国石油"的销售收入 1600 多亿元，实现利税 331 亿多元；"中国石化"的销售收入 2100 多亿元，实现利税 290 多亿元。

近年来，世界经济一体化的趋势日益明显，不少跨国公司进入了我国市场。我国的许多石油、石化企业感受到外国石油公司巨大的竞争压力，可以说当今的国际石油竞争已经国内化了。在这种情况下，我国的石油、石化企业有必要进行战略性重组，以提高在国际市场上的竞争力。

经济专家们指出，一个国家经济发展的水平和方向，取决于其产业结构是否合理；而经济实力则取决于大企业的状况。当前，推动我国国民经济发展的一项重要而紧迫的任务是，通过市场力量优化产业结构，培育具有国际竞争力的大企业。

八十年代初，我国对石油、石化工业管理体制进行过一次大的改革，组建了"中国石油"和"中国石化"，在当时有力推动了石油、石化工业的发展。但是，随着经济体制改革的深化，我国石油、石化企业的生产、加工和销售还存在互相分割的矛盾，比如石油的勘探、开发大部分归中国石油天然气总公司，少量在地质部门；石油的加工、乙烯、有机化工等大部分归中国石化总公司，少部分在化工部、纺织部、轻工部和一些地方政府。

这种人为分割上游、下游的状况，导致企业的重复建设和盲目生产，难以形成合理的价格和有序竞争的市场。

当前，国际上的石油、石化企业大多是上游、下游一体化，生产和销售一体化，内贸和外贸一体化，如埃克森公司、壳牌公司和ＢＰ公司等。而在我国，以往的石油企业不能进入成品油终端销售，石化企业没有原油、成品油进出口自主权，给生产经营造成了种种弊端，导致企业无法针对市场变化做出及时反应，削弱了企业的竞争力。

国务院针对这种情况，将化学工业部、中国石油天然气总公司、中国石油化工总公司的政府职能合并，组建国家石油和化学工业局，由国家经贸委管理；化工部和两个总公司下属的油气田、炼油、石油化工、化肥、化纤等石油与化工企业以及石油公司和加油站，按照上下游结合的原则，分别组建两个特大型石油、石化企业集团公司和若干大型化肥、化工产品公司。

重组后的"中国石油"和"中国石化"，从体制和机制上解决了多年解决不了的问题。两家公司都是国家授权投资的机构和国家控股公司。集团公司与直属企业是母子公司的关系；同时，实行政企分开，集团公司不再具有政府行政职能，成为真正的经济实体。

从经营范围上讲，"中国石油"侧重经营石油、天然气的勘探、开发业务，同时经营石油化工业务，"中国石化"侧重经营石油化工业务，同时经营石油、天然气的勘探、开发业务。为此，国务院将"中国石油"和东联石化集团公司的一些石油、石化企业和成品油销售企业，以及一些地方的石油公司及下属的石油公司和加油站划归"中国石化"；同时，将"中国石化"和吉化集团的一些石化和成品油销售企业，以及一些地方的石油公司及下属的石油公司和加油站划归"中国石油"。此外，还赋予两家公司充分的原油、成品油进出口自主权。

从经营管理体制上讲，两家公司实现了石油和石化上游、下游一体化，生产和销售一体化，以及内贸和外贸一体化。集团公司是决策中心，直属企业是利润中心，基层单位是成本中心，这为两家国有大企业依法自主经营创造了有利条件。

重组后的"中国石油"，按照油气储量、产量、炼制能力等多项指标评价，在世界石油公司 50 强中可居于前 10 名。在石油、天然气资源方面，这家公司拥有探明的石油、天然气地质储量，占我国陆上油气资源的 74%和 93%以上；同时，年产原油 1 亿多吨、天然气 148 亿立方米；另外，还拥有原油加工能力 1 亿吨，大约占我国原油加工能力的 45%。

在勘探开发技术领域，"中国石油"拥有一批具有世界先进水平的实验室和专家队伍，形成了一套适合于我国地质特点的陆相石油地质理论体系和工艺技术系列，其中三维地震技术、定向钻井技术、大型砂岩油田注水开发技术等，已达到和接近国际水平。重组后的"中国石化"，在石油化工和成品油销售方面具有较强的优势。比如，这家公司的原油加工能力占我国的 52%以上，乙烯生产能力占我国的 55%以上，合成纤维原料生产能力占我国的 71%以上，合成橡胶生产能力占我国的 61%以上；同时，在合成树脂、有机化工原料和化肥生产能力方面，这家公司也具有优势。

据权威人士分析，这次"中国石油"和"中国石化"的重组，对优化资源配置和产业结构调整，进一步理顺石油流通体制和价格形成机制，形成统一开放和竞争有序的石油市场，以及提高我国石油、石化企业的国际竞争力，将产生巨大而深远的影响。

1998-07-27

嫩江溃堤 洪水肆虐 27 万军民奋力保油田

新华社大庆 8 月 17 日电 （记者解国记 刘荒）8 月 14 日至 16 日，嫩江大庆境内的拉海、胖头泡、马场坝相继溃决，洪水直逼大庆油田。为了保卫我国最大的石油生产基地，现在 27 万军民正昼夜奋战在抗洪一线。

据介绍，截至 16 日 20 时，大庆油田已被淹泊井 1200 多口，关井 527 口，影响产量 7000 吨左右。根据洪水来势，情况可能还会进一步恶化。记者在肇源县抗洪前线了解到，新站至肇源农场段、新站至古龙段公路已被冲断，洪水直接危及大庆油田采油七厂、采油九厂、采油十厂和头台油田。

与此同时，内涝也形成严重灾害。其中黑鱼泡水库甚危，一旦垮坝，将直接淹没大庆油田采油一厂、采油三厂、采油六厂的部分油区，影响全油田产量四分之一以上。

为拦截洪水进入大庆油田和市区，指挥部立即调动抗洪大军，首先在胡吉吐莫镇抢筑堤坝，阻截拉海、马场坝下来的洪水；在新站、古恰乡抢筑第二、第三道防线，阻截从胖头泡下来的洪水。目前，胡吉吐莫堤抢险力量达 9000 多人，机械 100 多台（套），筑堤工程已近尾声；新站堤坝初步计划今晚合龙，古恰堤坝正在集中力量，调运物资，加紧抢筑。

抢险队伍中，有苏宁生前所在部队官兵，有刚刚完成保卫齐齐哈尔市战斗任务的勇士和大批预备役官兵。大庆油田、大庆石化总厂也调集大批机械和队伍参战。他们不顾疲劳，连续作战，涌现出许多可歌可泣的动人事迹。

在抗洪抢险战斗中，社会各界纷纷捐钱捐物，干部群众积极支援一线，灾民自发为前线送水送饭，使前线抗洪勇士受到极大鼓舞，纷纷表示要誓死保卫大庆油田。

1998-08-17

我国东部原油流向实现战略调整

新华社青岛 10 月 12 日电（工人日报记者金江山 新华社记者李晓建）从今年 9 月起，从青岛市黄岛油港上岸的原油，通过管道源源不断地输送到齐鲁石化公司，使中国石油化工集团公司组建后提出的"优化原油资源配置，合理调整原油流向"的资源战略进入实施阶段。

此次管道运输流向调整，涉及这个集团公司所辖胜利输油公司管理的 5 条输油管道，总长 900 公里。为这次原油流向的调整，新建了山东东营至临邑输油复线、广饶至齐鲁输油管道，对东营至黄岛输油管道进行了技术改造，使东部地区的原油，可以运输到华东、华北、中南地区各炼油石化企业，而且在国内首次实现了进口原油的管道运输。

近日这 5 条输油管道同时投产，在国内管道运输史上尚属首次。在复杂的操作工艺面前，显示了石化管道人的高超技艺和顽强精神。到记者发稿时止，管道运输流向调整工作全部结束，使中石化集团在组建后以效益为中心的"优先利用国内原油，适度进口国外原油，统筹安排国内外两种原油"、"原油资源配置向效益好的企业倾斜"的指导思想得以实现，为中国石油化工集团公司实现资源战略调整，取得长久经济效益奠定了坚实的物质基础。

1998-10-12

中国石油天然气管道局 20 年成绩斐然

　　新华社北京 12 月 23 日电 （贾奋勇　王永军）记者从中国石油天然气总公司获悉,改革开放 20 年来,我国石油管道事业不断发展壮大。20 年间,我国唯一的国家级输油管道建设经营企业中国石油天然气管道局累计实现主业销售收入 339.7 亿元,实现利税 115.5 亿元,是国家同期投入的近 4 倍。

　　管道局是一家特大型国有企业,1997 年与 1978 年相比,它的总资产由 14.9 亿元增加到 123.2 亿元,增长了 7 倍多。到目前为止,全局初步形成了管道的勘察设计、工程施工、油气储运、科技开发、职工培训和特种技术服务的主导产业链,在全国综合运输体系中占有了重要地位,为我国石油工业发展和国民经济做出了贡献。20 年来,管道局管道勘察设计能力和水平在国内保持了领先地位,年施工能力由改革开放初的几百公里提高到目前的 2500 公里,累计建成长输管道近万公里,建设大中型储油罐 370 多座近 400 万立方米。近年来管道局坚持"完善油网,发展气网,延伸主业"的方针,不仅承包了多条国内油气管道的运行管理,而且探索出合资经营管道的成功路子。1997 年与 1978 年相比,全局运行管道由 3500 公里增加到 6240 公里,年输油能力由 8740 万吨增加到 11230 万吨,储油能力由 289 万立方米增加到 360 万立方米。年输油周转量由 377 亿吨公里提高到 493 亿吨公里。20 年来,全局累计输油 14.14 亿吨,输气 34 亿立方米。每万吨公里燃料油单耗由 84.8 千克下降到 53.8 千克,电单耗也有了大幅度下降。

　　目前,管道局正在抓住世纪之交的历史机遇,加快发展,力争再经过 5 年左右时间,把管道局建设成为具有较强实力的、国际化经营的管道公司,跨入世界管道公司行列。

1998-12-23

从"死亡之海"到"希望之海"
——纪念塔里木石油会战 10 周年

新华社记者王伯瑜　张先国

百年以前的一个春夜，瑞典地理学家斯文·赫定从新疆塔克拉玛干沙漠中爬行出来，九死一生的经历令这位著名的探险家刻骨铭心。他悲怆地说："这是人类无法涉足的死亡之海！人类征服不了塔克拉玛干！"

百年之后的今天，身着红色信号服的中国石油工人，连年征战在"死亡之海"，铸造起了一座创业丰碑。在形同海涛的流沙之上，高高的钻塔竖起来了，花木扶疏的绿洲造出来了，横贯南北的沙漠公路打通了。机器的轰鸣，人们的欢歌笑语，还有动听的鸟鸣，这一切，让素有"生命禁区"之称的塔克拉玛干沙漠显露出复苏的生机。

"死亡之海"，闪耀着石油之光。这是一个人间奇迹，一个伟大壮举。

艰难的找油史

塔里木盆地一望无际的戈壁沙漠，曾吸引中外地质学家竞相前来探秘。早在 1928 年，参加中国—瑞典西北考察团的我国地质学家袁复礼和丁道衡，就曾骑着骆驼在盆地周边作过探险式考察，留下了塔里木石油地质调查的第一行脚印。他们发掘出大量的古脊椎动物化石，发现了大面积适宜于油气生成和聚集的海相沉积地层，并撰写了论文，对这里的地质构造、地层分布和油苗显示作了论述，这在当时的中国地质学界引起了轰动。

此后 10 余年间，塔里木科学考察掀起热潮。中国、瑞士和苏联的著名地质学家谢家荣、黄汲清、关士聪、埃克利·诺林与赫米居里等人，还有我国中央地质调查所及其西北分所的专家们，接踵而来。他们分别调查了盆地边缘的数十处油苗显示区，编制了多种图幅和报告，证实塔里木是一块宝地，蕴藏着石油资源。

尽管那时的塔里木石油勘探，只限于一部分油苗显示地区的线路性普查和踏勘性调查，尚未布井打钻。然而，地质界先辈的铁锤既已敲响，石油勘探的步伐既已迈出，这片戈壁沙漠也就如同从梦中醒来，一步一步走向黎明。1950 年中苏石油股份公司成立，塔里木西北部 9.35 万平方公里作为我国投资，划归其勘探活动的区域之中。第二年，公司即在这里的沉积岩分布地带，开展了航空测量、地球物理和岩芯钻探等综合性石油地质勘探工作，先后打成 7 口探井，均未见到工业油气流。

中苏石油股份公司移交给我国政府后的 1958 年，新疆石油管理局在盆地边缘的喀什、库车和雅克拉一线开辟了探区。当年 10 月，部署在库车依奇克里克地区的一口探井喷出原油，塔里木第一个油田从此诞生。

这个重要发现激励着找油的人们。从那时起到 1987 年，原石油工业部和地质矿产部调兵遣将，向塔里木发起一次又一次冲锋。在漫长的 30 年中，几代石油职工前仆后继，顽强奋战，艰苦搜寻着地下油藏，续写塔里木找油历史的篇章。但是，囿于当时的历史背景、地质认识和装备能力，塔里木只发现了柯克亚、雅克拉和轮南等 3 个中型油气田，没有取得实质性的重大突破。

一部塔里木盆地的找油史，乃是数十年来石油地质工作者付出心血以至生命的积累。在 50 年代的石油勘探中，一批年轻的地质技术人员甚至献出了生命。

一份可喜的答卷

塔里木盆地重新开展大规模的石油勘探，是在 1989 年。那时，党中央和国务院针对陆上石油工业后备资源不足的问题，作出"稳定东部，发展西部"的重大决策，批准了中国石油天然气总公司的报告，要求在塔里木探区推行新的管理体制，采用新的工艺技术，打一场高水平和高效益的石油会战，尽快找到高产富集的大型油田。1989 年 4 月 10 日，塔里木石油勘探开发指挥部在新疆库尔勒市正式成立，我国石油工业的世纪之战拉开序幕。

这一年，中国石油天然气总公司从全国各大油田调集两万多人，以及相应的专业技术设备，挥师西进，在广袤的戈壁沙漠中摆开战场。从此，塔里木石油勘探进入了更加活跃而富有成效的阶段。

经过 10 年的物探和钻探，神秘莫测的塔里木盆地，以更清晰、更富有吸引力的面貌呈现在人们眼前。石油地质工作者利用先进设备和高新技术，基本查清了塔里木的地质结构，确定了一些被称作凹陷的生油地带和被称作隆起的油气聚集地带，对盆地的构造发育史、沉积史和演化史作了深入研究，选择了油气勘探的主攻方向。目前的主攻方向，是库车、轮南、塔中和玛扎塔格等几个面积广大的油气资源富集区。

石油大军鏖战 10 年，塔里木油气勘探开发高潮迭起，成果累累。

继储量规模超过亿吨的轮南油田群探明之后，我国目前产能最大的沙漠油田——亿吨级地质储量的塔中油田群宣告诞生。而作为塔里木油气勘探的又一项历史性突破，便是克拉苏和依奇克里克两个大气田的发现。1998 年春天，克拉苏二号探井日产 68 万立方米和依南二号探井日产 22 万立方米的强大气流，相继从 3500 米以下的地层深处喷射而出。目前，这两个气田已初步预测含气面积 130 多平方公里，控制和预测天然气储量 3490 多亿立方米，成为国内罕见的规模大、丰度高和产能强的整装大气田。迄今为止，会战队伍已在东至塔中潜山、西至曲库恰克、南至柯克亚、北至大宛齐的 30 多万平方公里范围内，陆续探明 14 个整装油气田，还发现了 40 个工业性含油气构造，累计探明和控制含油气面积 1000 多平方公里，探明和控制石油天然气地质储量 8.6 亿吨。其中已经投入开发的 8 个油田，初步形成了 500 万吨原油年产能力，10 年累计采出原油 2000 万吨。这些勘探开发成果表明，塔里木已成为我国石油工业增加储量和产量的重要地区。

曾经令人望而生畏的"死亡之海"，今天跳动着时代的脉搏。

中国石油工业的希望

塔里木盆地石油勘探开发会战，是寻找我国石油工业后备资源的重大战略行动。

专家们说，全世界石油勘探开发的历史证明，大盆地生成大型油气田，小盆地生成小型油气田。面积为 56 万平方公里的塔里木盆地，比大庆油田所在的松辽盆地大 30 万平方公里，比胜利油田所在的渤海湾盆地大 36 万平方公里。经过地质学家用多种方法测算，塔里木盆地蕴藏的石油和天然气资源量，分别高达 108 亿吨和 8.4 万亿立方米，约占全国陆上油气资源总量的七分之一和四分之一，两者折合石油当量 192 亿吨，被称为中国石油工业的"希望之海"。在这个全国最大的含油气盆地建立能源接替区，是我国石油工业发展的必然选择。

10 年勘探成果一再证实，塔里木具备着形成高产富集大油田的地质条件。在 30 多万平方公里的探区内，会战队伍已经发现了众多的油气田或出油井区，同时在上至第三系、下至震旦系的 10 套地层中，分别钻获工业油气流和油气显示，说明塔里木盆地横向和纵向的油气分布都很广泛。

专家们还对国内外巨型油气田的发现过程及成功经验作了深入研究，认为诞生过世界级油气田的 10 个有利部位，如大型古隆起、大型古潜山和大型断裂带等，塔里木盆地已找到了 7 个，人们企盼的那种大型油气田，很有可能在这些部位上展现。他们满怀信心地说："塔里木正处在油气大发现的前夜。会战大军正向预期目标步步逼近！"

当然这场会战的复杂性和艰巨性也是显而易见的，是中国石油工业史上任何一次会战都无法比拟的。塔里木盆地三分之二被沙漠覆盖，终年狂风肆虐，沙尘弥漫，地面环境特别恶劣。而黄沙之下的巨厚沉积地层，经过亿万年间持续不断的地壳运动，已变得支离破碎，零乱不堪。相应地，人们对油气生成、运移、聚集和保存的规律，在短期之内也就难以彻底摸清，因而寻找大油田不能急于求成。

塔里木石油勘探开发，是一项跨世纪的宏大工程，也是一道世界级难题。可以预见，新世纪的中国石油地质之光，将在塔里木盆地冉冉升起。

1999-04-07

我国承担的最大海外工程管道穿越尼罗河成功

新华社北京 4 月 19 日电　（工人日报记者金江山　新华社记者李晓建）记者从中国石油天然气集团公司获悉，我国承建的非洲目前最长输油管道的尼罗河穿越工程，于 4 月 13 日夜顺利完成，为管道工程的按时完工创造了条件，同时也为中国石油管道建设者在国际管道建设市场上树立了良好形象。

全长 1560 公里的苏丹管道建设工程，是在数 10 家国际管道建设公司的激烈竞争中，由中国石油天然气集团公司和中国石油天然气管道局联合竞标成功的。工程总投资 2.9 亿美元，是我国承担的最大海外工程。能否按时完成对世界第二大河流——尼罗河的管道穿越，是这项国际工程成败的关键。

承担穿越尼罗河工程的是中国石油天然气管道第三工程建设公司。他们掌握着世界一流的水平定向穿越技术，在国内曾多次穿越黄河，并穿越过黄浦江、松花江、东江等几十条大江河，积累了丰富的穿越经验。

此次尼罗河穿越，中国石油管道工人仍感到了难度。管道穿越长度为867 米，地下砂岩就有 600 多米，还有近 70 米的砾石层。复杂的地质使工程增加了难度。1998 年 12 月 16 日，他们用 R M－220 型水平定向钻钻入10 米河床下，再抬头平行钻进，昼夜奋战 4 个月，经过几次扩孔回拖，于4 月 13 日夜成功完成尼罗河的管道穿越，得到了业主嘉奖，保证了苏丹管道工程 4 月 30 日按时完成机械施工任务。

1999－04－19

清理整顿小炼油厂规范原油成品油流通秩序

新华社北京 5 月 28 日电 （记者韩振军）国家经贸委等十部门今天联合召开全国电视电话会议，要求对小炼油厂进行清理整顿，规范原油成品油流通秩序。

据统计，截至 1998 年底，我国共有各类炼油厂 220 个左右，其中年加工能力在 100 万吨以下的小炼油厂 166 个，占炼厂总数的 76%。小炼油厂的盲目发展，加剧了我国炼油工业生产能力过剩和布局不合理的矛盾；由于小炼油厂规模过小，多数生产技术落后，产品质量差，浪费资源，污染环境；有些小炼油厂还以进口燃料油为名变相走私；一些地区的非法采油和土法炼油屡禁不止，危害严重。

据了解，这次清理整顿小炼油厂和规范原油成品油流通秩序的范围是：没有采矿许可证的采油场点和各类土法炼油设施和场点，依法一律予以取缔；对《国务院关于严格控制扩大炼油生产能力的通知》下发后，擅自新建，未列入 1998 年国家原油分配计划的小炼油厂，包括加工进口燃料油的小炼油厂，必须在规定期限内关闭；对《通知》下发前建设、已列入 1998 年国家原油分配计划，但污染物排放和产品质量不符合国家标准，2000 年 1 月 1 日起不能全部生产 90 号及 90 号以上无铅汽油的小炼油厂，必须在规定期限内关闭。未经国务院批准的拟建和在建的小炼油厂必须立即停止建设，已建成的不得开工生产。

此外，要取消不具备条件的成品油批发和零售企业的经营资格，规范成品油流通秩序。国内所有油田生产的原油和进口的原油，要全部纳入统一配置，国内各炼油厂生产的汽油、煤油、柴油由中国石油集团、中国石化集团集中批发。

1999-05-28

大庆纪念油田发现 40 周年　国务院致电祝贺

本报讯 大庆石油管理局 3000 名职工在大庆油田体育中心集会，纪念大庆油田发现 40 周年。国务院专门发来贺电，向大庆油田广大干部职工表示热烈祝贺和亲切慰问。1959 年 9 月 26 日，以松辽盆地第三口基准井——松基三井喜喷工业油流为标志，一个源于石油、取之国庆的大油田——大庆油田诞生了。大庆油田的发现，改写了中国石油工业的历史，彻底甩掉了中国"贫油"落后的帽子，此后又创造了世界同类油田开发史上的奇迹，为国民经济发展做出了卓越的贡献。

大庆油田发现 40 年来，累计为国家生产原油 15.5 亿吨、天然气 705.9 亿立方米，原油产量占全国同期陆上总产量的 47%；累计向国家和地方财政上缴各种资金 2214 亿元，是国家总投资的 44 倍；累计为国家出口原油 3.44 亿吨，创汇 482 亿美元。经过几代创业者的共同努力，大庆油田已实现连续 24 年年产原油 5000 万吨以上的持续高产稳产，建成了我国最大的石油工业基地，形成了一整套陆相石油地质理论和非均质大型砂岩油田地质开发理论及工程技术系列，初步建成了功能配套、环境优美的新型矿区。

国务院在贺电中指出，40 年来，大庆油田广大干部、职工以马克思列宁主义、毛泽东思想、邓小平理论为指导，艰苦创业，拼搏进取，形成了以"爱国、创业、求实、奉献"为突出特征的大庆精神、铁人精神，并连续 24 年保持年产原油 5000 万吨以上水平，为我国石油工业的崛起和国民经济发展做出了重大贡献，成为我国工业战线的一面红旗。大庆油田开发建设 40 年取得的成就，是我国社会主义现代化建设事业蓬勃发展的生动例证。它充分证明了社会主义制度充满了巨大的生机和活力，国有企业和工人阶级在我国社会主义建设事业中发挥着不可替代的主导作用。

1999-09-25 《人民日报》

新中国第一个石油工业基地——玉门油田

新华社记者　马维坤

　　戈壁腹地，祁连山下，坐落着中国石油工业的"摇篮"——玉门油田。1957 年 12 月，新中国宣布第一个石油工业基地在这里建成以来，玉门油田便作为中国石油工业的大学校、大试验场、大研究场所，担负起了"出产品、出人才、出经验、出技术"的历史重任，为中国石油工业的发展做出了重大贡献。

　　为了振兴民族石油工业，1953 年到 1957 年，国家集中力量加快新中国第一个石油工业基地建设。玉门油田迅速成长壮大为一座集地质勘探、钻井、采油、炼油、机械制造、油田工程建设、石油科技、教育等为一体，门类齐全、设施完备的大型现代石油工业基地。1957 年，玉门油田的原油年产量达 75.54 万吨，占当年全国石油总产量的 87.78%。与此同时，玉门油田义不容辞地担负起了支援国家新油田建设的历史重任。据统计，自 50 年代以来，玉门油田仅千人以上的人员大调出就有近 20 次，先后向全国 50 多个石油、石化、地矿单位输送骨干力量近 10 万人，各类精良设备 4000 多台套。

　　玉门油田开发伊始，便坚持不懈地探索新工艺、新技术，使自己始终处于振兴民族石油工业的技术前沿，一直保持着一类高效油田的开发水平。继 1980 年至 1990 年玉门油田实现连续 11 年稳产原油 50 万吨的目标后，1991 年至今，玉门油田已连续 9 年稳产原油 40 万吨，创造出老油田稳产高纪录。玉门油田创造的综合治理、科技兴油经验，推广到大庆、胜利、克拉玛依等各大油田后，收到了显著的增产、稳产效果。

　　今天，面对石油资源行将枯竭，玉门人又重新树起了"二次创业，再造辉煌"的旗帜，确定了以勘探开发为基础、炼化销售为主导、多元开发为支柱的三大发展战略。在贺兰山以西、敦煌以东、祁连山以北，中蒙边界以南50万公里的区域里，玉门人摆开了找油的战场。经过多年的地质调查，玉门油田已在甘肃西部发现了30个大小沉积盆地，估算总资源量达16.71亿吨，展示了甘肃西部油气勘探的广阔前景。1997年下半年以来，玉门油田相继在酒西盆地的柳102井和窿101井喜获高产工业油流，实现了油田近10年来勘探储量零的突破。

担负玉门油田未来发展重任的玉门油田炼油化工总厂，经过多年建设改造，到1997年已成为拥有31套炼油化工装置，可生产13大类、160多种石化产品，年加工能力达400万吨的现代化工企业。以西北、西南、华北、中原四大销售公司为基地，玉门的石化产品已辐射全国。自"八五"至今，玉门炼化总厂已累计向国家上交税收22亿多元，成为甘肃省第三利税大户。作为新的经济增长点，玉门油田的多元经济开发近年来迅速壮大成长，到1998年底，油田多元开发从业人员达3585人，拥有固定资产1亿多元，产品发展到7大类46个品种。形成了农、林、牧、副、渔、工、商、运输、服装、建筑十大行业齐头并进的良好局面，撑起了油田未来发展的"半壁江山"。

1999-09-29

塔里木

——中国石油工业的"希望之海"

新华社记者 王伯瑜

天山在北，昆仑在南，两山挟持之地，便是我国面积最大的盆地塔里木。随着 20 世纪最后一场石油大会战的推进，这里正在变成富有生机的人类家园。

艰难的找油史

早在 1928 年，我国地质学家袁复礼和丁道衡就曾在盆地周边作过探险式考察。他们发现了大面积适宜于油气生成和聚集的海相沉积地层，并撰写了论文或专著，对这里的地质构造、地层分布和油苗显示作了论述。

此后十余年间，中国、瑞士和苏联著名地质学家，以及我国中央地质调查所及其西北分所的专家们接踵而至。他们分别调查了盆地边缘的数十处油苗显示区，编制了多种图幅和报告，证实塔里木是一块宝地，蕴藏着石油资源。

地质界先辈的铁锤，敲醒了塔里木千古睡梦。1950 年中苏石油股份公司成立，塔里木西北部 9.35 万平方公里作为我国投资，划归其勘探活动的区域。第二年，公司即在这里的沉积岩分布地带，开展了航空测量、地球物理和岩芯钻探等综合性的石油地质勘探工作，先后打成 7 口探井，均未见到工业油气流。中苏石油股份公司移交给我国政府后的 1958 年，新疆石油管理局在盆地边缘的喀什、库车和雅克拉一线开辟了探区。当年 10 月，部署在库车依奇克里克地区的一口探井喷出原油，塔里木第一个油田从此诞生。

从那时起到 1987 年，几代石油职工顽强奋战，续写着塔里木找油史。

但是，囿于当时的历史背景、地质认识和装备能力，塔里木只发现了柯克亚、雅克拉和轮南 3 个中型规模的油气田，没有取得实质性的重大突破。

一部塔里木的找油史，是数十年来石油地质工作者付出心血以至生命的积累。在五十年代的石油勘探中，一批年轻的地质技术人员献出了生命，其中戴健、李越人和李乃君等刚刚走出校门的地质员，殉职时年仅 22 岁。尤其令人难忘的是，五〇五地质队长黄豪率领 32 人，带着驮载给养的骆驼，一年之内九进九出塔克拉玛干沙漠，完成了九条地质剖面，首次打破了沙漠腹地"进去出不来"的人间神话。

一份可喜的答卷

1989 年春天，党中央和国务院针对陆上石油工业后备资源不足的问题，作出"稳定东部，发展西部"的重大决策，要求在塔里木探区打一场高水平和高效益的石油会战，尽快找到高产富集的大型油田。4 月 10 日，塔里木石油勘探开发指挥部在新疆库尔勒市正式成立。

同年，原中国石油天然气总公司从全国各大油田调集两万余人，挥师西进，塔里木石油勘探进入了更加活跃而富有成效的阶段。

石油地质专家利用先进设备和高新技术，基本查清了塔里木的地质结构，确定了一些被称作凹陷的生油地带和被称作隆起的油气聚集地带，对盆地的构造发育史、沉积史和演化史作了深入研究，选择了油气勘探的主攻方向。目前的主攻方向是：库车、轮南、塔中和玛扎塔格等几个面积广大的油气资源富集区。

塔里木油气勘探高潮迭起，取得了一系列重大成果。继储量规模超过亿吨的轮南油田群探明之后，目前全国产能最大的沙漠油田——亿吨级地质储量的塔中油田群宣告诞生。而作为塔里木油气勘探的又一项历史性突破，便是克拉苏和依奇克里克两个大气田的发现。1998 年春天，克拉二号探井日产 68 万立方米和依南二号探井日产 22 万立方米的强大气流，相继从 3500 米以下的地层深处喷射而出。今年，这两个气田已初步预测含气面积 130 多平方公里，控制和预测天然气储量 3490 多亿立方米，成为国内罕见的规模大、丰度高和产能强的整装大气田。迄今为止，会战队伍已在东至塔中潜山、西至曲库恰克、南至柯克亚、北至大宛齐30多万平方公里范围内，陆续探明14个整装油气田，还发现了40个工业性含油气构造，累计探明和控制含油气面积1000多平方公里，探明和控制石油天然气地质储量8.6亿吨。其中已经投入开发的8个油田，初步形成了500万吨年产能力，十年累计采出原油2000万吨。这些勘探开发成果表明，塔里木已成为我国石油工业增加储量和产量的重要地区。

塔里木石油会战在改革大潮中展开，从一开始就借鉴国际石油工业通用的组织管理模式，全面推行了一套用人少、效率高的新型管理体制，为我国大型建设项目的组织管理创造了一个成功范例。十年来，探区的工作量虽然逐年增加，但职工队伍始终控制在两万人以内，使95%以上的投资直接用于勘探开发和油田建设，获得了较好的经济效益。去年，探区全员劳动生产率高达70万元，居全国各油田首位。

南疆迈向工业文明

南疆人民今天以拥有石油化工产业体系而自豪。

环绕塔里木盆地的巴音郭楞、阿克苏、克孜勒苏、喀什与和田，习惯上被称为南疆五地州，国土面积105万平方公里，人口740万，其中八成左右是从事种田养畜的维吾尔族农民。新中国成立以来，南疆各族人民团结奋斗，开辟绿洲，建起了全国重要的农业生产基地。然而由于地广人稀，交通不便，这里工业经济发展缓慢，基础相当薄弱。

石油开发加快了南疆工业化进程，在绿洲农田之外造就出一片片"油洲"。八十年代柯克亚油田投入开采，泽普石油化工基地随之崛起于昆仑山下，和田、喀什与克孜勒苏三地州，不再远程调运氮肥、汽油和液化气。九十年代石油会战打响以后，库尔勒、库车和轮台的戈壁荒原，相继矗立起一座座石油化工城。目前，南疆氮肥年产能力已达115万吨，原油一次加工能力已达300万吨，还有一批尿素、碳黑、甲醇、乙炔、合成橡胶及燃气发电等重大工程，正按照总体规划，分步实施。

1999-10-15

中国石油天然气集团公司实行重组

新华社北京 11 月 6 日电 中国石油天然气集团公司今天宣布成立新公司——中国石油天然气股份有限公司（"中国石油"）。这家重组成立后的新公司，主要从事石油勘探与生产、石油炼制与销售、石油化工与销售、天然气与管道等业务。

重组后，中国石油天然气集团公司把公司所有与以上业务有关的资产注入新公司，集团公司保留提供工程技术服务的资产和业务。"中国石油"将成为我国最大的原油和天然气生产商，并将发展成为世界级的油气公司。新公司拥有丰富的油气资源开采权，生产和加工多种石化产品，拥有庞大的分销网络，运营和管理全国绝大部分油气管网。在油气行业具有多年工作经验的马富才、黄炎分别被任命为董事长、总裁。

据悉，中国石油天然气集团公司原辖下已经上市的子公司吉林化工（已于香港、美国和内地上市），已经通过集团公司转入"中国石油"。集团公司持有的已在内地上市的辽河金马油田股份有限公司、锦州石化股份有限公司、甘肃三星石化（集团）股份有限公司和中油龙昌（集团）股份有限公司也已转入"中国石油"。中国（香港）石油有限公司没有转入，中国石油天然气集团公司也不打算改变中国（香港）石油有限公司的上市地位。

1999-11-06

中国石油集团实现利润逾 170 亿元

新华社北京 12 月 29 日电 （记者韩振军）新年将至，从中国石油集团传来捷报：今年全年，石油集团预计实现利润超过 170 亿元，同比增长 2.6 倍，创历史最高水平。

据国家经贸委预计，今年全国国有及国有控股企业实现利润预计可超过 700 亿元。其中，石油集团即占到将近四分之一。

中国石油集团是国内最大的国有企业之一，运营的国有资产达 5000 多亿元。石油集团也是我国国有企业中的利税大户，是国民经济的支柱之一。据统计，到年底石油集团预计可实现销售收入 3300 亿元，利税突破 480 亿元，同比分别增长 22％、37％。

今年以来，石油集团以建立现代企业制度为契机，充分发挥上下游、产供销一体化的优势，加强管理，赢得了"两升一稳一降"的喜人局面，即油气勘探储量、销售收入出现上升，原油及成品油生产稳步发展，综合生产成本出现下降。

据介绍，今年，石油集团油气勘探共有 12 项重要发现，初步形成 4 个亿吨级储量的油田。探明石油储量 3.99 亿吨，同比增长 103％；探明天然气储量 864 亿立方米。原油生产预计全年完成 10708 万吨，天然气预计可生产 160 亿立方米。成品油、乙烯、合成氨、尿素、合成树脂、合成橡胶和其他一些主要石化产品也比去年同期有较大幅度增长。

1999-12-29

第五篇

中国石油的世纪跨越

中国石油集团力争跨入世界大石油公司前列

新华社北京 1 月 28 日电 （记者韩振军）中国石油天然气集团公司总经理马富才日前指出，中国石油集团决心经过几年努力，建设成为按照现代企业制度运作，经济实力雄厚，市场竞争能力、技术创新能力和抵御风险能力强的特大石油石化企业集团。力争在 21 世纪初，主要技术经济指标进入世界大石油公司的前列。

中国石油集团是国内最大的国有企业之一，运营的国有资产达 5000 多亿元。石油集团也是利税大户，是国民经济的支柱之一。1999 年，集团经济效益创历史最好水平。全年实现销售收入 3300 亿元，比上年增长 22.4%；实现利润 175.2 亿元，增长 2.68 倍；上缴各种税费 314 亿元，增长 14%。

为尽快跨入世界大石油公司前列，马富才提出了石油集团跨世纪发展的五大战略：一是整体发展战略。就是要继续发挥集团优势，实现集团协同效应。二是持续重组战略。目前集团正在进行重组改制，成立了中国石油天然气股份有限公司。今后还要继续深化改革，进一步调整结构，不断提高市场竞争能力。三是低成本发展战略。要持之以恒地实行全方位、全过程、全员的成本管理，严格控制投资，大力降低费用开支，以最少的投入获得最大的效益。四是技术创新战略。重点解决关键技术，着力研究发展具有自主知识产权的技术。五是市场营销战略。坚持以市场为导向，以销定产，以销促产，努力实现集团公司生产经营的良性循环。

2000-01-28

中国石油集团积极开发西部天然气资源

新华社北京 2 月 13 日电 （工人日报记者金江山　新华社记者李晓建）为配合国家西部大开发战略的实施，中国石油天然气集团公司积极开发天然气资源，启动"西气东输"工程，把西部的天然气资源优势变为市场优势。

中国石油天然气集团公司今年将加快川渝地区和青海地区天然气的产能建设；扩大长庆靖边、乌胜地区的天然气产能建设，保证京津地区的天然气供应；同时加紧塔里木气田的试采，使西部天然气资源成为新的经济增长点。

记者在中国石油天然气集团公司了解到，我国的天然气资源主要分布在西部。为确保经济相对发达的东部和沿海地区能够利用西部天然气资源，"西气东输"成为开发西部的关键。目前，四川忠县至武汉的天然气管道、青海涩北气田至兰州 900 多公里天然气管道建设已在积极的筹备中，可望于年内动工兴建。据悉，西气东输工程将于 2007 年建成投产。

据国家环保部门统计，我国二氧化硫的排放量 1998 年达到 2300 万吨，今年预计达到 2730 万吨，给国民经济发展和人民生活质量带来严重后果。来自国家石化局的消息，国家为了优化能源消费结构、改善大气环境，开发利用天然气资源已经成为国家西部大开发战略的一项重要措施。

2000-02-13

塔里木飞出"火凤凰"

——写在全国最大天然气富集区发现之际

新华社记者　王伯瑜

早春二月，正当西部开发的大潮涌动之时，从塔里木油气探区传来振奋人心的消息：此间发现了全国最大的天然气富集区，为国家启动实施"西气东输"管网工程储备了资源。

作为西部开发的一项标志性工程，"西气东输"管网建设正在新疆与上海之间加紧筹划。它将成为横贯中国腹地的能源大动脉，为国民经济发展描绘一条壮观的风景线。

一只美丽的"火凤凰"，将从新疆塔里木起飞，落脚在长江三角洲。

撩开塔里木神秘的面纱

塔里木盆地一望无际的戈壁沙漠，曾使中外地质学家竞相趋赴。早在1928年，参加中国—瑞典西北考察团的我国地质学家袁复礼和丁道衡，就曾骑着骆驼在盆地周边作过探险式考察，留下了塔里木石油地质调查的第一行脚印。他们发现了大面积适宜油气生成和聚集的海相沉积地层，并撰写了论文或专著，对这里的地质构造、地层分布和油气显示作了论述，提出了评价和建议。袁复礼教授和丁道衡先生的成果报告，在当时的中国地质学界引起了轰动。

此后10余年间，塔里木科学考察掀起热潮。中国、瑞士和苏联的著名地质学家谢家荣、黄汲清、关士聪、埃克利·诺林与赫米居里等人，还有民国中央地质调查所及其西北分所的专家们，接踵而来。他们分别调查了盆地边缘的数十处油气显示区，编制了多种图幅和报告，证实塔里木是一块宝地，蕴藏着石油和天然气资源。

尽管那时的塔里木油气勘探，只限于一部分油气显示地区的踏勘性调查，尚未布井钻探。然而，地质界先辈的铁锤既已敲响，油气勘探的步伐既已迈出，这片戈壁沙漠也就如同从梦中醒来，一步一步走向黎明。1950年中苏石油股份公司成立，塔里木西北部9.35万平方公里作为我国投资，划归其勘探活动的区域之中。第二年，公司即在这里的沉积岩分布地带，开展了航空测量、地球物理和岩芯钻探等综合性油气地质勘探工作，先后打成7口探井，均未见到工业油气流。

中苏石油股份公司移交给我国政府后的1958年，新疆石油管理局在盆地边缘的喀什、库车和雅克拉一线开辟了探区。当年10月，部署在库车依奇克里克地区的一口探井喷出油气流，塔里木第一座油气田从此诞生。

这个重要发现激励着寻找油气的人们。从那时起到1987年，原石油工业部和地质矿产部调兵遣将，向塔里木发起一次又一次冲锋。在漫长的30年中，几代石油职工前仆后继，顽强奋战，艰苦搜寻着地下油气矿藏，研读戈壁沙漠这本神秘的书卷。但是，囿于当时的历史背景、地质认识和装备能力，塔里木只发现了柯克亚、雅克拉和轮南等3个中型油气田，没有取得实质性的重大突破。

一部塔里木盆地的油气勘探史，其实乃是数十年来石油地质工作者付出心血以至生命的积累。在五十年代的油气勘探中，一批年轻的地质技术人员献出了生命，其中戴健、李越人和李乃君等刚刚走出校门的地质队员，殉职时年仅22岁。尤其令人难忘的是，五0五地质队长黄豪率领32人，带着驮载给养的骆驼队，一年之内九进九出塔克拉玛干沙漠，完成了9条地质剖面测线，首次打破了沙漠腹地"进去出不来"的神话。

挥师征战塔里木

塔里木盆地重新开展大规模的油气勘探，是在1989年。那时，党中央和国务院针对陆上石油工业后备资源不足的问题，作出"稳定东部，发展西部"的重大决策，批准了原中国石油天然气总公司的请示报告，要求在塔里木探区推行新的管理体制，采用新的工艺技术，打一场高水平和高效益的油气勘探大会战，尽快找到高产富集的大型油气田。当年 4 月 10 日，塔里木石油会战指挥部在新疆库尔勒市正式成立，我国石油天然气工业的世纪之战拉开序幕。

这一年，原中国石油天然气总公司从全国各大油田调集两万余人，以及相应的专业技术设备，挥师西进，在广袤的戈壁沙漠中摆开战场。从此，塔里木石油勘探进入了更加活跃而富有成效的阶段。

经过 10 多年的物探和钻探，神秘莫测的塔里木盆地，以更清晰更富有吸引力的面貌呈现在人们眼前。石油地质专家利用先进设备和高新技术，基本查清了塔里木的地质结构，圈定了一些油气生成地带和油气聚集地带，对盆地的构造发育史、沉积史和演化史作了深入研究，明确了油气勘探的主攻方向。目前的主攻方向，是库车、轮南、塔中和玛扎塔格等几个面积广大的油气资源富集区。

塔里木油气勘探大军鏖战 10 多年，取得了一系列具有战略意义的重大成果。继储量规模超过亿吨的轮南油气田探明之后，我国目前产能最大的沙漠油气田——亿吨级地质储量的塔中油气田宣告诞生。而作为塔里木油气勘探的又一项历史性突破，便是克拉苏气田的发现。近两年间，部署在克拉苏地区的一批探井，揭示出 270 米的巨厚含气层，经过测试，单井日产量 30 万至 200 万立方米的强大气流，相继从 3500 米以下的地层深处喷射而出，从而证实这是一座储量规模为 2007 亿立方米的全国最大整装气田。

到去年底，塔里木油田公司已在东至塔中潜山、西至曲库恰克、南至柯克亚、北至大宛齐的 30 多万平方公里范围内，陆续找到了 18 座大中型油气田，还发现了 36 个工业性含油气构造，累计探明和控制石油地质储量 4.26 亿吨，其中已经投入开发的 8 座油田，初步形成了 470 万吨原油年产能力，累计采出原油 2200 多万吨。这些勘探开发成果表明，塔里木已成为我国石油工业增加储量和产量的重要地区。

特别值得注意的是，塔里木盆地北部的库车、巴楚至泽普一带，已经展现一个面积广大、很有前景的天然气富集区，其远景资源量超过 3 万亿立方米，具有形成世界级大气区的开发潜力。在这个新月形的天然气聚集带上，目前已发现了牙哈、依南、克拉苏与和田河等 5 座大中型气田，到去年底总计探明天然气地质储量 4190 亿立方米；同时还发现了一批有望诞生大气田的地质构造，钻探后可望获得相当规模的天然气地质储量。根据塔里木油田公司的勘探部署，在今后 5 至 10 年内，这一地区将累计探明天然气地质储量 1 万亿立方米，最终建成 300 亿立方米年产能力，成为"西气东输"的主力气田。

初春的塔北大地，积雪未融。但身着红色信号服的万余石油大军，早已开赴前线，掀起了天然气勘探会战的新高潮。驱车行进在千里探区，但见奔驰的车队，飞扬的沙尘，精心管护的井场，彩旗飘扬的钻塔，组成了一幅幅壮丽的画卷。

奏响西部开发最强音

鉴于塔里木、柴达木、陕甘宁和川渝盆地天然气勘探取得重大进展，其开发利用问题亟待解决，中国石油天然气集团公司作出规划，打算铺设一条长距离、大口径的输气管道，将上述探区的富余天然气输往东部省市。去年以来，西部气田配合国家有关部门，抓紧开展"西气东输"调研论证工作，据悉今年即可编制出具体的实施方案，争取明后两年开工建设。

准备铺设的"西气东输"主干管道，西起塔里木的轮南油气田，向东经过库尔勒、吐鲁番、鄯善、哈密、柳园、张掖、武威、兰州、定西、礼泉、洛阳、信阳、合肥、南京和常州，最终到达上海市区，全长大约 4200 公里。管道有平行的两条，直径各为 1.5 米，每条年输能力 120 亿立方米，计划于 2007 年全部建成。据专家估算，上游气田开发、主干管道铺设和城市管网铺设的总投资超过 3000 亿元，相当于长江三峡工程的投资规模。

塔里木的天然气资源量为 8.4 万亿立方米，约占全国陆上天然气资源总量的四分之一，其消费市场主要在东部沿海一带。中国石油天然气集团公司专家组曾对东部市场作过调研，认为长江三角洲是全国天然气需求量最大的地区，预测上海市、江苏省和浙江省的用气量，2005 年为 119 亿立方米，2010 年为 310 亿立方米。   2000-02-28

西气东输工程将全面对外开放

新华社北京 7 月 12 日电 （记者李佳路）国家计委副主任张国宝今天在京透露，作为我国重大能源基础设施项目和西部大开发重要工程的西气东输工程将全线开放、全面对外合作，并将得到诸多优惠政策。

张国宝是在今天举行的西气东输工程新闻发布会上做上述表示的。张国宝说，西气东输工程将大胆利用国外资金，其对外合作的原则包括西气东输管道工程的建设经营、下游城市管网的建设改造都可以对外开放；西气东输管道工程不搞国有独资，外方可以控股，比例不受限制；合作方式不受限制，可以采取合资、合作或者其他形式。

关于西气东输工程享受的优惠政策，张国宝说，西气东输工程不仅能享受国家及有关部门制定的基础设施建设方面的优惠政策，还将享受国家在西部大开发方面的有关优惠政策。他还指出，按我国税收优惠政策规定，能源交通项目的外商合资项目可以享受更优惠的税收减免。

张国宝特别强调了西气东输工程将享受的两项特殊政策：西气东输管道工程外方可以控股和将城市天然气管网建设列入对外开放的合作范围，他说这两项政策充分体现了我国政府以西部大开发为契机，扩大对外开放、推动我国加入世贸组织的决心。另外，他还透露了西气东输工程还将在探矿权采矿权使用费减免、进口设备免税、扩大经营范围和征地政策上享受优惠。

张国宝说，目前西气东输工程项目正在按国家基本建设审批程序报批，各项前期工作正在有条不紊地进行。他欢迎国外企业和外国投资者积极参与投资、建设和管理。

2000-07-12

横贯中国的能源大动脉

——展望西气东输管道工程

新华社记者 王伯瑜

西部开发的标志性项目—西气东输管道工程，目前正在新疆与上海之间加紧筹建。明年此时，一条长距离大口径的天然气管道，将从新疆塔里木起步，延伸到长江三角洲，成为横贯中国的能源传输大动脉。

西气东输资源已经落实

国务院年初决定启动实施的西气东输管道工程，首期每年输气120亿立方米，投资规模1200亿元。主干管道西起新疆塔里木盆地的轮南油气田，向东穿越甘肃、宁夏、陕西、山西、河南、安徽和江苏，最终到达上海市区，全长4167公里，直径1118毫米，计划从明年春天开始铺设，2003年全线贯通。

作为西气东输管道工程的源头，塔里木盆地蕴藏着8.4万亿立方米的天然气资源。经过10多年大规模的地质勘探，盆地北部展现出一个面积广大、很有前景的天然气富集区，其远景资源量超过3万亿立方米，具有形成世界级大气区的开发潜力。

在这个新月形的天然气聚集带上，塔里木油田公司已经探明了克拉苏、和田河、英买力、柯克亚与牙哈5座大型气田，中国新星石油公司西北局也基本探明一座中型气田。经国土资源部油气储量评审办公室验收确认，全盆地累计探明的天然气地质储量已达5329亿立方米，气田开发后可以建成150亿立方米的年产能力。也就是说，西气东输第一期工程所需的储量资源已经落实。

除此以外，塔里木油田公司还发现一批大规模的天然气藏，总计控制和预测地质储量5060亿立方米，目前正在对4座大气藏进行详查，并钻探其他一些有利目标，继续扩大含气范围和储量规模，到明年底累计探明和控制地质储量可望超过 1 万亿立方米。

根据现有的天然气探明储量，塔里木油田公司编制了气田开发具体方案，在 2004 年向上海输气之前，完成克拉苏、英买力和羊塔克等 6 座大中型气田的开发建设，合并建成 123 亿立方米的年产能力，确保向长江三角洲稳定供气。

西气东输商机众多

一些经济界人士指出，兴建西气东输管道工程，既会改善东部地区的能源结构，也会有力地拉动相关产业，激活沿途省区钢铁、水泥、土建安装和机械电子等企业的发展潜能，从而形成一条新的经济增长带。

西气东输主干管道贯穿 9 个省市自治区，初步估算将使用钢材 174 万吨，消耗焊条 5100 吨，挖填土石 3000 万立方米以上，同时需要大量的水泥、木材、气泵、仪器仪表和自动化设备。除了 384 亿元的主干管道投资外，塔里木气田开发和沿途城市管网的投资额将突破 800 亿元，成为密集投资的大市场。

在这笔巨额投资中，西部省区将吸纳资金 338 亿元，其中新疆 280 亿元，可望营造出新的供给与需求市场，并增加大量就业岗位。西气东输第一期工程建成以后，每年可分离出 57 万吨轻烃和 91 万吨凝析油。新疆决定利用这些优质原料再建几套大型化工装置，扩大天然气化工的生产规模，使之成为带动经济发展的龙头产业。

有关专家认为，西气东输将加快长江三角洲地区工业结构的调整。10 年以后，东输之气每年可达 200 亿立方米，相当于提供 2000 万吨原油，折合标准煤炭 2660 万吨。如果全部用于化肥生产或者燃气发电，每年可加工合成氨 1500 万吨、可发电 1000 亿千瓦时。

东输之气还可保证 8500 万户居民生活燃料供应，这将刺激当地机械制造业和建筑安装业的发展。仅上海市、江苏省和浙江省，现在就有 1700 万户市民需要用气，10 年后用气居民将达到 3400 万户，其机械设备需求量和土建安装工程量将超过 600 亿元。另外，以节能和环保为特点的家用燃气产品，也将迎来生产消费热潮。

中国石油天然气集团公司正积极寻求与外商合作，以更快更好地建设西气东输管道工程，提高其运营管理水平。据悉，荷兰皇家壳牌石油集团、美国安龙天然气公司、英美阿莫克石油公司和新日本制铁公司等一些跨国企业，正在为承建中国西气东输管道工程而展开竞争。

东输之气市场广阔

对于长江三角洲 6000 多万人来说，他们企盼着"爽"气西来，驱散浓重的工业烟尘，还天空以湛蓝。

中国石油天然气集团公司专家组曾对东部市场作过调研，认为长江三角洲人口稠密，经济相对发达，是全国天然气需求量最大的地区，预测上海市、江苏省和浙江省的用气量，2005 年为 115 亿立方米，2010 年为 199 亿立方米。基本落实的用气项目，主要有燃气发电、化学工业、其他工业和城市居民生活燃料等。专家们说，届时塔里木气田的生产能力，可以满足长江三角洲地区的天然气需求，并可确保稳定供气 30 年。

专家们指出，现在长江三角洲基本落实的用气项目，主要分布在大中型城市，而在保证城市用气之外，东输之气将仍有富余，这就需要合理疏导强大气流，进一步开拓消费市场，以提高天然气的利用率。为此，专家们建议实行"天然气进城、液化气下乡"，即在通过管道将天然气送进城市的同时，还可在管道沿线建设一批液化气站，向广大农民供应液化气。建成一套年产万吨的液化气加工装置，可以消除数万户农民的"锅下愁"。用液化气来烧饭，既能解决燃烧秸秆污染大气的难题，又能节省大量烧饭费用。

天然气是一种清洁高效的能源和优质化工原料，在全世界能源结构中所占的比例已达 24%，而在我国，目前天然气在能源结构中所占的比例只有 2.2%。随着长江三角洲消费市场的发育，我国天然气资源利用率将大幅度提高。

2000-07-12

中国石油公司苏丹创业结硕果

新华社记者杨树林

今年 8 月 30 日是中国援建的苏丹中南部穆格莱德盆地的黑格林格油田出口原油 1 周年纪念日。一年来，中国石油天然气总公司从原油销售和管道输送方面共获得 3.2 亿美元的收入。这标志着中国石油公司在苏丹创业取得了阶段性的胜利。

苏丹石油资源比较丰富，但长期没有得到有效的开发，国家每年还要将外汇收入的 30% 用于进口原油。1997 年 3 月，苏丹石油公司与中国石油天然气总公司以及马来西亚和加拿大的石油公司共同组建了大尼罗河石油作业公司，投资 17 亿美元共同开发苏丹油田，中国石油天然气总公司成为公司最大的股东。

由中方承建的穆格莱德盆地的三个主要产油区总面积约 4.9 万平方公里，石油储量十分丰富。中国石油天然气总公司 1997 年底中标后，在短短的两年时间就把这三个主要产油区建成了一个年产 1000 万吨原油的大型油田，完成了全长 1500 多公里的输油管线铺设工作，并于去年 8 月 30 日正式出口原油。

一年来，黑格林格油田共生产原油 6400 多万桶，创汇 11.6 亿美元，中国石油天然气总公司从应得份额中获得 3.2 亿美元收入。这笔钱将被主要用于海外石油发展项目，为中国石油公司的海外项目实现自我积累、滚动发展的良性循环提供了资金。与此同时，苏丹方面也从中获得了 6.8 亿美元的收入，促进了苏丹国内经济的发展。

中国参与苏丹石油项目的开发，达到了锻炼队伍、创造信誉的目的。长期以来，国际石油市场一直为西方所垄断，特别是苏丹油田现场的地震勘探、钻井、大型设备租赁和物资供应市场多年来都是被美国等西方著名公司垄断。要打破这种垄断，中国石油队伍就必须参与激烈的国际竞争，迎接挑战。正是在这种思想的指导下，中国石油天然气总公司通过先期派钻井队和地震队伍参与国际竞争进入苏丹市场，并通过在苏丹的实际锻炼赢得信誉。中国公司还打破了美国等西方公司独霸苏丹石油设备市场的局面。目前在油田建设、长线输油管道的铺设和提供大型石油设备等方面，中国公司不仅在价格上，而且在技术和质量上已完全能够与西方公司媲美。

目前，中国石油天然气总公司的地震勘探、钻井、测井、管道建设和地面工程建设队伍继续在苏丹作业。在激烈的竞争中，中油工程建设公司今年拿到了4000多万美元的地面建设项目，中油管道局在完成了管道建设后，又承揽了苏丹输油管道的管理和抢修项目。中油长城钻井公司也于今年6月在钻井合同新一轮招标中再次获胜。该公司负责人表示，他们将在已取得的成果和经验的基础上，加强企业内部管理，继续增强自身实力，争取获得更大的发展。

2000-09-12

让大庆告诉世界

——中国石油工业世纪回眸

新华社记者　刘荒

当人们驻足于新世纪的门槛、回眸中国石油工业的百年历程,不难发现:中国石油工业的历史巨变,是在新中国成立后才开始起步的。从解放前年产原油 9 万吨的玉门油矿,到今天年产原油 5000 万吨以上的大庆油田,我国石油工业经过艰苦卓绝的创业历程,实现了从"贫油大国"向"产油大国"的历史跨越。

从 1904 年到 1945 年间,旧中国累计生产原油只有 278.5 万吨,平均年产原油 6.7 万吨,而此间共进口"洋油"2800 万吨,"贫油"和"洋油"的帽子,使我国民族石油工业了无生气。

新中国的成立翻开了我国石油工业发展崭新的一页。1955 年 10 月 31 日,在新疆准噶尔盆地发现了克拉玛依油田,我国石油工业初现曙光。1959 年 9 月 26 日,地处黑龙江松嫩平原腹地的松基三井喷出工业油流,一个源于石油、取之国庆的名字——"大庆油田"诞生了,中国石油工业从此走进了历史的新纪元。

面对旧中国一"贫"二"洋"的石油工业家底,面对西方专家"一旦战争爆发,中国的石油连一个星期也维持不了"的断言,以铁人王进喜为代表的新中国石油工人,发扬"有条件要上,没有条件创造条件也要上"的创业精神,在一片荒原上,开始了一场气壮山河的石油大会战。正是凭着大无畏的革命英雄主义气慨,我国石油工人高水平地拿下了这个世界级的大油田,将我国贫油落后的帽子甩进了太平洋。随着大庆油田的发现,我国东北、华北地区的石油勘探也取得了突破。

"大庆"等油田的开发建设,在为我国国民经济发展源源不断地输入"工业血液"的同时，也使我国石油工业实现了质的飞跃。1963年11月8日，周恩来总理在第二届全国人大四次会议上，向全世界庄严宣告：中国原油已基本实现自给。

为了确保大庆油田实现高水平开发，大庆创业者立足于生产和技术发展需要进行科技攻关，积极探索总结油田开发的客观规律。早在会战初期，他们就提出"拿下油田在于快，认识油田在于细"的科学指导思想，大胆采用"早期内部注水，保持油层压力"的开采方式，其中分层定量控制注水工艺，在国外油田尚无先例，当时已超过了美国和苏联，达到了世界先进水平。同时，他们坚持在提高产量和采收率上下功夫，通过实施一系列高产稳产措施，使原油产量稳步提高。1975年，大庆油田原油产量突破了5000万吨，跻身于世界特大型油田的行列。.

就在大庆油田向原油高产稳产5000万吨以上进军的号角声中，1967年6月14日，我国第一口海上工业油流井——海1井出油，标志着我国石油工业开始从陆地走向海洋。而随着辽河油田、中原油田、华北油田等油田相继开发建设，我国石油产量出现了大幅度的提高，1978年，全国原油年总产量突破1亿吨，从此进入世界产油大国行列。

石油是不可再生的能源，石油生产企业进入开采后期，产量自然递减是其不可抗拒的客观规律。大庆油田始终坚持"科技兴油"的开发方针，在实现自喷、机械开采、聚合物驱油等三种开采方式的"技术接力"的同时，他们针对油田开发进入高含水后期产量下降、成本上升的实际，通过实施"稳油控水"系列工程，保证了油田高产稳产目标的实现，迄今已实现持续高产稳产24年，创造了世界同类油田开发史上的奇迹。而世界上同类油田的高产稳产期，最长的仅为12年。

大庆油田实现持续高产稳产的骄人业绩，有力地保证了中国石油工业"稳定东部，开发西部"战略目标的实施。从1989年开始，塔里木油田、吐哈油田的相继开发，以及鄂尔多斯盆地中部我国最大天然气田的发现，标志着我国石油工业成功实现了战略转移。

大庆，这个举世瞩目的"功勋城"，犹如一座记录辉煌的里程碑，高耸于中国石油工业百年巨变的历程中。   2000-12-13

天然气开发将有利于弥补我国石油缺口

新华社北京 1 月 21 日电 （记者韩振军　张旭东）国际原油市场的剧烈动荡，使天然气的开发利用更显迫切。国内能源专家指出，大规模开发利用天然气，将有利于弥补我国石油需求缺口，成为我国石油战略安全的重要组成部分。

据石油专家预测，新世纪的前 20 年，我国天然气探明储量将保持在年均增长 1200 亿立方米左右，预计到 2020 年，天然气产量可达 1000 亿立方米，相当于 1 亿吨原油。天然气在我国能源结构中的比重将从目前的 2％提高到 8％。21 世纪初我国将迎来天然气开发利用的高峰期。

大规模开发天然气，"以气补油"，将成为我国的能源安全的重要保障之一。目前，我国石油产量远远不能满足需求。"八五"以来，我国石油产量年均增长率为 1.7％，而消费量的年均增长率为 4.9％。1993 年起我国已成为石油净进口国，2000 年 1 至 11 月，共进口原油 6456 万吨，比上年同期增长高达 97％。

天然气被称为"21 世纪的能源宠儿"。我国是世界上最早利用天然气的国家，天然气资源储藏量达 38 万亿立方米。但目前探明率很低，在一次能源构成中的比重也很低，始终在 2％左右徘徊，仅为世界平均水平的十分之一。

近年来，我国大力进行天然气勘探开发，天然气发展进入历史最好时期。仅中国石油天然气集团公司一家，"九五"期间就新增探明天然气地质储量 9298 亿立方米，新建天然气生产能力 106 亿立方米。截至 2000 年底，累计探明天然气地质储量 1.99 万亿立方米。中国石化、中国海洋石油在天然气勘探方面也有明显进展。目前，我国已在新疆、陕甘宁、川渝和青海等地区形成几大气区。2001-01-21

大庆油田加快构建资产管理新模式

新华社哈尔滨2月5日电 （记者刘荒）为盘活存量资产、优化增量资产，提高资产的运营效益，固定资产原值高达1027亿元的大庆油田有限责任公司正在加快构建全员、全过程、全方位的固定资产管理新模式。

大庆油田有限责任公司是中国石油天然气股份有限公司所属的全资子公司，去年1月1日正式从原大庆石油管理局重组改制分离出来，它也是我国目前最大的原油生产企业。由于企业存量资产规模庞大，资产管理方式和手段落后，部分资产流动性差、利用率低的问题相对突出，制约着企业资产运行质量和效益的提高。为不断提高资产的运营效益，大庆油田有限责任公司近日确立了构建全员、全过程、全方位的固定资产管理新模式，向资产管理方式市场化、管理手段科学化转变，使之成为企业挖潜增效的一条重要途径。

首先，大庆油田有限责任公司财务资产部通过清查盘点，核对了近28万条的资产数据记录，摸清了资产"家底"：企业资产原值1027亿元，净值568亿元。针对存量资产巨大，部分资产利用率低，闲置资产调剂力度不大的实际，他们决定从今年起要开辟多种渠道，加大存量资产的盘活力度。树立闲置就是浪费的观念，鼓励下属盘活闲置、低效资产；加快闲置资产的立项、评估、确认、处置、变现速度，使闲置资产的总量严格控制在千分之一以下。

同时，实施全员管理，强化设备监管，坚持设备技术状况的月检查、季评比，建立完善的转资、建账、登记、保管、使用、调拨、保养、报废等制度。在对闲置资产进行重点清查的基础上，建立数据库，实现资产管理工作的网络化，让闲置、低效设备充分发挥作用。   2001-02-05

让创造文明的人享受文明

——大港油田采风录

新华社记者张俊成　陈良杰

大港油田处于濒临渤海湾的一片盐碱荒滩之上。放目四望，井架与荒草作伴，工人与泥土为伍。方圆百里的盐碱荒滩中作业与生活区散布相间，最近的中心生活区距离天津市区也得上百公里，由于公共汽车稀少，这里的工人进一次城，要花上几个小时。所以轻易不进城，进一次城就像过节一样兴奋。14万人口的生活仿佛远离了现代文明。

然而，一旦进入大港油田生活的深处，就会发现这里并不荒凉沉寂，而是一座生机勃勃的文化绿洲。生活区，室内游泳馆内气温宜人，一池碧水中几位退休工人挥臂击水，游兴正浓。漂亮气派的文体中心，保龄球馆中规中矩，歌舞大厅装饰高雅，文体中心的旁边就是颇具规模的图书馆，功能齐全的博物馆等等文化设施。记者了解到，目前，大港油田大型体育馆有三座，大型俱乐部有五个，一般性的功能齐全的文化厅有二十多个，篮球场、排球场、文化广场等不下五十个。这些大大小小的文化体育设施形成了一个基本上较为完备的文化网络。

有了这块土壤，还要播下种子，培育灌溉。文体中心周主任介绍说："整个油田的文体中心工作人员123人，其中从事文体活动组织的人只有5人。就是这5个人把大港油田的文体活动搞得热火朝天。"1998年文体活动经费达到1000多万元，自这一年后文体活动费有所减少，但文体活动的力度并没有减弱。据介绍，每年，大港油田的文化工作都要掀起四次高潮：元旦、春节、"五一"、"十一"。去年的主题是"蓝天热土，情同手足"，通过艺术作品展、优秀电影展映、歌咏比赛等多种形式，激发职工爱祖国爱油田，视油田如幸福家园的热情。

2001-05-04

奏响西部开发最强音

——写在西气东输管道工程全线建设之际

新华社记者王伯瑜　吴宇

西部开发的标志性项目——西气东输管道工程，今天正式开工兴建。两年之后，一条长距离大口径的天然气管道，将从新疆塔里木延伸到上海白鹤镇，成为横贯中国的能源传输大动脉。饱受能源匮乏之苦的长江三角洲地区，即将迎来清洁高效的天然气时代。

西气东输蓝图初绘

西部地区蕴藏着22.4万亿立方米天然气资源，约占全国陆上天然气资源总量的59%。经过多年的地质勘探，塔里木、柴达木、陕甘宁和川渝盆地崛起4座国家级大气田，到去年底累计探明的天然气地质储量超过2.5万亿立方米，形成180亿立方米的年产能力。

全国的天然气资源集中在西部地区，而其消费市场主要在东部地区。鉴于上述四大盆地天然气勘探取得突破性进展，其开发利用问题亟待解决，原中国石油天然气总公司打算铺设树枝形的输气管道，将四大盆地的富余天然气，联合输往东海之滨，以减轻西部探区气田难开、资金沉淀的巨大压力，缓解东部地区能源紧缺局面。

2000年2月14日，国务院召开专题会议，听取国家计委和中国石油天然气集团公司关于西气东输工程方案的论证汇报，对资源储量、市场前景和技术经济可行性作了研究，肯定这项工程将把新疆天然气资源优势变成经济优势，是造福新疆各族人民的大好事，也是促进沿线8个省市自治区调整产业结构、优化能源结构、提高经济效益的重要举措。当年3月25日，国家西气东输工程建设领导小组在京开会，宣布西气东输前期工作正式启动。

　　经过反复论证和严格比选，国家有关部门最终确定了西气东输管道工程的实施方案：第一期工程每年输气 120 亿立方米，建设投资 1400 多亿元。管道干线西起新疆塔里木的轮南油气田，向东经过甘肃、宁夏、陕西、山西、河南、安徽和江苏，最终到达上海市郊区的白鹤镇，全长 4000 公里，直径 1016 毫米。管道分为两段铺设：2004 年春天建成靖边至上海区段，并率先供气；2005 年夏天建成轮南至靖边区段，实现全线贯通。这条管道将把塔里木和陕甘宁两大气区连接起来，增强供气的灵活性、可靠性和安全性。

西气东输资源充足

　　面积大于长江三角洲的塔里木盆地，中央地带为著名的塔克拉玛干沙漠，流沙展布 33.7 万平方公里，素有"死亡之海"的称号。全盆地蕴藏着 107 亿吨石油资源和 8.4 万亿立方米天然气资源，被地质专家誉为中国石油天然气工业的"希望之海"。

　　过去 12 年，来自全国各地的石油大军会战塔里木，取得一系列重大的找油成果，同时获得天然气勘探的历史性突破。现在盆地北部的库车、巴楚至泽普一带，已经展现一个面积广大、很有前景的天然气富集区，其远景资源量超过 3 万亿立方米，具有形成世界级大气区的开发潜力。

　　在这个新月形的天然气聚集带上，塔里木油田公司已经探明克拉苏、和田河、英买力、牙哈与迪那 5 座大型气田，中国新星石油公司也已探明一座高产气田。经国土资源部油气储量评审办公室验收确认，全盆地累计探明的天然气地质储量已达 5267 亿立方米，气田开发后可以建成 150 亿立方米的年产能力，向长江三角洲稳定供气 30 年的储量资源已经落实。

　　除此而外，塔里木油田公司还发现一批规模巨大的天然气藏，总计控制和预测地质储量 1 万多亿立方米，目前正在对一些气藏进行详查，并钻探其他有利目标，继续扩大含气范围和储量规模，为西气东输管道工程提供更加可靠的资源保证。与此同时，中国新星石油公司也对塔里木盆地天然气勘探作了周密部署，两年之内可望新增 600 亿立方米地质储量。

　　承担先期供气任务的长庆油田公司，十多年间相继发现靖边、榆林、乌审旗和苏里格等大型气田，到去年底总计探明天然气地质储量已超过万亿立方米，成为西气东输管道工程的又一主力气源。

根据现有的天然气探明储量，塔里木油田公司和长庆油田公司分别编制了气田开发具体方案，在向长江三角洲输气之前，完成克拉苏、英买力、羊塔克、苏里格和乌审旗等一批气田的开发建设，合并建成140亿立方米的年产能力，确保西气东输管道工程顺利实施。

西气东输孕育商机

关注西气东输工程动态的一些经济界人士指出，铺设这条长距离大口径的输气管道，既会加速改善东部地区的能源结构，也会有力拉动相关产业，激活沿途省区钢铁、水泥、土建安装和机械电子等企业的发展潜能，从而形成一条新的经济增长带。

西气东输管道途经10个省市自治区，初步估算使用钢材174万吨，挖填土石3680万立方米，同时需要大量的水泥、木材、气泵、仪器仪表和自动化设备。除了460亿元的管道干线投资以外，上游气田开发和沿途城市管网的投资额将突破1000亿元，成为密集投资的大市场。

在这笔巨额投资中，西部省区将吸纳资金338亿元，可望营造出新的供给与需求市场，并增加大量就业岗位。西气东输管道工程建成后，塔里木东输之气中每年可分离出57万吨轻烃和91万吨凝析油。目前新疆有关部门和企业正在编制规划，利用这些优质原料建设大型乙烯装置，扩大天然气化工的生产规模，使之成为带动经济发展的龙头产业。

有关专家认为，西气东输将加快长江三角洲工业结构的调整。当东输之气每年达到200亿立方米时，就相当于提供2000万吨原油，折合标准煤炭2660万吨。如果全部用于化肥生产或者燃气发电，每年可加工合成氨1500万吨、可发电1000亿千瓦时。

东输之气还可保证8500万户居民生活燃料供应，这将刺激当地机械制造业和建筑安装业的发展。仅上海市、江苏省和浙江省，现在就有1700万户市民需要用气，10年后用气居民将达到3400万户，其机械设备需求量和土建安装工程量将超过600亿元。另外，以节能和环保为特点的家用燃气产品，也将迎来生产消费热潮。

东输之气市场广阔

对于长江三角洲6000多万人来说，西气东输管道工程的兴建是一个福音。要不了几年，东输之气将逐步驱散浓重的工业烟尘，还天空以湛蓝。

中国石油天然气集团公司专家组曾对东部市场作过调查，认为长江三角洲人口稠密，经济发达，是全国天然气需求量最大的地区，预测上海市、江苏省和浙江省的用气量，2005年为83亿立方米，2010年为145亿立方米。比较落实的用气项目，主要有燃气发电、化学工业、其他工业和城市居民生活燃料等。专家们说，届时塔里木气田的生产能力，完全可以满足长江三角洲的天然气需求。

专家们指出，现在长江三角洲比较落实的用气项目，主要分布在大中型城市，而在保证城市用气之外，东输之气将仍有富余，这就需要合理疏导强大气流，进一步开拓消费市场，以提高天然气的利用率。为此，专家们建议实行"天然气进城、液化气下乡"，即在通过管道将天然气送进城市的同时，还可在管道沿线建设一批液化气站，向广大农民供应液化气。建成一套年产万吨的液化气加工装置，可以消除数万户农民的"锅下愁"。用液化气来烧饭，既能解决燃烧秸秆污染大气的难题，又能节省大量烧饭费用。

天然气是一种清洁高效的能源和优质化工原料，在全世界能源结构中所占的比例已达24%，并且逐步取代石油。我国天然气利用起步较晚，用量很小，目前在能源结构中所占的比例只有2.2%。随着长江三角洲消费市场的发育，我国天然气资源利用率将大幅度提高。

2002-07-04

石油工业必须承担社会责任

——访世界石油大会中国代表团团长王涛

新华社记者 杨立民

正在此间参加第 17 届世界石油大会的中国代表团团长、世界石油大会高级副主席王涛 4 日接受新华社记者专访时表示，石油工业必须承担社会责任，这是历史发展和社会进步在现阶段对石油工业提出的要求，也是全球石油工业追求可持续发展的必然趋势。

第 17 届世界石油大会于本月 1 日至 5 日在巴西的里约热内卢举行。作为国际石油界最权威的技术论坛，本届大会首次将石油工业的社会责任作为了主要议题。对此王涛表示，石油工业的社会责任，主要是指实现石油工业发展与经济、环境和社会需求的和谐，提高人民的生活水平和生活质量。在可预见的未来，石油仍是世界最主要的能源，对全球经济的发展至关重要。因此，石油工业与经济的和谐就是满足经济发展对石油的需求，稳定世界石油市场的价格，避免油价大起大落冲击世界经济。为实现这一目标，石油工业要对世界经济对能源的需求进行分析，制定可持续发展战略，不仅通过勘探增加石油储量，而且要储备生产能力，以便在出现危机时调节供需平衡，保持油价稳定。

石油工业在过去的发展过程中给环境造成了巨大的破坏，如何使今后的发展与环境和谐是石油工业面临的重大挑战。王涛认为，对石油工业来说，保护环境一要合理开发资源，二要提高能源利用效率，增加清洁能源的生产。在进行任何项目之前，都要首先考虑对环境的影响，征询公众意见，同时积极开展企业、科研机构和高等院校之间的合作，不断开发新的环保技术。

王涛强调，资助教育、卫生、基础设施建设等社会项目，也是石油工业重要的社会责任。这不仅可以帮助落后地区培养人才、发展经济，也能为石油企业的发展创造良好的社会环境和投资环境，为企业提供高素质的劳动力资源。

王涛说，世界石油界代表第一次就本行业的社会责任进行深入的讨论和交流，并基本达成共识，意义十分重大。石油大会首次颁发"卓越技术奖"和"社会服务奖"，目的也是为了引导石油企业开发环保技术，增加社会项目投入，从单纯追求自身的经济效益，转向追求有利于全社会和全人类的综合效益。

年逾 70 的王涛曾长期参与并领导中国石油工业的发展，他自 1994 年起进入世界石油大会的高层领导机构，在 2000 年的第 16 届大会上当选高级副主席，并在本届大会上再次当选连任。

2002-09-05

石油大学成为我国高层次石油人才培养基地

新华社北京 10 月 2 日电 （记者吕诺）被誉为"石油人才摇篮"的石油大学金秋时节迎来 50 华诞。半个世纪以来，这所大学为国家特别是石油、石化、海洋石油战线累计输送人才 10 万多名，已经成为我国石油石化行业高层次专业技术人才培养、应用基础研究及超前技术储备研究的重要基地。

石油大学前身为北京石油学院，是 1953 年在清华大学石油系基础上组建的，1988 年更名为石油大学，实行北京、山东两地办学。50 年来，石油大学已发展为以工为主、理工管结合、文理渗透、石油特色鲜明的教育部直属全国重点大学。目前，学校拥有 3 个博士后流动站，3 个博士学位授权一级学科，22 个博士点，47 个硕士点，52 个本科专业；5 个国家级重点学科，1 个国家级重点实验室。学校现有教师 1378 名，各类全日制在校生 2 万多名，各类成人教育生 1.97 万多名。

石油大学科研工作坚持面向国民经济主战场，并注重基础研究。"九五"期间，学校承担国家、省部级及油田企业横向委托等各类科研项目 1315 项，获得自然科学奖 2 项，国家技术发明奖 2 项，国家科技进步奖 6 项，省、部级奖励 216 项；进入"十五"，学校承担了 3 项"973"国家重点基础研究项目和 2 项国家自然科学基金重点项目，"863"研究领域扩展为海洋、能源、自动化、材料。10 月 2 日，教育部与中国石油天然气集团公司、中国石油化工集团公司、中国海洋石油总公司、中国化工进出口总公司签订协议，共建石油大学，进一步促进产学研相结合。

2003-10-02

在李四光精神激励下

新华社记者　谢登科

17 位在地质战线取得骄人业绩的科技工作者，10 日上午又走进了"李四光地质科学奖"获奖者的行列。他们犹如隆起的峰峦，展示了我国当代地质科学新的构造；宛若璀璨的群星，闪烁着地质学的世纪之光。

在地质战线奋斗了 47 个春秋的汤集旸研究员是中国科学院院士，地热与水文地质学家。他在长期理论研究的基础上率先提出了"东高西低、南高北低"的我国热流分布图式，引起学术界高度关注。他在对全球 24000 多个大地热流数据进行分析后，大胆提出了关于地球热场分布不均匀的"热、冷半球"著名学说，在国内外享有盛誉。通过对东南沿海的大量调查研究，他推翻了被誉为理论地热学三大定律之一的"热流—生热率线性相关律"。

中国工程院院士、西藏自治区地质矿产勘查开发局地热地质大队总工程师多吉，是一名优秀的藏族地质工作者。他致力于奥妙无穷的西藏地质事业，每年有一半以上的时间奔走在人烟稀少的野外荒漠。他提出的地热方面的许多崭新观点，为蕴藏丰富的西藏地质资源开发做出了突出贡献。他先后参加了羊八井热田、羊易热田、拉多岗热田等地质勘查与资源评价，参加了重点热田含铯硅化、西藏高温地热流地球化学等研究，参加了马攸木等大型金矿的地质勘查。如今，年近 50 岁的多吉仍奔波在广阔的青藏高原。

李四光精神，激励着我国一代又一代地质科学工作者。中国石化石油勘探开发研究院教授级高级工程师陈正辅沿着李四光的科学指引，几十年来从藏北高原到新疆塔里木盆地，始终坚持在勘探一线调查研究，克服了难以想象的困难，研究积累了一系列动态化、定量化研究方法。科学的烛光穿透茫茫沙海，为塔里木盆地不同类型油气勘探提供了理论依据。

赵文智是中国石油天然气股份有限公司勘探开发研究院院长。他出版的《石油地质综合研究导论》建立了我国复合含油气系统研究与评价方法，发展充实了中国石油地质理论。他紧密结合生产实际提出的"稳定东部、发展西部"等一系列新认识，对鲁可沁亿吨稠油藏发现和渤海湾盆地东濮凹陷西洼南区濮深 8 井工业性油流的突破起到了重要指导作用，产生了显著的经济和社会效益。

"来者尽翘翘，前峰喜更高"。 以热爱祖国、创新求实、服务社会为灵魂的李四光精神，已成为激励我国地质科学工作者勇攀高峰，献身祖国的铮铮誓言和强大动力。李四光地质科学奖设立以来，已经有 134 位优秀代表向祖国和人民交上了出色的答卷。李四光精神必将激励更多的后来者，为认知人类社会，认知大自然，认知我国的国情和地情而不懈努力。

2003-12-11

我国企业娴熟运用"国际规则"进行市场竞争

新华社济南 12 月 1 日电（记者徐冰）中国商务部日前依照法律程序，接受了烟台万华聚氨酯股份有限公司提出的撤销对原产于日本和韩国的进口 MDI 产品进行反倾销调查的申请，同时依法中止对此案的反倾销调查，并发布正式公告。中国石油和化工协会副秘书长孙伟善指出，这说明我国企业已经可以娴熟地运用世界贸易组织规则进行市场竞争。

孙伟善介绍，我国加入世界贸易组织以来，已对 24 起国外倾销进口产品案进行了反倾销调查，其中 18 起是化工行业，烟台万华依法向国家主管部门提出的 MDI 反倾销申请，开了我国企业在损害初期就拿起反倾销武器保护合法权益的先例。

中国石油和化工协会提供的资料显示，烟台万华之所以撤销对原产于日本和韩国的进口 MDI 产品进行反倾销调查的申请，首先是因为规范市场秩序的目标得到初步实现。2000 年之前，我国市场上纯 MDI 的平均价格是 2 万元每吨，由于日本和韩国 MDI 生产企业的低价倾销，到 2002 年初，我国市场纯 MDI 的平均价格降到了 1.35 万元每吨。我国 MDI 行业的发展受到严重制约，并影响了国内聚氨酯行业的成长。 2002 年 9 月 20 日，原外经贸部发出公告，正式受理烟台万华提出的对原产于日本和韩国的 MDI 产品进行反倾销调查的申请，原外经贸部进出口公平贸易局与原国家经贸委产业损害调查局展开了对此案的调查。随即，国外企业的倾销行为开始收敛，我国市场纯 MDI 价格逐步回升。目前国内市场纯 MDI 的平均价格又恢复到了 1.8 万元每吨。为此，烟台万华认为已经达到了此次反倾销的目的。

2003-12-01

中国石油集团公司开展安全生产大检查

新华社北京 1 月 7 日电（记者 安蓓）为深刻吸取川东北"12·23"特大井喷事故的教训，中国石油集团公司近日在全集团范围内广泛开展安全生产大检查，督促加强安全生产管理。

日前，由中国石油集团公司党组全体成员带队的 10 个工作组已分赴下属各企业基层一线监督检查安全生产工作。

自川东北"12·23"特大井喷事故发生后，中国石油集团公司连续向下属各企事业单位下发了一系列关于加强安全生产的通知，就加强安全生产工作作出统一安排部署。

这次安全生产大检查将逐一对生产现场、关键装置、要害部位进行检查，以防井喷、防爆炸、防火灾、防特大交通事故为工作重心，重点检查钻井队、炼化装置、油库、加油站、输油管道、锅炉压力容器等特种设备、重大施工作业现场和交通运输。

工作组的主要检查范围包括：安全生产责任各项制度规章的建立健全和实施情况；安全生产监管体系的建设与落实情况；元旦、春节期间安全生产工作的安排部署、工作重点及落实情况；突发紧急事故应急救援预案的编制、健全和落实情况；安全生产和操作技能知识培训及预练情况；以及石油天然气开采企业、危险化学品生产储存企业安全生产状况评估工作情况等等。

中国石油集团公司下属的四川石油管理局川钻 12 队承钻的罗家 16H 井于 12 月 23 日 21 时 55 分由于企业员工现场违规操作发生井喷。井喷发生后，由于现场人员没有及时采取放喷管线点火措施，导致大量含有高浓度硫化氢的天然气喷出扩散，再加上对周围群众疏散不及时，导致了这起已造成 243 人死亡的特大安全事故。

2004-01-07

中国石油企业管理协会在创新中为企业服务

新华社北京 4 月 2 日电（金江山　李晓建）在社会主义市场经济改革不断深入的情况下，行业协会应扮演什么样的角色？以中国石油集团公司、中国石化集团公司、中国海洋石油公司为依托的中国石油企业管理协会提出"协调、维权、自律、服务"的概念，并以自己的努力，赢得了企业的信赖。

在中国石油企协第五次全国会员代表大会召开期间，协会副会长严绪朝接受了记者的采访。他说，石油企业管理协会成立于 1984 年，目前已拥有企业会员 160 多家。协会见证了中国石油行业 20 年来的改革历程。近年来，中国石油行业经历了多次重大改革，奠定了目前中国石油集团公司、中国石化集团公司、中国海洋石油公司三足鼎立的局面。三个企业在去年中国500 强企业排名中位列第一、第二、第三十六位。在三大石油企业的发展中，中国石油企业管理协会作出了自己的贡献，摸索出行业协会为企业服务的成功经验，并不断适应新的形势，赋予协会新的工作内涵。

针对石油企业在重组改制、改革发展和企业管理中出现的热点问题，石油企协积极组织推动理论研讨和经验交流工作。5 年来，先后召开了"石油石化存续企业面临的问题与对策"、"石油石化企业改制成果交流"、"石油企业发展战略"、"石油矿区物业管理"、"石油石化企业效绩评价"等七次不同类型的研讨会、经验交流会。有力地推动了我国石油三大公司所属企业的改革、管理和发展。

石油企协坚持把促进石油企业的管理水平和经济效益的提高当做为企业服务的工作重点。以普及现代管理方法、推进管理现代化为主题，从1988 年开展石油企业管理现代化优秀成果评审和推广工作以来，到目前共完成了 14 届评审，有效推动了企业的科学管理和创新。

2004-04-02

中国西部的地质之光

——塔里木油气资源勘探开发纪实

新华社记者　王伯瑜

　　南疆四月，杨柳泛绿，春意盎然。伴随春天的脚步，塔里木石油会战大军走过 15 个年头。

　　值得石油会战大军自豪的，不光是已经建成全国屈指可数的石油生产基地，更在于已为西气东输工程找到充足的资源。

　　塔里木地层深处的宝库之门正在打开，现代化的石油工业新星冉冉升起。

千里探区的新高地：大油田，大气田

　　展开中国地图就会发现，新疆南部的塔里木盆地沙海浩瀚，异常荒凉。这个全国最大的含油气盆地，牵动着几代石油人的心弦。20 世纪 80 年代，我国石油工业的后备资源已显不足，需要开辟新的探区，建立资源接替基地。原中国石油天然气总公司把目光投向塔里木。1989 年 4 月 10 日，塔里木石油勘探开发指挥部在新疆库尔勒市宣告成立。随后，全国各大油田两万多人以及相应专业设备，挥师西进塔里木，在广袤的戈壁沙漠摆开战场。

　　物探、钻井、测试等各路人马，从轮南戈壁打到沙漠边缘；接着强渡塔里木河，挺进塔克拉玛干沙漠腹地；然后从塔中沙漠调转头来，再战于塔北库车一线。

　　当克拉二号探井喷出强大气流的时候，人们没有想到，这将引发一条横贯中国的能源大动脉。经过两年勘察，探井所在构造含气面积 47 平方公里，蕴藏天然气 2840 亿立方米，成为全国最大的整装天然气田。正是由于克拉二号气田的诞生，国务院才决定实施西气东输工程，并将其作为主力气源。克拉二号气田正在全面开发建设，建成后每年供气 100 亿立方米。其资源

丰度之高，生产能力之强，将被载入中国天然气勘探史。

重点探井的出油出气，往往预示着一座油气田的发现。去年冬天，乌参一井完钻测试，日产凝析油 173.3 立方米、天然气 19.6 万立方米的巨大流量，从 6000 多米的地层深处喷射而出。石油地质专家说，乌参一井所在地区蕴藏凝析油 7942 万吨、天然气 1001 亿立方米，又是一座亿吨级储量的油气田。

沙漠腹地的哈得逊油田，当初探明地质储量只有 3000 多万吨，油层很薄，埋藏又深，曾被认为是食之无味、弃之可惜的"鸡肋"，没有商业开采价值。锲而不舍的石油人，在其边缘滚动勘探，居然使油田规模一再扩大，到去年底探明地质储量增至 7759 万吨，今年可望跻身于亿吨级油田的行列。

截至 2003 年底，塔里木油田公司陆续找到 28 座油气田，还发现 48 个工业性含油气构造，累计探明石油地质储量 4 亿吨、天然气地质储量 6579 亿立方米，三级地质储量油气总当量 18.3 亿吨。

现在塔里木探区的原油生产也达到一定规模，已经投入开发的 11 座油田，形成 550 万吨年产能力。石油人企盼着西气东输工程年底如期建成投产，届时每年输出的 120 亿立方米天然气折算成原油，当量应是 1000 万吨。

塔里木，确立着在全国石油工业格局中的战略方位。

戈壁沙漠的新风景：路通了，树绿了

走进塔克拉玛干沙漠，惊心动魄的场景奔入眼底：沙丘此起彼伏，叠加绵延，仿佛汪洋大海中翻滚的巨浪。每当大风起时，沙尘腾空，天地玄黄，混沌不开。

在这严酷的环境中，塔里木人不仅牵出滚滚油龙，还筑起全世界最长的沙漠公路。如果把全长 522 公里的沙漠公路比作一条树干，那么总长 1380 多公里的十多条油田专用公路、管道伴行公路和探区临时公路则是树枝。干枝相连，纵横交错，组成庞大的路网，伸向塔里木探区所有的油田、井场和绿洲乡村。

十几年前，即使万紫千红的春天，塔克拉玛干沙漠也没有一枝报春的花草。沙漠腹地发现油田后，一批研究沙漠的科学家应邀而来，与石油人共

同开展长达 10 年的绿化试验，终于筛选出能在沙漠生存的 70 多种花草树木，并在塔中油田周围建起 3200 多亩的"生物圈"。

今年的春风吹到塔中沙漠。"生物圈"里的红柳、梭梭、刺槐和沙拐枣等各种树木，枝繁叶茂，郁郁葱葱。鸟儿飞来了。沙鼠、狐狸和野兔不时出没于丛林之中。虽然"生物圈"与大沙漠相比微不足道，但科学家认为，这是"死亡之海"复苏的征兆。

像塔中油田那样，牙哈、轮南、桑塔木、东河塘等油气田，无一不是花木葱茏，绿草如茵，营造着人与自然和谐发展的氛围。

投资 2.2 亿元的塔里木沙漠公路防护林生态工程，已于去年 8 月开始实施，目前正在节节推进。到 2005 年，防风固沙的宽幅林带将取代芦苇方格，沙漠公路将变成一条绿色走廊。

塔里木石油人为戈壁沙漠播种绿色，也尽力改善整个南疆的生态环境。南疆过去缺煤少电，普通百姓靠着砍伐胡杨做饭取暖，仅和田地区每年就要烧掉胡杨 80 万吨。今年 1 月，石油人投资 4 亿元援建的和田地区天然气项目全面竣工，装机容量 30 万千瓦的燃气电站投产运行。和田地区百万居民从此告别砍胡杨、烧胡杨的历史。

石油大军的新追求：高起点 再突破

当年的大庆石油会战，解决了我国工业用油的燃眉之急。今天的塔里木石油会战，则是寻找石油工业接替资源的重大战略行动。

世界石油勘探开发的历史证明，大盆地生成大型油气田，中小盆地生成中小型油气田。面积 56 万平方公里的塔里木，大于东部主力油田所在的松辽盆地和渤海湾盆地。而它蕴藏的石油和天然气资源量，经地质专家用多种方法测算，分别是 108 亿吨和 8.4 万亿立方米，两者折合石油当量 192 亿吨，被称为中国石油工业的"希望之海"。

经过多年地质勘探，塔里木以更清晰更富有吸引力的面貌呈现在人们眼前。专家们已经基本查清塔里木的地质结构，圈定了一些油气生成地带和油气聚集地带，明确了油气勘探的主攻方向。　　　　　2004－04－09

中国为世界石油天然气工业提供巨大商机

新华社记者　常志鹏

如何利用国内外两种资源，满足中国经济发展，是中国石油天然气工业面临的挑战，但同时，也为世界石油天然气工业提供了巨大的发展机遇。这是国内外油气专家的一个共识。

中国石油天然气市场发展空间巨大。中国石油股份公司地质师吴国干说，1993 年至 2003 年，中国石油消费量年均增速达到 6.1%，而同期石油产量年均增长率仅为 1.5%。

从中国国内石油资源情况看，石油可采资源平均探明率为 42%，低于世界平均水平，处于勘探中期阶段，石油资源还有较大的潜力。中国天然气可采资源平均探明率为 22%，处于勘探早期阶段，属于储量产量的快速增长期。中国还拥有较为丰富的油页岩、油砂、沥青、煤层气等非常规油气资源，其中陆上在 2000 米以内的煤层气资源量就达到 31 万亿立方米，接近于目前常规天然气资源总量。

中国政府将继续促进石油天然气勘探开发领域的对内对外开放，充分利用国内外资金和先进技术，加快石油天然气资源开发利用。

中国石油天然气集团公司经济技术研究中心副主任刘克雨说，与世界平均水平相比，中国是世界上产值能耗最高的国家之一。尽管中国石油消费在一次能源中的比重远远低于世界平均水平，但单位 GDP 油耗几倍于世界平均水平。因此，中国石油节约的潜力很大，为国内外节油产业和石油替代产业发展提供了巨大的空间。

2004-06-24

大庆油田还可喷油 50 年

新华社北京 9 月 22 日专电 中国石油集团公司总经理陈耕日前表示，大庆油田具有良好的开发前景，精耕细作合理开发，大庆油田可开发 100 年。这表明，已开发了 40 余年的大庆油田，还可喷油 50 多年。

据《经济参考报》报道，中石油集团公司宣传部部长介绍说，过去的 45 年中，大庆油田共为国家生产原油 17.74 亿吨，财政上缴并承担原油价差共 9000 多亿元，创造了年产原油 5000 万吨以上，连续 27 年高产稳产的世界奇迹。

然而，在经过 40 多年的勘探开发后，大庆油田剩余油气资源分布情况已变得异常复杂。资料显示，进入 20 世纪 90 年代后，大庆油田每年新增探明储量非常有限，而且油田综合含水已高达 89%。

大庆油田公司总经理介绍说，经过长期的开发实践，大庆油田已形成了大型砂岩油田水驱开发、聚驱开发的配套技术系列。

运用先进的技术，大庆油田勘探取得重大突破，经过细致勘探地下的油气资源量令人震惊。一是松辽盆地北部呈现出探明 1000 亿立方米的天然气资源，是东北地区发现的最大天然气藏。二是海拉尔盆地勘探创历史新高。已提交探明地质储量 2009 万吨。通过推进勘探开发一体化进程，海拉尔油田原油产量逐年增加，正成为大庆探区松辽盆地以外的又一生产基地。三是喇萨杏油田部分主力油层采收率突破 50% 大关，使采收率比国内其他油田高 15 个百分点，在世界同类油田中处于前列。四是聚合物驱油技术居世界前沿，年产量超过 1000 万吨，大庆油田已成为世界上最大的三次采油基地。五是在外围油田连续几年保持年产原油 400 万吨以上的基础上快速上产。今年已达到 485 万吨，明年将达到 550 万吨。

2004-09-22

中石油已经在 18 个国家和地区获得作业项目

新华社北京 11 月 7 日电（记者常志鹏）记者 7 日在中国石油天然气集团公司获悉，中石油以靠前服务、高新技术、高效优质项目运作开拓国际市场。到目前已经在 18 个国家和地区、60 多个石油公司获得作业项目，在国际市场上的物探队达到 39 个。

据统计，勘探开发工程技术服务业务在外部市场 5 年累计实现国际市场收入 223.4 亿元人民币。目前全集团在国际市场施工作业的油气勘探开发工程技术服务队伍，已由 1999 年 45 支增加到 282 支，遍及 29 个国家和地区。仅国际工程公司 2003 年共组织 163 支钻井、测井、录井队，在 28 个国家的项目中开展石油工程技术服务。

中石油集团公司重组改制 5 年来，围绕勘探开发生产的关键技术难题，共取得科技成果 7000 多项，获得专利 1966 项。中石油还积极推进装备技术改造，5 年共投入 161 亿元，更新改造钻机 247 台，更新先进地震采集系统 76 套、测井仪 100 台、综合录井仪 60 台、压裂车组 19 套，使工程技术服务设备新度系数由重组时的 0.3 提高到 0.6，增强了市场竞争力。

2004-11-07

中石油如何走出井喷事故阴影？

新华社记者　常志鹏

岁末年初，中国石油天然气集团公司分9路组织进行了安全生产检查，先后检查了53个企业、127个厂处单位，367个基层井队、车间等生产、施工作业现场。

一年多来，中国石油各企业共组织修订各类安全生产责任制7086项，进一步规范了各级领导、各职能部门、各岗位员工的安全生产责任制，4223名局处级干部包保了关键装置和要害部位。各企业都将安全生产考核指标层层分解，与所属单位层层签订安全生产责任状，与关键岗位员工签订安全生产合同书，实行了安全风险抵押金制度，并加大了监督、考核力度。抚顺石化公司、吉林石油集团等25个企业实行行政领导干部安全述职，并与干部任免挂钩。中国石油集团公司重新修订了安全生产规章制度体系表，对36项集团公司安全生产规章制度进行修订。

最新统计显示，中国石油各企业新增加专职安全管理人员45人；厂处单位安全管理机构从原来的1043个增加到了1127个；厂处以下重点生产经营单位新设安全机构1665个，安全管理人员达到3173人，安全管理队伍整体得到了加强。集团公司成立了井控巡视组；四川石油管理局印发了《安全督察实施办法》，组建了安全督察组；吉林石油集团公司在物探队、钻井队和中队级以上车队新配备了专职安全员160人。大庆、辽河、玉门、辽化、抚顺、锦州、兰化等单位都增加了安全管理人员。

除了专职安全员对违章指挥、违章作业、违反劳动纪律进行严查外，中国石油还组织对油气管道违法占压情况进行摸底调查和清理，通过发动员工查出身边事故隐患近2万余项，投入事故隐患整改资金达28亿多元，完成事故隐患治理项目10585项。

　　受国家安全生产监督管理局委托，中国石油集团公司组织编制了"陆上石油天然气开采生产安全应急预案"、"陆上石油天然气储运生产安全应急预案"，以及西气东输、陕京输气、涩宁兰输气、兰成渝成品油输送等四条管道的突发事故应急预案。中国石油各企业共编制应急救援预案实施方案191份，基层单位编写应急预案3000多份、应急处置子预案25000多份，组织各级应急预案演练2900多次。新疆石油管理局、抚顺石化分公司等建立了应急救援组织，形成了完整配套的应急预案。吉化集团公司建立了从公司、工厂到车间、岗位的"四级"事故救援体系，重新制定了4个公司级事故应急预案，86个工厂级预案和2437个岗位级预案。

　　针对安全生产方面仍存在的隐患，中国石油集团公司有关负责人指出，要进一步强化安全生产责任体系建设、安全制度体系建设、安全监管体系建设和员工安全素质建设，增强广大员工尤其是各级领导干部的安全责任意识，努力实现安全生产形势的稳定好转。

2005-02-12

专家指出，中国应提高石油风险应对能力

新华社北京 5 月 24 日电（记者安蓓　王文韬）中国于 24 日零时调低汽油出厂价格，这是一年多以来，中国成品油价格在数次调高后，首度下调。

对此，在此间参加第八届科博会中国能源战略高层论坛的专家们表示，这与国际原油价格近期有所回落有关，但国际油价中远期仍将维持相对较高价位，中国当务之急是提高面对石油危机的抗风险能力。

中国石油规划总院院长王功礼表示，中国成品油价格的下调，是对国际油价近期走势的回应。

据介绍，中国成品油零售价格有自己的定价机制。通常是国家发展和改革委员会根据纽约、鹿特丹、新加坡三地市场油价制定中准价格，国内油价的调整一定程度上滞后于国际油价的变化。

近一个月以来，国际市场原油价格呈下行态势。从四月初一度逼近 60 美元大关回落至近期的 50 美元以下。王功礼认为，这与主要石油生产国政局相对平稳，石油输出国组织采取增产措施，以及世界经济对原油需求预期有所下调有关。

但他指出，国际油价下行空间有限。世界石油需求量的强劲增长态势仍会使国际油价在未来相当长一段时期内维持相对较高的价位。

中国石油和化学工业协会副会长潘德润认为，未来 20 年内，世界石油供需基本平衡，但地区不平衡加剧，石油供需矛盾仍将是决定石油价格走势的决定性因素。

潘德润指出，作为发展中的石油消费大国，又是人均占有油气资源相对贫乏的国家，中国的石油战略安全正面临着日益严峻的挑战。

2005－05－24

中石油西部成品油管道年底投产

　　新华社乌鲁木齐8月13日电（记者高峰）我国西部能源输送大动脉——乌鲁木齐至兰州原油、成品油管道建设正在顺利进行，目前已经完成一半以上的管道焊接，并成功实现穿越黄河控制性工程。预计年底成品油管道将竣工投产，首次实现新疆三大石化公司成品油向内地的管道输送。

　　新疆维吾尔自治区主席司马义·铁力瓦尔地13日到西部原油成品油管道乌鲁木齐首站视察，在乌鲁木齐市近郊的戈壁滩，四川油建承建的第一标段上工人们正有条不紊地对管道焊接口进行打磨和焊接，三台大型吊机将已经焊接好的管道置入1.2米以下的沟槽。

　　中石油管道局副局长、西部管道工程项目部经理马骅说，这一标段的建设者采用先进的施工手段，输油管道以每天10公里的速度向前推进。

　　中国石油集团西部管道有限责任公司董事长凌霄介绍说，截至9日，西部石油管道成品油管道焊接已经完成1181公里，原油管道焊接完成647公里，分别完成工程总量的63.6%和34.8%，作为控制性工程的成品油和原油管道穿越黄河工程也已经分别于6月、7月实现。

　　西部原油成品油管道经新疆乌鲁木齐、吐鲁番、鄯善、哈密进入甘肃，过安西、玉门、嘉峪关、酒泉、高台、临泽、张掖、山丹、永昌、武威、古浪到达兰州，线路实长1858.6公里。由于原油成品油管道双管并行同沟敷设，全线包括支线在内的各种管道总长超过4000公里。自去年9月开工建设以来，这一工程已经列入今年的国家重点建设项目，设计成品油和原油输送能力各自为每年1000万吨，两条管道分别于今年年底和明年8月底竣工投产。

2005-08-13

中国石油：主营业务撑脊梁　快速成长服务全局

新华社记者　齐中熙

国有大型企业的实践表明，企业的成长和未来，取决于其主营业务是否能够快速增长。《石油情报周刊》公布的世界十大石油公司之一的中国石油天然气集团公司，其主营业务就撑起了企业的脊梁。

作为我国重要的国有骨干企业，我国最大的油气生产商和供应商，中国石油近年来深刻分析宏观环境尤其是市场环境变化，以科学发展观统领全局，遵循"奉献能源、创造和谐"的企业宗旨，重点抓好主营业务，企业实现了持续有效较快协调发展的目标，为国民经济的发展提供了动力。

原油生产：东部硬稳定、西部快发展

原油储量增长是中国石油主业发展的基础。早在 20 世纪 90 年代，中国石油就提出"稳定东部、发展西部"的战略方针；今年，中国石油根据国内能源需求的变化，适时提出了"东部硬稳定、西部快发展"的新战略。

东部老油田的稳产事关重大，党中央、国务院对此十分关心。中国石油提出：原油生产重点要做好大庆、辽河等老油区的稳产工作，做好吉林、冀东油田的上产工作，使东部油区整体实现稳定。

大庆油田全面推行了勘探开发一体化等措施，主力油田采用新技术保稳产；外围油田力争上产，使产量达到 530 万吨至 550 万吨。辽河、大港、吉林、华北和冀东油田，尽管面临着不同的稳产和上产难题，但新思维和新技术给老油田带来了新的机遇和希望。特别是冀东油田勇于应用新技术，实现了储量的快速增长。渤海湾畔这一串串"明珠"，表明这里是"东部硬稳定"的基本资源区域之一。

国家对能源的巨大需求，叩击着西部石油人的心弦。由于我国西部地区的油气勘探开发状况发生了重大变化，战略接替地位已经显现。近年西部油田加大勘探力度，产量不断攀升。

3年前，地处新疆准噶尔盆地的新疆油田，年产油突破了千万吨大关，成为我国西部首个千万吨级大油田。位于鄂尔多斯盆地的长庆油田，油气产量连年增长，于2003年攀上千万吨大关。位于塔克拉玛干大沙漠的塔里木油田，也实现了年原油产量超过500万吨的目标。青海油田去年也跨过年产400万吨的关口。

天然气生产：从油气并举到油气并重

天然气是21世纪的能源。中国石油经历了从油气并举到油气并重的战略发展历程。统计表明，上半年探明天然气地质储量完成年计划的60%左右；国内天然气产量达到172亿立方米，同比增长21.6%；陕京二线比原计划提前近3个月正式进气，增强了保障北京安全稳定供气的能力。

中国石油对国家天然气做出的贡献，离不开两个响亮的名字：一个是克拉2，一个是苏里格。

位于新疆阿克苏地区的克拉2探井获得了高产气流，标志着克拉2大气田的成功发现，其储量之大、单井产量之高国内前所未有。克拉2气田的发现与探明，为实施西气东输工程奠定了资源基础，一条横贯全国东西的能源大动脉由此诞生。位于内蒙古自治区鄂尔多斯盆地的苏里格气田，资源前景良好，将对资源接替起到重要作用。

可喜的是，近年来松辽盆地徐家围子深层也获高产气流，千亿立方米天然气储量目标基本落实；四川盆地川中天然气勘探也获得新成果，千亿立方米储量规模的气田已在掌控之中。

炼油化工：从科学运行到优化配置

伴随着中国石油上游业务的发展，炼油与化工业务也在快速成长。

中国石油炼油业务根据国民经济发展的需要，不断优化资源配置，加快结构调整，努力提高炼制能力。今年上半年，炼油加工业务在国际油价持续高位、国内成品油价格倒挂的情况下，中国石油努力增加加工量，加工原油同比增长 10.4％，生产成品油增长 10.8％。

近年来，中国石油化工业务通过优化产品结构，强化市场营销，盈利能力和竞争能力明显增强，化工产品总销量同比增长 10.6％。上半年，化工生产紧紧抓住市场机遇，优化资源配置，满负荷高效生产，努力增产厚利产品，主要化工产品产量及效益又上了一个新台阶。

重点工程：从科学立项到快速建成

当西气东输工程最后一道焊花闪过后，这条西起新疆东到上海、全长4000 公里的能源大动脉便横亘在中华大地。西气东输工程于 2004 年 8 月 3日全线贯通，10 月 10 日天然气到达上海，完成了全线通气。西气东输工程输气管道途经 10 个省（市、区），年设计输气量 120 亿立方米，范围覆盖中原、华东、长江三角洲地区。

继西气东输工程后，中国石油又不断向国家交上了重点工程建设的合格答卷：忠武管道实现了"川气东输"，2004 年底向武汉、襄樊、黄石支线商业供气，2005 年 7 月 1 日向长沙商业供气并全线建成投产；西气东输冀宁联络线、西部原油成品油管道工程已进入全面建设阶段。

中国石油的炼化基地和重点技改项目建设也顺利实施。大连石化千万吨炼油项目，独山子石化千万吨炼油及百万吨乙烯项目建设工作有序展开；长庆、大港、华北和克拉玛依石化 500 万吨年炼油改造项目步伐进一步加快。吉林、兰州和大庆石化乙烯改造项目全面开工。

中国石油的重点油气产能建设项目陆续铺开并取得积极进展。仅上半年就建成原油生产能力 490 万吨、天然气生产能力 35 亿立方米，保证了油气产量稳定增长。

2005-08-18

西气东输改变中国能源消费结构

新华社北京9月6日电（记者常志鹏 刘书云）今年1至7月份，西气东输天然气累计向下游用户供气近20亿方，预计全年稳定供气超过36亿方。西气东输一年的供气是目前中国全年天然气消费量的十分之一。西气东输正不断提升中国天然气在整个能源消费中所占的比例，改写中国能源消费结构。2000年，西气东输工程开始启动；2002年7月4日，正式开工建设；2003年10月1日，西气东输管道东段建成投产；2004年12月30日，全线正式商业运行。

今年是西气东输全线商业运行的第一年。正因为是第一年，其改变中国能源消费结构的作用就特别明显：

研究表明，到2020年，中国若实现经济翻两番的目标，反映到能源领域，约需发电装机容量9亿千瓦左右。如果全部采用火力发电，约需新增12亿吨以上电力用煤，由此将给资源、采掘、运输及环境带来难以承受的压力。这种情况下，天然气就成为中国改善能源结构，寻找煤炭替代能源的主要选择之一。

中国科学院院士、中国石油天然气股份有限公司总地质师贾承造说，以西气东输工程为骨干，加速营建覆盖全国大部地区的输气管网，加快发展天然气工业，用天然气替代一部分石油，应该是维护中国石油战略安全的一种现实选择。

西气东输天然气用户主要有城市燃气用户、化工用户和工业用户。其中，城市燃气用户约占总用气量的50%，工业用户占40%，化工用户占10%。

截至2005年8月25日，西气东输共向30家用户销售天然气。目前日最大供气量为1286万立方米，日最大销售量为1140万立方米。为城市居民燃气、工业燃料煤改气、化工和天然气发电等项目创造经济效益近百亿元。

2004年元旦，西气东输天然气正式进入上海，为改善上海能源结构，提高社会环境质量做出了贡献。上海化学工业区是"十五"期间中国投资规模最大的工业项目之一，建成后工业产值可达1000亿元人民币。2004年底，西气东输"天然气"正式向化学工业区的赛科90万吨乙烯工程供气。上海市天然气管网有限公司常务副总经理张十金认为，西气东输天然气为上海化学工业区注入了腾飞的动力。2004年1月，西气东输正式向浙北地区用户供气，标志着浙江省天然气利用实现了零的突破。据专家预测，到2010年浙江省天然气占能源消费总量将从现在的几近空白提高到10%左右。南京、合肥、宜兴陶瓷原利用煤制气为主要城市燃气，2003年底用上西气东输天然气后，气量得到保障，能源调整有了改善，人民生活水平有所提高，空气污染有所控制，投资环境有所改变。

郑州使用中原油田天然气已有十多年历史，总用气量不过8000多万立方米。随着西气东输大管线通过，郑州市场天然气用气规模年增5000万至6000万立方米，由单气源供气变为双气源供气，城市居民的生活质量得到了进一步提高，城市污染状况得到改善。

2005-09-06

陕北成为中国石油工业重要基地

新华社西安 9 月 21 日电（记者储国强、吕雪莉、杨晓静）中国第四大石油开采炼化企业——陕西延长石油（集团）有限责任公司日前在延安组建成立，结束了陕北石油开采的混乱无序状态。这家公司所属企业和中石油所属长庆油田，去年在陕北开采原油 1308 万吨，而今年前 7 个月这里原油产量又突破了 1000 万吨。丰富的石油资源和如火如荼的开采热潮，正使陕北成为中国石油工业的重要基地。

陕北是中国石油工业的发祥地，1905 年清政府在延安创办"延长石油官厂"，打成了中国第一口油井，建起了第一个油田炼厂。如今，这里已成为中国重要的能源基地，石油探明储量已达 11 亿吨。

近年来，随着陕北低渗透油田开采技术的进步和勘探开发力度的加大，陕西成为中国原油产量增长最快的省区之一。据陕西省石油化学工业办公室介绍，去年陕北原油产量比前年净增 252 万吨，一年中 7 次刷新月产纪录，实现了陕西省石油产量的历史性突破，达到 1308 万吨。在全国 12 个年产百万吨以上原油的省（区）中，陕西已成为继黑龙江、山东、新疆之后的第四产油大省。

以陕北作为主要工作区域的长庆油田，连续 5 年原油产量年净增 100 万吨以上，是全国产量增量最大、增速最快的油田。长庆油田副总经理苟三权介绍，1988 年长庆油田的原油产量仅 141.7 万吨，去年原油产量已达 811 万吨，油气当量突破 1400 万吨，在中石油各分公司排名中仅次于大庆。今年原油生产又创造了有史以来的最高水平，预计全年原油产量将达 945 万吨。到去年底，长庆油田累计探明石油储量 13.2 亿吨，今后计划每年投入 15 亿元用于石油、天然气勘探，力争每年新增油气储量保持全国第一。

2005-09-21

中石油成功收购 PK 公司是能源战略重大突破

新华社北京 10 月 27 日电（记者安蓓）历时两个多月，经历一波三折的中国石油天然气集团公司收购哈萨克斯坦 PK 石油公司案在 27 日宣告完成，为这起迄今为止中国企业最大的海外并购画上圆满的句号。

"这次收购成功是中国能源战略西移的重大突破"，中国石油大学工商管理学院教授董秀成说。

中国石油进口主要依赖中东和非洲，近六成的进口石油来自这两地。石油供应主要通过马六甲海峡成为中国能源安全面临的主要困局。为避免供应风险，中国提出加强与中亚、俄罗斯以及东盟国家的石油合作，积极营造"多元化"能源外交格局。

董秀成说，这次成功收购 PK 公司，在实现中国能源来源和供应通道多样化上都具有标志性的意义。

PK 公司是在加拿大注册的上下游一体化的国际石油公司，油气田、炼厂等资产全部在哈萨克斯坦境内，年原油生产能力超过 700 万吨。

中石油表示，收购 PK 公司将为今年年底竣工的连接哈萨克斯坦西部和新疆的中哈石油管道"阿塔苏—阿拉山口"段提供稳定可靠的油源。

中国石油干部管理学院教授韩学功介绍说，自 1997 年进入哈萨克斯坦以来，中石油与哈国在油气领域多年的良好合作是这次收购能够最终成功的主要原因。

他指出，中石油收购 PK 公司与中海油竞购优尼科公司不同。中海油面临的是一个资产主要在东南亚的美国石油公司，政治干扰之强大不言而喻。

今年 6 月，中国海洋石油总公司以 185 亿美元高价竞购美国优尼科石油公司，最终因政治阻力强大黯然退出。

然而，中石油对 PK 的收购并非一帆风顺。先有印度和俄罗斯石油公司的激烈竞争，后遇哈议会通过禁止外资转让国家石油资产交易的法案阻碍。直至 10 月 18 日 PK 股东大会高票赞成中石油收购建议后，俄罗斯卢克石油公司又以拥有对 PK 公司优先购买权而使加法院推迟裁决至 26 日。

"战略上的灵活是中石油此次收购成功的重要因素，"董秀成说。

10 月 15 日，中石油与哈萨克斯坦国家石油公司签署合作经营和管理 PK 项目的备忘录。根据备忘录，哈国家石油公司将获得为保持国家对矿产资源开发活动的战略控制所需 PK 公司的部分股份，并获得在对等条件下联合管理 PK 公司奇姆肯特炼厂和成品油的权力。

"随着国际能源价格的高涨，大国间的能源争夺势必愈演愈烈。中国石油企业走出去必须坚持'双赢互利'原则，中石油的成功恰恰证明了这一点，"董秀成说。

26 日，在莫斯科召开的上海合作组织成员国总理第四次会议通过联合公报。公报强调了开展油气开发和建设油气管道合作的重要性和急迫性。为这起从提出之日起一直低调进行的中国石油企业海外收购，加入了些许强音。在中哈两国总理于同日举行的会见中，也谈到了中石油收购 PK 公司资产事宜。中国国务院总理温家宝和哈萨克斯坦总理艾哈迈托夫表示支持中石油和哈萨克斯坦国家石油天然气股份公司在前者收购 PK 公司方面开展互利合作。

艾哈迈托夫强调，中石油收购 PK 公司进程结束后，哈方将与中石油共同处理好 PK 公司在哈遗留的各种问题。

2005-10-27

中国石油资源储量仍处于增长期

新华社北京 11 月 10 日电（记者安蓓）国土资源部研究人员 10 日说，中国石油资源储量仍处于增长期，尽管已进入低速增长阶段。

国土资源部信息中心全球资源战略研究开放实验室副主任张新安在此间召开的"2005 中国石油论坛"上说，得益于高强度的石油勘查活动，中国石油储量继续保持良好增长势头。

截至 2004 年底，中国累计探明包括原油和凝析油在内的石油地质储量为 248.44 亿吨，比 2003 年底增长 5.4%；累计探明石油可采储量 67.91 亿吨，增长 3.4%；累计采出量 43 亿吨；剩余可采储量 24.91 亿吨，增长 2.4%。

张新安指出，中国石油储量替代率尚维持在合理水平。储量替代率是反映储量接替能力的指标，是指国内年新增探明可采储量与当年开采消耗储量的比值。替代率为 1，表明勘探所导致的储量增加与开采所导致的储量消耗持平。储量替代率大于 1，表明储量的增加大于消耗，小于 1 则表示勘探新增的储量不能完全弥补储量的消耗。

张新安介绍说，1993 年以来，中国石油储量替代率基本维持在 1.0 左右。2004 年，更是达到了 1.27 的高水平。

此外，自 1993 年成为石油进口国以来，中国的石油储采比一直维持在 14 至 16 的范围内。储采比是指国内石油剩余可采储量与当年采储量之比，即目前石油剩余可采储量可供消费的时间。张新安说，尽管这一比值仅及 2004 年世界石油平均储采比 43 的三分之一，但由于世界平均储采比受中东储采比拉高影响，这仍是一个较为合理的、可以保持石油工业持续健康发展的水平。

张新安认为，目前中国石油资源面临的主要问题是开采和消费的高强度。2004 年，中国占世界石油储量的 1.5%，产量占世界总量的 4.5%，但消费量却占世界总量的 8.2%。

尽管如此，近年来中国原油产量保持较快增速。由 2000 年的 1.63 亿吨增至 2004 年的 1.75 亿吨，年均增长 1.1%。预计今年将达到 1.8 亿吨，而按照以前的预测，到 2010 年才可能达到这个数字。

张新安说，中国石油资源潜力巨大，尚有约三分之二的潜力待探明。在这三分之二的待探明潜力中，三分之一可以在当前技术和成本条件下探明；三分之一可以利用现有技术探明，但发现成本将大幅增加；其余三分之一将依赖未来技术的创新。

他建议，中国应采取有效措施，加大石油勘探开发力度，建立与市场经济相适应的新体制，完善油气基础地质投入机制，实行风险投资机制，推进勘探开发竞争机制。张新安表示，中国还应采取包括经济和行政手段在内的各种有效措施，加强对非常规油气资源的评价勘查。据介绍，中国油页岩预测资源总量 4832 亿吨，但尚未展开系统调查评价，探明程度仅为 6%。油砂目前尚无查明资源储量，预计资源量达 80 亿吨以上。

2005-11-10

中国石油"十五"期间做大
做强油气勘探开发主营业务

新华社记者 常志鹏 安蓓

在"十五"期间，中国石油集团做大做强油气勘探开发主营业务，保持油气生产供应中的主导地位，5 年间共发现和探明 3 个 3 亿至 5 亿吨级、11 个亿吨级规模的大油田，多个千亿立方米规模的大气田，累计新增探明石油地质储量 24.2 亿吨、天然气地质储量 1.7 万亿立方米，有效地缓解了油气资源接替不足的矛盾，为油气生产实现稳中有升提供了资源基础。

面对勘探对象越来越复杂、勘探难度逐步加大的新情况，中国石油勘探工作按照突出石油勘探，加强天然气勘探，推进风险勘探的原则，调整勘探思路，完善管理模式，向新盆地、新地区、新类型、新层系探索，取得了一批具有战略意义的重要突破和发现。实现了资源接替的良性循环，石油储量替换率达到 1.3。

"十五"期间，中国石油陆上石油勘探取得重要进展。在陆上石油资源最丰富的松辽盆地，通过采用大比例尺沉积微相工业制图、以高分辨三维地震为基础的岩性圈闭识别和油藏描述等技术，在岩性地层油气藏勘探中不断获得新发现，年均增储保持在 1 亿吨以上；在陇东、姬塬、志靖—安塞等地区的勘探先后取得重大突破，年均增储保持在 1 亿吨以上；在准噶尔盆地通过强化地震前期准备和甩开预探，准噶尔盆地腹部和准南地区连续获得重要突破，石油储量、产量持续增长；在陆上最大的含油气盆地塔里木盆地，轮南、塔中、哈得逊等处油气储量、产量均实现稳步增长，为西气东输工程提供了丰富的天然气资源。

"十五"期间，中国石油海上石油勘探有重大发现。在渤海湾盆地通过对富油气凹陷进行二次三维地震、精细油藏描述等工作，在岩性油气藏和滩海获得重要发现。冀东南堡滩海初步形成一个 3 亿吨级的大型含油区，大港南部滩海形成一个亿吨级储量区块。

在"十五"期间中国石油在石油开发上进行了三个方面的调整：进一步加大西部储量投入；对新老区储量进行结构调整；对老油田挖潜方向进行调整。同时，开发整装新油田使原油生产稳中有升。5 年间，新区新建原油生产能力超过 3300 万吨，规模大于百万吨的整装油田占同期新区产能建设总量的 30% 以上。陆梁、西峰、靖安、安塞、英坨等一批整装大油田相继投入开发，为实现资源接替作出贡献。

天然气生产快速增长成为中国石油"十五"期间主营业务发展亮点。塔里木、长庆、西南、新疆和青海油田均在"十五"期间发展成大气田。西气东输工程、陕京二线、忠武线、涩宁兰等一批输气管道建成投产，使天然气在一次能源中的地位逐渐提升。东部地区的大庆、大港、华北等油田在资源条件日趋紧张的情况下，提高天然气产量和利用率，为稳定东部地区天然气产量、推动国民经济发展发挥了作用。

2006-01-13

中石油集团将提高油田采收率实现老油田稳产

新华社北京 4 月 25 日电（记者姜雪丽　安蓓）中国石油天然气集团公司总经理陈耕 25 日表示，中国石油集团的采收率与世界先进国家相比仍有很大的差距，今后中石油集团将提高油田采收率，实现老油田的稳产。

陈耕在 25 日召开的中国石油集团科技大会上说，如果中石油集团公司的平均采收率能够提高一个百分点，就可以增加上亿吨的可采储量，从而大大提高资源的利用率。

陈耕说，确保已开发油田持续稳产，最为关键的就是提高油田的最终采收率，这是油气田可持续发展的必由之路。

据介绍，目前中国石油集团的油田中，除大庆油田采收率比较高以外，其他油田大都在 21%–29%。而世界先进国家采收率已达到 50%，比中国石油集团的平均水平高 16 个百分点。

近年来，由于油价连续走高，国外一些公司已把油田的最终采收率目标确定在 70%。

陈耕说，由于目前主力老油田大部分进入高含水开采，低渗透储量所占比重较大，稠油开发和三次采油难度加大，在提高采油率上面临许多技术难题，必须加强地质、油藏、采油工艺和工程技术等多专业的协同和配合，形成配套的技术系列。

他同时指出，目前对公司发展制约最大的仍是资源接替紧张的矛盾，而从目前的开采水平来看，国内资源勘探的潜力依然很大。

据调查，中国陆上石油资源平均探明程度仅为 24.88%，天然气平均探明程度只有 10.38%，远低于世界 50% 和 40% 的平均水平。海上的勘探开发也处于初始阶段。

2006-04-25

中国首家石油现货交易所在上海鸣锣开市

新华社上海 8 月 18 日电（记者张建松　徐寿松）中国首家石油现货交易所——上海石油交易所 8 月 18 日正式开业，来自国家发改委、中石油、中石化、中海油、中化集团的有关负责人和交易商代表共 300 多人，在黄浦江畔的上海国际会议中心举行开业典礼。上海市副市长周禹鹏为交易所的开市鸣锣。

国家商务部为石油现货交易所的开业专门发来贺信。贺信中说，上海石油交易所的成立，是健全、完善中国现代石油市场体系的重要举措，对于推动中国石油石化现货市场的建设具有十分重要的意义。

落址浦东的上海石油交易所由上海久联集团有限公司和中国石油国际事业有限公司、中国石化销售有限公司、中海石油化工进出口有限公司、中化国际石油公司共同出资组建，注册资本为 1.05 亿元。

据上海石油交易所总经理陈振平介绍，上海石油交易所将借鉴现代国际石油市场先进的交易方式和交易理念，以建成中国石油石化现货交易中心为目标，以电子商务等现代交易技术为手段，建立和完善多层次、高效率、低成本的专业交易平台，为石油石化产品的现货交易提供中介和信息服务。

开业初期，上海石油交易所首批推出市场化程度高、用量大的燃料油进行交易，上市交易的品种有黄埔 180 ＃ 1 号燃料油、华南湛江 180 ＃ 2 号燃料油、华东舟山 180 ＃ 2 号燃料油和山东 380 ＃燃料油等。

交易启动运行后，上海石油交易所还将尽快推出石油、沥青、甲醇、乙二醇等石化产品的现货交易品种；并在条件成熟的情况下，逐步推出成品油、原油、液化气、天然气等石油石化产品现货交易品种。

目前，上海石油交易所已经与 65 家交易商签订了入市协议，与 10 多家仓储企业签订了交收合作协议，与 2 家银行签订了交易结算银企合作协议。主要采取现场现货交易、按期竞价交易和中远期订货交易等各类石油现货交易方式，灵活采取仓库交收、过驳交收和协议交收等多种贴近现货交易需求的交收方式。

上海市副市长周禹鹏表示，上海石油交易所的成立，是上海大力发展现代服务业的一项重要举措，交易所已被列入了浦东新区综合配套改革试点的重点支持单位，给予特别财税优惠政策扶持。积极探索建立完善的现代石油市场体系，不仅有利于提高中国石油石化产品的交易水平，增强中国石油石化企业的国际竞争力，也有利于上海实现能源发展战略，完善利用市场机制，保障上海石油、成品油的市场供应。

2006-08-18

中国石油：确保冬季供暖期间居民生活用气

新华社北京 11 月 17 日电（记者齐中熙）随着北京等北方城市居民家庭陆续开始冬季供暖，天然气用量进入高峰期。中国石油天然气集团公司 17 日表示，将采取措施确保重点用户和居民生活用气。

据悉，北京市全年使用天然气 42 亿立方米，其中 20 多亿立方米的天然气用于冬季供暖。目前，天然气地下储气库已储备一定数量的天然气，基本可以满足今冬用气量。

中国石油天然气与管道公司提供的数字显示，中国石油天然气供应区域遍布全国 25 个省、自治区、直辖市。其中，城市燃气占四成以上。据预测，随着天然气需求的快速增长和冬夏用气峰谷差的加大，今年冬季全国天然气供需矛盾仍然突出，供应形势严峻。

为此，中国石油今年在加大长庆、塔里木等气田的勘探开发力度，增强资源基础和供气能力的同时，加快了天然气管网及其配套设施建设。

据悉，陕京二线去年 7 月的提前建成并投入运行以及大港第四储气库的投运，使陕京线的日供应能力比前年增加 2000 万立方米以上，极大地缓解了北京及华北地区用气紧张的局面。

此外，中国石油还制定冬季供气应急预案，加强对陕京一线、陕京二线、西气东输、忠武线、涩宁兰等大管网的系统安全管理和用气调度，加强 24 小时值班和实时监控，保证管网安全平稳运行。

据中国石油天然气与管道公司有关人员介绍，天然气是我国近年增长速度最快的一次性能源，"十五"期间年均增长 13%，近两年的增长率提高到了 20%。

2006-11-17

发改委：中国在石油供应安全方面面临新挑战

新华社北京4月24日电（记者常璐）国家发展和改革委员会官员24日表示，中国正在经济高速增长时期，能源问题尤其突出。目前在石油供应方面面临进口来源、通道和贸易体系等多个挑战。国家能源领导小组办公室副主任、国家发改委能源局局长徐锭明在北京召开的"能源风险管理研讨会"上说，随着中国经济不断发展，能源消耗必然随之增加。展望未来，中国能源发展的方向是清洁、高效、多元和可持续发展。

徐锭明认为，中国在石油供应安全方面面临新挑战：进口量连续增长，油价高位波动加快了中国经济运行成本；中国石油进口来源过于集中在地缘政治复杂多变的地区；中国石油贸易体系尚处于起步阶段；中国石油市场制度建设有待进一步完善；中国石油预警、预测及应急体系有待建立。

他说，中国已成为世界第二大能源生产国，煤炭、石油、天然气、电力等生产建设指标创历史新高，能源供需矛盾得到有效缓解。2006年，中国全年生产煤炭23.8亿吨，原油1.8亿吨，天然气585亿立方米，发电量达2.83万千瓦时。2006年底中国发电装机容量达6.22亿千瓦。可再生能源也获得前所未有的快速发展。

"我们清醒地认识到，能源是制约中国的一个问题，以能源的可持续发展支持经济和社会的可持续发展，是中国能源领域长期艰巨的历史任务。资源和环境是能源风险管理的两个重要内容，资源与环境约束着人类的发展，而资源发展毫无疑问必须走可持续发展的道路。"徐锭明说。

2007-04-24

中国石油多项措施保"三夏"农业用油供应

新华社北京 6 月 20 日电（记者安蓓 黄少达）中国石油天然气集团公司 20 日表示，今年"三夏"，中国石油千方百计调集油品资源，提供多种支农、惠农、便农的专项服务，全力以赴保证农业用油的稳定供应。

据介绍，为了做好今年的"三夏"农业用油供应工作，中国石油提前部署"三夏"油品供应，要求所属各销售企业全面分析"三夏"作业整体进展情况，密切关注作业用油高峰的转移动向，及时掌握不同地区、不同时段农业用油的需求信息，合理调整库存，科学安排调运，提前做好准备，全力保障农业用油高峰时期市场平稳供应。

为了应对"三夏"资源需求高峰期的到来，中国石油炼油与销售公司提前增加了河南、山东、河北、山西、江苏、安徽等重点地区农机柴油供应量。华东销售公司在柴油紧缺的情况下，向安徽地区增加配置量 40%，山东销售公司向省内 400 余座乡镇加油站增投柴油 2 万多吨。

同时，各地销售企业按照中国石油的要求，成立"三夏"市场领导小组，加强资源整体协调供应工作，及时解决计划、配送、服务和销售方面的问题。各单位主动与当地农业部门、农机管理部门联系，了解作业农机数量和作业区情况，在农机路过地段的加油站提早安排资源，根据农业用油量的变化情况，及时调整销售结构，合理组织配送，全力保障农机用油。

为了确保"三夏"农忙区域加油站油品供应不断档、不脱销，各分公司建立了资源配送快速反应机制，根据供应区零售、批发、机构用户进销存参数，设定"三夏"警戒库存，建立应急预案，实行 24 小时配送，重点保障对收割机具等农机机械的平稳供油。

2007-06-20

中国石油专家在苏丹传授经验

新华社记者　邵杰

苏丹能源和矿产部礼堂 21 日举办了一场别开生面的讲座，来自中国大庆油田的数名专家向苏丹同行传授石油生产经验。礼堂内座无虚席，不时响起热烈掌声。

被中国石油界誉为"新时期铁人"、多次获得国家级奖励的王启民说，他从 1960 年就开始在大庆油田工作，经历了大庆油田起步、发展的各个阶段，今天能来到苏丹与当地同行交流经验，他感到特别高兴。

他说："在苏丹访问期间，我们看到，虽然苏丹石油产业起步至今只有 10 年时间，但是发展迅速，特别是苏丹油田高效开发和高水平的国际管理方式，给我们留下了深刻印象。"

王启民说，大庆油田的勘探、开发始于 20 世纪 50 年代末和 60 年代初。在没有外援和缺乏经验的情况下，油田奋战者们边施工，边摸索，不断积累经验。

王启民和其他中国专家详细介绍了大庆油田的发展历程，特别是数十年来保持高产、稳产的经验，并热情回答了苏丹同行提出的很多技术性问题。

苏丹国家石油公司技术经理穆罕默德·哈桑询问中国专家，大庆油田是如何不断提高采油率的。王启民回答说，开始时，大庆油田采取笼统注水的方法，但在操作过程中发现，各油层含水量上升快，产量下降也很快，采油率低于 20%。后来，油田采取了分层注水、分层开采等方法，根据每个油层的不同情况采用不同的注水方式，并随时进行观察，密切掌握油层情况。这些方式有效保证了大庆油田的稳定产量。

2007-06-22

中国石油新型钻井动力技术取得突破

新华社济南 9 月 21 日电（记者吕福明）中国石油天然气集团公司 21 日在济南举行重大科技创新成果发布会，由济南柴油机股份有限公司开发的高可靠性柴油机和"以气代油"双燃料发动机等 5 种新型钻井动力产品，代表了中国石油装备制造业的最新水平。

济南柴油机股份有限公司是中国石油下属唯一的燃机制造企业。公司近几年围绕石油钻井动力升级换代和节能减排目标，成功研制了以 B3012 高可靠性柴油机、BL3012 长冲程柴油机、B3016 高可靠性大功率柴油机、2000 系列和 3000 系列柴油／天然气双燃料发动机为代表的一系列新型石油钻井动力装备。

其中，高可靠性柴油机是国家"十五"重大技术装备研制项目专题，"以气代油"双燃料发动机是中国石油天然气集团公司"十五"重大科技专项。据介绍，柴油／天然气双燃料发动机采用了具有自主知识产权的核心技术，使发动机既能在柴油与天然气双燃料状态下工作，又能实现柴油和天然气之间的方便转换。

中国石油天然气集团公司领导介绍说，当前我国能源需求随着经济的快速增长而扩大，世界石油天然气开发投资逐年增加，这对石油装备技术提出更高要求。而我国要谋求石油装备业的快速发展，必须走自主创新之路。

2007-09-21

新世纪的大庆精神大庆人

新华社记者高欣　王淮志　范迎春

午夜的一场暴风雪，使中国最大的石油工业基地大庆油田遭受灾害性袭击——电力网络瘫痪，通信系统中断，交通严重受阻。

2万多口油井停产，每天将减产原油4万吨。

暴风雪就是命令！漆黑的夜幕下，没膝的积雪中，千里油田出现了越来越多艰难移动的身影。数万人自发奔赴岗位，许多人徒步跋涉几个小时。

奋战3天3夜，受灾油井全部恢复生产。

2005年3月下旬的这一幕，彰显了危急关头"铁人"后辈的英雄本色，再现了渗入大庆人骨髓里"见困难就上"的大庆精神。

源起于石油会战年代的大庆精神，发展浓缩为"爱国、创业、求实、奉献"8个字，如今正在成为新世纪大庆人"创建百年油田、搞好二次创业"的集体座右铭。

"干工作就要踏踏实实、爱岗就是爱国"——这就是大庆人高度负责，产业报国，以维护国家能源安全为己任的爱国精神

大庆油田的发现和开发改写了中国石油工业的历史。

从那时起，大庆油田的名字，就一直与共和国的石油战略安全息息相关。

进入新世纪，油田开采难度加大。大庆油田采用的3次采油技术比世界同类油田采收率提高10%—15%，但是3次采油的主要注剂表面活性剂依赖进口，不仅每年耗费大量外汇，而且核心技术受制于人。

一次技术研讨会上，表面活性剂的国产化问题再次成为争论的焦点。

"让我来试试。"油田研究院年仅30出头的伍晓林博士站起来说。面对资深专家们质疑而又期待的目光，他亮出了脑子里酝酿已久的思路。

谁也没想到，小伍将成为这个世界尖端技术舞台上的"领衔主演"。整整3年，他把自己的一切交给了活性剂研究，不知度过了多少个不眠之夜。经过4000多次反复试验，他终于获得成功。推广应用后，每年为国家节约资金数以亿计。

伍晓林出名了。一些外国公司派来"猎头"，以优厚待遇邀请他前去工作。一家公司还许诺先支付1000万元，他听罢一笑了之。如今，拥有"千万身价"的伍晓林成为"全国青年岗位能手"，仍旧全身心地投入到新的课题之中。

"伍晓林只是油田成千上万科技工作者的代表。他们把对国家和人民的忠诚，融化到具体的职业精神里。"油田副总地质师、"新时期铁人"王启民说。

今年54岁的高级工人技师何登龙是个"土专家"。因为急于编写职工多媒体培训教程，老何干脆把铺盖搬进办公室。虽然单位离家只有10分钟路程，他却已经半个月没有回家。

老何办公桌上的电脑左右各有一个鼠标，一问才知道，因为每天用电脑工作十几个小时，两个鼠标便于用两只手换着操作。

仅有初中文化的何登龙坚持几十年立足岗位自学，成为中国石油集团命名的"技能专家"。他担任工人培训教师多年，已培训员工5000多名。近年来，他独立撰写140万字的培训教材，成为全国石油系统职工培训读本。在油田网站"老何为你解难题"专栏里，他被亲切地称为"工人博导"。

谈到大庆精神，老何直白地说："干工作就要踏踏实实，爱岗就是爱国。每个人把自己的工作做好了，油田就能兴旺，就能给国家贡献更多的原油。"

对于大庆人来说，爱国不是抽象的词语，而是立足本职、胸怀全局的自觉行动。曾在美国进修、英国攻读博士学位的油田公司副总经理冯志强说："只有在祖国、在国有企业，我才觉得从事的是事业，而非职业。"

大庆共有6万多口油气井，星罗棋布在6000平方公里的土地上。在基层站队采访，记者经常思索一个问题：为什么在单调枯燥而艰苦乏味的岗位上，石油人的脸上总会挂着充实和淡定的笑容？

敖古拉采油队地处厂区百公里外的荒原上，职工半个月才能回一次家。他们每天巡井两个多小时，要步行10多公里。

"我们时常问自己：大庆油田为国家贡献 19 亿吨石油，我贡献了多少？想到这些，就不觉得辛苦了。"女工刘艳红说。其实，职工们在工作中创造的"少春扳手""商氏三定法"等技术革新成果被油田广泛采用，创造效益数百万元。

工作之余，队里根据不同爱好成立书法、绘画、摄影等兴趣小组，60多名职工人人参与。在一间专门的陈列室里，员工的得意之作可以自由展出、相互交换。

那天，有一名职工过生日，队里刚好有车去厂区，顺路把他的妻子和孩子从百公里外接来，党支部送上了鲜花、蛋糕和写满祝福的贺卡。生日晚宴虽然和平常伙食差不多，但是气氛异常热闹。当过生日的小伙子和妻子同唱《十五的月亮》时，许多人的眼圈湿润了。

他们是光荣的大庆人，也是一群有七情六欲的普通人。

"百年油田不是神话，我们站在新的起点上"——这就是大庆人持续创新、顽强拼搏、矢志谋求资源型企业持续发展的创业精神

一座"退休"的井架屹立在采油二厂。这是当年铁人们靠人拉肩扛立起的井架，犹如丰碑镌刻着"创建百年油田"几个大字，旁边是铁人率领1205 钻井队打下的第一口油井。

这口年近半百的"文物井"，至今仍在源源不断地为共和国的经济命脉输入新鲜"血液"。侧耳倾听，管线里油液澎湃的流淌声仿佛回放着铁人的铿锵话语："把贫油的帽子甩到太平洋里去！"

几十年风雨兼程，大庆人的创业激情从未泯灭。面对新形势，他们更是把创业与创新融为一体，一心谋求油田的可持续发展。

然而，作为采掘型企业，经过 40 多年高速开发，资源储量递减是不可逆转的现实。2003 年，大庆原油产量在连续 27 年高产稳产后首次调减至5000 万吨以下。

大庆红旗还能打多久？会不会成为"第二个巴库"？一时间，巨大的舆论压力袭来。如何破解这道世界级难题，决定着油田未来的命运，更牵动着亿万国人的心。

"创建百年油田、搞好二次创业"，这就是大庆人给世界的答案。大庆油田有限责任公司董事长、总经理王玉普描述了"百年油田"的创业前景：到2010年，油气当量稳产4200万吨以上，2020年油气当量稳产4000万吨以上；到2060年开发百年时，大庆油田将依然是国家重要的石油工业基地。

在世界石油工业史上，许多与大庆同等规模的油田都是昙花一现，仅能保持一二十年高产稳产，"百年油田"岂不如同神话。

大庆人的"底气"由何而来？

油气资源是可持续发展的命脉和根基。王玉普对此信心十足：目前松辽盆地北部及外围油田还有几十亿吨有待探明和发现的石油天然气资源，在已探明的部分中还有30多亿吨剩余储量。

"百年油田不是神话，我们站在新的起点上。"中国石油集团副总经理、大庆石油管理局局长兼党委书记曾玉康说。

大庆人二次创业的宏图可以从外部市场开拓中略见一斑。以往，大庆油田一直都是"坐地经营"，到上世纪末，外部市场的产值还几乎为零。2001年春天，曾玉康率领工程技术队伍来到河北一家油田。"我们是来找饭吃的。"曾玉康开门见山的一句话令对方领导震惊。大庆是他们心目中的"老大哥"，而对掌门人曾玉康，他们更是仰慕已久。

曾玉康解释说，随着油田的发展，特别是改制重组后，工程技术服务队伍"吃不饱"。此番前来，是参加你们油田改造工程竞标的。此后，凭借技术、装备、人才的优势，大庆"铁军"在这家油田连年承揽关键项目，被甲方誉为"免检工程"。

凭借过硬的实力，大庆的路桥建设队伍开赴辽宁，参加沈大公路改扩建工程，被树为"样板"；在西安，大庆建筑队伍被奉为"座上宾"：大庆油田信得过，我们一百个放心！

6年来，大庆油田300多支工程技术服务队伍，已经进入全国29个省市、境外28个国家和地区，年创收入上百亿元。

2007-09-25

中石油钻探新疆准噶尔盆地最深井

新华社乌鲁木齐 11 月 27 日电（记者熊聪茹）记者 27 日从新疆石油局钻井公司获悉：位于新疆北部准噶尔盆地的莫深 1 井成功钻探至设计目的层 7380 米，成为该盆地钻探的最深井。

莫深 1 井位于新疆准噶尔盆地腹部莫索湾地区，是克拉玛依油田的一口重点超深探井，也是中国石油天然气集团公司科技重大现场试验项目之一。该井于去年 8 月开钻，由新疆石油局钻井公司 90001 钻井队承担钻井施工任务。

据施工方介绍，莫深 1 井创造了多项国内钻井纪录，首次应用了中国自主研发的第一台 9000 米交流变频钻机，投资规模和钻探难度超过该盆地此前开发的探井。此外，该井还取得了钻井参数优化、钻头、泥浆技术、钻具组合优化及固井施工五大技术突破。

莫深 1 井顺利完成设计深度，意味着中国制造 9000 米交流变频钻机在准噶尔盆地成功运行，标志着中国石油机械制造和钻探水平又上新台阶。

据悉，莫深 1 井的钻探目前仍在继续，初步预计深度将达 7600 米。

克拉玛依油田 2006 年生产原油 1191.66 万吨，天然气 28.81 亿立方米，原油产量连续 26 年稳定增长，是中国西部最大的油田。

2007-11-27

大庆打造百年油田

新华社哈尔滨 1 月 7 日电（记者范迎春）1959 年发现，1960 年投入开发。40 多年来，大庆油田累积生产原油 19 亿多吨，占中国同期陆上原油总产量的 40％以上。坐落在中国东北端的大庆油田，源源不断地为中国前进的列车注入澎湃动力，支撑起中国石油能源的半壁江山。

2008 年伊始，从大庆油田再次传来捷报：2007 年累计生产原油 4169.8333 万吨，圆满完成全年的各项生产任务。

从"甩掉贫油落后帽子"到创建"百年油田"，大庆油田在中国新型工业化道路上树立起一座丰碑。

开发至今，大庆油田创造了中国石油工业的三个第一：原油产量第一，上缴利税第一，原油采收率第一。

"持续有效发展，创建百年油田。"2003 年，大庆油田在经过缜密论证后提出了新的发展目标。

应用创新的断陷盆地油气藏勘探等 3 项地质理论及配套技术，大庆石油科技工作者在大庆外围的海拉尔盆地新找到了 16 亿吨石油地质储量，在大庆深层探明了储量前景 5000 亿立方米的庆深大气田。

这些宝贵的资源，正是大庆油田创建百年油田最重要的物质保证。

大庆油田有限责任公司董事长王玉普说："百年油田的目标是，到 2060 年以后，大庆油田的油气当量还保持在年产 2000 万至 2500 万吨，仍然是国家重要的油气生产基地之一。"

按照油田的规划，大庆油田的近期目标是到 2010 年油气当量稳产到 4200 万吨以上，到 2020 年稳产到 4000 万吨以上。

大庆油田的开发建设，凝结着新中国几代石油科技人员的心血和智慧。开发 40 多年来，大庆油田共取得科技成果 6541 项，其中获得国家奖励 93 项、省部级奖励 513 项，获得国家发明专利 1061 项。

大庆油田的发现，验证并完善了中国科学家提出的陆相生油理论。以此为指导，又相继发现了胜利油田、辽河油田、吉林油田、大港油田和华北油田等。

1996 年开始投入工业化生产的聚合物驱油理论及 10 项配套技术，在注水开发的基础上把油田的采收率提高了 10 个百分点，相当于为大庆油田增加了 3 亿吨可采储量，创造了 1000 多亿元的经济效益。

2007 年开始工业化推广的三元复合驱油技术，是大庆油田掌握的又一项世界领先技术。这项新技术的应用，可以把大庆油田的采收率再提高 10% 以上，将给中国新增 10 亿吨可采储量。

有着辉煌历史和光荣传统的大庆油田，在新型工业化的道路上正在成长为一个有着核心竞争优势的现代工业企业。

2000 年 1 月，大庆油田经过重组改制后随中国石油天然气股份有限公司在美国和香港上市。几年来，油田全面引进推广ＨＳＥ、ＩＳＯ 9000 等符合现代企业制度要求的管理体系，完善内控体系建设，信息化建设也达到了国内同行业的领先水平。

2008-01-07

中石油继续扩大国际能源资源互利合作

新华社北京 1 月 17 日专电（记者安蓓　张艺）记者 17 日从中国石油天然气集团公司了解到，未来中石油集团将继续扩大国际能源资源互利合作，坚持合作共赢，实现国际业务规模、有效、可持续发展，形成经济全球化条件下参与国际能源合作和竞争的新优势。

中石油集团公司总经理日前在公司年度工作会议上说，中石油将扩大海外勘探开发规模，建立长期稳定的油气合作区。未来中石油将加快发展国际贸易，以改善业务结构、服务海外油气生产、满足国内炼厂加工需要和稳定国内市场供应为目标，力争在全球资源集散地和金融中心，形成几个集贸易、加工、仓储、运输于一体的区域性油气运营中心。继续推进国际工程技术服务业务协调发展，提高发展质量。

中石油将继续搞好国内对外合作，不断扩大合作领域和规模。采取资源互换、战略联盟、技术转让等方式，不断拓展对外合作领域，提升合作层次，扩大合作规模。扩大风险勘探、复杂油气田开发、海上勘探开发等合作，推进煤层气等非常规油气资源合作。加快炼化业务对外合作，引进国外先进技术和管理经验，通过项目合作实现优势互补、互利双赢。

中石油集团公司介绍说，2007 年中石油海外业务全年新增石油可采储量 5241 万吨，原油作业产量和权益产量分别增长 10.2％和 6.7％，天然气作业产量 54 亿立方米、权益产量 35.1 亿立方米。国际工程技术服务全年完成合同额 36 亿美元，新签合同额 40.3 亿美元、增长 10％。国际贸易量达 1.27 亿吨、贸易额 412 亿美元。物资装备出口到 69 个国家和地区，出口额 12 亿美元、增长 13.6％。

据了解，目前中石油海外油气投资业务已发展到全球 26 个国家，工程技术服务队伍进入 44 个国家。

2008-01-17

中国石油：用节能减排推动发展方式转变

新华社记者　安蓓

在中国石油大庆油田有限责任公司，《节能减排技术投资决策信息表》是企业节能减排投资决策的重要依据。表中详细列出了技术项目的投资额、节能能力、效益和投资回收期。

大庆油田公司副总经理齐振林说，大庆油田建立的一整套节能减排技术投资决策体系，将确保节能减排目标的完成是建立在科学论证的基础上，同时有利于实现企业效益最大化。

大庆油田是中国石油天然气集团公司节能减排的一个缩影。作为中国最大的国有能源企业之一，中国石油以节能减排为突破口，推动企业发展方式转变，使节能减排成为中国石油打造综合性国际能源公司的推动力。

在结构调整中寻求节能减排和转变发展方式的统一

积极推进结构调整和系统优化，转变油气开发生产方式和加快淘汰落后炼化产能是中国石油实现节能减排目标的重要举措。在这一过程中，中国石油走出了一条集约化、规模化的科学发展之路。

水平井是中国石油近年来推行的一种新技术，是实现"少井高产"的主要技术手段，有利于增加采收率、减少生产占地、降低环境污染。中国石油从2006年起加大水平井钻井工作力度，当年完成水平井522口，相当于2000年至2005年完钻的水平井总和，单井产量为同类直井的3至5倍，新建产能200万吨，相当于打了1900多口直井。2007年施工完成水平井806口。

中国石油大力推广老油田"二次开发"。当老油田采用传统的一次开发达到极限状态或已达到弃置条件时，应用二次采油技术，重新构建老油田新的开发体系，大幅提高油田最终采收率，最大限度地获取地下石油资源。

在大庆油田，利用聚合物驱油的三次采油技术已取得突破。

中国石油加快炼油布局调整，改善炼化产品结构。2006年以来，共关停低效、高耗、重污染、高排放炼化生产装置41套。其中，大庆石化公司酮苯脱蜡装置采用降低蜡膏含油技术，缩短半精炼蜡生产流程，关停高能耗的石蜡发汗装置，年效益达3901万元。2007年底中国石油关闭大庆油田电力集团龙凤热电厂6台小火电机组并引爆6座冷却水塔，用亚临界热电联产机组取而代之，可实现年节约6.54万吨标煤，减少二氧化硫排放量2700吨。

立体化节能减排：地上服从地下，地下兼顾地上

作为目前中国最大的油田和开发近50年的老油田，含水上升、产量递减是大庆油田面临的主要难题。2007年底，大庆油田综合含水达90.98%，年注水5.38亿立方米，年产液4.46亿吨，注采总量相当于9个杭州西湖的蓄水量。为了弥补老区产量递减，大庆油田加大聚合物驱油和外围难动用储量的开发力度，这就进一步增加了高耗能产量的比例，给控制能耗增长带来更大困难。

面对这些困难，大庆油田公司通过细化油气生产全过程各环节的能耗水耗和"三废"排放，创造出立体化节能减排管理模式，实现油藏工程、采油工程、地面工程同步规划、同步实施、同步管理。与实施前的2000年相比，在注水量增加7.32%、产液量增加16.7%、总井数增加59.4%的情况下，能耗总量却降低了4%。2005年以来，平均每年节约25万吨标煤。

齐振林指出，节能减排是系统工程。通过精细化管理，不但能挖掘出节能减排的潜力，而且带来了管理的规范化和管理升级，促进了全方位的系统挖潜，为企业带来了不可估量的经济效益。

强化自主创新，突破节能减排瓶颈

大庆油田公司总经理王玉普指出，平衡节能减排和油田高产稳产二者的关系，除了加强管理，关键在于科技创新。

中国石油面临着东部主力油田含水率不断上升和炼化产品质量要求不断升级的矛盾，降耗减排压力不断增加。"这必须依靠技术创新取得突破。"

王玉普说。

大庆油田地处高纬度亚寒带，年平均地面温度只有零下 13.7 摄氏度，而原油凝点高、粘度高、含蜡量高，必须采用加热集输方式。公司研发的"特高含水期低温集油技术"，使油井最低集油温度降到原油凝固点以下 5 至 10 摄氏度，解决了加热集输耗气、耗电量大和排放废气多的难题。截至 2006 年底，实行季节性停掺水泵 330 台、停加热炉 668 台，年节电 1.66 亿度、节气 1.49 亿立方米，减少二氧化硫排放 59.3 万吨、二氧化碳排放 29.3 万吨。

技术创新为企业创造了巨大的经济效益。近年来，大庆油田先后有细分油层注采、原油低温集输、螺杆泵采油等 20 余项节能技术打进国内外市场。市场销售收入从 2000 年的 4600 万元上升到目前的 7.45 亿元，节能技术在大庆油田以技术换资源、以技术拓市场战略的实施中发挥了重要作用。

齐振林指出，节能减排投入不一定能在短期内转化为效益。但节能减排有助于推动企业发展模式的转变，并培育新的经济增长点。

他强调，在计算节能减排效益中，还应当算一笔账，即社会效益账和企业形象账。"节能减排本身是企业面向世界竞争的绿色通行卡，打造的是综合竞争实力。"

结合"十一五"（2006 — 2010 年）重点节能节水工程建设，中国石油安排 100 亿元节能专项资金，用于重点节能节水项目实施。并计划投资 121.5 亿元，实施 415 项减排项目，确保污染指标全面下降。 2006 年以来，中国石油能耗总量增幅得到有效控制，新鲜水用量连续六年保持负增长，资源综合利用水平有了新的提高，主要能耗和用水单耗指标总体保持下降趋势。截至 2007 年底，已累计实现节煤 376 万吨，节水 15860 万立方米，分别完成"十一五"目标的 56.97% 和 62.2%。2007 年主要污染物ＣＯＤ（指化学需氧量，是在一定的条件下采用一定的强氧化剂处理水样时所消耗的氧化剂量）比 2006 年削减 4.4%，比 2005 年削减 9.6%，减排工作取得成效。

2008-04-04

中石油：四大原因导致我国柴油供应紧张

新华社北京 6 月 12 日电（记者安蓓　张艺）中国石油天然气集团公司有关负责人 12 日表示，国民经济快速发展拉动柴油需求增长、地方炼油供应减少、柴油消费替代部分燃料油消费以及调价预期下囤油待售是导致近期我国柴油供应紧张的四大原因。

中国石油销售公司副总经理 12 日接受记者采访时说，资源增长量跟不上旺盛的需求量是导致当前我国柴油供应紧张的根本原因。

今年 3 月份以来，我国部分地区相继出现柴油紧张，浙江、江苏、福建、河北、北京、河南等省市加油站先后排起长队，各地限时限量加油普遍。田景惠说，对比去年全国范围的供应紧张，这次却是在中石油、中石化投放市场的成品油供应总量持续增加的背景下产生的。他指出，主要有四个原因导致了当前国内柴油供应紧张。

第一，今年以来我国国民经济的快速发展带动国内成品油消费的快速增长，今年 1 至 5 月中石油国内成品油投放量达到 3534 万吨，同比增长 8.6%，中石化上半年成品油供应总量同比增长 18.5%，但仍难以满足市场对柴油的需求。据测算，最近几年国内汽柴油实际需求增长平均保持在年均 6% 至 7% 的水平，而 4 月中石油柴油计划需求量增长竟超过了 16%。

第二，国际原油价格从 5 月中旬继续走高，目前已达到每桶 130 多美元。国内原油价格和成品油价格"倒挂"进一步拉大，加剧了炼油企业的供油压力，一批地方炼油企业由于负利润，部分炼油厂停产或减产超过 30% 以上，致使市场供应总量同比大量减少。

第三，燃料油进口量的减少扩大了国内柴油需求。过去柴油批发价格每吨在 5000 元时，燃料油进口价格每吨只有 3500 元左右，而现在进口燃料油价格与国内柴油批发价格差不多，致使一些原先使用进口原料油的企业转而使用柴油作燃料，于是，两大集团出现了一些弥补性柴油销售。海关数据表明，今年1至4月份国内燃料油进口量同比减少了20%左右，这减少的20%扩大了国内柴油需求。

第四，由于国际油价快速攀升，尤其是今年5月以后，加剧了国内市场的调价预期，一些原本加工原油的企业转而利用自身油库囤积柴油以期增值，这使原本紧张的柴油供应局面雪上加霜。

为了保障国内市场的供应，中石油从去年9月份以来就停止了柴油的出口，汽油除合资的大连西太平洋石化公司有少量出口外也停止了所有出口计划，同时通过加大进口来弥补国内成品油资源不足，1至5月已进口资源到货180万吨，占东南沿海市场投放量的24%。

2008-06-12

中国石油首个 CDM 项目通过国际核准

新华社北京 8 月 19 日专电（记者安蓓　张艺）记者 19 日从中国石油天然气集团公司了解到，中国石油辽阳石化公司氧化二氮减排清洁发展机制（CDM）项目已于近日正式通过国际核准，首批近 100 万吨碳指标获准交易。

据介绍，辽阳石化氧化二氮减排 CDM 项目是中国石油首个 CDM 碳交易项目，已通过《联合国气候变化框架公约》CDM 执行理事会的公示，碳指标得到正式签发。

清洁发展机制是根据《京都议定书》设定的一种减排机制。发达国家提供资金和技术帮助发展中国家减排温室气体，而减排量在经过国际机构核证后，便可用于抵减发达国家承诺的约束性义务。

氧化二氮俗称笑气，是《京都议定书》中明确规定限排的 6 种温室气体之一，其温室效应是二氧化碳的 310 倍。辽阳石化每年排放氧化二氮 4 万多吨，减排装置建成开车后，使产生的氧化二氮转化为氧气和氮气，每年可减排折合二氧化碳 1000 多万吨。

中国石油辽阳石化公司总经理耿承辉说，氧化二氮减排 CDM 项目给减排带来了一种新选择，公司在节能减排方面走出一条充分利用国际资金和技术来运作的新路。公司仅氧化二氮减排一项，不仅每年可减少 1000 万吨当量的二氧化碳排放，还可以获得一定数额的清洁发展基金。

2008-08-19

塔里木迎来石油会战 20 周年　累计探明 27 个油气田

新华社乌鲁木齐 4 月 10 日电（记者贺占军）自 1989 年 4 月 10 日塔里木石油会战拉开序幕以来，20 年间，塔里木石油人在荒漠戈壁和深山沟壑中艰苦创业，已累计探明 27 个油气田，累计生产原油 7270 多万吨、天然气 556 亿立方米，并成功实施了西气东输等一系列重大国家能源战略项目，完成了"稳定东部，发展西部"的能源战略接替历史使命。

在 10 日举行的塔里木石油会战 20 周年纪念大会上，中石油塔里木油田公司领导介绍说，经过 20 年努力，塔里木油田原油产量已从 1989 年的 3.4 万吨增至 2008 年的 645 万吨，天然气产量从 2004 年的 13.6 亿立方米增至 2008 年的 174 亿立方米，2008 年油气当量超过 2000 万吨，成为我国第四大油气田和最大的天然气产区。

截至 2008 年底，塔里木油田公司在塔里木盆地东至英苏、西至乌恰、南至塔中、北至拜城的 30 多万平方公里范围内，累计探明 27 个油气田，形成了轮南、东河、塔中、哈得 4 个油田群，明确了库车—塔北、塔中北坡、塔西南 3 个天然气富集区和轮南—英买力富油区带，累计探明石油地质储量 6.2 亿吨，累计探明天然气地质储量 1.06 万亿立方米，累计三级油气储量当量近 30 亿吨。

塔里木油气产区的快速崛起，促成西气东输和西油东运管道工程等重大国家能源项目的实施。过去 5 年来，来自塔里木盆地的天然气，已使 14 个省区的 3 亿多居民从中受益，在我国能源发展史上具有里程碑意义。

在 20 年的油气勘探开发中，塔里木石油人坚守着"只有荒凉的沙漠，没有荒凉的人生"信念，艰苦创业，不断创新，涌现出了一批批艰苦创业的先进集体和模范人物，为我国油气勘探开发积累了宝贵的精神财富和先进的管理经验。

2009-04-10

中国石油储备从无到有　初步保障石油安全

新华社北京 8 月 20 日电（记者周英峰）记者从国家能源局获悉，目前国家石油储备一期项目已基本完成收储任务。自此，中国国家石油储备从无到有，迈出了实质性的一步，石油安全有了初步保障。

石油是现代经济社会不可缺少的重要能源和原材料，石油的稳定供应关系到经济社会的持续、健康发展和国家安全。20 世纪 70 年代初发生第一次石油危机之后，为保障石油稳定供应，防止石油供应中断，以经合组织国家为主成立了国际能源机构并开始建立石油储备。

据了解，目前国际能源机构成员国共持有石油储备 5.7 亿吨左右。其中，美国政府石油储备规模约 9400 万吨，日本约 4000 万吨，德国约 2600 万吨，分别相当于本国 56 天、92 天和 76 天的石油净进口量。而 2006 年之前中国的政府石油储备，特别是原油储备基本上是空白。

随着经济持续快速发展和社会不断进步，石油消费不断增加，中国石油进口量逐年增大。2008 年，中国石油消费量约 3.86 亿吨，其中净进口 1.97 亿吨，对外依存度超过 50%。受资源限制，未来中国石油对外依存度还会进一步提高，石油安全形势不容乐观，建立国家石油储备体系刻不容缓。

针对这一形势，党中央、国务院做出了建立国家石油储备体系的战略决策。按照"安全可靠、经济高效、反应快速、应急面广"的原则，确定先建设镇海、舟山、黄岛、大连四个国家石油储备基地，迅速解决有无的问题。2004 年 3 月，国家发展改革委召开了国家石油储备一期项目建设启动会，拉开了建立国家石油储备的序幕。2004 年 3 月 28 日，镇海国家石油储备基地建设打下第一根基桩，标志着我国第一个国家石油储备基地正式开工建设。

2009-08-20

习近平强调，结合新的实际
大力弘扬大庆精神铁人精神

本报讯　大庆油田发现 50 周年庆祝大会 22 日在黑龙江省大庆市举行。中共中央政治局常委、中央书记处书记、国家副主席习近平出席庆祝大会并讲话。

习近平说，在大庆油田开发建设的艰苦环境和激情岁月里形成的以爱国、创业、求实、奉献为主要内涵的大庆精神、铁人精神，集中体现了中国工人阶级的崇高品质和精神风貌，永远是激励中国人民不畏艰难、勇往直前的宝贵精神财富。各级党组织要结合新的实际与时俱进地大力弘扬大庆精神、铁人精神，使之在全面建设小康社会的进程中持久地发挥思想保证和精神动力作用。 1959 年初秋，大庆油田的发现，为新中国石油工业翻开了具有历史转折意义的一页。在半个世纪里，大庆油田累计生产原油 20 亿吨，占全国同期原油总产量的 40%；从 1976 年开始实现了年产原油 5000 万吨连续 27 年稳产高产，创造了世界同类油田开发史上的奇迹，为建立中国现代石油工业体系作出了重大贡献。

习近平在讲话中代表党中央、国务院，向中国石油天然气集团公司及大庆油田表示热烈祝贺，向为大庆油田开发建设作出贡献的老一代石油人表示崇高敬意，向大庆油田和石油战线的广大干部职工及其家属表示亲切慰问。习近平指出，在大庆油田的开发建设中，中国石油、地质工作者、老一代石油人，怀着为国争光、为民族争气的理想和抱负，不断攻坚克难、开拓进取，创造了令世人瞩目的辉煌业绩，他们的功劳党和人民永远不会忘记。大庆油田的经验启示我们，国有企业的发展和进步，必须同国家和民族的命运紧紧联系在一起，必须坚持马克思主义科学理论的指导，必须始终坚持全心全意依靠工人阶级的根本方针，必须突出科技创新这个主题。

习近平强调，随着中国发展对能源需求的持续增长，油气供需矛盾日益突出，迫切要求我们进一步把石油资源的开发利用这件关系国家安全和国民经济命脉的大事办好。大庆油田和石油战线的干部职工要一如既往地保持艰苦奋斗、锐意进取的精神风貌，进一步做好油田开发建设的各项工作，以油田科学发展、和谐发展的骄人业绩，为做强做大中国石油工业作出新的更大贡献。习近平对大庆油田提出五点希望：一要胸怀全局，站在党和国家事业发展的高度思考问题、谋划发展，立足自身优势和条件履行责任、多作贡献。二要坚持改革创新，保持锐气、焕发朝气、增添勇气，奋力开拓大庆油田更为广阔的发展前景。三要牢记"两个务必"，深刻认识激烈的国际竞争带来的机遇和挑战，奋发进取、求真务实、埋头苦干，创造经得起实践、人民、历史检验的业绩。四要坚定不移地依靠职工群众，切实解决广大职工最关心、最直接、最现实的利益问题，关心"老会战"、老职工的生活和健康，使企业的发展成果更好地惠及职工群众。五要加强和改进新形势下企业党建工作，完善领导体制，强化领导班子整体功能，充分发挥党组织的政治核心作用，切实提高党组织的创造力、凝聚力、战斗力。

中共中央政治局委员、国务院副总理张德江在大会上宣读了国务院贺电。贺电指出，大庆油田开发建设的辉煌历程，谱写了中国产业工人和科技工作者自力更生、艰苦奋斗的壮丽诗篇，再次向世人证明，中国人民有志气、有信心、有能力不断创造非凡的业绩，不断铸就社会主义现代化建设的新丰碑。

在大庆期间，习近平和张德江还亲切会见了部分大庆石油会战老同志和铁人王进喜的亲属。

2009-09-22《人民日报》

国内成品油价格调整"常态化"
两石油公司称将确保市场供应

新华社记者安蓓　张艺

我国汽油、柴油价格于 30 日零时起每吨下调 190 元，这是今年我国第 7 次调整成品油价格，也是第 3 次下调。分析人士称，此次油价下调显示了我国执行石油价格管理办法的决心，国内成品油价格调整正趋向"常态化"，并已开始对消费产生积极的引导作用。

中国石油和化学工业协会信息与市场部副主任祝昉说，此次及时下调国内成品油价格，说明我国成品油价格和国际油价联系越来越紧密。

针对成品油价格下调，我国两大石油供应商中石油和中石化均表示，将督促下属企业严格执行国家价格政策，做好成品油生产到资源调运投放的各项工作，确保国内市场成品油稳定有序供应。

厦门大学中国能源经济研究中心主任林伯强认为，此次油价下调在时间上非常及时，显示了发展改革委下调油价的积极性和遵守石油价格管理办法的决心；在调整幅度上也比较合理，一方面考虑了民众承受力和企业生产对能源价格的接受程度；另一方面也给石油企业一定的利润空间。

中国石油大学工商管理学院副院长董秀成说，每吨 190 元的下调幅度，实际上考虑了上几次成品油价格上调幅度不到位的因素。

我国于 9 月 1 日将汽油、柴油价格每吨均提高 300 元，调整后国内油价相当于每桶 63 美元左右，比国际市场原油当期平均价格每桶 71 美元低 8 美元左右。

金凯讯石化财经信息分析师认为，此次及时下调成品油价格"有点出乎市场预料"。及时调价向市场释放出积极的价格信号，有利于国内成品油市场的稳定。

今年6月份以来,我国加快了成品油价格调整的幅度。从6月底至9月底,根据国际原油价格波动幅度,按照石油价格管理办法,我国于每月底计价期结束时分别两次上调、两次下调了国内成品油价格。

作为对油价调整较敏感的一个群体,北京市华大出租汽车公司出租车司机叶师傅告诉记者,他和他的同事们现在都以很平常的心态接受国内成品油价格的调整。

林伯强认为,考虑到国际油价下跌的因素存在,此次调价对相关炼油企业影响不大。对于在"十一"期间闭市的股票市场来说,影响也比较有限。"当前最主要的一个影响是为消费者的节日出行节省了油费"。

祝昉告诉记者,当前我国经济回升基础还不稳固,国内成品油需求还不是很好。9月国家上调成品油价格后,社会流通商纷纷出清库存就是一个明显的信号。从全球石油市场看,当前供大于求的格局没有改变,油价看空气氛比较浓厚,但仍不排除国际游资抓住炒作题材短期内炒高国际油价的可能。及时下调国内成品油价格,符合当前经济形势,在某种程度上也有利于经济向好局势进一步稳固。

他说,完善后的成品油定价机制实施以来,已对我国成品油需求产生正面导向作用。

相对于柴油来说,汽油消费量较少受宏观经济形势的影响。石化工业协会统计显示,今年前7个月国内汽油消费量同比上涨7.3%,与去年同期17.1%的增幅相比下降近10个百分点,相对于去年全年14.1%的消费量增幅仍有较大下降。与之相比,今年上半年我国汽车销量达到609万辆,同比增长近18%。

祝昉说,作为全球第二大石油消费国,我国成品油需求增幅的下降,以及消费结构合理化程度的加深,也有利于弱化国际油价题材炒作,长远看有利于国家能源安全和经济健康发展。

2009-09-30

中石油：千亿元利润主要用于
回报投资者和基础性战略投资

新华社北京4月9日专电（记者安蓓 张艺）中国石油天然气股份有限公司有关负责人9日表示，中石油去年获得超过1000亿元的净利润，将主要用于回报投资者和基础性战略投资。

中石油近日公布的2009年年报显示，按照国际会计准则，中石油2009年实现净利润1034亿元，在原油价格同比下降38.4%的情况下，业绩与上年相比下降9.7%。中石油董事会决议将按2009年国际准则末期净利润的45%派发末期股息。

这位负责人表示，受国际金融危机的冲击和国内市场需求疲软的影响，2009年中石油生产经营经受了重大考验。为有效应对危机，中石油一方面强化投资管理，优化工程方案设计，加强项目过程控制，全年压减项目建设投资成本10%以上，着力提高投资效益；另一方面坚持低成本战略，强化成本费用管理，全年实现油气操作成本同比下降5%、行政管理费用同比下降10%的控制目标，以良好的经营业绩，回报股东和社会。

这位负责人说，今年中石油基础性战略投资将接近3000亿元，主要投向油气勘探开发、炼化结构调整、天然气引进以及海外油气并购等主营业务。

为谋划未来可持续发展的战略布局，中石油近几年大力实施资源、市场、国际化三大战略。2009年，中石油特别加快了海外业务发展、油气管道等重点工程建设，再投资比率高达98.3%。与土库曼斯坦、哈萨克斯坦、乌兹别克斯坦、俄罗斯等国油气公司签订了一批油气合作协议，扩大了海外油气资源基础；与国际石油公司合作先后中标伊拉克鲁迈拉油田开发权和哈法亚油田开发与作业权，实现了在中东油气合作的重大突破；以153亿元收购新加坡石油公司，进一步完善了产业链；油气战略通道建设加快推进，中亚天然气管道A线工程建成投运，西气东输二线西段正式投产进气，中俄原油管道全面开工建设；并继续把油气勘探放在首位，2009年实现油气当量储量接替率1.32。

　　仅靠自身产生的千亿元净利润难以满足中石油国内外业务发展所需资金。中石油财务总监周明春介绍说，2009年中石油资金缺口达千亿元以上。为此，中石油2009年共发行了三期中期票据筹资450亿元，发行两期短期融资券筹资600亿元，保证了生产经营、海外业务和重点项目等资金需求。2010年，中石油仍将按照既定战略朝着国际化石油公司的方向快速发展，仍将在充分利用经营活动产生的现金流的同时，借助外部融资满足公司长远发展、战略布局所需要的大量资金。

2010-04-09

中石油社会责任报告：加快天然气调峰能力

新华社北京 5 月 18 日电（记者安蓓　张艺）中国石油天然气集团公司 18 日发布的 2009 年企业社会责任报告称，2010 年，中石油将着力加快天然气调峰能力建设，进一步完善天然气业务调峰与应急规划，形成地下储气库、气田、液化天然气、用气项目等多种调峰方式。

去年年底，我国大部分地区遭遇强冷空气袭击，天然气需求急剧上升，部分地区天然气供应出现紧张局面，国内天然气调峰和应急能力建设等问题进入公众视野。

根据中石油社会责任报告，截至去年底，中石油累计建成大港、华北、江苏金坛三个地下储气库，总工作气量达 16.91 亿立方米，是 2000 年的 17 倍。中石油表示，将继续加大投入，加快储气库选址和建设，以提高用气高峰期调峰能力。

这是中石油连续第四年发布社会责任报告。天然气是化石能源中最清洁的一种能源。根据报告，2009 年，中石油全年国内天然气产量占全国天然气总产量的 80% 以上，基本形成贯通国内外、连接气田和市场的天然气骨干管网。

根据报告，随着全球经济特别是新兴国家经济的增长，预计 2011 年至 2015 年，全球能源消费增速达 2% 左右。到 2030 年，全球一次能源消费将以年均 1.5% 的速度增长，石油占世界一次能源需求的比重为 30% 左右，天然气为 28% 左右，煤炭和天然气仍然是需求量增长最大的化石能源品种。2010 年至 2020 年，可再生能源消费量年均增速达 7% 左右，但在能源消费中的比重仍不足 1%，化石能源在全球一次能源消费中仍将保持主体地位。

中石油把保障国家能源安全和市场稳定供应作为首要责任。2009 年，中石油国内新增原油和天然气探明地质储量分别为 6.3 亿吨和 4616 亿立方米，石油储量接替率达 105%，天然气储量接替率达 197%，资源基础进一步巩固。全年国内生产原油 1 亿吨，天然气 683 亿立方米，原油加工量达 1.25 亿吨。

根据报告，2009 年中石油海外油气投资业务扩展到 29 个国家，海外原油作业产量达 6962 万吨，天然气作业产量 82 亿立方米。

2009 年，中石油继续加大新能源开发力度。在山西沁水盆地新增探明煤层气地质储量 385 亿立方米，建成每年 10 亿立方米煤层气中央处理厂及外输管道，煤层气进入西气东输管道；在鄂尔多斯盆地东缘新增煤层气探明地质储量 1145 亿立方米，并启动实施每年 5 亿立方米产能建设；开展页岩气选区评价和地质勘查工作；燃料乙醇产能达每年 50 万吨；继续推进生物柴油、油页岩、油砂矿等工业化试验和资源评价，开展地热能、天然气水合物等新能源利用研究。

根据报告，2009 年中石油社会公益投入近 12 亿元，主要用于扶贫、教育、自然灾害救助、环保公益以及公共基础设施建设等。

中石油同日发布了《中国石油在苏丹》的国别报告。根据报告，1995 年以来，中石油通过参与苏丹政府国际招标，相继参与了苏丹 1/2/4 区、3/7 区、15 区和 13 区石油勘探开发项目以及喀土穆炼油厂、石化贸易公司和喀土穆化工厂炼油化工贸易项目，并承担了数个重大石油工程建设和石油技术服务项目，促进了苏丹经济和社会的发展。

2010-05-18

中石油南疆天然气利民工程开工

新华社乌鲁木齐 7 月 14 日电（记者安蓓）中石油南疆天然气利民工程 14 日在喀什开工。工程计划在 2 至 3 年内，使新疆南部的喀什地区、和田地区和克孜勒苏柯尔克孜自治州三地州县级城市管道天然气覆盖率达到 88%。

当日开工的是主干管道之一的喀什—泽普段管道，其余管段也将陆续开工。到 2012 年，这项工程将在南疆三地州建设总长度约 2500 公里的天然气管网，使当地 25 个县级城市和 21 个农牧团场全部用上天然气。

中国石油天然气集团公司总经理说，这一工程是在中央新疆工作座谈会提出推进新疆跨越式发展这一战略下开工建设的。新疆在中石油的油气资源战略中具有重要地位。中石油将全力确保工程按期投产、安全运行、平稳供气。

据介绍，工程总投资 62.12 亿元，主要包括天然气管网以及配套工程建设。管网建设包括 6 条主干管道和 6 条支线管道。6 条主干管道分别是：喀什—泽普管道、喀什—阿克苏管道、和田—泽普管道、和田—民丰管道、阿克苏—英买力管道、民丰—塔中管道，总长度约 2023 公里。

塔里木盆地是中国天然气储藏量最大的地区之一，天然气资源量达 10 万亿立方米左右。1999 年 10 月，塔里木油田塔中天然气输送到库尔勒，拉开"气化南疆"的序幕，至今已发现和开发了克拉 2、和田河、英买力等 11 个气田，目前累计探明天然气地质储量已超过 1.14 万亿立方米。

据估计，到 2012 年，"气化南疆"工程全面建成投产后，南疆大多数县级以上地区将实现天然气化，按每年消耗天然气 20 亿立方米计算，折标煤 266 万吨，年减少二氧化碳排放量 520 万吨。

2010-07-14

中石油：将新疆建成中国最大油气生产基地

新华社乌鲁木齐 8 月 13 日电（记者何军）在 11 日至 13 日举行的克拉玛依首届信息化创新国际学术论坛上，中国石油天然气集团公司副总经理表示，未来 10 年中石油将把新疆建成中国最大的油气储备基地、重要的炼油化工基地、石油储备基地、工程技术服务保障基地和引进利用国外油气资源的重要通道。

中石油将继续加大投资和政策支持力度，使新疆油田未来油气当量达到 2000 万吨 / 年，克拉玛依石化炼油规模扩大到 1000 万吨，独山子石化千万吨炼油、百万吨乙烯稳定生产。今年以来，中石油已加快了新疆油气资源勘探开发的步伐，尤其在 7 月份一批重大项目相继投产运行。

7 月 14 日，在库尔勒总投资近 30 亿元的中国陆上单套装置生产能力最大的现代化化肥装置——中石油塔里木大化肥项目竣工投产。7 月 19 日，在乌鲁木齐总投资 37 亿元的世界单系列规模最大的百万吨对二甲苯芳烃联合装置——中石油乌鲁木齐石化公司二甲苯芳烃联合装置竣工试车。

与此同时，7 月 14 日在喀什宣告正式开工建设的中石油南疆天然气利民工程则格外引人关注，预计 2 到 3 年时间内，这一管网将覆盖喀什、和田和克孜勒苏柯尔克孜自治州 3 个地区，包括 25 个县级市和 21 个农牧团场。

此前，新疆地区在中石油的战略中一直占据着重要地位。在过去近 30 年间，中石油在新疆累计投资超过 3000 亿元，形成了原油 1800 万吨 / 年、天然气 230 亿立方米 / 年，原油加工 2000 万吨 / 年和乙烯 120 万吨 / 年的生产能力。

截至去年底，新疆地区已探明石油地质储量 30 亿吨、天然气地质储量 1.3 万亿立方米。

2010-08-13

国家能源页岩气研发中心落户中国石油

　　新华社北京 8 月 21 日电（吴纯忠）我国首个专门从事页岩气开发的科研机构——国家能源页岩气研发（实验）中心，8 月 20 日在中国石油勘探开发研究院廊坊院区揭牌。

　　页岩气是一种非常规天然气，储层致密低渗，单井产量低，开发难度大。全球页岩气资源量巨大，据专家预测为 456 万亿立方米，是常规天然气资源量的 2 倍。由于页岩气特殊的成藏条件，页岩气开发一直被视为世界级难题。目前世界上已有 30 个国家积极发展页岩气业务，我国政府对此高度重视，决定开展科研攻关。有关专家认为，我国页岩气资源潜力巨大，具有发展页岩气的资源基础。我国南方、华北及塔里木海相盆地，以及北方大片陆相盆地，具备页岩气生成条件和大面积成藏的地质基础。

　　中国石油勘探开发研究院廊坊分院是我国较早从事页岩气研究的单位，拥有非常油气、天然气成藏、油气藏改造、渗流力学四个重点实验室，已在页岩气成藏机理、测试评价、工程技术研究等方面取得一批重大进展。研发（实验）中心成立后，将按照国家能源局赋予的任务，开展页岩气的理论研究、技术攻关和设备研发工作，加强国际合作交流，走引进、消化、吸收、再创新的路子，为加快我国页岩气开发作出贡献。

2010-08-21

中国石油联合壳牌成功收购澳大利亚能源公司

新华社澳大利亚布里斯班8月24日专电（报道员刘秀华）中国石油天然气股份有限公司下属的中石油国际投资有限公司联合澳大利亚壳牌能源控股有限公司，成功收购了澳大利亚煤层气公司阿罗能源公司，收购于23日晚交割完毕。

据在布里斯班出席这次交割仪式的中国石油一位高管说，这次是中国石油与壳牌以各占一半股份的比例组成一个联合体，以每股现金4.70澳元（1美元约合1.12澳元）的价格收购阿罗能源公司全部股份，总收购对价约为35亿澳元。整个收购过程历时五个月，该交易目前已顺利通过阿罗能源公司股东大会和中澳相关政府部门等各项审批程序，并最后在8月23日完成交割。

根据中国石油和壳牌同阿罗能源公司达成的收购协议，合资公司将拥有阿罗能源公司在澳大利亚昆士兰州的煤层气资产和国内电力业务、壳牌在昆士兰州的煤层气资产以及壳牌在格拉德斯通市柯蒂斯岛的拟建液化天然气生产项目。

中国石油的这位高管说，中国石油和壳牌将凭借其领先的煤层气技术实力、资金后盾、丰富的项目管理经验以及市场销售能力，为澳大利亚的煤层气—液化气行业的发展起到龙头作用，带动整个行业的进一步发展，并为澳大利亚当地创造大量就业机会和商业机会。

2010-08-24

中缅油气管道中国境内段开工

新华社记者　李怀岩

10 日上午，中缅油气管道工程中国境内段在云南省安宁市开工。同时，作为中缅原油管道配套建设项目，云南省 1000 万吨 / 年炼油项目在安宁市草铺镇奠基。整个项目计划于 2013 年建成。

相关人士在此间表示，中缅油气管道项目的建设，将在中国西南地区开辟新的油气资源陆路进口通道，有利于改善西南地区能源紧缺局面，实现国家"原油进口多地区、进口方式多元化"的发展战略，分散和化解能源运输风险，增强中国应对国际复杂局势的能力。

中石油工程项目负责人介绍说，中缅原油管道设计能力为 2200 万吨 / 年。中缅天然气管道输气能力为 120 亿立方米 / 年。天然气管道在缅甸境内段长 793 公里，原油管道在缅甸境内段长 771 公里。两条管道均起于缅甸皎漂市，从云南瑞丽进入中国。

中缅油气管道中国境内段工程入境后，在贵州安顺实现油气管道分离，输油管道经贵州到达重庆，输气管道经贵州到达广西。国内段天然气管道干线长 1727 公里，原油管道干线长 1631 公里。

中缅油气管道中国境内段途经 4 省区市、23 个地级市、73 个县市，跨越大中型河流 56 处，山体隧道 76 处。沿线地形地貌、地质条件复杂，地质灾害严重，是目前中国管道建设史上难度最大的工程之一。

今年 6 月，中缅油气管道在缅甸正式开工建设。根据此前中国石油天然气集团与缅甸国家油气公司签署的相关协议，中国石油所属公司负责中缅油气管道工程的设计、建设、运营、扩建和维护。

2010-09-10

中石油动用储气库保用气高峰

新华社北京 11 月 16 日电（记者安蓓 胡俊超）随着冬季供暖的开始，天然气消费快速攀升。记者 16 日从我国最大的天然气供应商中国石油天然气集团公司了解到，中石油多条长输天然气管线已满负荷运转，为确保京津地区天然气供应，中石油已动用储气库进行气量调剂。

15 日，北京天然气管道公司大港储气库群按照北京油气调控中心指令，开始从地下采气，计划日采气量超过 500 万立方米。新建成的华北储气库群也已为今冬 1 亿立方米的计划采气量做好了准备。

截至 16 日 8 点，大港储气库群首日采气已近 570 万立方米。预计第二日采气量将达 800 万立方米左右。

北京油气调控中心调度一处副处长范莉介绍说，进入 11 月份后，全国天然气用量日日猛进，呈阶梯式增长，为确保各地人民生活用气，从本月 10 日起，陕京输气系统、西气东输系统、涩宁兰管道系统等均已满负荷运转，管网日输气量达到 1.2 亿立方米，进口中亚天然气也已增至合同最高量。

储气库是天然气季节性调峰最有效的手段之一。针对去年北京天然气冬夏用量峰谷差较高的挑战，北京天然气管道公司不断提升储气能力，在北京油气调控中心的统筹部署下，安排大港储气库群抓紧夏、秋两季注气黄金期，于今年 9 月底提前一个月超额完成注气任务，为冬季调峰供气做好了准备。注气量达 18.5 亿立方米，完成预定计划的 106%，达历史极值。

继大港储气库群全面建成并逐步扩容后，北京天然气管道公司新建的华北储气库群今年也投产试运行。两座储气库群的储备气量已达 19.63 亿立方米，比去年增加 1.5 亿立方米。

2010-11-16

盛华仁：两岸可在国际原油采购等方面合作

新华社台北 11 月 29 日电（记者任沁沁）中国石油和化工联合会名誉会长盛华仁 29 日在此间指出，在石化领域，大陆已成为台湾石化产品最重要的市场；大陆也成为台湾企业最大的石化产业投资地，众多知名台企在大陆投资并有良好回报。未来五年将是大陆石化工业由大转强的关键时期，两岸石化界应抓住机遇，展开全方位、多层次的交流与合作。

第七届海峡两岸石油化工科技经贸交流大会 29 日在台北举行，两岸数百位石油化工行业代表共同探讨两岸石化合作前景。盛华仁在会上作上述表示。

盛华仁建议，在资源方面，两岸石化界可以充分发挥各自优势，积极适应国际油气资源的新形势，联合起来到资源国勘探开发油气资源，并加强对台湾海峡油气资源的共同勘探和适时开发；在贸易方面，两岸可以在国际原油采购等方面开展合作，实现共同投标、联合采购，进一步扩大两岸成品油和化工产品贸易合作，优化生产、行销和物流网络，逐步建立起多层次、多管道、具有两岸特色的长效合作机制；在技术方面，两岸可以合作研究开发新技术、新材料，尤其在节能降耗、环境保护、品质升级、安全生产等领域开展研发合作，促进成果共用。

台湾区石油和化学工业同业公会理事长陈武雄表示，在台湾业者面临石化原料短缺、厂地难觅，以致发展停滞，甚至逐渐萎缩的困境之际，两岸石化产业分工、优势互补，扩大交流合作，将是台湾石化工业迈向蓬勃发展的重要期待。

海基会董事长江丙坤指出，两岸两会的协商提供的是平台和桥梁，只有通过两岸工业优势互补，才能共创双赢。

2010-11-23

中石油长庆油田公司添百万吨级大油田

新华社兰州 12 月 13 日电（记者王志恒）"按照目前每天生产原油 3600 吨的产量，预计到本月 28 日，中石油长庆油田公司第七采油厂原油年产量将首次突破百万吨大关，建成长庆油田公司第一个百万吨数字化采油厂"。12 月 13 日，中石油长庆油田公司第七采油厂厂长祁凤鸾高兴地告诉记者。

中石油长庆油田公司第七采油厂开采区域横跨陕西、甘肃两省，目前矿权面积为 4000 余平方公里，有效开发面积 1300 余平方公里，开采区的油藏属于典型的超低渗油藏，储油层系多，开采难度极大。

祁凤鸾介绍说，2004 年以来，长庆油田公司第七采油厂全体员工攻坚克难，通过实施油田数字化管理，加大科技投入，提高单井产量，原油年产量从 1.7 万吨起步，以每年新增 20 万吨的产量快速攀升。预计到年底前，该厂的原油年产量将首次突破百万吨级大关，成为中石油长庆油田公司建成的第一个百万吨数字化采油厂。

长庆油田公司隶属于中国石油天然气集团公司，工作区域在中国第二大盆地——鄂尔多斯盆地，横跨陕、甘、宁、内蒙古、晋 5 省（区），勘探总面积 37 万平方公里。公司成立 30 多年来，已为国家贡献原油 1.53 亿吨。公司目前年产油气当量 3500 万吨以上。预计到 2015 年，年产油气当量将达到 5000 万吨，成为中国第一大油气田。

2010－12－13

中俄石油管道与中石油东北管道实现并网运行

新华社长春 12 月 29 日电（记者褚晓亮）记者从中国石油天然气集团公司管道公司了解到，该公司已完成了俄油引进（新庙至垂杨段）扩能改造工程。12 月 28 日，这一工程在吉林松原全线运行，实现了中俄石油管道与东北管道并网运行。从明年 1 月 1 日起，将正式接收来自俄罗斯每年 1500 万吨的原油，合同期为 20 年。

据了解，新庙至垂杨段管道管道长度 216 公里，途经松原、农安、长春两市一县三区。

自 2009 年 10 月 22 日该项目打火开焊以来，管道建设者历时 14 个月，经受了东北地区高寒酷暑、洪水考验，克服有效工期短、冬季施工难度大、外部环境协调难等困难，创造了管道"穿棉衣"、站场"搭暖棚"等新工艺，全线动火 203 处，穿越地面、地下障碍物 248 处。

投产后，该管道将与东北原有管道双线形成三线并行的格局，成为一条上联中俄管道和大庆、吉林两大油田，下接东北、华北炼厂用户的能源大动脉，既为拉动中国地方经济增添新动力，也将极大提高东北管网整体运行安全性，为中俄两国能源合作奠定坚实基础。

2010-12-29

中石油、中石化全力保障南方冰冻灾害地区供油

新华社北京 1 月 5 日电（记者安蓓　胡俊超）1 月 1 日开始，我国江西、湖南、重庆、贵州等地遭遇持续雨雪天气，部分县市遭受寒潮冰雪灾害。我国两大成品油供应商中国石油天然气集团公司和中国石油化工集团公司积极采取措施，全力保障受灾地区油品稳定供应，做到救灾用油不脱销、不断档。

1 日以来，中石油已累计向受灾省份调运成品油 4.5 万吨，储备成品油 22 万吨。同时加强资源调运，湖南销售企业紧急向受灾地区配送—10 号柴油 1000 余吨，向滞留车辆配送—10 号柴油 100 余吨，满足零摄氏度以下供应需求。贵州销售企业提前采购柴油降凝剂 12 吨，已全部配送到加油站一线，并紧急协调增加大容量油罐车 20 台，优化配送路线，制定库存预警机制，24 小时不间断送油。

中石化相关地区销售企业紧急启动市场保供应急预案，各级公司与当地政府部门建立沟通、协调机制，全力配合地方政府的救灾抗灾工作。1 月份中石化供贵州、湖南、重庆成品油资源计划 82.5 万吨，同比增长 23.5％，并将视灾情发展随时增加供应。中石化西南成品油管道日夜运转，保障油品资源从沿海地区源源不断调入西南地区。

冰冻灾害发生后，中石油、中石化位于受灾地区的加油站均开辟了抗灾保供绿色通道，全力保障生活生产用油，优先为应急指挥救援车辆、鲜活产品运输车辆和客车供应油品。并为关系人民生活生产、提供各项救灾服务的重要部门主动配送油品。中石化贵州石油分公司在 1 月 1 日至 3 日通过油库向重点保供单位直接配送油料 440 吨，通过加油站向贵州电力公司供应 150 吨，并向毕节、黔西、纳雍、威宁、织金、大方、瓮安等高寒地区加油站紧急调运了 1000 余吨油料，有力保障了当地生活生产用油。2011-01-05

中国石油与英国石化企业就在欧洲建立贸易炼油合资公司签署框架协议

新华社北京 1 月 10 日电（记者安蓓　胡俊超）中国石油天然气股份有限公司 10 日宣布，其全资子公司已与英国石油化工大型企业英力士集团下属子公司签署框架协议，对双方在欧洲建立贸易和炼油合资公司进行了原则性安排。

中国石油全资附属公司中国石油国际事业有限公司 10 日与英力士集团的两个全资附属公司英力士欧洲控股有限公司和英力士国际投资有限公司签署了框架协议。框架协议规定了主要原则，双方将根据这些原则努力促成设立合资公司，开展与苏格兰格兰杰莫斯炼油厂和法国拉瓦莱炼油厂相关的贸易活动及炼油业务。双方将努力在 2011 年上半年完成合资企业的设立。

中国石油的母公司中国石油天然气集团公司和英力士集团同日就炼化高新技术合作签署了战略合作协议。

中国石油当日发布的公告称，这一交易如能成功实施，对中国石油在全球范围内优化资源和市场配置，进入欧洲高端市场，建设欧洲油气运营中心具有重要意义；对进一步完善两个炼油厂的可持续发展能力，保障当地能源供应和炼油厂员工就业起到重要作用。交易成功后，这两家炼油厂可继续与英力士集团的化工业务形成一体化优势。

格兰杰莫斯炼油厂位于苏格兰福斯湾，可直接利用来自北海的原油和天然气，原油日加工能力为 21 万桶，向苏格兰、英格兰北部和爱尔兰北部提供成品油。

2011-01-10

中石油实现净利润近 1400 亿元同比增 35.4%

新华社北京 3 月 17 日电（记者安蓓　胡俊超）中国石油天然气股份有限公司 17 日发布 2010 年年度业绩，按照国际财务报告准则，2010 年中石油实现归属于母公司股东的净利润 1399.9 亿元，同比增长 35.4%。

中石油表示，2010 年是公司积极有效应对国际金融危机，生产经营稳定向好并持续较快发展的一年。面对复杂多变的宏观经济环境和自然灾害频发的严峻考验，中石油大力实施资源、市场、国际化战略，生产经营形势明显好于预期，业绩大幅增长，公司可持续发展能力明显增强。

按照国际财务报告准则，中石油 2010 年实现营业额 14654.2 亿元，同比增长 43.8%；实现每股基本盈利 0.76 元，同比增加 0.2 元。

按照中国企业会计准则，2010 年中石油实现归属于母公司股东的净利润 1398.7 亿元，同比增长 35.6%。

根据董事会决议，中石油将继续按 2010 年国际财务报告准则末期净利润的 45% 派发末期股息，每股股息为 0.18357 元。连同中期股息 0.16063 元，2010 年度全年股息为 0.34420 元。

2010 年，中石油继续把油气勘探放在首位。2010 年实现油气储量替换率 1.32，其中原油储量替换率 1.02，天然气储量替换率 2.02。全年生产原油 8.58 亿桶，同比增长 1.7%，产量增幅为近年来最大；生产可销售天然气 2.22 万亿立方英尺，同比增长 5.2%；公司油气总产量达 12.28 亿桶油当量，同比增长 2.7%。

中石油表示，在大力勘探开发常规油气资源的同时，公司积极探索非常规资源开发，在煤层气、页岩气、致密气等领域与国际大石油公司进行合资合作和联合研究，取得了新突破。

2011-03-17

中国石油唐山液化天然气项目曹妃甸开工

新华社石家庄 3 月 23 日电（记者李俊义）3 月 23 日，我国四大油气战略通道重要组成部分的唐山液化天然气项目，在河北省唐山市曹妃甸开工建设。这个项目由中国石油、北京市、河北省共同出资兴建，总投资超过 100 亿元。

据介绍，唐山液化天然气项目是中国石油建设的第三个液化天然气项目，是中国石油"十二五"的开局之作。项目由接收站、卸船码头和输气管线工程三部分组成，接收站和码头位于曹妃甸工业区。曹妃甸以"面向大海有深槽，背靠陆地有滩涂"的特征和优势，为大型深水港口和临港工业的开发建设，尤其为大型船运远洋进口原油、液化天然气，提供了得天独厚的条件。

唐山液化天然气项目整个工程分期建设，一期工程建设规模为每年 350 万吨，设计供气能力为每年 48 亿立方米，计划 2013 年底建成投产。二期工程建设规模为每年 650 万吨，远期规模为每年 1000 万吨。项目建设液化天然气专用卸船码头一座，接卸能力每年 650 万吨。

据了解，唐山液化天然气项目主要接收来自于澳大利亚、卡塔尔等国家的液化天然气资源，输气主干线与永唐秦（廊坊永清—唐山—秦皇岛）输气管网相连。项目建成后，将为华北地区增加一个新的可靠供气气源，用以补充京津冀地区的天然气需求，并可满足天津、唐山、秦皇岛等地区季节性天然气调峰需求。同时，项目对于充分发挥唐山区位优势，加快建立完整的液化天然气产业链、推动地方经济社会发展，以及中国石油进一步优化能源结构、增强资源供应保障能力具有十分重要的意义。

2011-03-23

胜利之路

——写在胜利油田发现 50 周年之际

新华社记者陈国军　罗博

1961 年 4 月 16 日，华北地区第一口见油井——山东东营构造华 8 井喜获工业油流 8.1 吨，胜利油田由此诞生。

50 年奋斗，半世纪辉煌。中国石化胜利油田已累计生产原油 10 亿吨，约占新中国成立后全国原油总产量的五分之一，目前油田依然是共和国第二大油田。

胜利油田的 50 年，上演了共和国石油史上波澜壮阔的一幕。

每年稳产 2700 万吨，胜利之路越走越宽

这是一组令人注目的数字——从上世纪 70 年代开始，胜利油田年产量始终占全国石油总产量的六分之一，在 80 年代一度达四分之一。从 1996 年到 2010 年，连续 15 年原油年产稳定在 2700 万吨以上，创造了世界同类油田开发史上的奇迹。50 年累计实现利税 6000 亿元。

数字的背后，蕴藏着开拓的勇气、奋斗的艰辛、成功的喜悦。

谈起会战时的艰苦，曾任钻井队队长的 75 岁的老石油杨洪太唏嘘不已："没地方住，就住老乡的牛棚、羊圈；没水喝，就喝长着绿毛的积水；没粮食，就吃野菜、草籽……"

当年，胜利人头顶蓝天，脚踏荒原，经过近 20 年的人拉肩扛，硬是在 1978 年建起了全国第二大油田。

20 世纪 80 年代末期到 90 年代中期，胜利油田连续 9 年年产量稳产在 3000 万吨。"1981 年至 1987 年，全国原油产量增加了 3292 万吨，其中胜

利油田就增加了 1549 万吨。"胜利油田油气开发首席高级专家王端平说。

90 年代初期，胜利油田曾面临严峻的现实：油田年自然递减率接近 20%，相当于每年失去一个年产 600 万吨的中型油田；抽上来的 10 吨液体里 9 吨是水……怎么办？经过大讨论，胜利人走上了"跳出胜利，发展胜利"之路。

1996 年，胜利油田建成我国第一个百万吨级极浅海油田，至今已累计产油 6100 万吨，成为胜利油田重要的储量和产量接替阵地。与此同时，进军西部初见成效，2010 年在新疆探区发现的春风油田已形成十几万吨的生产能力。此外，跨出国门也捷报频传，近百支石油工程队进入海外市场，去年创收 8 亿美元。

"发展空间越来越大，这是我们坚持'走出去'的结果。"胜利油田分公司总经理孙焕泉说。

地质困难，造就了勘探开发理论和技术的高度

走进胜利油田科技展览中心，一张济阳坳陷勘探形势图表明了胜利油田的"先天不足"：在近 3 万平方公里的油田区域内，70 多个油气田用红色标出，散落在十几条隆起带之间，囊括了世界三分之二以上的油藏类型，被人称为"地质大观园"。我国石油工业的奠基人之一康世恩曾形象地比喻："一个摔碎的盘子，又被踢了一脚，七零八落，对不起来。"

胜利油田勘探开发之难世界公认。20 世纪 70 年代末，油田地下油气分布出现"忽油忽水、忽稠忽稀、忽深忽浅、忽轻忽重、忽有忽无"现象；90 年代，油田易于寻找的构造油藏越来越少，甚至出现"钻机等井位，开发等勘探"的尴尬局面；高含水难题显现……

复杂多变的地质状况没有击倒胜利人。复式油气聚集（区）带理论、隐蔽油气藏理论、剩余油富集理论……这些自创且获得国家科技进步奖的理论，让"五忽"现象消失了，使以岩性、地层为主而一般技术手段难以发现的隐蔽油气藏现身，并将那些混杂在水中的油藏流体"解放"了出来。

理论创新照亮了勘探之路，使胜利油田探明石油地质储量连续 28 年保持在 1 亿吨以上。

在"碎盘子"中找油难，把油采好更难。为提高采收率，胜利人攻克

了极浅海、低渗透、稠油、小断块等世界级开发难题，形成了居于世界前沿的陆相水驱剩余油富集理论、聚合物加合增效理论，国内领先的滚动勘探开发、高含水油田水驱提高采收率等十大配套技术；创造了具有完全自主知识产权的鱼骨状分支水平井、水平井分段压裂开发技术，创出了 40 多项水平井技术应用的全国第一；突破了高温高盐和 98％ 极高含水油藏提高采收率难关，攀上了国内外三次采油技术的高峰；形成了独有的特超稠油油藏开发技术，使深 2000 米以下、油层薄 2.5 米的特超稠油藏得以有效动用。

资源有限，创新无限。依靠科技进步，胜利油田已累计发现 77 个油气田，每年新增探明储量 4000 万吨以上，新增可采储量 1000 万吨以上，新增原油产量 300 万吨，科技成果贡献率达 63％。

"作为一个勘探开发 50 年的老油田，能够连续 15 年产量稳定在 2700 万吨以上，是个奇迹！"中国石油勘探开发领域著名专家、中国工程院院士胡见义说。

力量来自宏伟目标，实力源于自我超越

经过连续十几年的稳产上产，胜利油田东部主力探区已处于深度勘探开发阶段，新增探明储量中低品位油藏比例逐年增加，"十一五"期间占到 75.8％，"十二五"期间将达到 90％，目前开发技术尚不能完全适应。

虽然，西部新区今后五年预计探明储量达 0.7 亿至 1 亿吨、新建产能 80 万吨，但相对于胜利油田 2700 万吨的产量基数，还难以真正形成战略接替。如何统筹东部老区与西部新区部署，实现资源的科学高效配置，是一个新的考验。

新课题面前，胜利人底气十足。油田分公司副总经理毕义泉说，经过这么多年的发展，油田的物质基础更加巩固，竞争能力更加坚实。特别是中石化集团公司 2009 年把西部 13 万平方公里的勘探区域划归胜利油田，使油田石油资源总量达到 145 亿吨，资源基础也更加雄厚。这些都为油田发展提供了新机遇。

20 万爱岗敬业、能征善战的胜利职工群体，将成为推动油田发展的强大动力和不竭源泉。尽管 50 年过去了，但胜利人创业之初"以国为重，以

油为业、以苦为乐"的胜利精神仍然在传承光大。为了多产一吨油，胜利人精细每一口油井、严把每一道投资关口，将精细落实到油田每一个角落，让一口口本已报废的油井起死回生。

在胜利油田采访期间，记者听到最多的两个词是"使命""责任"。油田党委副书记杨昌江说："胜利石油人为国找油、为国分忧，这种情怀浸润在10亿吨的每一滴原油里。"

同时，独创的理论、先进的技术、精细化的管理，以及高素质的队伍，这些将成为胜利人续写辉煌的基石。

任重道远，时不我待。胜利油田将全力打好东部老区保卫战和西部新区进攻战，继续实施资源、市场、可持续发展三大战略，大力推进一体化管理，把发展的战略基点放在科技创新、管理创新与队伍素质提高上，全面提升核心竞争力和经济效益。

新的起点，新的蓝图。胜利油田已描绘出发展蓝图。"十二五"期间，将继续保持原油年产量稳定在2700万吨以上，每年探明石油地质储量1亿吨以上；到2024年，胜利油田成立60周年的时候，实现"开发60年，探明60亿"，油气生产在较高水平上运行；到2064年，在胜利油田成立100周年的时候，实现"持续百年创新、建设百年胜利"，继续保持全国大油田地位，续写百年辉煌。

2011-06-09

电影《铁人王进喜》在京举行全国首映式

新华社北京 10 月 12 日电（记者范迎春）为纪念建党 90 周年和中国石油事业发展历程而拍摄的电影《铁人王进喜》，12 日在北京人民大会堂小礼堂举行全国首映式。这是铁人王进喜的事迹第三次被搬上电影银幕。

《铁人王进喜》采用倒叙和穿插手法，通过一位美国女记者在大庆的所见所闻，再现了 20 世纪六七十年代大庆油田开发那段可歌可泣的岁月以及 50 多年来发生的沧桑变化，讲述了发生在铁人王进喜身上的许多感人故事。总导演宋江波表示，与以往铁人题材影视作品不同的是，《铁人王进喜》既是"英雄史诗"又是"情感大戏"，既展现了铁人英雄的一面，也刻画了一个在日常生活中重情重义的"立体"铁人，这种以人性角度切入的情感元素，希望更容易被观众接受。

《铁人王进喜》由大庆本土作家马岱山编剧，黑龙江省委宣传部、大庆市委市政府、大庆油田有限责任公司和长春电影制片厂等单位联合摄制，北京人艺知名演员张志忠扮演铁人王进喜。摄制完成后，7 月份首先在大庆市上映，获得一致好评。

出席影片首映式的中国石油天然气集团公司政治思想工作部主任说，这部影片之所以能引起广泛共鸣，是因为事事以国家利益为重、以民族命运为念的"铁人精神"已经不仅仅属于大庆、属于百万石油人，已经成为中华民族共同的宝贵精神财富，而且需要一代代传承下去。

《铁人王进喜》的主要创作人员和有关方面代表参加了首映式。"参加这部影片的拍摄感到很荣幸，对我本人也是一次精神洗礼。"铁人扮演者张志忠说。

首映式后，电影《铁人王进喜》将在全国各大院线上映。

2011-10-12

第六篇

新时代　新篇章

中国石油特别收益金起征点首次提高

新华社北京 1 月 6 日电（记者胡俊超　何雨欣　王宇）中国财政部 6 日发布消息称，经国务院批准，财政部决定从 2011 年 11 月 1 日起，将石油特别收益金起征点提高至 55 美元 / 桶，这也是中国自 2006 年征收石油特别收益金以来首次提高起征点。

业内专家分析指出，国际原油价格上涨、石油开采成本上升以及 2011 年 11 月 1 日推向全国的资源税改革是石油特别收益金起征点提高的主要原因，而资源税改革、起征点提高则有利于进一步理顺石油行业的产业链。

石油特别收益金，是指石油开采企业销售国产原油因价格超过一定水平所获得的超额收入按比例征收的收益金。中国石油特别收益金征收始于 2006 年，当时的起征点为 40 美元 / 桶。

"石油特别收益金开征时，国际原油价格处于相对低位，并且一度跌至 20 美元 / 桶左右，40 美元 / 桶的油价对国内企业来说仍存在收益。目前，国际油价飙升并维持高位运行，40 美元 / 桶的起征点收益空间几乎已没有。"金银岛市场分析师莫俊杰指出。

中国石油大学工商管理学院院长王震指出，提高石油特别收益金起征点的原因之一在于国际油价的不断攀高，原来 40 美元 / 桶的起征点已不适应石油行业面临的新形势。

此外，资源税改革则加快了石油特别收益金调整的进程。2011 年 11 月 1 日，中国资源税改革大幕正式向全国推开，石油、天然气资源税税额将从之前的从量计征改为从价计征，石油开采环节的税负将有所上升。

资源税主要涉及石油的开采环节，石油特别收益金主要涉及石油的销售环节。"征收资源税和特别收益金的目的都是为了实现资源的有效利用，为了更好地保护资源，二者应该是联动关系。"相关专家指出。

然而，资源税改革与石油特别收益金起征点提高会带来中央和地方财政收入的调整。石油特别收益金属中央财政收入，提高起征点无疑会使得中央财政收入有所减少，而资源税属于地方财政收入，改革资源税会增加地方财政收入。

厦门大学能源研究中心主任林伯强指出，根据测算，提高起征点减少的中央财政收入和资源税改革增加的地方财政收入数量上大致持平，资源税改革和起征点上调都从2011年11月开始执行，整体收入的变化幅度并不大。

"长期来看，资源税改革、提高起征点的做法使得石油行业产业链更加合理，能够体现资源的稀缺性和资源对当地的贡献，也有利于调动地方政府的积极性。"王震指出。

对于提高石油特别收益金起征点对国内石油企业盈利的影响，莫俊杰指出，此次上调起征点对国内油企无疑是利好，其盈利水平也有望得到进一步的提高。

2012-01-06

筑起石油科技大厦的基石

新华社记者范迎春　高星

自 1960 年开发建设至今，大庆油田在贡献 20 多亿吨石油的同时，累计取得科技成果 1 万余项，在国际同类油田勘探开发领域形成了拥有自主知识产权、占据领先地位的核心技术体系。

半个多世纪以来，几代石油科技工作者以忘我精神和丰硕成果，筑起了一座巍峨的石油科技大厦，为大庆油田持续稳产高产、为新中国石油工业提供了智力支撑。

走进这座耀眼的石油科技大厦，记者听到了一段段平凡的故事，看到了一块块平凡的基石。

一根根科技"接力棒"在无声传递

在被断言贫油的国土上，新中国石油科技工作者应用独创的"陆相生油理论"，找到了世界级大油田——大庆油田。大庆从诞生时起，就与自主创新紧密相连。

获国家级奖励 120 多项、省部级奖励 890 多项、国家专利 2500 多项——大庆油田开发建设以来累计取得的 1 万多项科技成果，令人赞叹。

"然而，没有哪一项研究是一个人可以独立完成的。一道道课题就像一根根接力棒，在一代代石油科技工作者手中无声传递，每一项成果都是集体智慧的结晶。"大庆油田采油一厂总地质师隋新光说，"拿聚合物驱油技术来说，上世纪 60 年代就开始研究，到 1999 年投入工业化生产，期间经历了 30 多年。目前，该项技术已经在油田发挥了支撑作用，仍在不断完善和革新之中。"

在被誉为油田"大脑中枢"的勘探开发研究院，原副总工程师杨振宇和技术专家伍晓林曾被并称为"三元复合驱研究领域的双子星"，如今只剩下伍晓林一人。谈起因病英年早逝的杨振宇，曾经一道工作的同事们脸上无不充满敬意——

汽车翻入十几米的深沟，从车里钻出来的他满脸泥水，手里却紧紧护着取样的瓶子；在生命的最后几天，他在病床上与同事探讨如何让表面活性剂适应大庆多样化的地质特征。

"更多参与三次采油技术研究的前辈们是无名英雄，他们的青春和年华在默默奉献中消逝。"伍晓林说。

"应用一代，研发一代，储备一代"。自开发建设以来，大庆油田坚持把科技进步放在主导地位，坚持"科技超前15年储备、超前10年攻关、超前5年配套"，使科技始终走在生产的前面。

一次次"冒险"和失败带来一次次超越

"超越权威、超越前人、超越自我"——悬挂在勘探开发研究院采收率实验楼内的这12个字，被今天的大庆油田科技工作者奉为座右铭。在传承中不断超越，正是大庆油田科技工作者勇于攻坚克难的精神特质。

表外储层被称为油田的"边角废料"，一度被国内外公认为没有开采价值。20世纪80年代，时任大庆油田勘探开发研究院副总地质师的王启民率队挑战禁区，着手研究表外储层开发。当时有人劝王启民："弄不好一无所获，何必冒这个风险？"王启民答道："个人身败名裂不要紧，要紧的是找到更多的资源。"

经过多年潜心研究，王启民团队从事的表外储层注水开发技术终获成功，相当于为大庆增加了一个地质储量7.4亿吨的大油田。该项技术获国家科技进步特等奖。

"搞科研允许失败，但不允许不知道为什么失败。"这是记者在大庆油田多次听到的一句话。伍晓林牵头的表面活性剂国产化研究试验，就曾有过5600多次的失败记录。

"在聚合物驱油研究的几十年里，许多耗费多年心血的方案被全盘否定，许多科技工作者的工作并没有取得很大进展，但他们的贡献同样重要。

他们是探路者、是基石，给其他人创造了成功的条件。"隋新光说，正是有一次次冒险、一次次失败，才有一次次超越。

实验台上，有一张张年轻而专注的脸庞

大庆油田建设设计研究院副总工程师、油田水处理权威陈忠喜经常讲述一个自己被"驳倒"的故事。一次，在一个污水处理装置曝气量计算的问题上，陈忠喜和当时刚工作不久的大学毕业生赵秋实产生了分歧，争论了很长时间。小赵反复推算后找到陈忠喜，又到现场反复演示。"我发现他是正确的。当时虽然感到压力，但是更为有这样的年轻人感到高兴。"陈忠喜说。

为了进一步调动科技人员的创新潜能，大庆油田通过物质激励、精神激励和成长激励相结合，建立起科技人员成长通道，使科技人才成为大有可为的群体、受人尊重的群体、收入最高的群体。

日前，大庆油田采油四厂试验大队中心化验室里，29岁的项目组长黄金目不转睛地观察着模拟岩心的渗透情况和表面活性剂的驱油效果。这个化验室承担着对三次采油技术使用的表面活性剂的分析、评价和筛选工作，对油田下一步持续稳产至关重要。黄金的项目组有多名"80后"，以高效率和严谨的作风成为"最放心班组"，每每在关键试验中被委以重任。

项目组成立一年多来，累计完成40块岩心的驱油试验，对174个表面活性剂样品做出评价，并从中成功筛选出2个适合油田各方面特性的品种。"每到有样品来，我们就立刻进入战斗状态，24小时连轴转是家常便饭。"黄金说。

采油四厂试验大队队长陈宏告诉记者，2011年，试验大队又接收大学毕业生13人，其中硕士研究生4人。"油田科技队伍每年都有新鲜血液补充进来，形成了合理的人才梯队。"他说。

"这里虽然远离城区，但在生产一线，油田创造的科研环境为我们的成长提供了良好平台，我们在这里觉得很充实。"黄金说，"我们的工作虽然平凡，但是联系着油田稳产和国家能源安全，我们觉得很光荣。"

2012-02-05

中国石化 24.4 亿美元完成收购美国
德文公司在美部分页岩油气资产权益

新华社北京 4 月 28 日专电（记者安蓓　胡俊超）中国石油化工集团公司 28 日宣布，通过其全资子公司国际石油勘探开发公司收购美国德文公司在美部分页岩油气资产权益项目已于近日成功交割。

中国石化以约 24.4 亿美元的价格收购德文公司在美国内布拉斯加奈厄布拉勒、密西西比、尤蒂卡俄亥俄、尤蒂卡密歇根和塔斯卡卢萨 5 个页岩油气盆地资产权益的 33.3%。按照交割日计算，中国石化在上述盆地拥有的页岩油气资产折合净面积约 1858 平方公里。本次交易以 30% 的现金和 70% 的递延款方式进行，递延款用于支付德文公司所持有权益对应的开发成本，预计于 2014 年底前完成。

中国石化表示，此次收购首次开拓了中国石化在美国的油气业务，进一步拓展了中国石化非常规资源领域。中国石化有较强的技术优势和综合实力，德文公司具有较强的页岩油气勘探开发技术，双方合作将发挥各自优势，积极发掘项目资源潜力，加快推进项目商业化开发，实现共赢。

据了解，德文公司是美国最成功的页岩油气开发公司之一，在页岩油气资源勘探开发、管道运营、市场销售等方面均有成熟的技术和经验。此次收购的 5 个非常规油气资产项目合作面积和资源规模较大，作业环境和市场化基础好。

2012-04-28

中石油产业扶贫助力豫北老区"摘穷帽"

新华社记者罗辉 林嵬

在河南省台前县中石油产业扶贫示范园"碳四"综合利用项目工地，记者日前看到一派火热的建设场面：十多个 10 余米高的球状罐、柱状罐耸立场地中央，上百名工人正紧张施工。濮阳市政协主席雷凌霄说："这是中石油对口帮扶项目，总投资 15 亿元，建成投产后，可实现年产值 50 亿元，增加就业岗位 1700 个。"

台前恒润石化公司是一家从事乙烯副产品综合利用的企业，国际金融危机爆发后，处于半停产状态。中石油派出专家组，指导企业调整工艺路线、优化产品结构、推动产业升级。2010 年，中石油把集团所属的石化研究院与大连理工大学历经 7 年攻关、联合研发的具有自主知识产权的"碳四"综合利用新技术，作为扶贫援助项目交由恒润石化承接实施。

高新技术的注入，拓宽了台前县石化产业发展空间。围绕恒润石化，台前县初步形成了物流运输、产品包装、机械加工等的产业链，直接和间接带动当地 3000 多名农民就业，人均年增收入 5000 元以上。2007 年 5 月，国务院确定中国石油天然气集团公司定点帮扶台前、范县后，中石油通过建设扶贫示范园，利用原材料、技术、人才密集等优势，大力扶持当地石化企业，筑实产业扶贫载体。5 年来，两县石化产业为当地群众提供就业岗位 1 万余个，人均增收 1.5 万元，解决了 3600 多户群众的贫困问题。专家测算，在中石油帮扶下，台前、范县未来将崛起一个产值超千亿元的化工产业链条群，将吸纳更多贫困人口就业。

台前、范县位于豫鲁两省交界，是抗日战争时期冀鲁豫革命根据地的腹心地带。新中国成立后，由于地处黄河防汛、滞洪的关键区，这里自然灾害频繁、经济发展缓慢，共有 28 万人生活在贫困线下，占两县人口的三分之一。

记者在台前、范县采访看到，中石油的产业扶贫给当地农民带来了切切实实的实惠。在这个昔日的黄河"水窝子"，越来越多的农民成为石化工人。

3年前，台前县张塘坊村聂春海一家6口人挤在3间土屋里，仅靠5亩地维持生计，全家人均年收入不足1000元。如今，聂春海和儿子聂文亮进入恒润石化公司工作，每人每年收入在20000元以上，全家搬进了新房。

一些在台前、范县受到中石油帮扶的企业还接过扶贫"接力棒"，开展了"村企共建扶贫工程"，部分企业每年拿出利润的10%建立扶贫开发基金。"村企共建扶贫工程"开展两年多来，已投入资金800多万元，实施扶贫项目34个，3万多人增收。

目前，石化产业的快速成长，已成为带动两县社会经济发展的"火车头"。截至2011年，台前、范县两地生产总值、农民人均纯收入分别较2006年增长111%、130%和93%、98%。

2012-05-10

我国油气管道建设进入新一轮高峰期

新华社北京 10 月 24 日专电（记者安蓓）我国又一条具有战略意义的能源运输大动脉——西气东输三线工程于近日开工。作为管道主要建设方，中国石油天然气管道局局长赵玉建日前接受记者采访时表示，以西气东输三线和中亚天然气管道 C 线开工为标志，我国油气管道建设进入新一轮高峰期。

油气管网是能源输送的大动脉。过去 10 年，我国油气管网建设加速推进，从 2004 年总里程不到 3 万公里，到目前已超过 9 万公里。

赵玉建说，油气管道建设新一轮高峰期将持续 5 至 10 年，将极大推动我国能源进口战略通道的建设以及覆盖全国的油气管网的建成，为全面提升油气资源保障能力，加快优化我国能源消费结构发挥重要作用。

赵玉建说，继西气东输一线、二线后，西气东输三线已经开工建设，四线和五线正在规划中。在已建成陕京一线、二线和三线的基础上，明年我国将开工建设陕京四线。四大油气进口战略通道的建设中，在西北，中亚天然气管道 C 线已于今年 9 月开工，建成后中亚天然气管道全线年输气能力将提升至 550 亿立方米，D 线预计也将于明年开工。在东北，中俄天然气管道正在规划中，中俄原油管道将由年输量 1500 万吨向 3000 万吨扩建。在西南，中缅油气管道建设正在加速推进，中缅天然气管道预计将于明年 5 月 1 日通气。此外，我国省级区域性管网将以更快速度和更大规模发展，骨干管网间的联络线建设也将加快，这都将推动全国性油气管网进一步建成。

赵玉建说，管道作为继铁路、公路、水运、空运后的第五大运输形式，在我国还是新兴行业。目前我国规模化油气管道里程为 9 万多公里，而全世界具规模性的油气管道里程达 250 万公里，仅美国就 70 万公里，俄罗斯约 25 万公里。从我国地域和人口来说，油气管道建设还在起步阶段。

他说，随着我国油气管网覆盖面越来越广，全国性油气管网进一步完善形成，全国"一张网"格局趋于形成，油气资源统一调配、高效利用的态势即将出现。

赵玉建认为，我国油气管道建设新一轮高峰期的特点是管道大口径、高钢级、高压力、长距离，以及投资和资本多元化。

与以往的重大工程不同，西气东输三线工程引入代表社会资本的全国社会保障基金理事会和代表民营资本的城市基础设施产业投资基金。"西气东输三线开辟了油气管道建设资本多元化先例，将进一步促进民营资本进入管道建设的积极性，多元资本对加快我国油气管道建设将发挥巨大推动作用。"赵玉建说。

2012-10-24

成品油价："外跌内涨"现象如何理解？

新华社"新华视点"记者陆文军　刘雪　王蔚

有关部门日前宣布，上调国内汽柴油最高零售限价，汽油价格每吨上调 300 元，柴油价格每吨上调 290 元。

然而，此前几天，国际油价出现了大跌行情，一周跌幅创出新高。成品油"外跌内涨"的现象如何理解？

国内油价调整，不与国际接轨？

近来，国际油价出现了明显下跌行情，在最近一周，国际油价大跌 3.03%，创今年以来最大周跌幅。

据此，多条国际航线下调燃油附加费。今年 2 月 24 日起，台湾中油公司宣布下调成品油价格。

与此形成反差的是，中国内地航空燃油附加费不仅没有反应，根据有关定价公式计算，预计 3 月将上调 10 元。与此同时，有关部门还上调了汽柴油价格。

一些消费者颇为不解。"国内油价一直宣称与国际接轨，为何国际油价明显下跌，国内油价却要上涨？"上海私家车主郭瑞铭在听到油价上调消息时感到困惑。

有关专家认为，此次成品油价上调是"合情合理"的，符合国内成品油定价机制，有关部门考虑到春耕、物价等因素，已将上涨幅度收窄，也就是说，"本来可能涨得更多"。

国家发展改革委能源经济与发展战略研究中心副主任姜鑫民表示，我国石油资源缺乏，对外依存度逐年增加，客观上不支持低价或低税负的政策，需要从节约资源角度入手，利用价格和税收杠杆，促进石油资源节约和节能减排。

姜鑫民说，如果我国人均石油消费达到美国人的水平，全世界的石油都难以满足这样的石油需求。因此，需要从政策导向上引导石油合理消费，促进资源节约。

东方油气网分析师程瑞锋指出，国内油价涨跌幅度参照三地原油变化率。根据有关定价机制计算，最近一周国际油价下跌，而国内三地原油变化率是上涨的，如19日为4.27%，22日上涨到5.21%，按计算此次调价每吨应该上涨400元，但实际操作中涨幅控制在300元附近。

一位油企人士告诉记者，"企业早就做好涨价准备，扩大了产量，但近期国际油价下跌，企业担心如果再不涨，这一轮就涨不成了，现在总算松了口气。"

实际上，国际油价与国内油价因这样的"时间差"造成互相背离的现象并不是第一次出现。2011年也曾出现过"国外大跌、国内不降"的现象。

生意社成品油分析师李宏告诉记者，2011年4月7日，国内油价经过两次上调达到历史最高点。随后国际市场油价下跌20%，但国内油价长达6个月维持历史最高位，当年10月9日才进行下调。

价格反应滞后，测算过于神秘?

有关专家指出，价格波动反映成本变化，如果价格反应滞后，就难以反应成本变化。2009年我国成品油定价机制实施以来，国内油价涨幅超过40%。

据分析，国内成品油调价需要满足间隔22个工作日、三地原油变化率超过4%这两个硬性指标。因为参照的周期较长、设定的变化率数值较高，所以国内油价反应滞后于国际市场。

大宗产品电子商务平台金银岛分析师韩景媛指出，中国台湾、新加坡等地区油价实行每周调整，对国际油价变化反应更加灵敏，而中国内地油价的定价周期长，调价机会容易错过，要么时间间隔不够，要么三地原油变化率未能达标。

"这一定价机制实行多年，但究竟是怎样的计算公式，涨幅跌幅是如何测算的，油企利润水平是多少，对公众是个谜，显得有些神秘，"一位业内人士说。

"有时办了好事不为人知。"中国石油大学工商管理学院副院长董秀成坦言，定价机制的流程不透明，消费者只看到了油价上涨，却看不到有关部门为保障民生控制了涨幅。

广东省油气商会油品部部长姚达明表示，这一定价机制在执行时会有人为的干预，导致调价时间点拖延等问题，可能会给下一次调价造成困难。

选择人为定价，还是市场定价？

成品油价格变化牵动国计民生，其价格如何形成？是靠"有形之手"还是"无形之手"来调节？

姜鑫民表示，在现阶段，我国成品油价格机制改革还需要统筹全局，保证国内油气工业健康发展。"当前的关键问题不是仅仅盯着油价上涨多少钱，而是如何调整机制，将成品油定价机制引向市场化方向。"姜鑫民如是说。

国家成品油定价主管部门负责人表示，我国成品油价格机制改革的最终目标是完全市场化，即成品油的价格要由市场竞争来决定。因此，石油市场要引入竞争机制，培育多元化的成品油市场主体，向有利于实现完全市场化目标的方向发展。

中石化总部有关负责人表示，目前我国原油进口依存度超过56%，中石化有80%以上的原油都需要进口。近年来国际油价不断上涨，资源瓶颈已成为制约企业发展的主要问题，在国际油价大涨时，国企还是要顶住压力保障供应。

"首要是打破垄断，"一位不愿披露姓名的油品专家指出，国外石油公司通过页岩油、页岩气技术创新，促使本土油价、气价不断下降；而国内一些石油公司则在这方面动力不足，过于看重眼前利益。事实上，这种状况很难长此以往。

姚达明表示，我国成品油定价应该减少人为干预，给予消费者等有关方面发表意见的机会。从价格改革方向看，应该通过反垄断、反限制竞争等，为民营企业提供更多的发展机会，更多由市场决定价格。　　2013-02-27

PX 项目推进决策科学民主

罗海岩

云南化工环评报告将从 6 月 25 日起，公示一个月，这是科学和民主的进步。

PX 和社会生活息息相关，几乎渗透到衣、食、住、行各个方面。比如，各种饮料的塑料瓶、琳琅满目的服装、房屋装修的建筑材料……

石油是由碳氢化合物（简称"烃"）组成的混合物。把石油用做化工原料，就必须进行"拆分"，既常用的分馏。其原理是根据产品的沸点不同，把石油加热到不同温度，使不同沸点的组分沸腾气化，而和母液分离。再升温则再分馏，而炼化成不同的产品。石油炼化的事故率很低，防护距离是防范危害和污染的重要手段。

在美国休斯敦，280 万吨 / 年的 PX 装置距城市的距离为 1.2 公里；新加坡裕廊岛 37 万吨 / 年的 PX 装置，与居民区距离为 0.9 公里；荷兰鹿特丹的 PX 装置距市区 8 公里；韩国釜山的 PX 装置距市中心 4 公里。

韩国七大城市之一的蔚山市，是著名工业城市，许多大中企业在此设厂，除现代重工、造船和现代汽车之外，还有两家大型石化企业，均含有 PX 项目，离蔚山市区只有 15 公里，离附近的居民区只有 2-4 公里。

从 20 世纪 90 年代起，全球对 PX 的需求量急速增长，预计 2014 年需求量将达到 3480 万吨，其产能主要集中在亚洲地区。主要生产国为中国、韩国、日本、印度和泰国。而我国是世界化纤产品生产的第一大国和出口大国，也是世界最大的 PX 消费国，消费量占全球 32%。2011 年底，我国对 PX 的需求量为 972.8 万吨。今年国内 PX 产量预计将达到 1000 万吨，但需求仍然明显，分析预测市场缺口在 800 万吨以上。

一面是国家能源战略发展的需要，一面则是公众对环境健康的焦虑。

近年来，受空气污染加大的影响，加之对 PX 项目的科学解释不够，特别是一些地方政府在重大化工项目建设中，有违民众的知情权、参与权和监督权，使多地的 PX 项目陷入了"民意泥潭"，一些炼化项目也因此被叫停，或重新选址。畅通利益各方诉求渠道，建立利益协商平衡机制迫在眉睫。

有人评论 PX 项目遭遇抵制，体现了公民环保意识的觉醒，这在 PX 决策和实施过程中无可厚非，但经过释疑、解惑，在政府的监督和社会的压力下确保安全建设和生产，当为正确的抉择，而不应造成国家、政府和公众"多输"的窘状。

在环保理念上，有现实的环保主义理念和理想的环保主义之分。如果完全按照理想的环保主义理念办事，脱离经济社会发展的现实需要，对厘清事物的各个利益层面并无好处。宁波、大连、厦门的化工项目暂且不论，以云南 1000 万吨炼化项目为例，它是中缅油气管道配套项目，是破解马六甲海峡能源供求风险的陆上能源战略通道，是西南地区经济发展的重大举措，其现代化程度之高、距昆明市区有 40 公里之遥，理应以经济、安全、环保为准则，进行理性分析，而不仅是当作一个敏感的符号。

在石化项目的规划建设上，作为亚洲石化中心的新加坡堪称楷模。1968 年 6 月，新加坡政府成立裕廊镇管理局，实施"化工岛"计划，将七个岛屿进行填海、架桥加以合并，使之成为一个庞大的化工岛。40 多年过去，裕廊岛成为产业高度聚集、管理模式先进的石化基地，新加坡也成世界三大炼油中心之一和世界石油贸易中心。该岛迄今从未发生过污染事故。

新加坡政府明确环保目标和严格的环保措施，保证化工生产的环境质量。他们公开环境影响评估，对所有项目严格环保标准，高度重视环保基础设施建设，环保投资占基础设施总投资的 20% — 30%。对环保设施妥善规划，如排水、垃圾收集和处理等，规划好工业区与住宅区之间的缓冲区。岛上还建立了完善的安保体系，包括陆海空三位一体监控，随处可见荷枪实弹巡逻的士兵。

在炼化项目的信息披露和社区的沟通方面，国外化工企业的建设和管理经验可资借鉴，这或许成为今后组织重大项目建设施工的范例。

广东大亚湾的中海壳牌炼化项目，是国内最大的中外合资项目之一。

该公司把环境社会风险分析作为商业运营的重点，加强与当地社区以及非政府组织沟通，设立了董事会层面的环境和社会风险管理机构，实施风险防控措施和考核指标，不定期组织开放日活动，邀请各方代表进厂参观和监督，定期举办讲座，介绍化工知识和工厂运行特点，对利益相关者答疑释惑。投产前夕，他们甚至走进村庄，竖起布告牌提醒居民试车期间将发出噪音，以消除人们的不安，体现出细微处的人文关怀。

绿色化工是化学工业可持续发展的必由之路，它必然要承担自然、社会、人类协调发展的责任。据悉美国政府针对炼化工业的发展，建立了一套完整的监管体系，包括化学安全与危害调查委员会、环保署、职业安全卫生署、食物药监局，以及毒性物质和疾病注册局等相互独立的机构，对石化项目的选址、排放、治污、监控等做出严格规定，定期公示安全调查评估，以回应社会关切。云南石化工程通过质询、对话和此次环评公示，也最终会破解困局，取得多赢的效果。

2013 年 7 月新华社《财经国家周刊》

李新民同志先进事迹报告会在京举行

新华社北京 8 月 7 日电 李新民同志先进事迹报告会 7 日上午在北京人民大会堂举行。

李新民是中国石油天然气集团公司大庆钻探伊拉克哈法亚项目部经理、1205 海外钻井队队长，参加工作 23 年来，始终传承弘扬大庆精神、铁人精神，团结带领新一代 1205 钻井队全体职工，不仅在国内打井最多、创纪录最多，还成功走出国门、挺进海外，实现了"把井打到国外去"的梦想，为保障国家能源安全、提升石油核心竞争力作出突出贡献，被誉为"大庆新铁人"。

报告会由中央宣传部、国务院国资委、中共黑龙江省委和中国石油天然气集团公司联合主办，各主办单位负责同志，中央和国家机关干部代表，在京中央企业干部职工代表和社会各界代表等 800 人参加。报告会上，李新民讲述了自己的心路历程和梦想追求，其他 4 位报告团成员从不同角度和侧面讲述了李新民牢记使命、不畏艰险、勇于担当、拼搏奉献的先进事迹和崇高精神。报告感人肺腑、催人奋进，深深感染了现场听众，会场不时响起热烈掌声。

听完报告后，许多观众表示，李新民的事迹真实过硬、生动感人，他用自己的实际行动，生动诠释了爱国、创业、求实、奉献的大庆精神铁人精神，并赋予大庆精神铁人精神新的时代内涵。他的先进事迹和崇高精神，展示了工人阶级的新形象，提振了中国人民的精气神。

中国石油、中国石化、中海油、中化集团等中央企业的干部职工认为，梦在前方、路在脚下，应该像李新民那样，既胸怀理想又脚踏实地，从自己做起，从本职岗位做起，通过持之以恒的奋斗、坚持不懈的拼搏，汇聚起强大的正能量，托举起伟大的中国梦。

2013-08-07

中国 981 钻井平台从西沙转场海南

新华社记者 罗海岩

中国"海洋石油 981"钻井平台于 7 月 15 日结束在西沙中建岛附近海域的钻探作业，将按计划转场至海南岛陵水项目作业。

由中海油服总包提供一体化服务的此次钻探作业，未遭受台风等恶劣海况及天气影响。同时项目管理得力，优化了钻井设计，提高了作业效率，确保了作业按期顺利完成。

中国工程院院士邱中建等石油专家就此钻探项目接受采访时指出，中石油从 2004 年开始就在南海中建南沉积盆地进行以地震为主的地球物理勘探工作。2011 年优选确定了中建南盆地中建坳陷的预探井位，2013 年完成井场调查后，2014 年启动了中建南钻探项目。主要目的是落实中建南盆地中建坳陷的基本石油地质条件、含油气情况及其勘探潜力。

专家认为，这次施工作业能够按计划顺利完成，一是在施工方案编制时充分考虑了地质灾害、工程风险和台风影响等因素，在工期设计上留有余地；二是在实际钻探作业过程中，没有遇到明显的地质、工程灾害因素，也没有受到台风影响；三是根据钻探作业中的实际情况，加强动态分析、强化生产组织、优化施工方案，大幅提高了生产时效。

这次钻探工作在设计目的层发现了油气显示，并按照设计取全取准了录井、电测等各项地质资料。从对已获取地质资料和数据的初步分析结果来看，中建坳陷具备基本的油气成藏条件，有油气勘探潜力。同时，通过此次钻探，了解了南海海域钻井工程地质情况，初步形成了深水钻井适用技术，为今后在南海深海海域进行钻探工程设计提供了科学依据，同时也为安全快速现场施工积累了经验。下一步将根据项目所取得的地质资料和分析数据，开展油气层的综合评价，以确定其工业价值。2014-07-17 新华社客户端

中俄天然气管道项目提升两国关系战略高度

新华社记者耿锐斌

中俄东线天然气管道俄境内段开工仪式1日在俄罗斯萨哈共和国举行。此条被命名为"西伯利亚力量"的管道开建，标志着中俄天然气项目进入具体实施阶段，两国关系的战略意义将因此而得到进一步深化。

作为双方务实合作的重要组成部分，中俄能源合作一直受到广泛关注。今年5月，中国石油天然气集团公司与俄罗斯天然气工业股份公司在上海签订《中俄东线供气购销合同》，此举被称为继原油管道项目后，双方在能源合作领域取得的又一重大成果。

俄罗斯是世界能源生产和出口大国，中国的石油进口量和油气消费量则位居世界前列。两国在能源领域开展合作具备地缘优势显著、互补性强等诸多有利条件。从双边关系和自身战略需求出发，两国对扩大能源合作早已达成共识。

中俄天然气合作谈判经历了10余年之久，两国最终在天然气定价方式、管线走向和其他问题上达成一致。东线管道的开工建设同时还意味着中俄全面能源合作伙伴关系迈出了开局的关键步伐，对于未来两国能源合作的全方位拓展将形成强烈的示范和外溢效应，华东师范大学俄罗斯研究中心副主任杨成说。

这份为期30年涉及金额高达4000亿美元的合同规定，从2018年起，俄方开始通过天然气管道东线向中方供应采自东西伯利亚伊尔库茨克州科维克金气田和雅库特共和国恰扬金气田的天然气，输气量将逐年增长，最终达到年380亿立方米。

天然气管道项目谈判在多年"长跑"后最终尘埃落定说明中俄双方基于长期合作、市场主导、政府推动、互利共赢等原则构建的合作路径是有效的。杨成认为，管道建成和成功运营将进一步夯实两国政治互信的基础并提升其水平，对保障彼此的能源安全都具有重要意义。中国有望获得稳定的外部天然气供应，而俄方也将在真正意义上完成天然气出口格局的多元化。

这一项目对加强两国经贸关系，提高双边贸易额将产生积极作用。根据双方共同提出的目标，中俄贸易额将在2020年前达到2000亿美元的目标。此外，天然气管道项目还有利于两国毗邻地区扩大经贸和投资合作。

根据俄罗斯政府2007年通过的"东部天然气规划"，东西伯利亚和远东地区将建设包括天然气开发、运输、供给和向亚太地区出口的统一系统。其中全长约4000公里的"西伯利亚力量"管道将连接上述两大气田，贯通雅库特共和国，伊尔库茨克州、哈巴罗夫斯克边疆区、滨海边疆区等地。这条预定于2017年投入使用的管道设计年输气量达610亿立方米。

中国前驻俄罗斯大使李凤林认为，俄"东部天然气规划"的实施需要投入巨额资金和建设大批相关基础设施。这不但将提振当地社会经济发展水平，也将为落实中国东北地区与俄罗斯远东及东西伯利亚地区合作规划纲要带来重大机遇。

俄天然气工业股份公司总裁米勒近日对媒体表示，俄罗斯正在考虑未来建设从伊尔库茨克通往西部的天然气管道，届时俄国内将形成贯穿东西部的天然气管道网络。

杨成认为，中俄天然气合作仍具有较大空间和潜力，现有的管道项目只是双方大规模合作的第一步。一方面，在条件成熟后，西线天然气管道项目有望提上两国能源合作议事日程，东线天然气管道年380亿立方米的输气量不排除还有提高的余地；另一方面，俄中韩等多边管道项目在未来也有实施的可能。

中国驻俄罗斯大使李辉日前表示，中俄在能源领域各方面的投资潜力未被充分挖掘，希望俄方能进一步改善投资环境，吸引更多中国能源企业到俄直接投资。中方也欢迎俄方赴华从事能源领域的投资，以共同为两国和两国人民带来实实在在的好处。

2014-09-01

供油大如天

——记中石油四川销售公司

罗海岩

中国石油四川区域销售不断拓展发展空间，使成品油销售业绩居全国省市区前列。这条涉及四川经济社会发展的石油网络如神经密织，22座大型油库、1400多个加油站布防得绸密科学。2007年6月，姚志强从管理数万人的兰州石化公司，调任供油大省的四川负责全省石油销售。适逢我国成品油市场体制调整，国际金融危机也对石油市场形成压力，但弹指7年，四川公司资产总额达到64.1亿元，成品油销售、零售量分别突破520万吨和400万吨大关，全年实现销售收入302亿元，"川油"声名响彻业界。

量效双增的硬实力

今年6月至7月，四川阴雨绵绵，成都下了21天的雨，给油品营销带来很多困难。即便如此，上半年，四川销售仍以总量430万吨、同比提高8%、利润同比增长3成的业绩，领跑中国石油销售企业。

"我们牢牢掌握了四川成品油市场的主导权。"在中国石油业界的多事之秋，姚志强分析经营活动充满信心、信念。

年初，四川销售在全省5个片区召开"保增长、保份额"推进会，逐项落实增量增效措施和责任。在市场份额问责、内部价格结算、收入贡献挂钩、跨台阶奖励等一系列政策激励下，站外营销、小额配送、三轮车送油，成为四川石油销售的红火场景。

6月，四川销售借助"醉美大西南"大型旅游活动，与渝、川、黔30多个知名景区签署合作协议，使用昆仑加油卡可在景区享受门票打折优惠。加上"成都汽车音乐节"等一系列营销活动，四川销售提前半年完成全年售卡任务。

"单站倍增计划"是四川销售内涵增量的核心。以加油站全流程诊断为工具，从改造增效、技术增效、形象增效、非油增效、流程增效等方面入手，对全省 275 座加油站实施一站一策诊断。其中，雅安金鸡关加油站通过实施扩宽进出口、设置公路提示标志、柴汽油分道和增建洗车场等措施，日均销量从 16 吨提高到 28 吨。攀枝花倮果加油站日均销量也从 7.2 吨提高到 13.4 吨。许多小站变身大站，低效站跻身高效站。

大站卸油是困扰销售企业的难题。2013 年年底，姚志强挂帅成立技术攻关小组，与西南石油大学和一些高新技术企业合作，历时 3 个月，研制出一套既可防杂物又能除水的新型过滤器，经成都分公司 10 多座万吨级站试点，推开了"卸油不停枪、多仓同时卸油"新项目。据统计，上半年四川销售累计立项创新项目 144 个，推广应用创新成果 25 个，降低经营成本 6000 余万元。

山塌路断油不断

汶川地震使全省 6 个分公司遭受重创，22 座油库和 751 座加油站不同程度受损。在宝成铁路中断、兰成渝管道紧急停输、全省成品油库存仅够维持 5 天情况下，四川石油经受考验，确保了救灾抢险的油品供应。

"为救灾加油，为生命加油。"面对四面八方入涌来的抗震救灾大军，他们开辟加油绿色通道，发布加油站分布图，设立保供热线，昼夜协调救灾油品。在重灾区道路塌方、通讯中断的困难条件下，组织设备抢修和恢复生产，除完全损毁的 38 座站外，使 22 座油库、1313 座中石油加油站很快恢复营运。他们还集结 50 多台移动加油车和 239 台大吨位油罐车，向重灾区深处突击挺进，打通了长达 800 公里的西线供油通道，每日现场提供油料 110 吨以上。

震后次日，公司组织 13 支搜救队翻山越岭，徒步 7 天找到了 334 名失去联系的员工，分别设立了 6 个临时安置区。然后在两个月内建成活动板房 500 多套，安置受灾员工 1500 多人。

四川销售向总部争取到了恢复重建和维修加固资金，对因灾受损的 4

座油库、265 座加油站、5 个办公区和 196 处生活区实施维修加固和重建。在 5·12 地震周年之际，四川销售全面完成了 1635 个维修加固项目，一座座新油库、新油站、办公楼和职工宿舍屹立在废墟之上，不仅实现了原地起立，更实现了发展起跳，公司被党中央、国务院、中央军委授予"全国抗震救灾英雄集体"称号。

追求精细无止境

国企领导人的第一职责就是引领企业科学发展，实现国有资产保值增值。姚志强提出"突出项目抓发展"，把推进加油站网络和仓储能力建设作为中心任务，几年间，新开发加油（加气）站 136 座，成品油库容由 65 万方增加到 80 万方，全省首条成品油支管线成都 ----- 乐山管线建成，全省最大的商业储备库 52 万立方米彭州油库获批立项。这些项目不仅提升了企业规模实力，也增强了全省成品油保障供应能力。

科学发展不仅是外延扩张，更要注重内涵增长。全省石油系统推行"集中与分散相结合、系统与层次相结合，以集中管理为主"的职能制管理法，形成了以营销和发展为中心、以财务为核心、以信息化为手段、以人为本的现代管理模式，多项管理成果获省部级表彰，其中成品油公路配送信息化管理项目获全国企业现代化创新成果二等奖。

金融危机席卷全球，成品油市场也未独善其身。姚志强以"量效并重、量为基础、效益领先"，以及"促销、上量、稳价、增效"的营销策略，迎对严酷的市场环境，使油品销售从控销保供转向促销上量，从卖油品到卖品牌和卖服务，由以守为主到主动竞争，使四川石油各项业绩指标一枝独秀。

2014 年 10 月 新华社《财经国家周刊》

中国石油产量连续 5 年突破 2 亿吨

新华社北京 1 月 13 日电（记者王立彬）据初步统计，2014 年中国石油产量 2.1 亿吨，连续 5 年保持在 2 亿吨以上。大庆等七大油田产量均超过 1000 万吨。

中国国土资源部 5 日公布的数据显示，2014 年全国石油产量 2.1 亿吨，净增长 138 万吨，同比增长 0.7%，连续 5 年保持在 2 亿吨以上。天然气产量 1329 亿立方米，净增长 132 亿立方米，同比增长 10.7%。全国油气当量 3.3 亿吨，净增长 1193 万吨，同比增长 3.7%。

在全国天然气产量中，常规天然气产量 1280 亿立方米，净增长 114 亿立方米，同比增长 9.8%，连续 4 年保持 1000 亿立方米以上；煤层气产量 36 亿立方米，同比增长 23.3%；页岩气产量 13 亿立方米，同比增长 5.5 倍。

据国土资源部地质勘查司人士介绍，总体上，2014 年主力油田产量保持稳定增长。大庆、胜利、渤海、长庆、延长、新疆、辽河七大油田产量均超过 1000 万吨。大庆油田石油产量连续 12 年保持 4000 万吨以上，胜利油田连续 14 年保持 2700 万吨以上，长庆油田油气当量快速攀上 5568 万吨的新高峰。渤海海域、长庆油田、新疆油田、辽河油田原油产量分别达到 2611 万吨、2505 万吨、1180 万吨、1122 万吨，保持稳中有升。

2015-01-13

中石油发布绿色发展报告
推动天然气业务和油品升级

新华社北京 6 月 2 日电（记者陈炜伟 安蓓）我国已成为世界上最大的能源生产国和消费国。在能源革命的大背景下，能源企业在生态环保方面应扮演怎样的角色？中国石油天然气集团公司 2 日发布《中国石油绿色发展报告》，提出要把天然气业务打造成新的增长极，并推动油品质量升级。

"以绿色的方式生产清洁能源"

与能源生产和消费相关的污染和排放是不容忽视的问题。

中石油集团公司新闻发言人说，中石油坚持"以绿色的方式生产清洁能源"理念。"绿色的方式"是指在生产的全流程中突出节能、环保、减排。"生产清洁能源"，是指大力发展包括天然气在内的清洁能源，积极推进油品质量升级，积极探索生物燃料等新能源。

《中国石油绿色发展报告》介绍，中石油大力推动常规和非常规天然气、生物质能源、地热能、风能、太阳能评价和开发利用，积极从源头控制温室气体排放。

大力发展天然气

天然气作为化石能源中的低碳清洁能源，发挥着越来越重要的作用。目前，天然气已成为中石油最具成长性的业务。

发展报告显示，2014 年，中石油国内新增探明天然气地质储量 4840 亿立方米，国内天然气产量达 954.6 亿立方米，创历史新高。

此外，随着常规油气资源的日渐减少，中石油加大了致密气、煤层气、页岩气等非常规天然气资源勘探力度。报告显示，中石油近年来累计投资73亿元，完成页岩气井41口，生产商品页岩气1.77亿立方米。

推动油品质量升级

加快车用汽柴油质量升级是应对大气环境污染的重要举措。

发展报告介绍，目前，中石油汽柴油加工能力为1.4亿吨/年。其中，汽油加工能力为5000万吨/年，汽油质量全部达到国ⅠⅤ标准，15%达到国Ⅴ标准。柴油加工能力为9000万吨/年，车用柴油80%以上具备国ⅠⅤ、国Ⅴ标准生产能力，普通柴油已基本达到硫含量50ｐｐｍ标准。

中石油质量与标准管理部副总经理杨果介绍，中石油将在现有国Ⅴ生产能力的基础上，实施华北石化、广西石化、锦州石化等9个企业的10项国Ⅴ质量升级项目，到2015年底以前，所属大部分企业具备生产国Ⅴ汽柴油的能力。2016年中石油将继续实施升级改造项目22项，到2016年底，中石油集团汽、柴油将全部达到国Ⅴ标准要求。此外，中石油将加强技术研发，完善配套"京ＶⅠ"和"国ＶⅠ"标准的清洁汽柴油生产装置和设施研究。

愿景：把天然气业务打造成新的增长极

发展报告描绘了企业"十三五"时期的发展愿景：

——大力发展页岩气、煤层气、碳汇林等新能源为内涵的绿色经济。

——天然气业务要打造成新的增长极。到2020年，中石油的管道里程要达到6.3万公里，天然气销售量达1800亿立方米左右。

——加强清洁油品生产供应，力争提前完成成品油质量升级任务。

——积极布局非常规和海洋油气领域，跟进生物质能等新能源开发利用，关注煤化工、天然气发电、铀矿开采利用、地热等领域合作机会，培育接替业务。

2015-06-02

上海石油天然气交易中心将发布天然气价格指数

新华社北京 11 月 19 日新媒体专电（记者蒋春林）记者从上海石油天然气交易中心获悉，交易中心已经在进行石油天然气市场价格数据的采集和指数的发布准备工作，具备了向社会发布价格信息，尤其是与石油天然气企业共享价格信息的条件。

国家发改委 18 日发布通知指出，非居民用气应加快进入上海石油天然气交易中心，由供需双方自行形成具体交易价格，力争用 2–3 年时间全面实现非居民用气交易透明化。交易中心会员要向交易中心共享非居民用气的场内和场外交易数量和价格等信息。业界专家表示，该通知的出台和落实，意味着交易中心将成为国内最权威的天然气价格信息集散地，中国市场价格或中国市场价格指数的公布指日可待。

对此，上海石油天然气交易中心有关负责人在接受记者采访时表示，交易中心已经在进行石油天然气市场价格数据的采集和指数的发布准备工作，组建了价格采集和分析团队，已经就价格的发布、价格指数的编制等进行了深入的调研，并将充分发挥新华社的信息总汇及发布渠道优势，具备了向社会发布价格信息，尤其是与石油天然气企业共享价格信息的条件。

十八届三中全会以来，天然气价格改革进程明显加快。中共中央关于"十三五"规划的建议明确提出，减少政府对价格形成的干预，全面放开竞争性领域商品和服务价格，放开天然气等领域竞争性环节价格。

中国石油大学（北京）教授刘毅军接受记者采访时指出，按照国家发改委规划，天然气价改的最终目标就是要全面放开非居民用气价格，由市场决定价格。

中国能源网研究中心部门经理冉泽认为，交易中心应该实现价格发现功能，通过市场供需关系确定国内天然气价格。

显然，交易中心已经做好了准备。相关负责人表示，经过四个多月的运营，交易中心的交易规则、技术系统、管理制度等都运作良好，为价格放松管制后交易量大幅增加做好了准备。

数据显示，交易中心自 7 月 1 日试运行以来，截至 11 月 16 日，管道天然气交易量达 18.5 亿立方米，液化天然气 7 万吨。注册会员 167 家，有近一半的会员已经完成银行绑定、注入资金等手续，开始交易。特别是从 9 月中旬开始，交易中心日交易气量均在 1000 万立方米以上，日最高交易气量已突破 1.5 亿立方米。随着冬季供暖的开始和价格管制的进一步放松，用户开户数量和交易量都有增加的趋势。

"交易中心应该尽快发布天然气价格，交易时参考交易中心价格，那么交易中心就有影响力和话语权，中国价格也就可以实现了。交易中心应该建成与美国 HenryHub 天然气交易中心、英国天然气国家平衡点 (NBP) 并驾齐驱、具有国际影响力的亚洲地区天然气交易中心。"《标准天然气》执行主编刘洋对记者说。

2015-11-19

中国油企过"紧日子"应对低油价挑战

新华社记者辛林霞　范迎春

　　面对持续低油价，一向被认为财大气粗的中国石油企业不约而同过起"紧日子"。

　　"如水、电、气等消耗类产品，厂里对预算的结余部分给予奖励，以此调动员工的积极性。"大庆油田第五采油厂厂长艾尚军说，通过推行精细化管理，去年全厂减少相应支出 1486 万元。

　　中国三大油企之一的中海油董事长杨华多次在公开场合表示，行业"严冬"使公司面临生存挑战，要做好在较长一段时期过"紧日子"和"苦日子"的打算。

　　2015 年，平均每桶 50 多美元的国际油价与 2014 年相比几乎折半，导致石油开采企业利润大幅下降。目前的油价已明显低于中国大部分油企的盈亏平衡线。

　　中国石油天然气股份有限公司财务报告显示，2015 年度公司实现营业收入人民币 17254.28 亿元，比上年下降 24.4%；归属于母公司股东的净利润为人民币 355.17 亿元，同比下降 66.9%。而此前，后一项指标连续多年超过千亿元。

　　占中国内陆原油总产量约四分之一的大庆油田历史上首次出现赤字，今年一季度上市版块亏损 50 多亿元。来自公开的消息称，中石化旗下的胜利油田 2015 年也首次陷入亏损，油田生产经营全面进入寒冬期，由盈利大户变为亏损企业。

　　在近两年开源节流、降本增效工作基础上，今年年初，中石油集团在所属企业又实施《关于持续深入开展开源节流降本增效工作的措施意见》，提出包括压减各项支出、主要成本费用指标全面下降、控制物资采购成本等在内的 36 条措施，以部分抵消低油价带来的影响。

胜利油田 2015 年全力推进开源节流、增收节支工作，将 2016 年定位为"战寒冬、求生存、谋发展"的时期。基于对国际油价仍保持低位震荡运行的预期，石油企业也在根据市场变化调整生产经营策略。

经历过连续 27 年稳产 5000 万吨以上、连续 12 年稳产 4000 万吨以上的大庆油田，2015 年把原油产量调减到 3838.6 万吨。据透露，到 2020 年这个数字将减至 3200 万吨。

据观察，大庆油田还通过对生产方案"微调"优化产量结构。主要体现在：控制水驱部分的递减幅度，压缩外围低效和无效产量，节约产能投资和运营成本。近来，已有多个成本较高的开采计划被推迟。

大庆油田一名内部人士表示，经过长期高强度开发，大庆油田目前面临着后备资源接替不足、开发成本逐年攀升等问题。但适度有序的调整是必要的，也有利于油田的长远发展，同时为新技术的研发和使用创造条件。

在"过紧日子"的指导思想下，一些致力于解决冗员和低效问题的改革试验正在中国石油企业中展开。

一名油田生产保障企业的职工表示，企业实行"扁平化管理"的改革过程中，原来的吃大锅饭、拿平均奖的状况正在改变。随着岗位和薪酬机制调整，普通员工的工作效率和积极性正在提高。

"一方面在内部加强精细管理、强调内生动力，一方面推行市场化改革、拓展生存空间，油田探索转型已经迈出了步伐。"大庆油田企管法规部主任梁哨辉说，在不减员的前提下，要通过工效挂钩等把每位员工的能量激发出来。

在大庆油田采油一厂第三油矿中四队，女工秦梅为自己所在班组精细管理的成果感到自豪：以前一台抽油机一年平均消耗 10 条皮带，现在降到 3.5 条。

在节衣缩食、控制成本的同时，石油企业也在从更深层次寻找解困路径，从低油价的压力中汲取正能量。上述油田内部人士表示，以往的高油价掩盖了企业内部管理、规划决策等方面存在的问题，目前的形势也为推动石油企业改革发展和地方经济转型带来契机。

2016－04－09

一颗小行星以我国石油专家王德民命名

新华社哈尔滨4月12日电（记者辛林霞、范迎春）记者在12日举行的"王德民星"命名仪式暨学术报告会上获悉，国际小行星中心命名委员会已批准国际编号为210231号小行星正式命名为"王德民星"，以褒奖他对石油开采技术的卓越贡献。

记者在中国石油天然气集团公司、何梁何利基金、中国科学院紫金山天文台联合举办的"王德民星"命名仪式暨学术报告会上获悉，国际小行星委员会命名公报称中国工程院院士王德民为中国油田分层开采和化学驱油技术的奠基人。

王德民院士1960年参加大庆石油会战。在半个多世纪的工作生涯中，他始终在大庆油田从事油田开发技术研究和管理工作，为油田持续高产、稳产提供重要技术支撑，创造巨大的社会和经济效益。大庆油田1959年发现、1960年开发以来，经历过连续27年稳产5000万吨以上、连续12年稳产4000万吨以上，我国石油专家创造出世界同类型油田长期高产稳产的奇迹。

在发表命名感言时，80岁的王德民院士说，虽然年事已高，但在未来的日子里，他仍将心系石油、立足油田，坚持不懈地献身祖国石油事业。

2016-04-12

中石油拉动"一带一路"能源合作引擎

新华社记者马湛

"一带一路"倡议提出 3 年来，相关建设在探索中前进、在发展中完善、在合作中成长，取得重要早期收获。其中，能源合作是"一带一路"建设的先行产业和重要引擎，中国石油天然气集团公司是最早在"一带一路"沿线地区开展投资合作的中国企业之一。

"一带一路"沿线分布着多个重要能源生产国，如俄罗斯、中亚五国等。中石油经济技术研究院数据显示，"一带一路"沿线国家和地区的石油储量为 461 亿吨，天然气储量为 108 万亿立方米，分别占世界总储量的 20%和 56%。

据了解，中石油在中亚、中东、亚太、俄罗斯等"一带一路"沿线地区和国家的合作项目已经取得了有效进展，目前在 19 个国家运作 49 个油气项目。截至 2015 年底，中石油在"一带一路"沿线国家和地区的投资约占其海外总投资的 60%以上，2015 年油气权益产量超过 5500 万吨，占其海外总权益产量的 76%。

丝绸之路经济带上的中亚各国油气储量丰富，历来是海外能源合作的重点地区。伴随"一带一路"倡议的提出和实施，中石油进一步加快同中亚各国能源合作的步伐。本着合作共赢原则，中石油以带动当地油气产业链完善为主，促进当地油气基础设施建设，并培养了大量专业技术人才。

中石油在中亚地区的主要合作项目是中国—中亚天然气管道。据了解，该管道目前规划有 A、B、C、D 四条线路，其中 A、B、C 线已相继建成投产，管道全线输送能力目前为每年 550 亿立方米，可满足中国国内近四分之一的天然气消费需求。D 线预计 2020 年底完工，届时该线路将实现每年 300 亿立方米的输气能力。X 乘着"一带一路"的东风，中国石油企业的装备制造也在走向海外市场。变产品出口为产能出口，是中石油在装备制造领域的新规划。中石油将与资源伙伴国开展产能合作，实现中石油装备产品当地制造，将更多实惠留给资源国。

在这个领域，中石油宝鸡石油机械有限公司与阿联酋国家钻井公司已经建立战略合作关系，依托阿联酋这一丝绸之路经济带的重要节点，将产品辐射到中东其他地区。

中国能源网首席信息官韩晓平表示，由于文化与宗教的差异，"一带一路"沿线一些国家彼此贸易往来较少，在能源领域的沟通也不充分，而中国作为第三方国家，可以很好地解决这一问题，通过能源通道帮助这些国家实现互利共赢。

2016-07-01

"十三五"我国石油化工民营企业将较快发展

新华社北京7月4日电（记者刘亚南 董时珊）"十二五"期间，我国民营石油和化工企业发展取得亮眼成绩，"十三五"期间其发展环境将得到进一步优化，迎来更加广阔的发展舞台和机遇，预计石油化工民营企业在主营业务收入等方面将继续保持较快的发展。

中国石油和化学工业联合会会长李寿生7月2日在"2016中国石油和化工民营企业发展大会"上表示，"十三五"期间我国石油化工民营企业主营收入年平均增速的目标为10%。到2020年，石油化工民营企业主营收入将达到6.5万亿元，占全行业主营业务收入总额的比重将从2015年的30.6%提高到35%以上。

此前发布的《石油和化学工业"十三五"发展指南》提出，"十三五"期间石油化工全行业经济总量保持平稳增长，全行业主营业务收入年均增长7%左右，到2020年达到18.4万亿元。

发展呈现多个亮点

数据显示，"十二五"期间，我国石油和化工民营企业发展取得不少亮眼的成绩，从企业数量上看，已撑起行业的"半边天"。截至2015年底，我国石油和化学工业规模以上民营企业数目为16212家，占全行业规模以上企业总数的54.5%。

石油和化工民营企业的发展速度非常迅猛，"十二五"期间，全行业规模以上民营企业主营业务收入和资产总额年平均增长率为18.06%和21.96%，分别超出同期全行业平均水平12.26和12.34个百分点。

2015年，我国石油和化工规模以上民营企业主营业务收入、资产总额、利润总额、上缴税金总额分别为4.06万亿元、2.43万亿元、2404.61亿元和

1253.66 亿元，占全行业的比重分别为 30.6%、20.1%、47.3% 和 12.2%。

"十二五"期间，我国石油和化工民营企业保持了较好的经济效益水平。2011 年至 2015 年石油和化工民营企业分别实现了 48.7%、13.4%、12.8%、11.4% 和 2.5% 的利润增速。而我国石油和化工全行业仅在 2011 年和 2013 年实现了利润增长，增速分别为 19% 和 5.7%，而在 2012 年、2014 年和 2015 年，全行业利润则分别减少了 0.1%、8.1% 和 18.2%。专家认为，在行业困境中仍能保持一定的利润增长，体现出民营企业较高的效率。

李寿生介绍说，"十三五"期间，我国还将培育一批具有较强国际竞争优势的大型民营企业和企业集团。到 2020 年，主营业务收入超过 1000 亿元的民营企业将达到 5 家，主营业务收入达到 800 至 1000 亿元的民营企业达到 10 家。在能源化工、化工新材料、精细和专用化工品、节能环保等领域将培育出一批"专、精、新、特"的创新型民营企业和知名品牌。

不过，在肯定石油化工民营企业发展成绩的同时，李寿生也指出，这些民营企业发展还面临规模普遍偏小、科技创新能力较弱、安全环保水平亟待提高和采用家族式管理造成后继乏人等问题，需要重点关注、予以应对。

多方面发展机会仍存

国家发展改革委产业协调司副司长卢卫生表示，为加快民营企业的发展，我国将进一步加大石油和化学工业开放力度，积极发展混合所有制经济，推动形成多种所有制经济优势互补、有序竞争、相互促进、共同发展的新格局，鼓励有实力的民营企业参与到国有石油化工企业的重组和改造中来。

2015 年以来，原油进口权和进口原油使用权的逐步放开让民营炼厂获得了极快的发展。对于未来民营炼厂的发展机会，石油和化学工业规划院院长顾宗勤表示，一是随着加油站布局的逐步放开，民营炼油企业将获得发展机遇，二是民营炼油企业可以利用大型炼油项目的油品，生产高档脱芳溶剂油等高附加值产品，三是利用炼厂副产品发展下游延伸产品，此外，民营炼厂还可以围绕大型炼油项目的需要提供配套设施和服务等。

顾宗勤表示，到 2020 年我国烯烃产品仍将保持较大缺口，未来烯烃原料多元化以及通过工艺创新，利用更劣质的原料加工生产烯烃是发展趋势，民营企业可以参与其中，寻求发展机遇。他还指出，具有较好煤炭控制力的民营企业可与国外公司合作发展煤制气、煤制油、煤制烯烃等大型新型煤化工项目。在化肥领域，他建议民营企业关注肥料增效剂、增值肥等新领域，探索利用合成氨生产基础联产天然气，发展控施肥、缓施肥等效益更好的复合肥，参与国内基础化学矿开发，积极寻求到国外开发化学矿等。

中国化工经济技术发展中心总工程师江林认为，"十三五"期间，民营企业在炼油、氯碱、烯烃、芳烃、有机原料、高端聚烯烃、高性能橡胶材料、工程塑料、氟硅材料、聚氨酯材料、可降解材料、高性能纤维、功能性膜材料、高端专用化学品、功能高分子材料和无机材料等细分领域存在投资机会。

2016-07-04

国家级平台上海石油天然气交易中心正式运行

新华社上海 11 月 26 日新媒体专电（记者刘雪 安蓓）经过一年多试运行，国家级交易平台——上海石油天然气交易中心 26 日正式投入运行。

国家发展和改革委员会、上海市政府、国家能源局、三大石油公司和新华社的负责人参加了正式运行发布会。

国家发展和改革委员会主任徐绍史表示，国家发改委将继续支持交易中心发展，希望三大石油公司和下游用户积极进场交易，尽快推动形成更具代表性、更有影响力的交易价格，促进交易中心发挥更大作用。

上海市市长杨雄表示，交易中心正式运行是加快国家能源行业市场化改革的重要举措，有助于增强上海能源要素市场的国际影响力，对加快上海"四个中心"和自贸试验区建设，都具有非常重要的意义。

交易中心于 2015 年 7 月投入试运行，随着市场交易规模逐步扩大，预计今年天然气单边交易量突破 150 亿立方米，占全国天然气消费总量比重达到 8% 左右。

中国石油天然气集团公司董事长、中国石油化工集团公司董事长、中国海洋石油总公司董事长分别出席发布会并讲话，表示作为交易中心的重要股东单位，将继续全力支持和推动交易中心的建设。

新华社社长蔡名照表示，新华社所属的中国经济信息社积极参与到交易中心的建设中来，是为了获取及时、权威、全面的石油天然气交易信息，提供专业化的能源信息服务产品，以更好地促进我国能源市场的健康有序发展。

交易中心于 2015 年 3 月在上海自贸区注册成立，由中石油、中石化、中海油、新华社所属的中国经济信息社及国内重要下游燃气企业等 10 家股东组成。

2016-11-26

上海石油天然气交易中心年交易量突破 300 亿方

新华社信息北京 12 月 29 日电（记者盛勤 郑彬）29 日，记者从上海石油天然气交易中心（以下简称"交易中心"）获悉，随着当天中国石油华北天然气销售公司与山西天然气有限公司 1.085 亿立方米管道天然气的交易完成，交易中心 2016 年天然气成交总量（双边）突破 300 亿立方米，线上交易量预计达到全国天然气消费量的 8%。

从具体成交来看，截至 12 月 29 日，年内交易中心共成交管道天然气 275 亿立方米，液化天然气 175 万吨，成交分布于全国各主要天然气消费地区，其中交易量最为集中的是华北、华东地区。

气源方面，今年交易中心还完成了首单煤层气线上交易，在陆上气田气、海上气田气、进口气的基础上进一步丰富了气源类型。

上海石油天然气交易中心副总经理付少华对记者表示，300 亿方的交易量意味着交易中心推动天然气市场化交易取得了阶段性成果，下一步交易中心将在国家发改委、能源局的指导下，继续发挥好市场决定资源配置的作用，促进油气体制改革方案落地和管网基础设施公平开放，形成多对多竞争格局，为天然气行业发展营造良好环境，服务国家天然气市场化改革。

付少华同时表示，今年 11 月 20 日允许非居民用气门站价格以基准价格为基础上浮 20% 之后，从交易情况来看，上下游对短期合同的需求越来越大。针对这一需求，交易中心在 2017 年要进一步加快天然气现货市场规则与制度的完善，争取为更多的天然气市场参与者提供便利。

上海石油天然气交易中心今年 11 月 26 日正式投入运行。国家发改委此前曾表示，将继续支持交易中心发展，希望三大石油公司和下游用户积极进场交易，尽快推动形成更具代表性、更具影响力的交易价格，促进交易中心发挥更大的作用。

2016-12-29

中石油大港油田连续 11 年油气当量保持 500 万吨

新华社天津 1 月 11 日电（记者毛振华）大港油田 2016 年主要生产数据日前出炉。油田全年生产原油 407.9 万吨，天然气 4.7 亿立方米，油气当量产量连续 11 年保持 500 万吨稳产。

大港油田建于 1964 年，坐落于天津滨海新区。它是继大庆、胜利之后新中国第三个油田。作为我国东部老油田，大港油田有效的勘探面积不足 1 万平方公里，勘探井位难定、新增储量难动、投资成本难控等"三难"问题，正在成为老油田发展的"拦路虎"。

"老区再造不是梦，但须立足长期低油价这个最大实际，彻底摆脱高油价时代形成的思维定式，探索走出一条低油价下老油田持续稳健发展之路。"中国石油勘探领域专家、大港油田公司总经理赵贤正表示，只有创新才能使老油田在油价"寒冬"中重新焕发青春。

过去，油气勘探开发采用"预探—评价—产能"接力棒模式，找油和采油各自为战、力量分散。如今，大港油田实践增储建产一体化，大大加快了勘探开发节奏，缩短了储产转换周期，钻井成本比计划下降 9%，储量动用率达到 90%。

大港油田还依托技术创新，促进勘探发现、降本增效。得益于多层系潜山内幕和多类型斜坡带油气成藏理论认识和技术创新的持续深化，油田通过系统优化，降低钻井综合成本 10%，探井成功率达 75%，钻井周期平均减少 8 天以上。

通过不断改革创新，大港油田在稳产的同时，还积累了厚厚的"板凳深度"：沧东凹陷东关潜山和段小叶地区勘探取得重要成果，初步形成 5000 万吨级规模储量区；歧口凹陷港北潜山、港北沙河街等领域勘探初步落实 3000 万吨效益储量。

2017–01–11

2020年中国石油产量力争达2亿吨以上

新华社信息北京1月20日电（记者安娜 安蓓）国家发展改革委19日对外公布《石油发展"十三五"规划》，在发展目标中提出，2020年国内石油产量达到2亿吨以上，构建开放条件下的多元石油供应安全体系，保障国内2020年5.9亿吨的石油消费水平。

根据规划目标，"十三五"期间，中国年均新增探明石油地质储量应达到10亿吨左右。基础设施能力方面，"十三五"期间，建成原油管道约5000公里，新增一次输油能力1.2亿吨/年；建成成品油管道12000公里，新增一次输油能力0.9亿吨/年；到2020年，累计建成原油管道3.2万公里，形成一次输油能力约6.5亿吨/年；成品油管道3.3万公里，形成一次输油能力3亿吨/年。

同时，规划还强调，"十三五"期间，石油勘探开发陆上和海上并重，实现国内石油产量基本稳定；推进原油、成品油管网建设，落实管道第三方公平开放，优先考虑利用现有管道向目标市场输送资源；推进国家石油储备二期、三期项目建设，加快成品油政府储备基础设施建设；积极利用符合规定的企业库容代储国家储备原油，鼓励社会资本参与商业仓储设施投资运营；尽快出台《国家石油储备条例》，建立企业义务储备，推动建立完善政府储备、企业义务储备和企业生产经营库存有机结合、互为补充的储备体系；推进煤制油、煤制气产业示范，推动形成技术路线完整、产品种类齐全的煤炭深加工产业体系。

总体来看，规划认为，随着全面深化体制改革的推进和"一带一路"建设、京津冀协同发展战略、长江经济带发展战略的实施，石油行业迎来新的发展契机，将在"十三五"时期得到新的稳步发展。

2017-01-20

中缅原油管道原油正式进入中国

新华社信息北京5月22日电（记者刘羊旸 姚兵）中国石油天然气集团公司19日宣布，中缅原油管道原油于当日16时正式由云南瑞丽进入中国。

随后，这批原油将以每天约50公里的速度继续向内地推进，再经过约650公里长途旅行，最终抵达位于云南省安宁市的云南石化。

作为"一带一路"倡议在缅甸实施的先导项目——中缅油气管道项目的一部分，中缅原油管道工程今年4月正式投入运行，此次境内外投产管道全长1420公里。

据介绍，管道建成后，项目运行将采取国际通行的"分段管理"模式。其中，缅甸段由中缅成立的合资公司负责，中国段由中国石油西南管道公司负责运行。

中石油表示，缅甸原油进入中国后，将实现就近加工销售。作为与中缅油气管道配套的项目，中国石油云南石化也将于近期投产，设计年加工能力1300万吨，供应市场包括云南、四川、重庆、贵州、广西等。

2017-05-22

中国石油能源开发向西东接替、绿色发展转型

　　新华社北京 8 月 15 日电（记者王立彬）从鄂尔多斯盆地到塔里木盆地、准噶尔盆地，随着一批亿吨级储量区的发现，中国石油能源勘探开发西部对东部的战略接替正在实现，并开始向更注重生态环境的绿色发展转型。

　　中国国土资源部地质勘查司司长于海峰 15 日在此间说，最近 5 年中国油气资源勘探投入稳定。2012 年至 2016 年，全国油气资源勘探投资 3442 亿元，较上一个五年增加 12.6%。石油储量持续增长，累计探明亿吨级油田 10 个。石油勘探发现和落实一批亿吨级储量区，在鄂尔多斯盆地和海域发现姬塬、靖安、红河、新安边、南梁、环江、蓬莱 9-1 等 10 个亿吨级油田。在准噶尔盆地累计探明石油地质储量超过 2 亿吨。中西部以及海域盆地连续多年处于石油储量增长高峰期，实现对东部地区的战略接替。

　　国土资源部油气资源战略研究中心主任谢承祥说，按 7 月印发的《自然保护区内矿业权清理工作方案》，国家级自然保护区内的油气探矿权情况正进行梳理核查，已有 22 个油气探矿权退出保护区面积 6586 平方千米。

　　他表示，2016 年对全国整装勘查区进行调整，已退出与国家级自然保护区重叠面积 32405 平方千米。内蒙古自治区出台了《自然保护区内工矿企业退出方案》、甘肃省也出台了《祁连山自然保护区矿业权退出及生态环境恢复治理行动方案》，其他省区的工作也在快速推进。

2017-08-15

中国石油开展新一轮天然气竞价交易

11月9日，中国石油在上海石油天然气交易中心开展进口ＬＮＧ资源线上交易，当日挂单气量1500万立方米，全部成交，成交价格均为市场调控价格。今年冬季中国石油将安排约12亿立方米天然气，考虑地域差异，采取分区域投放的方式开展竞价交易。交易资源为进口ＬＮＧ增量资源，气化后经管道输送。开展竞价交易是中国石油深入贯彻落实党的十九大精神，发挥市场在资源配置中决定性作用的有益尝试。

今年8月，国家发改委印发文件明确要求推进天然气公开透明交易，指出通过平台公开交易的天然气价格由市场形成，鼓励天然气生产经营企业和用户积极进入天然气交易平台。9月份，中国石油首次试点管道气平台竞价交易，以期通过交易平台公平、公开地形成天然气市场化价格。但考虑到价格市场化需要有序平稳推进，本轮ＬＮＧ线上交易按照交易中心近期ＬＮＧ成交价设置市场调控价格，以防止市场出现恶意哄抬物价的现象。

此次交易也是中国石油主动适应市场环境变化、完善天然气保供机制的新探索。据了解，今年国内天然气消费市场发生了明显变化。受国家"煤改气"政策落地等因素影响，上半年天然气消费同比增长15.2%，呈现出淡季不淡新特点，进入冬季供暖期后势必带来新一轮天然气需求陡增态势。

面对这些新变化，中国石油作为国内最大天然气供应商积极履行企业责任，一方面加快国内常规与非常规天然气开采，督促进口天然气合约履行，同时积极采购现货ＬＮＧ，千方百计增供；另一方面加强需求侧管理，按照"控非保民"原则制定销售方案，将民生需求通过冬季协议的形式进行保障，使国家资源真正惠及于民。

2017-11-10 人民网

中国石油披露：中石油集团完成整体改制并更名

今年7月国务院办公厅印发了《中央企业公司制改制工作实施方案》，根据国资委的安排，69家集团公司及2600多户下属企业年内将完成改制工作，涉及8万亿元总部资产。

就在2017年行将结束之时，今日（12月19日）下午，中国石油公告称，"中国石油天然气集团公司"（以下简称"中石油集团"）完成改制并更名。

中国石油公告披露，近日收到控股股东、实际控制人中石油集团通知，经国务院国有资产监督管理委员会批准，中石油集团由全民所有制企业整体改制为有限责任公司（国有独资），改制后名称变更为"中国石油天然气集团有限公司"。中石油集团原有业务、资产、资质、债权、债务等均由改制后的中国石油天然气集团有限公司承继，股东、公司住所、法定代表人、经营范围等均保持不变。

中国石油表示，上述变更完成后，与控股股东、实际控制人之间的控制权结构及比例均未发生变化，对本公司经营活动不构成影响。

2017-12-20 人民网

中国石油对外合作稳油增气剑指千万吨

中国石油在实施"走出去"战略的同时,坚持"引进来",积极开展对外合作取得新业绩。中国石油对外合作经理部负责人1月8日告诉记者,截至2017年年底,中国石油在国内六大含油气盆地与多家国际知名油气公司开展对外合作项目36个,2017年实现油气当量986.2万吨,剑指千万吨油气田规模,在低油价和国内天然气资源供需紧张情况下,不仅实现了较好的经济效益,还为国内"稳油增气"做出新贡献。

规模迅速提升,对外合作驶入快车道。始于1985年的中国石油对外合作,从零基础发展至油气当量500万吨用了20余年。油气当量从2007年的500万吨上升至2017年年底接近千万吨目标,十年时间规模增长一倍,对外合作速度加快、成果显著。开展对外合作以来,累计引入外资约1100亿元,中方累计获得利润超过200亿元。

一批合作项目成绩亮眼。长庆长北、大港赵东、西南川中3个项目成为对外合作的"明星"项目。仅3个项目已累计探明油气地质储量1.03亿吨和1344亿立方米,到2017年年底3个项目累计产油1364万吨、产气411亿立方米,累计实现销售收入125亿美元。大港赵东项目2017年11月18日成功完钻的ＺＤＢ－Ｃ－92（ＨＰ）井获得高产,日产油371吨,创中国石油近3年来单井产量最高水平。

优化结构积蓄发展新潜力。目前,对外合作业务已经初步形成"稳油增气、油气并重、非常并进"新格局,原油和天然气(包括页岩气和煤层气)量效同步,天然气实现了跨越式增长,产量年均增幅达25.3%,占中国石油上游天然气产量比重由过去的1.8%增至9%。

2018-01-09 人民网

中国石油天然气业务取得历史性
突破　国内产量首超千亿方

2月7日，记者从勘探与生产分公司获悉，中国石油2017年天然气业务取得历史性突破，产量达到1033亿立方米，同比增长5.3%，首次突破千亿立方米，占到国内天然气产量的70.1%、消费量的44%，为优化我国能源结构、建设美丽中国增添"底气"。

据测算，1000亿立方米燃烧值接近于1亿吨石油，相当于替代国内1.33亿吨煤炭，也相当于减排二氧化碳1.42亿吨、二氧化硫220万吨。按一棵树每年吸收100千克二氧化碳来计算，相当于新植14.2亿棵树。

对于中国石油来说，天然气突破千亿方也具有里程碑意义。在勘探与生产分公司采访时了解到，这意味中国石油稳油增气取得阶段性成果，天然气在油气结构中占比达到46.4%，逼近半壁江山，成为中国石油新的经济增长点和效益贡献点。

2017年，我国天然气消费量重回两位数增长，总消费量同比增长约17%，天然气对外依存度快速攀升。在此背景下，中国石油克服资源劣质化程度加剧、效益开发难度加大等诸多挑战，积极推进从重产量向产量效益并重、从重地质储量向重经济可采储量、从靠投资拉动向靠创新驱动、从传统生产向精益生产"四个转变"，突出高效勘探、低成本开发、加快天然气和绿色安全发展"四大任务"，坚定不移推进天然气业务高质量发展。一方面，稳步推进常规天然气开发，形成了长庆、塔里木、西南三个年产规模超200亿立方米的大气区；另一方面，积极拓展新领域，按照勘探开发一体化思路，加快非常规资源的开发，积极实施长宁、威远、昭通年产120亿立方米页岩气开发方案，煤层气产量稳步上升。

产量持续增长得益于"厚家底"。近年来，中国石油大打勘探开发进攻仗，新增常规天然气探明储量连续 11 年超过 4000 亿立方米，为天然气产量的持续增长奠定资源基础。同时，不断提升精细管理和调控水平，加大天然气开发前期评价投入，为天然气持续上产筑牢基石。

天然气产量首破千亿方，科技增气是一大看点。过去的一年，中国石油天然气上产、稳产关键技术取得新进展，创立了复杂储层气水渗流实验评价技术体系、发展完善深层碳酸盐岩高产气井评价、持续攻关页岩气开发主体技术等领先技术，天然气上产的"科技含量"不断跃升。

在立足国内的同时，中国石油积极运用国内国外两种资源提升国内天然气供应保障系数。2017 年，中国石油海外天然气权益产量达到 254.5 亿立方米，相当于一个塔里木油田。积极开展国际贸易，通过四大战略通道进口天然气超过 500 亿立方米，为天然气保供发挥了积极作用。

2018-02-08 人民网

中国石油与俄、哈两国能源领域开展合作

本报讯　从中国石油获悉，近日，中国石油天然气集团有限公司与俄罗斯天然气工业股份公司签署《标准及合格评定结果互认合作协议的补充协议》。

根据协议，双方约定对双方的合格评定结果予以互认，以此避免对双方共同感兴趣的产品进行重复测试和检测。相关约定将为后续分阶段开展合格评定结果互认工作打下基础，提高合作效率，保障贸易畅通。

同日，中国石油与哈萨克斯坦能源部签署了《中国石油天然气集团有限公司与哈萨克斯坦能源部关于石油合同延期及深化油气领域合作的协议》，双方将进一步加强中哈两国能源领域合作，加快推进油气供应保障设施建设，为促进两国经贸发展作出新的贡献。

2018-06-14《人民日报》

助力非洲国家实现"石油梦"
——中国石油在非洲开展石油合作综述
新华社记者刘羊旸

建立与发展石油工业、培养本土石油产业人才、改善生活条件……多年来，中国石油在非洲开展石油合作，不仅促进了非洲国家石油工业的发展，还给当地经济社会和人民生活带来积极变化。

携手共筑现代石油工业体系

一个个油田被发现，一座座炼厂建起来……中国石油在非洲帮助资源国建立起了完整的现代石油工业体系，中非石油合作绘就了一幅绚丽的画卷——

在尼日尔，短短 3 年时间，中尼石油合作就在撒哈拉沙漠腹地建成了年产百万吨原油的生产基地、462 公里输油管道和一座现代化炼油厂。阿加德姆上下游一体化项目竣工，使尼日尔告别了石油依靠进口的历史。

在苏丹，中国石油人与苏丹人民携手努力，使苏丹石油产业迅猛发展，迅速从一个原油进口国一跃成为原油出口国；中国石油投资建设了炼油厂、化工厂、石化贸易公司和输油管道等，逐步建立起上下游一体化的现代石油工业体系。

在乍得，经中乍两国员工的共同努力，石油勘探取得了一系列重大突破，建成了 400 万吨油田、520 公里输油管道和炼油能力年 100 万吨的炼油厂。

多年来，中国石油在非洲的苏丹、南苏丹、阿尔及利亚、尼日尔、乍得、尼日利亚、毛里塔尼亚、赤道几内亚、突尼斯、利比亚、莫桑比克等国家合作开展油气投资业务，通过合作共赢促使当地的石油工业建立与发展。

"中国石油坚持互利共赢、共同发展的原则，与非洲国家共同努力携手建立起了上下游一体化、技术先进、规模配套的石油工业体系。项目涵盖石油勘探开发、地面建设、长输管道、石油炼制和石油化工等领域，促进了当地的经济发展。"中国石油西非公司总经理陈曙东说。

积极推动人才本地化

授人以鱼，不如授人以渔。在中非石油合作项目建设中，中国石油积极推动人才的本地化工作，促进当地就业、加强培训，为非洲石油工业培养了全产业链的技术和管理人才。

中国石油乍得项目与乍得有关部门合作，选定多名政府官员和技术人员送往中国接受培训。乍得项目不断开拓就业机会，为新招聘的当地大学毕业生举办操作工培训班，提供系统培训。考核合格后，学员还被派往现场实习操作技能。

尼日尔炼厂按照制定的月计划、季考核的方式对尼方员工进行培训，重视考核。通过每月一次班组考核的方式来督促员工学习进度。同时按照"一师一徒"的方法，每一名尼方员工都有固定的中方师傅按照培训计划进行生产技术和操作的培训，有力地提高了当地员工的技能。

"感谢中国石油及项目公司在提高当地员工薪酬待遇等方面所做的努力。"尼日尔当地员工表示，十分珍惜宝贵的工作和体验，愿为中尼石油合作贡献力量。

在与非洲国家开展石油合作的过程中，中国石油项目当地雇员比例持续上升，苏丹项目员工本土化率已达90%。中国石油驻尼日尔各公司累计为当地社会提供就业机会7000多个，先后选派尼方员工和有关部门官员近200人赴中国及其他国家进行专业学习，累计岗位技能培训3000多人次，解决了大量当地劳动力就业问题。

跨文化交流凝聚中非情谊

修建学校、捐建诊所……为改善当地医疗卫生、教育、生活条件，中国石油在苏丹等国相继投资建成了多所医院和学校，以真诚赢得了项目所在国人民的信任。

乍得、尼日尔项目在管道沿线、油田作业区和炼油厂等地投资建设学校40所；为当地社区打水井60多口，并在各作业点预留水源40余处，供附近群众取水。

尼日尔项目在作业区内捐建两所诊所，油田现场为当地居民免费提供医疗服务，并为当地危重病人提供紧急医疗转运和救援；乍得项目为遭受洪灾的当地灾民捐款，帮助他们共同发展，得到了当地政府和社区居民的高度赞誉。

中国石油还致力于为非洲当地公益事业做贡献，已向苏丹文化、教育、培训、农业、医疗卫生等领域，累计捐助5000多万美元，受益人数超过200万。

针对当地自然条件恶劣、沙漠化严重、水资源短缺等问题，中国石油积极承担社会责任和环保责任。尼日尔公司编制长期植树造林计划，不断探寻绿色植被种植方法。截至目前，公司已累计植树10多万棵，存活率达到80%，受到尼日尔政府和社会各界高度赞扬。

一条条石油管线，不仅为非洲国家经济发展注入动力，还将中非人民的心紧紧地连在了一起。

2018-08-31

中国石油川渝百亿方储气库群待建
调峰气量超 8300 万立方米

9月20日，中国石油西南油气田公司亮出储气库建设计划：今年至2030年，投资281亿元，新建5个储气库，形成工作气量达100亿立方米、日调峰采气量超过8300万立方米的储气库群，用于季节调峰、事故应急。

新建的5个储气库全部在枯竭气田基础上改建。重庆境内的有铜锣峡储气库、黄草峡储气库、万顺场储气库，设计作气量分别为7.3亿立方米、8.5亿立方米、34.5亿立方米；四川境内的有老翁场储气库、牟家坪储气库，设计工作气量分别为18.5亿立方米、10.5亿立方米。

2013年6月，西南油气田公司在重庆境内的相国寺储气库投入运行，注采能力最大、日调峰采气量高居我国25座储气库之首，对我国冬春保供产生了重要作用。专家认为，相国寺储气库建设过程中形成的库址优选、快注快采井的钻完井技术，对川渝地区新建储气库有重要的指导作用。

目前，西南油气田公司已启动相国寺储气库扩容工程，新钻一批新井用于注气、采气作业，季节调峰能力日采气1393万立方米基础上增加524万立方米，工作气量在16.7亿立方米提高到23亿立方米。铜锣峡储气库是川渝地区开工建设的第二座储气库，由中国石油与重庆市共建铜罗峡储气库。9月7日，核实储气能力的先导试验开始，地球物理勘探、井位研究等作业也会陆续展开。黄草峡储气库等4座储气库也启动了相关建设工作。

西南油气田公司是川渝地区供气主力，并向滇黔桂供气，建设一批储气库是保障平稳供气的重要基础。四川盆地地质条件复杂，储气库建设的技术难度大。为此，中国石油西南油气田公司拟组建相应的攻关团队、管理团队，支撑储气库建设。

2018-09-27 人民网

中国石油：主力气区天然气产量计划均创历史新高

中国石油天然气集团公司 23 日称，今年上半年，中国天然气消费增速高达 17.5%，表观消费量为 1348 亿立方米，预计今冬明春天然气供需仍处于"紧平衡"状态。作为冬供主力军，中国石油国内主力气区纷纷吹响冬供集结号，天然气产量计划均创历史新高。

①截至 10 月 20 日，位于西北部的长庆油田今年已生产了 300 亿立方米的天然气。该单位计划在 2018 年生产 380 亿立方米的天然气，2017 年为 369 亿立方米。并将今年的天然气产能建设工作量提高到了史无前例的 100 亿立方米。

②截至 10 月 20 日，东北大庆油田今年的天然气产量达到创纪录的 14 亿立方米。

③今年前 9 个月，塔里木油田生产天然气 195 亿立方米，比去年同期净增 9.8 亿立方米，该单位计划在 2018 年生产 262 亿立方米天然气。

④截至 10 月 19 日，西部青海油田累计天然气产量为 50.6 亿立方米，完成全年计划的 77%。该单位计划 2018 年生产 66 亿立方米天然气，比上年预计增产 1.99 亿立方米。同时，产能建设计划由之前的 1.85 亿立方米增加至 2.35 亿立方米。

⑤截至 10 月 18 日，东北地区的吉林油田今年累计产气量已超 7 亿立方米。

2018-10-24　人民网

中国石油全面开启加油站 3.0 时代

11 月 8 日,中国石油在北京宣布,全面开启加油站 3.0 时代。为积极适应互联网时代的发展,满足客户日益多元化和个性化的需求,中国石油将运用大数据、云计算、人工智能等技术,以客户和数据为纽带,把加油站打造成为"安全、便捷、绿色、温馨、智能"的"人·车·生活驿站",形成线上线下协同运营的客户服务综合平台,全面构建"人·车·生活"生态圈,为客户提供全产品、全渠道、全路途的服务,让油站运营更智能、服务更专业、客户体验更温馨。

1998 年 7 月,随着中国石油天然气集团公司正式成立,销售企业成为中国石油产业链的重要一环。20 年来,中国石油销售业务创新发展,加油站从单一加油服务的 1.0 时代走向"加油 + 非油 + 互联网"的 2.0 时代,建设加油站 2.1 万多座、便利店 2 万多家,形成了油卡非润气一体化产品销售体系,实现了加速向品牌化、市场化、信息化、网络化的转变,日服务顾客人数超过 1100 万人次。在中国顾客满意度指数 (C-CSI) 评价中,中国石油 2017 年、2018 年连续两年在加油站行业位列第一。

近年来,随着国内外油品市场竞争不断加剧,商业业态加速更迭;国家"互联网 +"战略深入推进,智能设备快速普及,传统零售业态加快颠覆;随着私家车数量的快速增长,"一场说走就走的旅行"成为现实。面对消费者的新需求,加油站作为综合服务平台的新定位,变得越来越清晰。

走进新时代,追求高质量。面对市场巨变和客户需求,中国石油登高望远、审时度势,超前展开加油站 3.0 研究、创新和规划,完成加油站 3.0 建设顶层设计、蓝图规划,正式发布实施。记者从发布会上获悉,中国石油将通过融合、共享、跨界,加快构建加油站 3.0,全面走向数字化、智能化、在线化。

2018-11-12 新华网

中国石油稳居世界石油公司第3位

近日，美国《石油情报周刊》(简称 PIW) 公布了 2018 年世界最大 50 家石油公司排名；中国石油稳居第 3 位，已连续 18 年跻身世界十大石油公司行列。

与去年相比，十大石油公司名次没有明显变动。中国三大石油公司排名变化不大。中国石油的综合排名依然保持在第 3 位；中国石化名列第 20 位；中国海油名列第 32 位。

榜单中较为明显的变化是，美国页岩油气独立生产商有 8 家进入榜单。加拿大 2 家油砂开采商排名也有所提高。榜单中，国家石油公司有 30 家，占比 60%。

2018-11-28 人民网

中国石油：助力"一带一路"建设 促进油气供应和沿线发展

1995 年深秋的北京，中国和苏丹两国元首举行高峰会晤，拉开中苏石油大幕。经过与合作伙伴携手努力，如今中国石油非洲石油合作区建设初具规模。

在"一带一路"倡议推动下，秉承"奉献能源、创造和谐"的宗旨，中国石油通过构筑互联互通的能源大动脉、输出先进技术和优秀人才、搭建民心相通的桥梁，促进沿线油气供应和经济社会发展，有力助推了"一带一路"建设。

构筑能源动脉 夯实民心相通

"我们不仅仅为苏丹有炼油厂骄傲，也为能够成为喀土穆炼油公司的一分子，都会感到非常骄傲。" 苏丹喀土穆炼油有限公司苏方总经理阿里·拉赫曼·穆罕默德这样说。喀土穆炼油厂是苏丹最大的炼油厂。该炼油厂不仅成为苏丹展示能源工业一体化、完整产业链的标志性工程，也为苏丹培养了一大批石油管理和技术人才。

这座由中石油帮助建设的炼油厂，年炼油能力达 450 万吨，生产的柴油和液化石油气能满足 70% 的国内市场，还出口其他国家。它不仅成为苏丹社会稳定、经济发展、保障民生的重要支柱，更标志着苏丹建立了一整套石油全产业链。该炼油厂也成为非洲其他资源国希望效仿的样本，50 多位非洲国家领导人及高官都到这里参观过。

中国石油在非洲开展石油合作，走出了一条与西方石油公司完全不同的道路。

"在大家常规思维中，具有 100 多年跨国经营经验的西方石油公司在管理方面要优于走出去较晚的中国石油公司。实际上，针对具体情况，我们有自己优势。"中国石油尼罗河公司总经理贾勇这样说。

与西方石油公司功能不同，中石油是一个综合性的能源公司，在国内拥有勘探、开发、管道、炼化等上下游完整的一体化作业和强大的技术力量。在苏丹项目运作过程中，中石油建立了针对海外项目的技术支持体系和长期稳定的技术研究队伍，为在苏丹实现勘探发现和开发快速上产提供了强有力的技术保障，并形成了独具特色的海外项目管理模式。

这些年，中国石油在非洲石油项目合作中确立了"互利双赢、共同发展"的理念，以真诚赢得了项目所在国人民的信任。为改善当地医疗卫生、教育、生活条件，方便合作项目周边群众就医，帮助更多孩子受教育，中国石油在苏丹等国相继投资建成了多所医院和学校。据不完全统计，仅在苏丹，就有200多万人直接受益。

随着中国石油海外业务用工的高度本土化，越来越多的当地人在中石油学到了本领，凭借扎实的技能改变了个人命运。

授人以鱼且授人以渔。在合作项目建设中，中国石油积极推动人才的本地化工作。一批具有国际项目管理能力与运作经验的本土人才队伍不断成长，极大地提高了资源国可持续发展的能力。中国石油人与非洲当地人民成为最亲密的朋友，友谊更加深厚。

深化产能合作 折射中国实力

在"一带一路"倡议下，中国石油将自身优质装备、技术、标准、服务和人才与非洲需求相结合，在石油行业产业链的上中下游全面合作，实现共赢发展，推动着非洲石油工业的现代化。

回首非洲能源合作的规模化发展，首先要提到中国石油过硬的业务实力。

在勘探开发领域，这些年，中国石油在非洲的苏丹、南苏丹、阿尔及利亚、尼日尔、乍得、尼日利亚、毛里塔尼亚、赤道几内亚、突尼斯、利比亚、莫桑比克等地合作开展油气投资业务，通过合作共赢促使当地的石油工业建立与发展。中国石油在一些国家建立起了上下游一体化、技术先进、规模配套的石油工业体系。项目涵盖了石油勘探开发、地面建设、长输管道、石油炼制和石油化工等领域，给非洲许多国家的经济、社会和人民生活带来了很大的变化。

在工程技术领域，中国石油工程技术服务业务积极参与国际竞争，在保障中国石油海外投资项目需要的同时，大力开拓非洲市场，为油气田开发提供优质的服务和可靠的技术支撑。在非洲，共有200多支物探、钻井、测井、录井、试油、修井队伍提供工程技术服务。

在工程建设领域，这些年，在油气田产能建设方面，先后完成了苏丹1/2/4区、3/7区千万吨产能建设项目，阿尔及利亚图瓦油田产能建设，乍得RONIER油田和尼日尔阿加德姆油田产能建设项目。在油气储运方面，先后完成了苏丹管道、利比亚西部管道、肯尼亚西部管道、乍得H区块原油管道和尼日尔原油管道项目。在炼油化工建设方面，先后完成了苏丹喀土穆炼厂、喀土穆化工厂、阿尔及利亚ADRAR炼厂、尼日尔津德尔炼厂和乍得恩贾梅纳炼厂项目等。

如果说过硬技术是硬实力，那么中国石油人的大庆精神、铁人精神则是中国石油能在"一带一路"沿线取得成绩，并赢得非洲同行尊重的软实力。"这种石油精神是中国独具特色的文化优势，是西方缺乏的，也是我们国际化经营的核心竞争力量。"贾勇说。

中国石油董事长王宜林接受人民网专访时表示，油气行业的特点是高温高压、易燃易爆，油田基本上都在一些地表自然环境和条件比较艰苦的地区。在这种环境下工作，中国石油人凭借强烈的使命感与拼搏精神，完成了国际同行认为不可能完成的任务，为开拓合作共赢之路提供了强大的精神动力。

深化中非产能合作，中国石油将各种优质资源带到合作国家，实现优势互补。中国石油成功"走出去"的背后，折射出的是"中国实力"，有力推动"一带一路"建设，实现了广泛的合作共赢。

"中国石油'走出去'的步伐是坚定的，成果是丰硕的。我们始终坚持通过用好两个市场，发挥好两种资源的作用，来造福人民。"中国石油董事长王宜林对广泛开展能源合作，推动"一带一路"建设，促进互利共赢充满信心："这条对外合作的路，我们会坚定不移地走下去，造福各国人民。"

2018-12-19《人民日报》

改革开放 40 年：中国石油业大发展

新中国成立后，为了甩掉"贫油国"帽子，迅速改变一穷二白的落后面貌，以铁人王进喜为代表的中国石油工人，以冲天干劲和忘我牺牲精神，开发出大庆油田、胜利油田、华北油田等，实现了中国石油事业的重大突破，把原油年产量从新中国成立前仅 10 余万吨大幅提升至 1978 年的约 1 亿吨。

改革开放以来，为了给现代化建设提供能源支撑，夯实经济起飞的基础，一大批石油战线科技工作者和一线石油工人继续发扬艰苦奋斗的拼搏精神，把原油开采量进一步提升至 2017 年的约 2 亿吨，石油大国地位不断巩固。

攸关国脉掌石油：中国石油工业形成 3 大公司独立经营格局

1979 年之后，原油生产连续两年徘徊不前，呈下降之势。面对这种局面，当时有关部门把农村"大包干"的经验引入到石油行业，决定从 1981 年起，对石油行业实行"1 亿吨原油产量包干"政策，具体来说就是石油部门在完成 1 亿吨产量指标后，超产油和节约的自用油可以出口，所得外汇全额留成，用于进口器材、技术；国内外油价差额绝大部分留作石油勘探开发基金。"石油大包干"极大地调动了石油战线职工的积极性，效果很快体现出来，1985 年，原油产量达到了 1.25 亿吨新水平。

改革开放初期，中国在石油领域勘探和开采技术领域很大程度上处在观念有待更新、设备落后、靠人海战术和拼命精神弥补的阶段。到 1983 年起外汇留成政策实施，石油领域才开始引进大型计算机、数字地震仪、测井仪等先进勘探装备，并引进法国和美国地震队和测井队，加强中国西部山地、大漠区的勘探技术攻关。

为了适应世界海洋石油快速发展趋势，1982 年 2 月，中国海洋石油总公司正式成立，成为第一个全方位对外开放的工业行业。1983 年 2 月，中国石油化工总公司成立,将原来分属石油部、化工部、纺织部管理的39个石油化工企业划归总公司领导。总公司直属国务院。 1988年4月,石油部改组为中国石油天然气总公司,并将所属的中国海洋石油总公司分立。自此,中国石油工业基本形成以陆上、海洋、石化3大公司为基础,分工较为明确,各自独立经营的格局。

四海筹谋利九州:石油公司开始了"走出去"步伐

1989年,中国开展塔里木石油会战时,中国石油领域初步呈现出"两新两高"(即采用新工艺技术、新管理体制,实现高水平、高效益)的新面貌。

石油领域的技术进步为"走出去"奠定了基础。1993年3月,中国石油中标泰国邦亚区块项目,同年10月,与秘鲁国家石油公司签署塔拉拉油田7区作业服务合同。据统计,到2017年,共有34家中国石油企业参与了海外210个石油项目的投资,累计海外石油权益产量达1.9亿吨,由此也带动了中国石油技术和装备进入美国、中东的油气田,为世界石油产业发展作出了杰出贡献。

与此同时,随着改革开放的推进,国民生活水平日益提高,对石油的需求也逐渐加大。数据显示,1993年我国成为石油净进口国以来,我国石油进口量不断增多。2003年达到9112万吨,超过日本成为世界第二大石油进口国。2004年首次超过亿吨。

重组经营循大势:石油工业变分业经营为混业经营

1998年3月,国务院宣布重组石油工业,变分业经营为混业经营,中石油、中石化成为两大贯穿整个产业链的垄断石油集团,并同时获得石油进出口经营权。1999年,中国石油、中国石化和中国海油进行重组改制,组建了各自的股份公司。2000年至2001年,3家股份公司先后在海外成功上市,国有石油公司的产权改革取得了历史性突破,为石油化工行业的发展提供了制度保障。2004年,全国工商联石油商会成立,该商会主要维护民营油企的利益。商会成立时,民营油企占据的市场规模已经很庞大。

创新科技竞潮头：科技创新技术进步成石油业发展主要动力

伴随着强劲的工业增长和不断提升的国内生活水平进一步加大了中国对能源的需求，而在这些能源中，石油更是扮演着不可或缺的重要角色。2015年，国内原油产量达到创纪录的2.15亿吨，近几年均保持2亿吨高位。

"走出去" 20余年，石油勘探开采技术也不断提高，国内外尚无凹陷区砾岩规模勘探成功的先例，中国石油人经过二十多年艰苦探索，最终突破"勘探禁区"，创立了凹陷区砾岩油藏勘探理论和配套技术体系，发现玛湖10亿吨级特大型砾岩油田，开拓出中国新的石油基地。2017年8月6日，塔里木盆地的顺北油气田"顺北评2H井"完钻井深达8433米，创下亚洲最深井、最深定向井两项纪录，标志着中国油气田超深井钻井技术走在了世界前列。正是攻克了这一世界级钻完井难题，平均埋藏深度超7000米，超深、超高压、超高温的顺北油气田才有成功开发的可能性。

全球石油工业的增长方式发生了根本性的转变，过去靠高投入拉动增长的经营方式已不适应新的形势。科技创新、技术进步已成为带动石油勘探开放发展的主要动力。另外，中国石油公司海外投资逐年增加，企业在常规和非常规石油生产上均有突破，在能源转型市场可以为它们提供最新的技术和最好的商业实践。

2018年7月，国家发布了《外商投资准入特别管理措施（负面清单）(2018年版)》，其中正式取消了外资连锁加油站超过30家需中方控股的限制，至此，石油下游环节完全开放。

2018-12-20　新华网

中国石油国内长输原油管道年输量首破亿吨

截至 12 月 23 日，中国石油国内长输原油管道年累计管输量达 1.0012 亿吨，首次突破 1 亿吨，预计今年原油管输量约 1.02 亿吨。

目前，中国石油国内长输原油管道运营里程约 1 万公里，主要承担进口俄油、哈油、中缅管道进口油、海上进口油和国内大庆、长庆等油田的原油外输任务，同时承担 20 多座炼厂的原油供应任务。

在原油管道建设上，中国石油已经建成中俄原油管道、中哈原油管道、中缅原油管道 3 条原油进口通道，形成由 22 条骨干原油管道组成的国内原油管网，并且已经完成由分散调控向集中调控的转变。

作为中国石油股份公司管道资产管理、运营和投融资平台，中油管道公司科学编制管输计划，对标国际标准，与成员企业一道全力提升管道专业化管理水平。北京油气调控中心优化管道运行，全力保障东西部、南北方原油管道资源平衡和安全平稳运行。管道公司、西部管道公司、西南管道公司结合自身特点，合理安排维检修作业，克服进口原油疏散任务重、炼厂检修多和管道低输量安全运行等问题，确保油田后路畅通，并全面抓好管道安全运行和炼厂原料稳定供应等工作。

今年年初以来，针对东北管网常温输送管道以输送俄油为主的特点，管道公司充分结合俄油凝固点低的实际情况，采取间歇输送、输油泵级差调节等措施，减少机组能耗。

西部管道公司坚持"5+1+ 特殊"巡检模式，及时处理发现的问题，确保设备运行安全可靠；不断优化输送方式，今年阿独乌鄯统一水力系统工程试运投产，使西部原油管网整体具备密闭输送和开式输送功能，减少了原油进库中转操作及相应风险。

2018-12-28 人民网

玛湖成中国石油增储上产新增长极

1月23日，在新疆油田公司召开的玛湖特大型油田发现表彰大会上，一批做出突出贡献的集体和个人受到嘉奖。同时，为鼓励油田勘探开发取得重大成果，克拉玛依市委、市政府研究决定，给予新疆油田奖励。

1月8日，作为我国陆上石油勘探近10年来最大成果，由新疆油田公司牵头完成的"凹陷区砾岩油藏勘探理论技术与玛湖特大型油田发现"成果获2018年度国家科技进步一等奖。

新疆油田公司在中国石油集团党组的坚强领导下，始终坚持科技创新驱动战略，深入实施"大科技"工程，着力构建科技大联合体系，持之以恒强化地质理论创新和重大技术攻关。广大科技工作者锲而不舍攻关重大技术难题，在油气勘探开发领域获得一批重大创新成果。特别是2005年以来，历经10余年持续攻关探索，突破勘探"禁区"，在国际上率先创立凹陷区砾岩油藏勘探理论技术体系，形成3项理论创新和3项技术创新，奠定了我国在这一领域的领先地位，为世界凹陷区砾岩油藏勘探提供了可复制的中国理论和中国技术，指导发现了世界上迄今为止规模最大的整装砾岩油田——玛湖10亿吨级特大型油田，为集团公司高质量发展和国内原油1亿吨有效稳产夯实了资源基础。

在凹陷区砾岩油藏勘探理论技术指导下，新疆玛湖10亿吨级特大型油田进入持续发现的高峰期。玛湖凹陷满凹含油、立体勘探的格局基本形成，实现高效勘探与效益建产。随着开发建产步伐的加快，玛湖地区2018年生产原油近百万吨，到2025年将达到年产500万吨以上并持续稳产，成为中国石油增储上产重要的现实接替区和新增长极，对保障国家能源安全、促进新疆社会稳定和经济发展具有重要意义。

2019-01-29 人民网

中国石油天然气冬季市场供应平稳受控

面对去冬今春我国南方和西部地区遭遇大范围强降雪天气的实际情况，中国石油全面发力，加大天然气市场供应力度。1月，中国石油国内天然气产量同比增长 9.1%，储气库采气量同比增加 1.35 亿立方米，进口天然气同比增加 2.3 亿立方米，国内市场需求基本得到满足。

近年来，中国石油不断加大国内天然气勘探开发力度，天然气产量保持逐年上升的良好态势。继 2017 年之后，2018 年国内天然气产量再次突破1000 亿立方米大关，在稳定国内天然气市场供应中发挥了重要作用。特别是冬供期间，各气田开足马力生产，积极应对极端天气影响，做好异常情况下的设备抢修、保养等工作，有效保障了天然气产量首月"开门红"。

我国天然气市场需求旺盛，足量稳定供应成为各方关注的焦点。在党中央和国务院的大力支持下，中国石油与资源国的能源部门、能源公司积极做好有效沟通和商务洽谈，全面落实好气量安排。中油国际管道公司按照满负荷运行要求，不断强化跨国协调的规范性和约束性措施，畅通西北、西南天然气供应通道，全力保障安全输气、稳定输气、多输气。

上游供应保障有力，天然气管网则时刻迎接供暖期安全平稳运行的"大考"。中油管道公司充分利用国家推进产供储销体系建设和中国石油深化天然气销售体制改革的有利时机，加快推进管网互联互通工程建设。2018年年末，21 项工程全部完成，输送瓶颈得到有效破除，管网优势更加明显。2018 年 11 月 1 日至 2019 年 2 月 10 日用气高峰期间，管网输气量同比增加11%。

2019-02-26 人民网

中国石油董事长王宜林：LNG
贸易灵活性有待进一步加强

新华社信息上海 4 月 2 日电（记者陈云富、杨有宗）中国石油天然气集团有限公司董事长王宜林 2 日在上海表示，全球 LNG 市场面临两大挑战：一是 LNG 需求增长可能受到价格制约；二是 LNG 贸易的灵活性有待进一步加强。王宜林是在 2 日举行的第 19 届国际液化天然气会议开幕式上作出上述表述的。

"只有可承受的 LNG 价格才能实现需求的可持续增长，只有更灵活的合同条款和商业模式，才能带来更大的市场流动性。供需双方必须进一步加强开放合作，合力推进技术创新和商务创新，更好地保障投资、降低成本，促进 LNG 市场繁荣、稳定、可持续发展。"王宜林说。

当前，全球能源清洁化、低碳化发展成为大趋势，天然气作为清洁高效能源，已成为全球能源转型和应对气候变化的必然选择。LNG 作为增长最快的天然气供应来源，正发挥着越来越重要的作用。

近两年，全球天然气市场供需两旺。王宜林援引数据称，2018 年全球天然气消费增长 5%、贸易增长突破 10%，其中 LNG 贸易成为跨区域天然气贸易增长的主要驱动因素。由于中国经济稳健增长、供给侧结构性改革和"能源革命"加快推进，天然气已被政府确定为主体能源之一，在改善大气环境、提高人民生活质量等方面的作用日益显现。中国已成为世界最大的天然气进口国和第二大 LNG 进口国。

王宜林表示，天然气业务是中石油的战略性、价值性工程。2018 年，中石油国内天然气产量达到 1094 亿立方米，占公司国内油气总产量的 46%，比五年前提高了 9 个百分点；天然气销售量超过 1720 亿立方米，同比增长 13% 以上。进口贸易方面，2018 年，中石油进口管道气 515 亿立方米，进口 LNG 超过 1500 万吨。海外投资方面，中石油在俄罗斯亚马尔、加拿大、莫桑比克等地参与的 LNG 项目取得突破性进展。国内下游市场方面，中石油大力推进天然气和 LNG 在发电、交通等领域的高效利用。进口 LNG 资源已经与自产气、进口管道气一起，成为中石油保障国内天然气市场供应的重要资源基础。

王宜林认为，当前全球 LNG 行业呈现出一系列新特点：从供应来看，新建 LNG 项目的最终投资决定（FID）正在回升，投资僵局正在打破；卡塔尔、澳大利亚等传统出口国和美国、俄罗斯以及非洲一些新兴供应国的液化能力持续增长，大大增强了资源的可获得性。

从需求来看，亚洲作为全球能源消费重心，正在引领全球 LNG 需求持续快速增长。从市场来看，LNG 市场规模逐步扩大，参与者增多，流动性增加，商务模式和合同条款在灵活性方面出现诸多积极变化，特别是目的地条款的松动、新的贸易定价机制的出现，对于 LNG 全球市场的持续健康发展至关重要。

2019-04-02

中国石油液化气产品云南出口通道正式打通

4月25日，三辆满载的液化石油气罐车缓缓驶出口岸。这是中国石油首批进入南亚市场的液化气产品，由云南石化生产，共50吨，将运往缅甸。这标志着中国石油液化气产品云南出口通道的正式打通，是云南石化国际化经营迈出的重要一步，是云南石化响应国家"一带一路"建设号召，主动融入云南繁荣之路建设的具体实践。

"通过不断加大高质量油气产品对南亚、东南亚市场的辐射力度，云南石化将着力深化与友邻国家在能源领域的经贸合作。"望着渐渐驶离的罐车，中石油云南石化有限公司营销调运部高级主管魏学勤说。

据介绍，此次出口的液化石油气产品是云南石化运营后出厂的第一种核心产品。自2017年8月投入市场后，因其品质稳定，得到市场青睐，月销量达到2万吨左右。在云南石化积极实施国际化经营战略进程中，液化石油气的出口，进一步完整了云南石化出口产品品类，将有效拓宽云南产油气产品在南亚、东南亚的市场份额。

2018年，在云南石化实现安全环保稳定运行背景下，由中国石油高位统筹，云南石化联合华南中石油国际事业公司，共同发挥产业链整体优势，开始进军国际市场，融入国际油气服务体系。4月，顺利打通西南成品油陆路出口通道，迅速实现常态化增量出口模式，截至目前，月均出口成品油过万吨。为进一步拓展液化石油气的销售渠道，2019年1月，云南石化着手策划和实施液化石油气出口事宜。华南中石油国际事业公司同步发力，协助云南石化开展深度市场调研，最终确定了此次液化石油气的出口方案和工作流程。

4月24日9:00，负责此次运输的3辆液化石油气罐车在云南石化产品装卸区整装待发。云南石化储运部装卸站站长蒲健全带领工作人员对罐车进行了严格的检查，按照检车表所列事项，对槽车压力、车辆制动等做了全方位的检测。装载完成后又进行了全面的二次安全检查。25日12点，经过24个小时的长途运输，3辆罐车全部安全抵达口岸。

据介绍，相较于汽柴油，液化石油气具有易燃易爆的特性。在出口过程中，对危化品运输、资质审核的要求等级更高。为此，云南石化和华南中石油国际事业公司密切协作，步步确认，最终保证了首批液化石油气的安全出口。对于中国最年轻的千万吨级炼厂云南石化而言，每一个好的开始，都将是一段奋勇拼搏征程的开启。接下来，云南石化将在稳步保障高质量产品品质的同时，加强与华南中石油国际事业公司的合作，不断丰富产品出口品类，努力寻求和扩大与周边国家利益汇合点，积极在云南实施"一带一路"建设过程中做出积极贡献。

2019-04-30 人民网

中国石油提质增效攻坚战初见成效

7月18日，记者从中国石油集团公司有关部门获悉，今年年初以来，集团公司坚持稳健发展方针，积极应对国际油价震荡、成品油市场竞争加剧等挑战，持续推进提质增效攻坚战，加快油气增储上产，持续优化资源配置和产品结构，强化成品油降库运行和天然气增销上量，主要生产指标实现时间任务"双过半"，油气两条业务链整体平稳顺畅运行，生产经营实现"半年红"。

国内勘探与生产业务坚决落实习近平总书记关于大力提升勘探开发力度的重要指示批示精神，积极推进实施加快勘探开发方案，加大新区新领域和重点地区风险勘探力度，在准噶尔、鄂尔多斯、塔里木、四川等重点盆地，以及页岩油等重点领域获得一批具有战略意义的重大发现，油气三级储量落实程度超过70%，为保障国家能源安全奠定坚实的资源基础。油气开发围绕老油气田稳产和新区效益建产两条主线，突出生产组织实施，加快推进开发方式转换，积极推进矿权内部流转工作，油气产量实现"硬过半"。原油产量连续4年同比下降后企稳回升，同比增长1.4%；天然气产量同比增长10%，近10年首次实现两位数增长，占全国天然气产量的70.3%。

海外油气业务瞄准优质高效发展，持续深化与"一带一路"沿线国家油气合作，新项目开发取得重大突破，北极LNG2等项目顺利签约，重大项目前期和重点产能建设有序推进，海外主力油田产量稳步提升。上半年，海外油气当量权益产量同比增长10.6%。国际贸易业务在防范业务风险、优化结构布局、全球油气运营中心建设等方面持续发力，国际贸易量同比增长9.6%。

炼化业务以高质量发展为主线，以市场为导向，积极实施控油增化，不断优化生产柴汽比，增产高效产品。上半年，高标号汽油产量同比提高2.4

个百分点，航煤产量同比增长7%，乙烯装置满负荷运行，转型升级步伐稳健。

销售企业直面市场发展新态势和多元化竞争加剧新挑战，落子于"细"，积极开拓市场寻找新的效益增长点。成品油销售企业实施积极灵活的营销策略，主动开展"市场行动"，加大主题营销、精细营销力度，突出纯枪上量，上半年销售成品油同比增长1%，其中纯枪销售量增长1.3%，成品油扩销初见成效。天然气销售进一步优化营销策略，加大终端开发力度，天然气自有资源终端销量增长31.7%，高端市场影响力不断增强。

工程技术、工程建设、装备制造、金融等服务业务着力以优质服务提升集团公司产业链价值。上半年，工程技术、工程建设和装备业务工作量、收入、利润同比增长。工程技术服务业务全面开展"服务保障年"活动，大力推进提速提效，建井周期同比缩短6%，单队平均年进尺同比增长11.3%，单机单队效率显著提高。中油资本持续推进产融结合，积极开发客户，效益稳步增长，经营发展实力显著提升。

2019-07-22 人民网

中国石油：海外油气合作迈上新台阶

近日，中国石油海外拓展传来喜讯，中东地区将成为中国石油乃至我国首个年产原油超过 1 亿吨的海外油气合作区。

数据显示，2018 年，中国石油中东地区原油作业产量突破 9600 万吨，十年间产量上涨 90 倍。今年 1-5 月份，原油平均作业产量达到 860 万吨／月，全年预计作业产量将突破 1 亿吨。正是依靠持续的技术革新与管理创新，中国石油在海外油气合作方面创出佳绩，引发全球业界的关注。

高端市场勇啃硬骨头

在世界能源版图上，中东地区占据极其重要的位置。这里是世界最大的油气输出中心，而中国是全球第一大石油进口国，两者互补性强，合作空间广阔。

目前，中东地区的原油可采储量占全球的 47.6%，产量占全球的 34.5%。巨大的资源优势、较低的开采成本与特殊的地缘政治环境使得中东地区成为国际石油巨头必争的高端油气市场。埃克森美孚、壳牌、道达尔、BP 等西方石油公司实力雄厚，在此持续深耕，掌握核心技术，先发优势明显。作为后来者，中国石油与国际巨头同场竞技，拓展难度可想而知。

值得注意的是，中东地区优质海相砂岩油藏及均质碳酸盐油藏等优质资源经过多年开发，面临采出程度高，含水持续上升，产量不断降低的严峻形势，整体处于开发中后期，急需寻求战略接替。数据显示，巨厚复杂碳酸盐岩油藏占中东地区所有油藏剩余可采储量的 65%，产量仅占 20%，采出程度较低，是目前最为现实且重要的接替领域。然而，巨厚碳酸盐岩油藏的复杂特性导致该类油藏在开发中面临多现实的挑战，主要表现为油藏内部结构特征不清晰、规模储量难以有效动用、工程及配套技术不具针对性、商务合同模式限制严格等。

中国石油要想在中东油气市场站稳脚跟，就必须攻克上述难题。中国石油摒弃西方石油公司对巨厚碳酸盐岩油藏的已有观点，充分借鉴国内油田开发经验，大胆探索，创新提出针对巨厚复杂碳酸盐岩油藏开发的技术系列，实现了中东地区巨厚碳酸盐岩油藏亿吨级储量高质量开发。

在对中东地区所有巨厚碳酸盐岩油藏调研的基础上，中国石油项目组聚焦15个核心合作项目，详细观察描述岩心逾万米，对比近千口井的地质数据，逐渐揭示了中东巨厚碳酸盐岩油藏的"内幕规律"，创新了多模态储层开发地质理论认识，突破了不同类型碳酸盐岩油藏"隐蔽"隔夹层的识别技术。中国石油在国际上首次建立了"贼层"定量识别标准和空间刻画技术，提出了利用和规避"贼层"的注水开发策略，填补了国内外该领域的技术空白。

地质认识的创新带来了开发理念的突破和开发方式的转变。中国石油中东项目形成了井网井距优化技术及平面差异化注水开发技术，创立了整体水平注采井网开发、大斜度水平井及直井注采联合井网开发以及地下地面一体化的多套层系立体组合井网开发等三种模式。

开发理念的突破和开发方式的转变需要有革新的技术工艺做保障。中东项目创新井筒安全构建技术，使得钻井周期由111天降低到57天，提速48.7%；动态模拟实验技术＋全生命周期动态防腐阻垢技术的应用，改变了含水30%关井的格局，极大延长了设备的寿命，保障了油田全过程安全生产；模块化设计快装化关键地面工程技术的使用，实现了一次建站1000万吨/年、重质油单列单台处理300万吨/年的规模，处于世界同类最大行列。

国际化管理机制的构建使得技术实施得到全方位保证。中东地区各项目的分工涉及地质、油藏、工程、地面及采油等多学科内容，员工更是来自世界各地，仅哈法亚油田就汇聚了来自37个国家的业内精英和雇员。当地严苛的环境保护要求使得作业必须统筹严谨考虑。中东项目依托中国石油的综合实力，充分发挥综合一体化优势，各个专业高效协同运作，构建了国际化管理运行机制，营造了多元文化融合的企业文化氛围，工作有力有序开展。

创新发展加速拓展

正是靠坚持油气开发一体化、管理创新综合化、战略合作国际化，如今中国石油在中东地区形成横跨五大资源国，运作经营 15 个油气投资项目的合作格局。每一个能源合作项目，如撒播的能源种子般植根中东，在中国石油人的辛勤付出下，已逐渐开花结果。

哈法亚油田提前 15 个月完成一期 500 万吨产能建设和提前 2 年实现二期 1000 万吨产能建设的任务，第一个实现合同高峰产量，赢得了"中国速度"的美誉。项目创新的理念和技术更是得到国际同行的认可，多模态储层地质理论认识及差异渗流场水驱油理论达到国际领先水平，相关工程技术达到国际先进水平。

道达尔技术总监 Juguet 评价："刻画隔夹层和高渗条带，显著地改善了地质模型和动态模型的精度，为油田开发奠定了良好的基础"，相关技术正在中东地区油田开发中起到引领示范作用，"中国创新"在中东高端市场赢得认可和尊重。

目前，巨厚复杂碳酸盐岩油藏高效开发理论技术已在中东合作区块全面推广，包括阿联酋陆上和海上合作项目，以及巴西里贝拉巨厚碳酸盐岩项目。通过努力，中国石油在中东地区油田开发上连获突破：第一口多分支水平井在伊拉克顺利投产；第一次使用砾石充填等复合防砂技术带动疏松高渗油藏高效开发；第一次在伊拉克境内开展水力压裂给低渗油藏注入开发活力。

油气合作的丰硕成果，也带动了中国技术服务、工程建设以及物资装备的出口，加快了中国石油国际化接轨进程，目前累计完成合同额 259.1 亿美元。

2019-07-26 人民网

中国石油精准扶贫 马背民族"马上"脱贫

新华社记者顾煜　尚升

新华社乌鲁木齐 8 月 3 日电　八月初，新疆伊犁哈萨克自治州尼勒克县喀拉托别乡喀尔沃依村的草场绿草如茵，200 匹伊犁马悠闲地享受着细嫩的青草。哈萨克族牧民叶尔森艾力·夏曼骑着自己的爱马，看着不远处膘肥体壮的马群，脸上泛起喜悦。

"这些马是合作社的，我和妻子在合作社打工，马吃肥了，我们的腰包也鼓了！"叶尔森艾力·夏曼所说的合作社是喀尔沃依村图力帕尔马养殖专业合作社，2018 年中国石油投入 500 万元在合作社内建设马圈扩大养殖规模，建立"合作社 + 建档立卡贫困户"的增收模式，把畜牧养殖业作为当地农牧民增收致富的主导产业。

为了让更多贫困户加入，中国石油新建了 4 座 600 平方米的养殖暖棚、养殖散棚、草料棚，购买 183 对优质伊犁母马和马驹，交由 183 家贫困户以入股合作社的方式托养，每户年增收 1000 元以上，家家户户腾出的劳动力，通过劳务输出增加收入。

"我们养着马，其他人还可以去打工，在马背上的日子越来越美了。"叶尔森艾力·夏曼摸着自己的爱马说。

哈萨克族是游牧民族之一，被称为"马背上的民族"。游牧时代，哈萨克族以马背为家，一顶顶漂亮的牧帐随着马背在天山南北的草场之间移动。时至今日，一些哈萨克族青年男女的爱情也是通过马背上的"姑娘追"来完成。

毕业于昌吉农业职业技术学院动物防疫与检疫专业的艾力努尔·特列甫巴勒德是村里第一个做生意的哈萨克族牧民，但他对马的喜爱是无法割舍的，因为"生意做得多""养马很在行"，他被大伙推选为合作社理事长。

　　"单纯的养马给牧民们带来的收入还是有限的。"考察周边市场后，艾力努尔·特列甫巴勒德动起了脑筋，"其实马匹改良和孕马尿、马肉、马奶制品深加工形成产业链后将带来可观的利润。"

　　长期以来，村里的马肉和马奶销售一直不成规模，为此，艾力努尔·特列甫巴勒德注册了"叶美乐"公司，专门生产销售马肉、马奶等产品，今年全村仅马肉一项预计产出 20 吨，可带来上百万元的经济收入。

　　喀尔沃依村是尼勒克县重点贫困村，目前虽然已脱贫，但建档立卡贫困户收入来源还不够稳定。为此，中国石油希望通过合作社的建设，延长畜牧养殖业产业链，多方面增加村民收入，防止脱贫后的返贫现象发生。

　　中国石油挂职干部李晓明介绍，25 年的持续扶贫，中国石油在尼勒克县实施的援建项目涉及基础设施建设、文化教育、饮水安全、医疗卫生、农田水利等民生民心工程的方方面面，从定点扶贫到与对口支援并举，从简单的项目援助"输血"式扶贫到民生、产业、智力扶贫相结合的"造血"扶贫，帮助越来越多的贫困户走上脱贫之路。

　　尼勒克县是国家级贫困县，多年来，通过各项精准扶贫、精准脱贫措施的实施，累计实现 7287 户 27996 名贫困人口如期脱贫、30 个贫困村退出。2018 年 9 月 26 日，尼勒克退出贫困县序列。

　　今年，中国石油坚持扶贫开发与合作相结合，投入资金 1000 万元助力尼勒克县大力发展旅游产业，预计完成后将直接带动当地 300 人就业，至少带动 95 户贫困农牧民发展旅游业增收，每户年增收 1 万元以上，并辐射周边 110 户群众增收致富。

　　"有了政府和他们的帮助，我们马背上的民族看到了富裕的希望，我一定好好努力，带领大伙一起富起来。"艾力努尔·特列甫巴勒德对未来充满信心。

2019-08-04

中国石油天然气销售终端用户突破千万

8月24日,在中国石油天然气销售业务2019年年中工作会上获悉,今年前7个月,中国石油天然气销售终端用户总量突破1000万户,非气业务全面推进,比去年同期增长51%,推动天然气销售高质量发展。2018年以来,中国石油全力推动天然气销售管理体制改革落地,大力发展天然气销售终端。中国石油严格执行国家价格政策,根据市场需求合理把握资源引进节奏,有效保障民生用气。2017年年底到目前,中国石油居民、工业、商业等各类终端用户从近900万户增至1000万户。

中国石油天然气销售终端业务包括城镇燃气、CNG(压缩天然气)/LNG(液化天然气)加气站点、天然气发电和分布式能源业务、LPG销售业务。截至2017年年底,拥有各类加气站点1200余座,天然气汽车加气终端数量位居全国前列;LNG工厂24座,设计日加工能力2290万立方米;在河北唐山、辽宁大连和江苏如东管理运营LNG接收站3座,年接卸能力1900万吨,约占国内接卸能力的38%。

今年上半年,天然气销售平稳有序,产业链运行机制更加顺畅。河北、山东、江苏、湖北和河南等分公司终端市场开发成效显著。天然气销售分公司围绕客户增值服务、资源整合利用和延伸产品销售,推动终端零售业务量效齐增。

中国石油不断加大天然气基础设施建设力度。上半年以来大力推进LNG接收站项目布局和建设工作。唐山LNG接收站应急调峰保障工程和江苏LNG接收站扩建工程按计划推进。今年前7个月,LNG加工量比去年同期增幅超过70%。

2019-08-29 新华网

中国深层油气勘探开发自主创新取得突破

新华社成都 8 月 31 日电（记者杨迪）11 名中国科学院、中国工程院院士及众多国内油气领域专业人士 29 日至 30 日云集成都市参加第四届成都天然气论坛，研讨中国深层碳酸盐岩气藏勘探开发的相关议题。

记者从这场由中国石油学会牵头主办的学术论坛上了解到，当前世界石油工业正在向着深层、深水、非常规三大领域跨越发展。而中国的石油企业和研究机构通过十余年自主创新，在深层油气勘探开发领域取得重要突破，深层油气理论与工艺技术领先世界。

据了解，十余年来中国先后发现并探明开发了安岳、普光、元坝、塔中、龙岗等一大批深层碳酸盐岩油气田，对国内天然气产量的持续快速上升发挥了非常重要的作用。

"如果说美国引领了非常规油气领域的'页岩气革命'，那么我们完全可以认为深层油气正在中国进行革命性发展。"中国科学院院士、中国石油勘探开发研究院副院长邹才能表示，经过十余年攻关，我国已在深层油气勘探开发的钻井深度、规模成藏和开发效益三大极限上取得重大突破，进入世界油气"无人区"，并先后建成了普光、安岳等百亿立方米产能大气田，"深层油气革命"对我国乃至世界石油工业发展产生了重大影响。

与此同时，深层油气仍然还有巨大开发潜力。据中国石油学会理事长赵政璋介绍，我国碳酸盐岩勘探面积达 60 万平方公里，资源量大于 25 万亿立方米；特别是塔里木、四川、鄂尔多斯三大盆地成藏条件优越，但探明率不到 15%，资源潜力很大。

其中，四川盆地将是深层碳酸盐岩气藏勘探开发的"主战场"之一。根据最新一轮资源评价，四川盆地海相碳酸盐岩待发现资源量近 10 万亿立方米，勘探潜力巨大。

2019-08-31

当好标杆旗帜，建设百年油田

——写在大庆油田发现 60 周年之际

从莽莽荒原到矿区新城，共和国石油工业转折性一页在这里展开——当年气吞山河的大会战，让新中国一举甩掉"贫油"帽子；

从突破封锁到举世瞩目，世界同类油田开发的奇迹在这里创造——连续 27 年年产原油 5000 万吨以上，60 年来累计产油近 24 亿吨；

大庆，始终为国争光，为民族争气！走过甲子，这片精神高地依旧"有第一就争，见红旗就扛"。

铸石油工业丰碑

空中俯瞰，铁人王进喜纪念馆横纵构成"工人"两个大字。纪念馆内，伴随铁人跑井的"小黑兔"摩托车，"战报墙"上一期期战报记录的火热开发场面，不由引人追忆。

1959 年 9 月 26 日，松嫩平原上的松基三井喷出工业油流，东北发现了大油田。时值新中国成立十周年大庆前夕，大庆油田因此得名。

石油大会战次年打响。缺粮、短衣、少房，艰苦岁月中，带队来到大庆的王进喜喊出"有条件要上，没有条件创造条件也要上"，鼓舞着会战大军。

开发三年，大庆油田生产的原油占同期全国原油产量一半以上。中国把"贫油"帽子甩进了太平洋！在国家经历困难考验的时期，大庆油田有力地支撑了我国工业体系和国民经济体系的运转。

铁人作风仍在传承。野外，大庆油田 1205 钻井队钻机轰鸣，队员们轮班实施钻进。该队第 31 任党支部书记刘德伟说："铁人精神从这里发源，老队长王进喜的'铁'作风激励着我们高质量打好每一口井。"

犹如不知疲倦的抽油机，大庆油田 60 载风雨兼程。从竖起第一口井架，到建成我国最大的石油生产基地，再到海外业务开拓至 26 个国家和地区，一代代大庆油田人攻坚克难，"内外并举"，为国家能源安全站岗。

李新民，1205 钻井队第 18 任队长。他带队远赴苏丹，两次获得当地政府颁发的代表钻井最高荣誉的"钻井杯"。"哪怕再苦再难，也要为祖国争光，这是我们义不容辞的责任。"他说。

自开发以来，大庆油田累计生产原油近 24 亿吨，占全国陆上原油总产量的 37.6%，用 60 吨油罐车装满可绕赤道 14 圈。近年，得益于天然气事业发展，大庆油田从"一油独大"向"油气并举"跨越。

创世界开发奇迹

连续 27 年年产原油 5000 万吨以上，连续 12 年年产原油 4000 万吨以上，油气当量至今保持在年产 4000 万吨以上的世界级水平……大庆油田创造了世界同类油田开发奇迹。

将国际油田开发上的不可能变为可能，源于科技领域一次次新突破的带动。当年，面对国外专家的质疑，20 多岁的王启民一头扎进试验区，推动大庆原油生产实现第一个年产 5000 万吨目标，并保持多年稳产高产。眼下，这位 82 岁的大庆"新铁人"又劲头十足地研究起新能源。

油田科研工作者伍晓林，带队历经 5600 多次试验后，打破表面活性剂的国外垄断，进而攻克了三元复合驱油技术。

如今，大庆油田三次采油已连续 17 年保持在 1000 万吨以上。主力油田采收率比世界同类油田高出 10 到 15 个百分点。

映着月光，大庆油田勘探开发研究院实验室内，42 岁工程师曹瑞波正和助手进行四次采油技术研究。为了提高原油采收率，这里的很多科研人员像他们一样，总是通宵达旦。

设在采油四厂的段福海劳模创新工作室，是技术革新"发烧友"的"梦工厂"。"这屋里的设备，多是改良自生产一线。"55 岁工程师段福海有多项成果，累计创效 2.3 亿元。

大庆油田工会常务副主席陈宜才说，油田以劳模名字命名的创新工作室已有 68 个，全员创新为油田带来强大内生动力。

建中国百年油田

在远离大庆油田中心区两个多小时车程的头台油田，为保障日常生产，员工们经常连续数周待在这里。提起前些年公司亏损 7 亿多元，"80 后"职工高岩仍心有余悸，"改变，始于一场扩大经营自主权的改革。"

"改革当年扭亏了 4 亿多元。"头台油田经营管理部主任张林说，现在效益变好了，大家闯市场的意识越来越强。

改革"加油"，推动大庆油田跨过 2016 年首次"整体性亏损"，在压力和挑战中不断前进。几年来，大庆油田出台全面深化改革指导意见，扩大经营自主权试点单位已达 11 家。

在改革后的大庆油田报捷公司，干部可上可下，普通职工也能聘上项目经理。总经理成瑞平说："大家的积极性被调动起来了，面貌焕然一新。"

只要精神不滑坡，办法总比困难多。去年，大庆油田营业收入、利润总额、上缴税费创三年来最好水平。

记者在油田一路走访，不时听到这样的故事：

在采油一厂北一采油队，一身旧工服被改为几十块抹布使用；

修井 107 队几任队长在井喷生死一线，签下决心书率队"逆行"；

承担油田近一半供电任务的星火一次变电所，秉持"在岗一分钟，负责 60 秒"，累计安全生产 1.3 万多天无差错……

大庆精神、铁人精神薪火相传。近年来，大庆油田"石油魂"宣讲团应邀走进国企、民企、外企，远赴中亚、中东、南美等地，累计宣讲 600 余场，听众逾 200 万人次。

2019-9-25《人民日报》